交通职业教育教学指导委员会推荐教材
高职高专院校国际航运业务管理专业教学用书

高等职业教育规划教材

Yuanyang Yunshu Shiwu

远洋运输实务

主　编　顾丽亚
主　审　杨志刚

人民交通出版社

内 容 提 要

本书是高等职业教育规划教材，由交通职业教育教学指导委员会交通运输管理专业指导委员会组织编写。全书共六章，主要内容包括：远洋运输概述，班轮运输业务，提单、海运单及其相关业务，租船运输业务，货运代理业务，船舶代理业务。书后附有八个与远洋运输业务相关的法规、公约等，便于读者查阅和应用。

本书是高职高专院校国际航运业务管理专业教学用书，也可供相关专业教学使用，或作为继续教育及职业培训教材，还可供港航类从业人员学习参考。

图书在版编目（CIP）数据

远洋运输实务/顾丽亚主编．—北京：人民交通出版社，2007.7

ISBN 978-7-114-06625-2

Ⅰ．远…　Ⅱ．顾…　Ⅲ．远洋运输－运输业务　Ⅳ．F.550.74

中国版本图书馆 CIP 数据核字（2007）第 083734 号

书　　名：远洋运输实务
著 作 者：顾丽亚
责任编辑：蔡培荣
出版发行：人民交通出版社股份有限公司
地　　址：（100011）北京市朝阳区安定门外外馆斜街 3 号
网　　址：http://www.ccpress.com.cn
销售电话：（010）59757973
总 经 销：人民交通出版社股份有限公司发行部
经　　销：各地新华书店
印　　刷：北京市密东印刷有限公司
开　　本：787×1092　1/16
印　　张：19.75
插　　页：1
字　　数：464 千
版　　次：2007 年 8 月　第 1 版
印　　次：2015 年 6 月　第 1 版　第 6 次印刷
书　　号：ISBN 978-7-114-06625-2
印　　数：14001-17000 册
定　　价：35.00 元

前 言

21 世纪以来，国际航运业正在发生着前所未有的变化，中国外向型经济和对外贸易的持续快速发展，为国际航运业的发展带来不可多得的历史机遇，为世界航运市场的发展不断地注入新的活力。与此同时，随着我国改革开放进一步深入，工业化、城镇化、市场化、国际化进程不断加快，人民生活水平不断提高，国民经济对航运服务的需求将更加旺盛。相应地，在目前国内日趋紧张的总体就业形势下，航运管理专业毕业生却呈现出逆势走强、供不应求的局面。

为了推动航运业的进一步发展，实现航运人才培养的战略目标，贯彻《国务院关于大力发展职业教育的决定》精神，推动课程建设与改革，加强教材建设，交通职业教育教学指导委员会交通运输管理专业指导委员会根据国际航运业务管理专业人才培养要求，组织全国交通职业技术院校的教师编写了国际航运业务管理专业规划教材，供高等职业院校国际航运业务管理及其相关专业教学使用。

本套教材是根据国际航运业务管理及其相关专业的特点以及课程教学基本要求编写的，全面、系统、科学地阐述了航运业务中的相关理论、方法和操作技术，突出以就业为导向，以能力为本位，以企业工作需求为出发点的职业教育特色，在内容上注重与岗位实际要求紧密结合，与职业资格标准紧密结合，体现了教材的科学性、系统性、应用性、前瞻性和通俗性。本套教材既可作为航运类院校和职业培训的教学用书，也可供从事航运方面工作的业务人员参考阅读。

《远洋运输实务》是高职高专院校国际航运业务管理专业规划教材之一，全书共六章，内容包括：远洋运输概述，班轮运输业务，提单、海运单及其相关业务，租船运输业务，货运代理业务，船舶代理业务。书后附有八个与远洋运输业务相关的法规、公约等，便于读者查阅和应用。

参加本书编写工作的有：上海海事大学顾丽亚（编写第一、四、六章）、孙明（编写第二、三、五章）。全书由顾丽亚担任主编，上海海事大学杨志刚担任主审。

本套教材在编写过程中参阅和应用了国内外有关航运管理的论著和资料，无论在参考文献中是否列出，在此，对这些文献的作者和译者表示由衷的感谢和诚挚的谢意。由于作者水平有限，书中不妥之处在所难免，恳请专家和读者给予批评和指正。

交通职业教育教学指导委员会
交通运输管理专业指导委员会
2007.5

目　录

第一章 远洋运输概述

● **知识目标**

1. 了解远洋船舶营运方式及特点；
2. 了解远洋运输船、港、货、线相关知识；
3. 掌握集装箱运输基础知识。

● **技能目标**

1. 正确区分班轮运输和租船运输的异同；
2. 明确集装箱货物的交接地点、方式及其承运人的责任。

第一节 远洋船舶营运方式及特点

一、远洋船舶营运方式

远洋运输是随着航海贸易的发展而发展起来的。远洋船舶的营运方式必须与国际贸易对远洋运输的要求相适应。因此，为了适应不同贸易合同下的货物运输需要，也为了合理地利用船舶的运输能力，并获得良好的营运经济效益，目前国际海运船舶的营运方式可分为两大类，即定期船运输（班轮运输）和不定期船运输（租船运输）。

1. 班轮运输

班轮运输（liner shipping），也称定期船运输，是指班轮公司将船舶按事先制定的船期表（Liner Schedule），在特定航线的各挂靠港口之间，经常地为非特定的众多货主提供规则的、反复的货物运输服务（Transport Service），并按运价本（Tariff）或协议运价的规定计收运费的一种营运方式。

2. 租船运输

租船运输（Charter Shipping），又称不定期船运输（Tramp Shipping），这是相对于定期船运输，即班轮运输而言的另一种船舶营运方式。由于这种营运方式需在市场上寻求机会，没有固定的航线和挂靠港口，也没有预先制定的船期表和费率本，船舶经营人与需要船舶运力的租船人通过洽谈运输条件、签订租船合同（Charter Party）来安排运输的，故称之为“租船运输”。

租船运输主要是根据租船人的要求来安排营运的。通常由租船人租用整船进行运输，而且根据租船人的不同要求，又分为不同的租船方式。

二、远洋运输的特点

1. 班轮运输的特点

班轮运输与租船运输相比,具有以下一些特点:

(1)承运人与货主之间在货物装船之前通常不书面签订具有详细条款的运输合同。在杂货班轮运输中,通常是在货物装船后,由承运人或其代理人签发提单;在集装箱班轮运输中,除通常由承运人或其代理人签发提单外,还可以根据需要签发海运单。这些单证上记有详细的有关承运人、托运人或收货人的责任以及权利和义务的条款。

(2)在杂货班轮运输中,除非订有协议可允许托运人在船边交货和收货人在船边提货外,通常承运人是在装货港指定的码头仓库接受货物,并在卸货港的码头或仓库向收货人交付货物;在集装箱班轮运输中,承运人通常是在装货港集装箱堆场接受货物,并在卸货港集装箱堆场交付货物。拼箱货则由集拼经营人在装货港集装箱货运站接受货物,并在卸货港集装箱货运站交付货物。

(3)班轮公司一般负责包括装货、卸货和理舱在内的作业和费用,在杂货班轮运输中,班轮公司通常不负担仓库至船边或船边至仓库搬运作业的费用;在集装箱班轮运输中,由于运输条款通常为 CY/CY(堆场/堆场),所以班轮公司理应负担堆场至船边或船边至堆场搬运作业的费用。

(4)承运人与货主之间不规定装卸时间,也不计算滞期费和速遣费。在堆场或货运站交接货物的情况下,会约定交接时间,而不规定装卸船时间;在船边交货或提取货物时,也仅约定托运人或收货人需按照船舶的装卸速度交货或提取货物,否则货方应赔偿船方因降低装卸速度或中断装卸作业所造成的损失。

2. 租船运输的特点

租船运输中,船舶的营运是根据船舶所有人与承租人双方签订的租船合同来进行的,一般进行的都是特定货物的运输。船舶提供的是货物运输服务,而承租人则是按约定的租金或运价支付运费。因此,区别于定期运输,租船运输具有以下特点:

(1)按照船舶所有人与承租人双方签订的租船合同安排船舶就航航线,组织运输;没有相对于定期班轮运输的船期表和航线。

(2)适合于大宗散货运输,货物的特点是批量大、附加值低、包装相对简单。因此,租船运的租金相对班轮运输而言较低。

(3)舱位的租赁一般以提供整船或部分舱位为主,主要是根据租约来定。另外,承租人一般可以将舱位或整船再租与第三人。

(4)船舶营运中的风险以及有关费用的负担责任由租约约定。随之,租金水平也相应变化。

(5)租船运输中的提单的性质完全不同于班轮运输,它不是一个独立的文件,对于承租人和船舶所有人而言,仅相当于货物收据,这种提单要受租船契约约束,银行不乐意接受这种提单,除非信用证另有规定。当承租人将提单转让与第三人时,提单起着权利凭证作用;而第三人与船舶所有人之间,提单这时则是货物运输合同的证明。

(6)承租人与船舶所有人之间的权利和义务是通过租船合同货运输合同来确定的。

(7)租船运输中,船舶港口使费、装卸费及船期延误,按租船合同规定由船舶所有人和承租人分担、划分及计算,而班轮运输中船舶的一切正常营运支出均由船方负担。

三、远洋运输的分类

1. 班轮运输的分类

根据班轮运输的发展和承载对象的不同,分为杂货班轮运输和集装箱班轮运输两种。

1)杂货班轮运输

最早的班轮运输是杂货班轮运输。杂货班轮运输的货物以件杂货为主,还可以运输一些散货、重大件等特殊货物。

对货主而言,杂货班轮运输具有以下优点:

(1)能及时、迅速地将货物发送和运达目的港。由于货主能根据船期表预知货物的发运和到达时间,因此能保证货物的供需要求。

(2)特别适应小批量零星件杂货对海上运输的需要。货主能够随时向班轮公司托运,而不论货物的批量大小,因此可以节省货物等待集中的时间和仓储的费用。

(3)能满足各种货物对海上运输的要求,并能较好地保证货运质量。

(4)通常班轮公司都负责转运工作。货主可以要求班轮公司安排货物的转运工作,从而满足货物运输的特殊需要。

2)集装箱班轮运输

20 世纪 60 年代后期,随着集装箱运输的发展,班轮运输中出现了以集装箱为运输单元的集装箱班轮运输方式。由于集装箱运输具有运送速度快、装卸方便、机械化程度高、作业效率高、便于开展联运等优点,到 20 世纪 90 年代后期,以技术可行和经济可行为前提,集装箱班轮运输已逐渐取代了传统的杂货班轮运输。

对货主而言,集装箱班轮运输除了具有与杂货班轮相似的优点外,在运输速度、货运质量等方面更具有优势。但是,目前大多数班轮公司不接小批量的拼箱货,因此需要集拼经营人来安排小批量的拼箱货运输。

2. 租船运输的分类

租船运输的实质是将可使用船舶用于托运人所希望的货物运输中,而租船则是选用适当的船舶用于各类货物运输的业务过程。租船经营的主体多是将以各种租船形式租用船舶,并用于货物运输的经营人。

目前,航运业主要的租船运输经营方式有,航次租船(Voyage Charter 或 Trip Charter)、定期租船(Time Charter 或 Period Charter)、光船租船(Bareboat Charter 或 Demise Charter)、包运租船(Contract of Affreightment,COA)以及航次期租(Time Charter on Trip Basis 或 Time Charter Trip)5 种。其中最基本的租船运输的经营方式是具有运输承揽性质的航次租船。

1)航次租船

航次租船又称“航程租船”或“程租船”,是指由船舶所有人向承租人提供船舶在指定的港口之间进行一个航次或几个航次的指定货物运输的租船运输方式。

航次租船是租船市场上最活跃,最为普遍的一种租船方式,对运费水平的波动最为敏感。在国际现货市场上成交的绝大多数货物(主要有液体散货和干散货两大类)通常都是通过航次租船方式运输的。

航次租船中，根据承租人对货物运输的需要，而采取不同的航次数来约定航次租船合同。航次租船方式可分为下列3种形式：

(1)单航次租船(Single Trip Charter)。单航次租船是指船舶所有人与承租人双方约定，提供船舶完成一个单程航次货物运输的租船方式。船舶所有人负责将指定的货物从启运港口运往目的港，货物运抵目的港卸船后，船舶所有人的运输合同义务即告完成。

(2)往返航次租船(Return Trip Charter)。往返航次租船是指船舶所有人与承租人双方约定，提供船舶完成一个往返航次的租船方式。但是，返航航次的出发港及到达港并不一定与往航航次相同。即，同一船舶在完成一个单航次后，会根据货物运输需要在原卸货港或其附近港口装货，返回原装货港或其附近港口。卸货后，往返航次租船结束，船舶所有人的合同义务完成。从实质上讲，一个往返航次租船包括了两个单航次租船。在一个货主只有去程货载，而另一个货主有回程货载时，两个货主可能联合起来向船舶所有人按往返航次租赁船舶。在这种情况下，因为船舶所有人在回程货载上有了保证，可避免回程空航，在运费方面承租人可获得一定的优惠。

(3)连续航次租船(Consecutive Voyage Charter)。指船舶所有人与承租人约定，提供船舶连续完成几个单航次或几个往返航次的租船运输方式。被租船舶在相同两港之间连续完成两个以上的单航次，或两个以上往返航次运输后，航次租船合同结束，船舶所有人的合同义务完成。连续航次租船合同可按单航次签订租船合同，也可以按往返航次签订租船合同。在只签订一个包括单航次或往返航次的租船合同的情况下，合同中适用于第一个航次的各项条件和条款同样适用于以后的各航次。但是，须在合同中注明船舶第一航次的受载日期和后续的航次数，也可以为后续航次规定受载日期等。在连续单航次租船中，在不影响航次任务完成和下一航次受载期的情况下，船舶可以承揽其他货载，搭载航行。一般这种情况要在租船合同中约定。

航次租船的特点主要有：

(1)船舶所有人负责船舶的营运调度，配备和管理船员。

(2)船舶所有人负责船舶营运所支付的费用。这些费用包括：

①船舶资本费用，主要包括：船舶成本、船舶资本借贷偿还、资本金利息。

②固定营运费用，主要包括：船员工资和伙食、船舶物料、船舶保养费用、船舶保险费用、润滑油、企业事务费用等。

③可变营运费用，主要包括：燃料费、港口使费、引水费、合同规定的装卸费、其他费用。

(3)船舶所有人出租整船或部分舱位，并按实际装船的货物数量或整船舱位包干计收运费。

(4)运费率，也称“租金率”通常由双方商定。

航次租船租期的长短取决于完成一个航次或几个航次所费的时间，严格来讲从被租船舶开往装货港起至在目的港卸货完毕的这段时间。航次租船并不规定完成一个航次或几个航次所需的时间，但船舶所有人对完成一个航次所需的时间极为关心。在这段时间内，船舶所有人与承租人之间按航次的不同阶段分别承担着不同的风险。一般国际上将其分为4个阶段：

(1)预备航次阶段。预备航次阶段是指船舶开往装货港的航行阶段。在船舶抵达装货港前,船舶在其所有人的控制之下,对船舶所发生的风险和费用由船舶所有人承担。

(2)装货阶段。装货阶段是指船舶抵达、停靠装货港后,待泊和装货的整个阶段。在这一时间段上的风险主要是船舶延误所造成的损失。如果船舶延误是由船舶所有人造成的,则由其承担相应的延误损失风险。如果是承租人所造成的,则应有承租人承担延误风险。承担的形式通常以支付"滞期费"来补偿。所以,在租船合同中,除了对船舶概况、船舶位置、装卸港口、受载期和解除合同日、货物、运费及其支付方法、装卸费分担、船舶所有人责任等作出约定外,并规定相应的滞期费分担、船舶的装卸速度(或装、卸货物所需的时间)和装卸时间的计算办法,以及滞期费和速遣费率的标准和计算方法。

(3)航行阶段。航行阶段是指船舶装货离港后,抵达卸货港前的整个阶段。在这段时间内,船舶和货物均处在船舶所有人的控制之下。因此,所发生的一切风险和费用通常由船舶所有人承担。

(4)卸货阶段。卸货阶段是指船舶抵达、停靠卸货港后,待泊和卸货的整个阶段。在这一时间段上所发生的风险的处理原则同装货阶段。

2)定期租船

定期租船又称"期租",是指由船舶所有人将特定的船舶,按照租船合同的约定,在约定的期间内租给承租人使用的一种租船方式。这种租船方式以约定的使用期限为船舶租期,而不以完成航次数多少来计算。在租期内,承租人利用租赁的船舶既可以进行不定期货物运输;也可以投入班轮运输,还可以在租期内将船舶转租,以取得运费收入或谋取租金差额。

租期的长短完全由船舶所有人和承租人根据实际需要约定。少则几个月,多则几年,或更长的时间。

定期租船的承租人既有一些大型企业或实力较强的贸易机构,利用租赁船舶进行自有的货物运输;也有一些航运公司,利用租赁船舶从事货物运输,以便弥补自身船队的运力不足。大型企业或实力较强的贸易机构往往拥有稳定的货源,有着长期的运输需求,对租船市场的租金水平有着一定影响。

定期租船实质上是一种租赁船舶财产用于货物运输的租船形式,其主要特点有:

(1)船舶所有人负责船员配备,并负担其工资和伙食。

(2)承租人拥有包括船长在内的船员指挥权,并有权要求船舶所有人对其予以撤换。

(3)承租人负责船舶的营运调度,并负担船舶营运中的可变费用。包括燃料费、港口使费、引水费、货物装卸费、运河通行费、租船合同规定其他费用等。

(4)船舶所有人负担船舶营运的固定费用。包括船舶资本的有关费用、船用物料费、润滑油费、船舶保险费、船舶维修保养费等。

(5)船舶租赁以整船出租,租金按船舶的载重吨、租期以及商定的租金率计收。

(6)期租情况下,租船价格在租期内一般比较稳定,货载的运输不受或较少受运输市场价格波动的影响。船舶所有人为避免租期内因部分费用上涨而使其盈利减少或发生亏损,而在较长期的定期租船合同中加入"自动递增条款(Escalation Clause)",使得在规定的费用上涨时,可以按合同约定的相应比例提高租金。

定期租船方式下,被租船完全处于承租人的使用和控制下。所以,除因船舶不能处于适航状态外，其他情况所造成的营运风险一般均由承租人承担。

3）光船租船

光船租船又称船壳租船。这种租船方式实质上是一种财产租赁方式，船舶所有人不具有承揽运输的责任。在租期内，船舶所有人只提供一艘空船给承租人使用，船舶的配备船员、营运管理、供应以及一切固定或变动的营运费用都由承租人负担。船舶所有人在租期内除了收取租金外，对船舶和其经营不再承担任何责任和费用。

光船租船的主要特点有：

（1）船舶所有人提供一艘适航空船，不负责船舶的运输。

（2）承租人配备全部船员，并负有指挥责任。

（3）承租人以承运人身份负责船舶的经营及营运调度工作，并承担在租期内的时间损失，包括船期延误、修理等。

（4）承租人负担除船舶的资本费用外的全部固定及变动成本。

（5）以整船出租，租金按船舶的载重吨、租期及商定的租金率计算。

（6）船舶的占有权从船舶交予承租人使用时起，转移至承租人。

光租船方式在近几年内有所增加，其背景是由于船舶信贷的发展和方便船旗的被广泛利用。光租船舶的船舶所有人往往是运力过剩或缺乏船舶管理经验的一些经营人。其经营效率较之直接经营船舶运输业务要低，同时还存在着租金的支付风险。因此，一方面，出租船舶时，应掌握承租人的资信和商业信誉，并拥有较为可靠的租金回收手段。而另一方面，承租人也应了解船舶的债务状况，避免租赁期间因债务而引起的船舶债权人对船舶的扣押或抵押。近几年来，国际上办理光船租船时，最常见地使用着“购买选择权租赁条件（Chartering with Option to Purchase）”。在这种条件下，承租人在租赁合同规定的租期届满时，享有购买该船舶的选择权。附带有这种条件的光船租船合同中，通常对租期届满时的船舶价格事先确定，并规定这一船价在租期内平均分摊，与按期支付的租金一并缴纳。这是一种分期购买船舶的方法，它对于那些缺乏足够资金一次性造、买船的承租人来说，是一种获得运力的机会，也是较容易地获得银行贷款的有效手段。

4）包运租船

以包运租船方式所签订的租船合同称为“包运租船合同”，或称“运量合同”（Quantity Contract 或 Volume Contract）。包运租船是指船舶所有人向承租人提供一定吨位的运力，在确定的港口之间，按事先约定的时间、航次周期和每航次较为均等的运量，完成合同规定的全部货运量的租船方式。

包运租船的特点主要有：

（1）包运租船合同中不规定某一船舶及其国籍，仅规定租用船舶的船级、船龄和其技术规范等。船舶所有人只须根据这些要求提供能够完成合同规定每航次货运量的运力。这给船舶所有人在调度和安排船舶方面提供了方便。

（2）租期的长短取决于运输货物的总运量及船舶的航次周期所需的时间。

（3）有运输需求的货物主要是运量较大的干散货或液体散装货物。承租人通常是货物贸易量较大的工矿企业、贸易机构、生产加工集团或大型国际石油公司。

（4）航次中所产生的航行时间延误风险由船舶所有人承担，而对于船舶在港内装、卸货物期间所产生的延误，与航次租船相同，一般是通过合同中的“滞期条款”来处理，通常是由承租人承担船舶在港的时间损失。

(5)运费按船舶实际装运货物的数量及约定的运费费率计收，通常采用航次结算。

(6)航次费用的负担责任划分一般与航次租船方式相同。

包运租船实质上具有“连续航次租船”的基本特征。包运租船运输时，船舶每个航次的货物运输除受包运合同的限制，还受其中明确规定的每航次租船合同的限制。

对船舶所有人而言，包运租船时货运量大，较长时间内有较充足的货源，基本保障了稳定的运费收益；而且包运租船中，船舶所有人可根据自有的船舶运力灵活地安排船舶；在保证按合同规定完成货物运输的前提下，船舶所有人通过对船舶的适当调度，可利用航次间的多余时间装运其他货物，提高运力利用率，从而获得更大经营效益。

对承租人而言，包运租船可以保证在较长时间内满足货物的运输需求，而且可在较大程度上摆脱租船市场行情的变动所带来的影响，确保运力将货物运往最终市场，从而保障生产或销售活动的正常进行。

5)航次期租

目前的实际业务中，承租双方还经常采用一种介于航次租船和定期租船之间的租船方式，即“航次期租”。这种租船方式的主要特点在于，其没有事先明确的租期期限，而只确定了特定的航次。这种租船方式以完成航次运输为目的，按实际租用的时间(一般以天数为单位)和租金率计算租金，费用和风险则按照定期租船方式的基本原则来处理。这种租船方式减少了船舶所有人因各种原因所造成的航次时间延长所带来的船期损失，而将风险在很大程度上转嫁给了承租人。

因为航次期租是建立在定期租船和航次租船两种租船方式基础上的一种边缘型的租船方式，对于航次期租的处理方法，在法律上往往是依据具体航次时间持续的时间长短来确定其性质的：整个航次持续时间较长的通常被认为具有较多的定期租船的性质，而更多地按定期租船的办法予以处理；租期较短的往往被认为更多的具有航次租船的性质，尽管船舶出租人收取的不是运费而是租金，也往往会考虑航次租船的一些要求。当然，总的看来，一般还是认为这种租船方式仍是以期租为基础，但融合了航次租船的性质。

上述5种租船方式的区别主要体现在船舶所有人和承租人对船舶的支配权、占有权的不同，从而也表现在营运过程中所承担的责任及风险不同。如与船员的雇佣关系、保证船舶适航的责任、对第三者的法律关系等方面都有所差异。而负担营运费用的差别则反映在租金水平上，不是本质的差别。

从船舶所有人对船舶的支配、占有程度的强弱来看，5种租船方式的排序为：包运租船、航次租船、航次期租、定期租船、光船租船。

承租人在以航次租船、定期租船和光船租船方式中的任何一种方式租用船舶后，除非租船合同明确规定不允许承租人转租船舶与第三者外，承租人有权将租用船舶再次租出，即所谓的转租(Subletting)，船舶所有人一般无权限制转租。

从承租人再次租赁船舶的第三者称为再承租人。承租人与再承租人以签订租船合同的方式转租船舶，该合同被称为第二租船合同。在发生赔偿时，再承租人可根据第二租船合同向承租人索赔。

第二节　远洋运输船、港、货、线

一、远洋运输船舶

1. 干货船

干货船可以分为件杂货船、集装箱船、滚装船、冷藏船、多用途船和干散货船等许多不同类型。当今的国际班轮运输经常涉及的是集装箱船，因此在此将重点介绍集装箱船。

1）件杂货船（General Cargo Vessel）

件杂货船，也称普通杂货船、杂货船，主要用于运输各种包装和裸装的普通货物。杂货船通常设有双层底，并采用多层甲板以防止货物因堆装过高而被压损；一般设置3～6个货舱，每个货舱设有货舱口，货舱口两端备有吊杆或起重机，吊杆起重量相对较小（通常在2～20t之间），若配置塔型吊机，则可起吊重件。国际海上货运中，杂货船的吨位一般在5 000～20 000t之间。

2）滚装船（Roll on/Roll off Ship，Ro/Ro Ship）

滚装船是采用将装有集装箱或其他件杂货的半挂车或装有货物的带轮的托盘作为货运单元，由牵引车或叉车直接在船岸之间进行装卸作业形式的船舶。其主要特点是将船舶装卸作业由垂直方向改为水平方向。滚装船上甲板平整全通，下面的多层甲板之间用斜坡道或升降平台连通，以便车辆通行；有的滚装船甲板可以移动，便于装运大件货物。滚装船的开口一般设在船尾，有较大的铰接式跳板，跳板可以35°～40°角斜搭到岸上，船舶航行时跳板可折起矗立。滚装船的吨位大多在3 000～26 000t之间。

3）冷藏船（Refrigerated Ship）

冷藏船是将货物处于冷藏状态下进行载运的专用船舶。其货舱为冷藏舱，并有若干个舱室。每个舱室都是一个独立、封闭的装货空间，舱门、舱壁均为气密，并用隔热材料使相邻舱室可以装运不同温度的货物。冷藏船上有制冷装置；制冷温度一般为－25～15℃。冷藏船的吨位较小，通常为数百吨到几千吨。

4）多用途船（Multi-purpose Ship）

多用途船是具有多种装运功能的船舶。多用途船按货物对船舶性能和设备等的不同要求可分为以载运集装箱为主的多用途船，以载运重大件为主的多用途船，兼运集装箱和重大件的多用途船以及兼运集装箱、重大件和滚装货的泛多用途船4种。

5）干散货船（Dry Bulk Carrier）

干散货船是运输粉末状、颗粒状、块状等无包装大宗货物的船舶。由于其所运输货物的种类较少，对隔舱要求不高，所以仅设单层甲板，但船体结构较强。为提高装卸效率，货舱口很大。按所载运的货物种类不同，又可分为运煤船（Coal carrier）、散粮船（Bulk Grain Carrier）、矿石船（Ore Carrier）以及其他专用散装船。

6）集装箱船（Container Ship）

集装箱船从装卸方式来分类，主要有吊装式和滚装式两种。此外，有人把载驳货船作为浮装式集装箱船，也归入集装箱船中。

滚装船和载驳货船都是在集装箱化以后产生的货船,它们本身都可以装载大量的集装箱。载驳货船上的驳船也有人称为“浮动集装箱(Floating Container)”。因此,广义的集装箱船可以分为3大类,每一类中又可分为几种,如表1-1所示。

集装箱船舶的种类　　表1-1

集装箱船	吊装式集装箱船	集装箱两用船
		半集装箱船
		全集装箱船(集装箱专用船)
	滚装式集装箱船	多层甲板滚装船
		尾角跳板滚装船
		滚装/吊装两用船
	浮装式集装箱船	普通载驳货船(拉希型)
		海蜂式载驳货船(西比型)
		双体载驳货船(巴卡特型)
		浮坞式载驳船(巴可型)

人们通常所说的集装箱船是指吊装式全集装箱船,或称集装箱专用船。吊装式集装箱船是指利用船上或岸上的起重机将集装箱进行垂直装卸的船舶,分为集装箱两用船、半集装箱船和全集装箱船3种。

(1)集装箱两用船(Conventional Container Ship)。这是一种既可以装载普通杂货,又可以装载集装箱的两用船。其特点是大舱口、平舱盖,舱盖上也可以装载集装箱。目前世界上的多用途船,大多可以装载集装箱,因此都可以成为集装箱两用船。

(2)半集装箱船(Semi-Container Ship)。是指普通货船中的一部分船舱(通常是中央部位的船舱)作为集装箱专用舱装载集装箱,而首尾舱为普通杂货舱。这种船的缺点是,由于杂货与集装箱混装在一条船上,装卸时杂货需在杂货码头上装卸,集装箱需在集装箱码头上装卸,因此在装卸过程中需要移泊,船舶营运效率不高。另外,因一部分船舱装载了杂货,船上集装箱装载量减少。这种船舶一般都设有装卸集装箱的起重设备。实际上,这种半集装箱船很少,大量采用的是集装箱两用船,并把集装箱两用船都称为半集装箱船。

(3)全集装箱船(Full Container Ship)。这是一种专用于装载集装箱以便在海上运输时能安全、有效地大量运输集装箱而建造的专用船舶。全集装箱船的结构特点是，一般为大开口、单甲板船，且常为双船壳，以利于集装箱的装载和卸载。船舱内设置格栅结构，以固定集装箱，防止集装箱在运输途中发生前、后、左、右方向移动，从而保证航行安全和货运质量。舷侧设有边舱，可供载燃料或作压载用。甲板上设置了能装载多层集装箱的特殊结构。多采用尾机型。因为在舱内设有永久性的格栅结构，只能装运集装箱而无法装载杂货。

全集装箱船上有的带有船用装卸桥,用于装卸集装箱。但目前大多数全集装箱船都依靠港内的装卸桥装卸,故都不设装卸设备。全集装箱船如图1-1所示。集装箱箱格结构如图1-2所示。

国际上一般以集装箱船载箱量多少进行分代,表1-2列出了第一至第五代集装箱船舶载

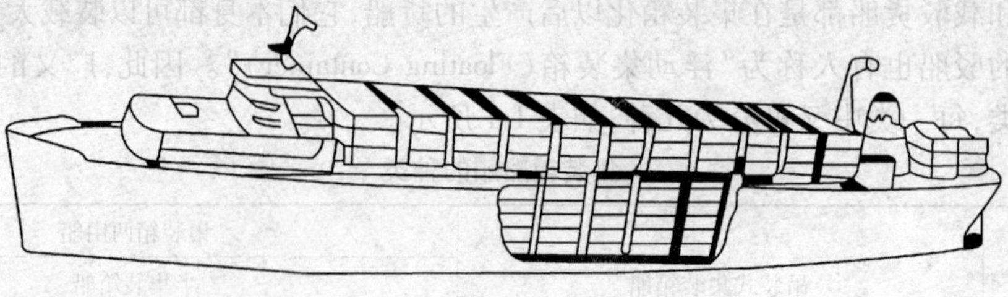

图 1-1　全集装箱船舶示意图

箱量及船型尺度。

随着集装箱船舶大型化的发展，集装箱船的尺度越来越大，目前已发展到第六代集装箱船，马士基公司建造的8 736 TEU 的集装箱船"Sovereign Maersk"号长度为 346.7m，宽度 43m，吃水达 -14.5m，人们称这一级别的集装箱船拉开了第六代集装箱船的序幕。据有关方面预测，不久的将来，可装载 10 000TEU 的集装箱巨轮将会在欧洲问世。

现代集装箱船的尺度还根据船宽能否通过巴拿马运河分成三类：第一类巴拿马型船（Panama）：这类船舶的船宽在巴拿马运河尺度 32.2m 限制范围内，在分代中的第一代、第二代和第三代集装箱船，都属于这一类船。第二类巴拿马极限型船（Panamax）：这类船舶载箱量在 3 000 ~ 4 000TEU 之间，船宽 32.2m。第三类超巴拿马型船（Post-Panamax）：这类船舶载箱量大于 4 000TEU，船宽大于 32.2m。也有人将超巴拿马型船中载箱量在 6 000TEU 以上的船舶进一步划分为第四类：特超巴拿马型船（或称超级超巴拿马型船）（Super Post-Panamax /Extra Post-Panamax）。

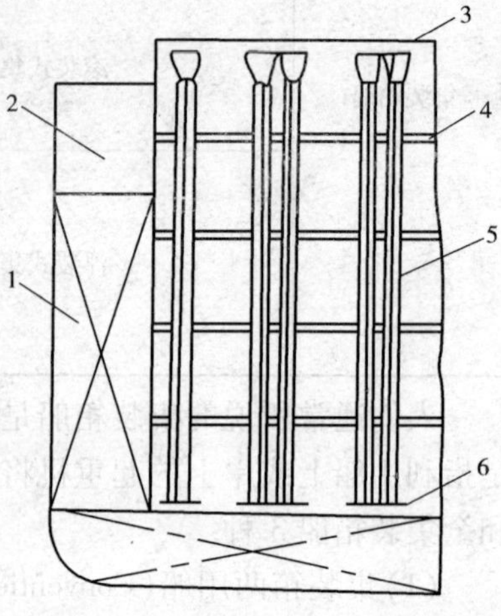

图 1-2　集装箱船箱格结构示意图

1-边舱；2-甲板下通道；3-导口；4-横向系材；5-导柱；6-局部加强垫板

集装箱船分代的船型尺度　表 1-2

分代	第一代	第二代	第三代	第四代	第五代
箱量（TEU）	700 ~ 1 000	1 000 ~ 2 000	2 000 ~ 3 000	3 000 ~ 4 000	>4 000
载重量（t）	10 000	15 000 ~ 20 000	30 000	40 000 ~ 50 000	50 000 ~ 75 000
长（m）	150	175 ~ 225	240 ~ 275	275 ~ 295	280 ~ 300
宽（m）	22	25 ~ 30	32	32	32.2 ~ 39.4
吃水（m）	8 ~ 9	9.5 ~ 10.5	10.5 ~ 12	11.5 ~ 12.5	11.5 ~ 13.5
舱内装箱	6 列，5 ~ 6 层	7 ~ 8 列，6 层	9 ~ 10 列，7 ~ 9 层	10 ~ 11 列，8 ~ 9 层	12 ~ 13 列，8 ~ 9 层
甲板装箱	6 列，1 ~ 2 层	8 ~ 10 列，2 ~ 4 层	12 ~ 13 列，2 ~ 4 层	13 ~ 14 列，4 ~ 5 层	15 ~ 16 列，5 层

2. *液货船*

液货船是指载运散装液态货物的船舶，主要有油船、液化气船和液体化学品船 3 种。

1）油船（Tanker）

油船是专门载运石油及成品油的船舶。油船有严格的防火要求，在货舱、机舱、泵舱之间设有隔离舱。油舱设有纵舱壁和横舱壁，以减少自由液面对船舶稳性的不利影响。有专门的油泵和油管用于装卸，还有扫舱管系和加热管系。甲板上一般不设起货设备和大的舱口，但设有桥楼。就载重吨而言，油船在各类船舶中列世界第一位。世界上最大的油船达 60 万多载重吨，一般油船的载重吨在 2 万 ~20 万 t 之间。

2）液化气船（Liquefied Gas Carrier）

液化气船是专门装运液化气的船舶，可分为液化天然气船和液化石油气船。

（1）液化天然气船（Liquified Natural Gas Carrier，LNG Carrier）。它按液货舱的结构有独立储罐式和膜式两种。独立储罐式是将柱形、筒形、球形等形状的储罐置于船内，液化气装载于储罐中进行运输。膜式液化天然气船采用双层壳结构，内壳就是液货舱的承载体，并衬有一层由镍合金钢制成的膜，可起到阻止液货泄漏的屏蔽作用。

（2）液化石油气船（Liquefied Petroleum Gas Carrier，LPG Carrier）。它按液化的方法分为压力式、半低温半压力式和低温式 3 种。压力式液化石油气船是将几个压力储罐装在船上，在高压下维持液化石油气的液态。半低温半压力式和低温式的液化石油气船采用双层壳结构，液货舱用耐低温的合金钢制造并衬以绝热材料，船上设有气体再液化装置。

液化气船的吨位通常用货舱容积来表示，一般在 6 万 ~13 万 m^3 之间。

3）液体化学品船（Chemical Tanker）

液体化学品船是载运各种液体化学品，如醚、苯、醇、酸等的专用液货船。液体化学品大多具有剧毒、易燃、易挥发、易腐蚀等特点，因此对防火、防爆、防毒、防腐蚀有很高的要求，所以液体化学品船上分隔舱多、货泵多。船舶有双层底和双层舷侧，翼舱宽度不小于船宽的 1/5。载运腐蚀性强的酸类液货时，货舱内壁和管系多采用不锈钢或辅以橡胶等耐腐蚀材料。液体化学品船的吨位多在 3 000 ~10 000t 之间。

二、远洋运输港口

1. 海洋

地球表面的海洋面积约 3.6 亿 km^2，占地表总面积的 71%，约为陆地面积的 2.5 倍。海洋的中心部分称为洋，约占海洋总面积的 89%，其水温、含盐度不受大陆影响。地球上的海洋被大陆分割成四大块，即太平洋、大西洋、印度洋和北冰洋四大洋。

太平洋是世界上面积最大、深度最深、岛屿和边缘海最多的海洋，位于亚洲、大洋洲、南美洲、北美洲和南极洲之间。南北最大长度为 1.58 万 km，东西最大宽度为 1.95 万 km。西南以澳大利亚塔斯马尼亚东南角所在经线（东经约 147°）与印度洋分界；东南以南美洲南端合恩角所在经线（西经 68°）为界；北有白令海峡通北冰洋；东有巴拿马运河、麦哲伦海洋及德雷克海峡通大西洋，西经马六甲、龙目、巴斯等海峡通印度洋；西南还有宽阔的水域与印度洋连接。总面积 1.8 亿 km^2，约占世界大洋总面积的一半。

大西洋位于欧洲、非洲、南北美洲和南极洲之间，轮廓呈"S"形。南北最长 1.5 万 km，东西最宽 2 830km。北以丹麦海峡、冰岛、法罗群岛、波得兰群岛一线的洋底海岭同北冰洋分开；西南以西经 68°分界，东南以东经 20°与印度洋分开。面积 9 366 万 km^2。大陆架面积 921 万 km^2，主要分布在北海，波罗的海，南美东北和东南沿海，纽芬兰浅滩等海域之间。北大西洋中低纬度两侧有地中海、黑海、北海、波罗的海、加勒比海、墨西哥湾等海湾伸入内陆。

印度洋位于亚洲、大洋洲、非洲和南极洲之间。西南以通过非洲南端厄加勒斯角的东经

20°线同大西洋分界。面积7 492万 km^2，大部分在南半球，大陆架面积较小，仅约317万 km^2，主要分布在波斯湾、澳大利亚西北沿岸和中南半岛西部沿海。

海是大洋的边缘部分，深度较浅，面积较小，没有独立的潮汐和海洋系统，水温、含盐度受大陆的影响较大。海按其所处的位置的不同分为"边缘海"和"地中海"两种。"边缘海"是大洋靠近大陆的部分被岛屿分隔开，水流交换畅通的海域，如东海、南海、日本海等。"地中海"是介于大陆之间的海，如亚、欧、非三大洲之间的地中海，南北美洲的加勒比海等。

海峡是海洋中相邻海区之间较狭窄的水道，其一般形式为在大陆与邻近的沿岸岛屿之间或两个大陆之间的狭窄水道，把比较宽广的海面或洋面联系起来，如台湾海峡、马六甲海峡、英吉利海峡、霍尔本兹海峡、直布罗陀海峡等。全世界可供航行的海峡约有130多个，其中经常用于国际航行的主要海峡有40多个。

2. 运河

运河是人工开凿的水道。在国际航运中，运河与海峡一样起着非常重要的作用，运河往往是航行中的咽喉地带，它们把许多重要海区和航线联系起来。运河还能大大缩短航程，提高航运经济效益。最著名的国际运河有：苏伊士运河、巴拿马运河、基尔运河、圣劳伦斯水道等。

3. 港口

港口是整个运输大系统中的一个十分重要的环节，各种运输方式就是通过港口编织成为一张四通八达的运输网。随着现代化运输技术的发展，尤其是国际多式联运的开展，港口的作用与功能将日益增大。

为了使船舶能安全进港停泊作业，港口除了应具备良好的自然地理条件外，还必须具备一定的作业设施，方能发挥其独特的功能。港口一般分为水域和陆域两大部分。水域包括进港航道、港池和锚地，对于天然掩护条件差的海港，还需建造防波堤，以满足船舶在港池内稳定系泊的要求。港口陆域岸边建有码头，岸上则有港口库场、港区铁路和道路，并配备有各种装卸设备和运输机械，此外，还应有各种辅助设施和服务设施。

对于从事国际航运业务的人员来说，应了解港口的水域面积、水深、泊位数、作业效率、库场堆存能力、后方集疏运能力等情况。

三、远洋运输货物

凡是经由运输企业承运的一切原料、材料、工农业产品、商品以及其他产品或物品都称为货物（Cargo 或 Goods）。海运货物则是特指经由海上运输企业承运的货物。

1. 货物的分类

1）按货物装运形态分类

按货物装运形态可分为件杂货和散装货。

（1）件杂货。通常是一种按计件形式装运和交接的货物。件杂货包括包装货物（Packed Cargo）、裸装货物（Unpacked Cargo 或 Non-packed Cargo）和成组化货物（Unitized Cargo）。其中包装货物又可按包装形式加以分类。随着件杂货的集装箱化，成组化货物中的集装箱货物已经与件杂货并列成为单独的一类货物，即集装箱货物（Containerized Cargo）。

（2）散装货。通常是一种按计量形式装运和交接的货物。散装货包括干质散装货（Solid Bulk Cargo）和液体散装货（Liquid Bulk Cargo）。

2)按货物性质分类

按货物的性质不同,一般将货物分为普通货物(General Cargo)和特殊货物(Special Cargo)两大类。

(1)普通货物主要有以下几种:

①清洁货物(Clean Cargo)。清洁货物是指清洁、干燥的货物,也可称为精细货物(Fine Cargo)。如运输保管中不能混入杂质或被玷污的棉纺织品;供人们食用的食品(Food Stuffs)中的糖果、粮食、茶叶;不能受压、易于损坏的易碎品(Fragile Cargo)中的陶瓷器、玻璃制品等;另外,还有各种日用工业品等。

②液体货物(Liquid Cargo)。液体货物是指盛装于桶、瓶、坛等容器内的流质或半流质货物。液体货物在运输过程中,包装容器易破损而使液体滴漏。如油类、酒类、药品和普通饮料等。

③粗劣货物(Rough Cargo)。粗劣货物是指具有油污、水湿、扬尘和散发异味等特性的货物。如能散发气味的气味货物(Smelly Cargo)中的生皮、骨粉、鱼粉、烟叶、大蒜等;易扬尘并使其他货物受到污染的扬尘污染性货物(Dusty and Dirty Cargo)中的水泥、炭黑、颜料等。

(2)特殊货物主要有以下几种:

①危险货物(Dangerous Cargo)。危险货物是指具有易燃、易爆、毒害、腐蚀和放射性等性质,在运输过程中可能引起人身伤亡和财产毁损,必须按照有关危险货物运输规则的规定进行运输的货物。危险货物还可以进一步分成若干种类和不同等级。

②冷藏货物(Reefer Cargo)。冷藏货物是指在常温条件下易腐烂变质和其他需按指定的某种低温条件运输的货物。如易腐性货物(Perishable Cargo)中的需处于冷冻状态运输的肉、鱼、鸡等,处于低温状态运输的水果、蔬菜等。另外,如需处于低温状态下运输的药品等。

③贵重货物(Valuable Cargo)。贵重货物是指价值昂贵的货物。如金、银等贵重金属、货币、高价商品、精密仪器等。

④活的动植物(Live Stock and Plants)。活的动植物是指具有正常生命活动,在运输中需要特别照顾的动物和植物。如牛、马、猪、羊等家畜以及其他兽类、鸟类、家禽、鱼类等活的动物;树木等植物。

⑤长大、笨重货物(Bulky and Lengthy Cargo, Heavy Cargo)。长大、笨重货物是指单件货物体积过大或过长,重量超过一定界限的货物。按照港口费收规定和运价本规定,通常将单件重量为5t以上的货物称为重件货物;将长度超过9m的货物视为长大件货物。

海运货物还可以有其他分类方法,如按货物在船上的装载场所分类、按货物载运状况分类等。

2. 货物的计量和积载因数

1)货物的计量

货物的体积和重量不仅直接影响船舶的载重量和载货容积的利用程度,还关系到有关库场堆放货物时如何充分利用场地面积和仓库空间等问题,而且还可能是确定运价和计算运费的基础,同时与货物的装卸、交接也有直接的关系。货物的计量包括货物丈量和衡重。

(1)货物的丈量。又称量尺,是指测量货物的外形尺度和计算体积。货件丈量的原则是:按货件的最大方形进行丈量和计算,在特殊情况下可酌情予以适当的扣除,某些奇形货件可按实际体积酌情考虑其计费体积。货物的量尺体积是指货物外形最大处的长、宽、高之乘积。

(2)货物的衡重。是指衡定货物的重量。货物的重量可分为净重、皮重和毛重(总重),货物衡重应以毛重计算。海上货物运输中,货物衡重使用的衡制,即货物重量的计重单位为公吨(Metric Ton,M/T)。美洲国家有时使用短吨(Short Ton),欧洲国家则有时使用长吨(Long Ton)。货物的重量原则上应逐件衡重,但因条件或时间限制,不具备逐件衡量时,可采用整批或分批衡重,抽件衡重并求平均值等方法测得重量。货物衡重可使用轨道衡、汽车衡(一种地秤)、吊钩秤、皮带秤、定量秤,对于散装运输的大宗货物还可以采用水尺计重(或称水尺检量,Draft Survey 或 Draught Survey)。

2)货物的积载因数

货物积载因数(Stowage Factor,S. F.)是每一吨货物在正常堆装时实际所占的容积(包括货件之间正常空隙及必要的衬隔和铺垫所占的空间),单位 m^3/t(英制为 ft^3/t)。货物积载因数的大小说明货物的轻重程度,反映一定重量的货物需占据船舶多少舱容,或占多少箱容,甚至仓储时需占多少库容。货物积载因数的实测方法为:将 1t 货物堆积成近似正方体的形状,丈量该货堆最大外形尺度,由此计得体积(其中包含货件之间的空隙及必要的衬垫)。如货件较重,仅将件成堆无法反映出件与件之间的装载空隙,则应采用 9 个货件打底,堆高三层(共 27 件)的方法成堆,丈量货堆最大外形尺度及 27 个货件的总重量,通过计算即可得到 1t 货物正常堆装的实际体积数值。散装货物的积载因数可用测量单位容量的方法求得。

3. 货物的性质

1)货物的化学性质

货物的化学性质是指货物的组成成分在一定条件下发生化学变化的性质。钢铁生锈、肥料失效以及黑火药爆炸等都属于化学变化,是由其组成成分所决定的。

2)货物的物理性质

货物的物理性质是指货物受外界温度和湿度的影响而发生物理变化的性质。物理变化虽不改变货物原来的组成成分,但它能造成货物减量或品质下降,为生物化学变化创造条件,甚至造成作业困难或危险事故的发生。固体的软化、熔化或溶解;液体的气化、凝固或冻结;气体的压力变化与爆破;固体物质吸收或散发水分等都是货物在水路运输中经常发生的物理变化。如橡胶或松香等货物的装载部位受热,会使货物软化变形。

货物吸湿对于货运质量有较大的影响,而货物吸湿能力主要取决于以下因素,货物的表面积:多孔性物体和粉粒状物体,因其具有很大的表面积,所以具有较强的吸湿性。货物的化学成分:如果货物的化学成分中含有亲水性原子团,则易吸收水分。物质的易溶性:物质易溶于水者就容易吸湿。货物蒸发水分的气压:货物散发水分具有较低气压者,则吸湿性强。货物的纯度:物质组成成分中含有杂质,会降低蒸发的需要气压,从而增强吸湿性。货物吸湿的程度还与环境温度及湿度有关。当环境空气温度较高,相对湿度较低时,货物易散发水分;气温较低,且相对湿度较高时,货物易吸收水分。货物的吸湿并不是无限的,在一定的温度和湿度条件下,货物吸收与散发水分存在一个平衡状态(该时的水分含量称为平衡水分),如小麦在 20℃时,空气相对湿度为 60% 时的平衡水分为 13.1%。

3)货物的生物性质

货物的生物性质是指有机体具有生命活动,能分解营养成分的性质。它包括货物本身的生命活动(呼吸过程消耗营养质)和微生物在有机营养体内活动两个方面。

粮谷、豆类、油籽、果菜和禽蛋等都存在维持生命的活动,它们通过缓慢氧化(呼吸作用)

维持生命。鲜果和肉类等主要由于微生物的生命活动而使营养质分解。其中，呼吸强度和微生物活动的程度与货物温度和水分含量有关，在温度较高且水分含量较多的情况下，生命活动较为旺盛；在低温且干燥的条件下，生命活动能在一定程度上被抑制。

4）货物的机械性质

货物的机械性质是指货物在受到外力作用时，具有抵抗变形或破坏的能力的性质。货物采用不同包装，可具有不同的抵抗变形或破坏的能力，所以货物的机械性能既与货物本身性质有关，又与其包装质量（材料及形式）有关。

货物抵抗压力的能力、抗压强度（耐压强度）是经常使用的机械性质指标，表示货物单位面积上所能承受的极限压力（帕，Pa），它决定着货物的堆码高度或耐压的强度。货物抵抗冲击力的能力为韧性，货物所受冲击力的大小与货物质量和加速度有关；缺乏韧性时，货物会显示出脆性。一般可通过包件跌落试验得到反映。

4. *危险货物*

为了使各国和国际上管理各种运输方式的危险货物规章得到统一的发展，联合国危险货物运输专家委员会根据科学技术的发展状况，新物质和材料的出现，现代化运输系统的需要，特别是保证人命、财产和环境安全的需要，编写了《关于危险货物运输的建议书》（简称“橙皮书”）。“橙皮书”制度的采用，即危险货物的分类、列表、包装、标记、标签、揭示牌和运输单证制度的普遍采用，将使承运人、发货人和检查当局因简化运输、装卸和管理以及减少手续节省时间从而受益，使国际间运输危险货物的障碍减少。“橙皮书”的内容包括：分类原则和各类别的定义、主要危险货物列表、一般包装要求、试验程序、标记、标签、揭示牌和运输单据：另外还有关于特定类别货物的特别建设，但由于大多数国家对散装危险货物订有特别的规则，因此这些建议不适用于散装危险货物。

由于海上运输是国际贸易运输的主要方式，对危险货物的危险性、包装、运输、保管等需要有一个国际上的统一认识，才能使危险货物在各国间顺利流通，因此，根据联合国《关于危险货物运输的建议书》和国际海事组织《国际海上人命安全公约》第七章危险货物装运的有关规定，国际海事组织制定了《国际海运危险货物规则》，（简称《国际危规》，International Maritime Dangerous Goods Code，IMDG Code）。我国政府于1982年宣布承认并开始在国际海运中实施《国际危规》。

我国交通主管部门以《国际危规》为蓝本，制定并颁布了我国的《水路包装危险货物运输规则》（简称《水路危规》）。《水路危规》已自1996年12月1日起在我国境内的危险货物水路运输中实施。

1）危险货物的分类及特性

由于危险货物品种繁多、性质各异，危险程度大小不一，很多危险货物具有多种危险性，新的危险货物还在不断出现，为了方便安全运输和管理，有必要对危险货物进行科学分类。《国际危规》根据危险货物的理化性质及对人身的伤害情况，将危险货物分为9个大类。因为这种分类并不相互排斥，所以对具有多种危险性质的货物，只能以其占主导的危险性确定其归类，但运输中必须兼顾这类货物的其他危险性质。

第1类——爆炸品（Explosives）；

第2类——气体（Gases）；

第3类——易燃液体（Inflammable Liquids）；

第4类——易燃固体、易于自燃的物质、遇水放出易燃气体的物质(Inflammable Solids, Spontaneously Combustible Substance ,Substances Emitting Inflammable Gases when Wet);

第5类——氧化性物质和有机过氧化物(Oxidizing Substances and Organic Peroxides);

第6类——毒性物质和感染性物质(Toxic and Infectious Substances);

第7类——放射性物质(Radioactive Substances);

第8类——腐蚀性物质(Corrosives);

第9类——杂项危险物质和物品(Miscellaneous Dangerous Substances)。

2)危险货物的包装和标志

(1)危险货物运输包装。危险货物运输包装的要求分为一般要求(通用包装)和特殊要求(专用包装)。

①一般要求的包装。此包装适用于第3类、第4类、第5.1项、第6.1项、第8类和第9类货物。特殊要求的包装适用于第1类、第2类、第5.2项、第6.2项和第7类货物。

②特殊要求的包装。此包装应符合的条件更为严格,需要时还应查规则。

经过试验合格的包装,都应在包装的明显部位标注清晰持久的包装试验合格标志,联合国统一规定了包装试验合格标志。

(2)危险货物的标志。危险货物的标志由危险货物的标记、图案标志(标签)和标牌组成。

①标记。是指标注在包装危险货物外表的简短文字或符号。包括危险货物的完整学名,联合国编号,海洋污染物标记,可免除危险货物图案标志的1.4项,配装类S货物的"1.4"标记,明细表中确定为低度危险而只需标注其他类别的标记如"Class 4.1"等。

②图案标志。是指以危险货物运输规则中规定的色彩、图案和符号绘制成的菱形标志。用它可以醒目地标示包装危险货物的性质。凡具有次要危险性的货物,除要有主要危险性的图案标志外,还要有次要危险性的图案标志。主、次图案标志的不同之处为:前者标注类别号,而后者不标注类别号。

③标牌。是指放大的图案标志(250mm×250mm)。适用于如集装箱、可移动罐柜等较大的运输单元。

《国际危规》规定,危险货物的所有标志均须满足至少3个月海水浸泡后,既不脱落又清晰可辨。《水路危规》规定,危险货物标志应粘贴、印刷牢固,在运输中清晰、不脱离。

《水路危规》规定,按其规定属于危险货物,但在国际运输时不属于危险货物者,当外贸出口时,在国内运输区段包装件上可不标贴危险货物标志,由托运人和作业委托人分别在水路货物运单和作业委托单特约事项栏内注明"外贸出口,免贴标志";外贸进口时,在国内运输区段按危险货物办理。

《国际危规》中属危险货物,但《水路危规》中不属危险货物者,当外贸出口时,国内运输区段内,托运人和作业委托人应按外贸要求标贴危险货物标志,并应在水路货物运单和作业委托单特约事项栏内注明"外贸出口属于危险货物";当外贸进口时,国内运输区段内,托运人和作业委托人应接进口原包装办理国内运输,并应在水路货物运单和作业委托单特约事项栏内注明"外贸进口属于危险货物"。

如果《水路危规》与《国际危规》对货物的分类不一致,当外贸出口时,国内运输区段内,其包装件可粘贴外贸要求的危险货物标志;当外贸进口时,国内运输区段内,按《水路危规》的规定粘贴相应的危险货物标志。

四、远洋运输航线

船舶在两个或多个港口之间从事货物运输的线路称为航线。海运航线按其不同的要求分为国际大洋航线、地区性的国际航线和沿海航线，根据船舶营运的形式可分为定期船航线和不定期船航线。

1. 太平洋航线

太平洋沿岸有30多个国家和地区，经济水平比较发达。太平洋航线有以下几组：

(1)远东—北美西海岸各港航线。包括从中国、韩国、日本和俄罗斯远东海港出发到加拿大、美国、墨西哥等北美西海岸各港。目前我国已与北美西海岸港口之间辟有定期集装箱航线。该航线以日本与美国、加拿大贸易量为最大，其次是韩国。

(2)远东—加勒比海、北美东海岸各港航线。该航线大多是经夏威夷群岛南北至巴拿马运河后到达。

(3)远东—南美西海岸航线。从我国北方沿海各港出发的船舶多经琉球奄美大岛、硫磺列岛、威克岛、夏威夷群岛之南的莱思群岛附近穿越赤道进入南太平洋至南美西海岸各港。

(4)远东—东南亚航线。这组航线是我国、朝鲜、韩国、日本去东南亚各港，以及过马六甲海峡去波斯湾、地中海、西北欧、东西非、南美东海岸各港常走航线。东海、台湾海峡、巴士海峡、南海是该航线船舶经常进出的海域。

(5)远东—澳、新航线。由于澳大利亚面积辽阔，远东至新西兰、澳大利亚东西海岸航线有所不同。我国北方沿海各港去澳东海岸和新西兰港口，走琉球、加罗林群岛、进入所罗门海、珊瑚海；日本等国到该地区的航线也基本与我国相同。但中澳之间的集装箱航线则由我国北方港口南下经香港加载后经南海、苏拉威西海、班达海、阿拉弗拉海，然后进入珊瑚海、塔斯曼海。中国去澳西海岸航线，多半经菲律宾的民都洛海峡，然后经望加锡海峡、龙目海峡南下。

(6)澳、新—北美东西海岸航线。澳、新至北美西海岸航线大多途经苏瓦、火奴鲁鲁等太平洋上重要航站。澳、新至北美东海岸航线则大多取道社会群岛中的帕皮提，后经巴拿马运河到达。

(7)北美—东南亚航线。这组航线一般要经过夏威夷、关岛、菲律宾等地；到北美东海岸和加勒比海各港要经巴拿马运河。

2. 大西洋航线

大西洋水域辽阔，海岸线曲折，有许多优良港湾和深入大陆的内海。北大西洋两侧是西欧、北美两个世界经济发达的地区，又有苏伊士运河和巴拿马运河通印度洋和太平洋。

(1)西北欧—北美东海岸各港航线。这组由北美东海岸经过纽芬兰横渡大西洋进入西北欧的航线历史最悠久，是美国、加拿大与西、北欧各国之间国际贸易的海上大动脉。

(2)西北欧、北美东岸—加勒比海各港航线。该航线大多出英吉利海峡后横渡大西洋。除去加勒比海沿岸各港外，还经巴拿马运河到达美洲太平洋岸西港口。

(3)西北欧、北美东岸—地中海、苏伊士运河去东方航线。这是世界上最繁忙的一条航线，它除与地中海各港间往来外，还与海湾国家往来密切。

(4)西北欧、地中海—南美东海岸航线。该航线一般经过西非大西洋岛屿、加纳利、佛得角群岛上的航站。

(5)西北欧、北美大西洋岸—好望角、东方航线。该航线一般是巨型油船的运输线。西北欧、北美去海湾运油的15万t级以上巨轮必须经过好望角。西非大西洋上的佛得角群岛、加纳利群岛是它们经常停靠的地方。

(6)南美东海岸—好望角航线。它是南美东海岸去海湾运油,或远东国家购买巴西的矿石常走的路线。中国至南美东海岸运油和矿石也走该航线。

3. 印度洋航线

由于印度洋的特殊地理位置,其航线可以将大西洋与太平洋连接起来,因此经过的航线众多。

(1)横贯印度洋东西的航线。这组航线是从亚洲太平洋地区和大洋洲横穿印度洋西行的航线,在这组航线上的港口如塞得港、苏伊士港、亚丁、科伦坡等因地理位置的特殊性而有着极其重要的地位。

(2)进出印度洋北部国家各港的航线。印度洋北部包括孟加拉湾、阿拉伯海沿岸各国,即进出缅甸、孟加拉国、印度、斯里兰卡、巴基斯坦等国港口的航线。船舶来自东部太平洋地区或欧洲。

(3)进出波斯湾沿岸国家的航线。波斯湾沿岸大多为石油输出国,石油为这组航线的基本货物。大致分3条航线,一条是去曼德海峡和红海,经苏伊士运河、地中海进入大西洋,到达欧洲或继续驶往北美。另一条是南下印度洋,经东非的索马里、肯尼亚、坦桑尼亚附近,绕道好望角通往大西洋,到达西欧和北美。还有一条是由波斯湾东行,经印度洋、马六甲海峡、太平洋到东南亚和日本。

(4)出非洲东岸国家的航线。在这条航线上货物的运量较其他航线要少,但它仍是印度洋上一组重要的航线。

4. 集装箱运输的主要航线

当前,世界上规模最大的3条主要集装箱航线是:远东—北美航线,远东—欧洲、地中海航线和北美—欧洲、地中海航线。

(1)远东—北美航线,习惯上也称为(泛)太平洋航线。该航线实际上可以分为两条航线,一条是远东—北美西岸航线,另一条为远东—北美东岸航线。远东—北美西岸航线主要由远东—加利福尼亚航线和远东—西雅图、温哥华航线组成。其涉及港口主要有亚洲的高雄、釜山、上海、香港、东京、神户、横滨等港口,北美西岸的长滩、洛杉矶、西雅图、塔科马、奥克兰港和温哥华港,涉及亚洲的中国、韩国、日本和中国香港、台湾地区以及北美的美国和加拿大东部地区。远东—北美东岸的纽约航线涉及的北美东岸港口主要有美东地区的纽约、新泽西港、查尔斯顿港和新奥尔良港。

(2)远东—欧洲、地中海航线,也被称为欧地线。该航线由远东—欧洲航线和远东—地中海航线组成。远东—欧洲航线是1879年由英国4家船公司开辟的世界最古老的定期航线。欧洲地区涉及的主要港口有:荷兰的鹿特丹港,德国的汉堡港、不来梅港,比利时的安特卫普港和英国的费利克斯托港。远东—地中海航线是1972年10月开始集装箱运输的,其地中海地区主要涉及的港口有位于西班牙南部的阿尔赫西拉斯、意大利的焦亚陶罗和位于地中海的中央、马耳他岛的南端的马尔萨什洛克港。

(3)北美—欧洲、地中海航线,也被称为跨大西洋航线。该航线实际包括3条航线:北美东岸、海湾—欧洲航线，北美东岸、海湾—地中海航线和北美西岸—欧洲、地中海航线。

第三节　集装箱运输基础知识

一、集装箱的定义和标准化

1. 集装箱的定义

集装箱(Container)在我国台湾和香港等地称为“货柜”或“货箱”。根据国际标准化组织(International Standardization Organization，ISO)及大多数标准术语的定义，它是一种运输设备(Transport Equipment)，而在运输实践中又分为 S. O. C(Shipper Owned Container)和 C. O. C(Carrier Owned Container)两种情况来处理。国际标准化组织规定了集装箱规格，力求使集装箱标准化得到统一。标准化组织不仅对集装箱尺寸、术语、试验方法等，而且就集装箱的构造、性能等技术特征作了某些规定。集装箱的标准化促进了集装箱在国际间的流通，对国际货物流转的合理化起了重大作用。

根据《国际标准化组织 104 技术委员会》(简称 ISO/104)的规定，集装箱应具有如下条件：

(1)具有耐久性，其坚固强度足以反复使用(a permanent character and accordingly strong enough to be suitable for repeated use)；

(2)便于商品运送而专门设计的，在一种或多种运输方式中运输无需中途换装(specially designed to facilitate the carriage of goods, by one or more modes of transport, without intermediate reloading)；

(3)设有便于装卸和搬运，特别是便于从一种运输方式转移到另一种运输方式的装置(fitted with devices permitting its ready handling, particularly its transfer from one mode of transport to another)；

(4)设计时应注意到便于货物装满或卸空(so designed as to be easy to fill and empty)；

(5)内容积为 $1m^3$ 或以上(having an internal volume of $1m^3$ or more)。

承运人提供的集装箱(C. O. C)应能满足抵抗海上运输中所会遇到的可预见的风险的条件和能满足货物运输所需要的条件。货主箱(S. O. C)则应能满足抵抗海上运输中所可能遇见的风险的条件。

2. 集装箱标准化

集装箱标准化的工作早在 1933 年就已开始了，当时欧洲铁路采用了“国际铁路联盟”的集装箱标准。1957 年，美国霍尔博士首先发表了有关集装箱标准化的设想，并写了许多有关集装箱标准化的著作。1958 年，美国标准协会、美国海运管理署、美国国际运输协会开始集装箱标准化工作。1959 年美国国际运输协会建议采用 8’×8’×20’、8’×8’×40’型集装箱。1964 年 4 月，美国标准协会采用了 8’×8’×10’、8’×8’×20’、8’×8’×30’、8’×8’×40’型集装箱为国家标准集装箱。

ISO/TC104 是国际标准化组织下的一个专门制订集装箱标准的国际性技术委员会组织，下设 3 个分委会和 8 个工作组。分委会分别负责通用集装箱的国际标准化工作、专用集装箱的国际标准化工作和代码、标记和通讯的国际标准化工作。1961 年 ISO/TC104 成立后，首先对集装箱规格和尺寸等基础标准进行研究，并于1964年7月颁布世界上第一个集装箱规格尺寸的国际标准，此后，又相继制订了集装箱箱型技术标准、零部件标准以及名词术语、标记代码等标准。目前，ISO/TC104共计已制订了18项集装箱国际标准。

在中国，1978年8月，颁布实施了第一个集装箱国家标准——《集装箱规格尺寸国家标准》（GB 1413—78）。为了加强中国集装箱专业领域内的标准化工作，又于1980年3月成立了全国集装箱标准化技术委员会。委员会成立后，共组织制订了21项集装箱国家标准和11项集装箱行业标准。

目前使用的国际集装箱规格尺寸主要是第一系列的4种箱型，即A型、B型、C型和D型。它们的尺寸和重量如表1-3所示。另外，为了便于计算集装箱数量，可以以20ft的集装箱作为换算标准箱（Twenty foot Equivalent Unit，TEU），并以此作为集装箱船载箱量、港口集装箱吞吐量、集装箱保有量等的计量单位。其相互关系为：40ft集装箱 = 2TEU，30ft集装箱 = 1.5TEU，20ft集装箱 = 1TEU，10ft集装箱 = 0.5TEU。另外，实践中人们有时将40ft集装箱称为FEU（Forty Foot Equivalent Unit）。

第一系列集装箱规格尺寸和总重量 表1-3

<table>
<tr><th rowspan="2">规格（ft）</th><th rowspan="2">箱型</th><th colspan="2">长</th><th colspan="2">宽</th><th colspan="2">高</th><th colspan="2">最大总重量</th></tr>
<tr><th>公制 mm</th><th>英制 ft in</th><th>公制 mm</th><th>英制 ft in</th><th>公制 mm</th><th>英制 ft in</th><th>kg</th><th>lb</th></tr>
<tr><td rowspan="4">40</td><td>1AAA</td><td rowspan="4">12 192</td><td rowspan="4">40′</td><td rowspan="4">2 438</td><td rowspan="4">8′</td><td>2 896</td><td>9′6″</td><td rowspan="4">30 480</td><td rowspan="4">67 200</td></tr>
<tr><td>1AA</td><td>2 591</td><td>8′6″</td></tr>
<tr><td>1A</td><td>2 438</td><td>8′</td></tr>
<tr><td>1AX</td><td><2 438</td><td><8′</td></tr>
<tr><td rowspan="4">30</td><td>1BBB</td><td rowspan="4">9 125</td><td rowspan="4">29′11.25″</td><td rowspan="4">2 438</td><td rowspan="4">8′</td><td>2 896</td><td>9′6″</td><td rowspan="4">25 400</td><td rowspan="4">56 000</td></tr>
<tr><td>1BB</td><td>2 591</td><td>8′6″</td></tr>
<tr><td>1B</td><td>2 438</td><td>8′</td></tr>
<tr><td>1BX</td><td><2 438</td><td><8′</td></tr>
<tr><td rowspan="3">20</td><td>1CC</td><td rowspan="3">6 058</td><td rowspan="3">19′10.5″</td><td rowspan="3">2 438</td><td rowspan="3">8′</td><td>2 591</td><td>8′6″</td><td rowspan="3">24 000</td><td rowspan="3">52 900</td></tr>
<tr><td>1C</td><td>2 438</td><td>8′</td></tr>
<tr><td>1CX</td><td><2 438</td><td><8′</td></tr>
<tr><td rowspan="2">10</td><td>1D</td><td rowspan="2">2 991</td><td rowspan="2">9′9.75″</td><td rowspan="2">2 438</td><td rowspan="2">8′</td><td>2 438</td><td>8′</td><td rowspan="2">10 160</td><td rowspan="2">22 400</td></tr>
<tr><td>1DX</td><td><2 438</td><td><8′</td></tr>
</table>

二、集装箱的类型

集装箱分类可以有多种方法，如以制造材料不同或以尺度不同等进行分类。这里以集装箱的用途不同进行分类，以使大家在工作中可以根据所运输的货物的不同来选择不同类型的集装箱。

1. 干货集装箱（Dry Cargo Container，DC）

除冷冻货、活的动物、植物外，不需要调节温度，且在尺寸、重量等方面均适于装于箱内箱运输的货物，几乎均可使用干货集装箱。一般所称的通用集装箱（General Purpose Container，

GP)就是这种集装箱。这种集装箱适用于各种干杂货,包括日用百货、食品、机械、仪器、家电用品、医药及各种贵重物品。在集装箱运输中,这种集装箱所占的比重最大,国际标准化组织建议的标准集装箱的系列,指的都是这种集装箱。这种集装箱样式较多,使用时应注意箱子内部容积和最大负荷,特别是在使用20ft、40ft 集装箱时更应注意这一点。

2. 保温集装箱(Insulated Container)

保温集装箱是一种所有箱壁都用导热率低的材料隔热,用以运输需要冷藏和保温的货物的集装箱,一般包括3种类型:

1)冷藏集装箱(Reefer Container,RF)

冷藏集装箱是指"装载冷藏货并附设有冷冻机的集装箱"。在运输过程中,启动冷冻机使货物保持在所要求的指定温度。箱内顶部装有挂肉类、水果的钩子和轨道,适用于装载冷藏食品、新鲜水果或特种化工产品等。冷藏集装箱投资大,制造费用几倍于普通箱;在来回程冷藏货源不平衡的航线上,常常需要回运空箱;船上用于装载冷藏集装箱的箱位有限;同普通箱比较,该种集装箱的营运费用较高,除因支付修理、洗涤费用外,每次装箱前应检验冷冻装置,并定期为这些装置大修而支付不少费用。

在实际营运过程中,冷藏集装箱的货运事故较多,原因之一是由于箱子本身或箱子在码头堆场存放或装卸时所致;另一原因是发货人在进行装箱工作时,对箱内货物所需要的温度及冷冻装置的操作缺乏足够的谨慎所致。尽管如此,世界冷藏货运量中,使用冷藏集装箱方式的比重不断上升,近年来已经超过使用冷藏船运输方式的比重。

2)隔热集装箱(Insulated Produce Container)

这是一种为防止箱内温度上升,使货物保持鲜度,主要用于载运水果、蔬菜等类货物的集装箱。通常用干冰制冷,保温时间约72h。

3)通风集装箱(Ventilated Container)

这是一种为装运不需要冷冻,且具有呼吸作用的水果蔬菜类货物,而在端壁上开有通风口的集装箱。这种集装箱通常以设有通风孔的冷藏集装箱代用。

3. 特种集装箱(Special Container)

这是一种为适应特种货物运输的需要,而在集装箱的结构和设备方面进行了特殊设计和装备的集装箱。这种集装箱因所适用的货物种类不同而有许多种类,其中主要有:

1)散货集装箱(Solid Bulk Container)

散装集装箱主要用于运输啤酒、豆类、谷物、硼砂、树脂等货物。散装集装箱的使用有严格要求,如:每次掏箱后,要进行清扫,使箱底、两侧保持光洁;为防止汗湿,箱内金属部分应尽可能少外露;有时需要熏蒸,箱子应具有气密性;在积载时,除了由箱底主要负重外,还应考虑到将货物重量向两侧分散;箱子的结构易于洗涤;主要适用装运重量较大的货物,因此,要求箱子自重应比较轻。

2)罐式集装箱(Tank Container,TK)

这类集装箱专门装运各种液体货物,如食品、酒品、药品、化工品等。货物由液罐顶部的装货孔进入,卸货时,货物由排出孔靠重力作用自行流出,或者由顶部装货孔吸出。

3)敞顶集装箱(Open Top Container,OT)

敞顶集装箱,实践中又称开顶集装箱,是集装箱种类中属于需求增长较少的一种,主要原因是货物装载量较少,在没有月台、叉车等设备的仓库无法进行装箱,在装载较重的货物时还需使用起重机。这种箱子的特点是起重机可从箱子上面进行装卸货物,然后用防水布覆盖。目前,开顶集装箱仅限于装运较高货物或用于代替尚未得到有关公约批准的集装箱种类。

4)框架集装箱 (Flat Rack Container,FR)

这是以装载超重货物为主的集装箱,省去箱顶和两侧,其特点是可从箱子侧面进行装卸。框架集装箱可适用于那些形状不一的货物,如废钢铁、卡车、叉车等。框架集装箱的主要特点有:自身较重;普通集装箱是采用整体结构的,箱子所受应力可通过箱板扩散,而框架集装箱仅以箱底承受货物的重量,其强度很大;出于同样的原因,这种集装箱的底部较厚,所以相对来说,可供使用的高度较小,密封程度差。由于这些原因,该种集装箱通过海上运输时,必须装载舱内运输,在堆场存放时也应用毡布覆盖。同时,货物本身的包装也应适应这种集装箱。

5)牲畜集装箱(Pen Container)

这是一种专门为装运动物而制造的特殊集装箱,箱子的构造采用美国农业部的意见,材料选用金属网使其通风良好,而且便于喂食,该种集装箱也能装载小汽车。

6)汽车集装箱 (Car Container)

这是专门供运输汽车而制造的集装箱,结构简单,通常只设有框架与箱底,根据汽车的高度,可装载一层或两层。

三、集装箱的标志

为了方便集装箱运输管理,ISO 拟订了集装箱标志方案。根据 ISO 790—73,集装箱应在规定的位置上标出以下内容:

1. 第 1 组标记:箱主代码、顺序号和核对数

1)箱主代码

集装箱所有者的代码,它由 4 位拉丁字母表示;前 3 位由箱主自己规定,并向国际集装箱局登记;第 4 位字母为 U,表示海运集装箱代号。例如,中国远洋运输(集团)总公司的箱主代码为:COSU。

2)顺序号

为集装箱编号,按照国家标准(GB 1836—85)的规定,用 6 位阿拉伯数字表示,不足 6 位,则以 0 补之。

3)核对数

用于计算机核对箱主号与顺序号记录的正确性。核对号一般位于顺序号之后,用一位阿拉伯数字表示,并加方框以醒目。核对号是由箱主代码的 4 位字母与顺序号的 6 位数字通过一定方法换算而得。

2. 第 2 组标记:国籍代号、尺寸代号和类型代号

1)国籍代号

用 3 位拉丁字母表示,说明集装箱的登记国,例如,“RCX”为“中华人民共和国”的代号。

2)尺寸代号

由 2 位阿拉伯数字组成,用于表示集装箱的尺寸大小。例如,20 表示 20 英尺长、8 英尺高的集装箱。

3)类型代号

由2位阿拉伯数字组成,说明集装箱的类型,其中00~09为通用集装箱、30~49为冷藏集装箱、50~59为敞顶式集装箱。

3. 第3组标记:最大总重和自重

1)最大总重(Max Gross)

又称额定重量,是集装箱的自重和最大允许载货量之和。最大总重单位用公斤(kg)和磅(lb)同时标出。

2)自重(Tare)

是集装箱的空箱重量。

四、集装箱货物的装载

1. 集装箱的选择与检查

1)集装箱的选择

在进行集装箱货物装箱前,首先应根据所运输的货物种类、包装、性质和其运输要求,选择合适的集装箱。所选择集装箱应符合以下基本条件:

(1)符合ISO标准;

(2)四柱、六面、八角完好无损;

(3)箱子各焊接部位牢固;

(4)箱子内部清洁、干燥、无味、无尘;

(5)不漏水、漏光;

(6)具有合格检验证书。

国际集装箱标准有3个系列,共15种。在这15种集装箱中,采用何种规格为宜,应根据货物的情况以及航线上所经港口的条件和运输路线的环境来决定。

选用集装箱时,主要考虑的是根据货物的不同种类、性质、形状、包装、体积、重量,以及运输要求采用其合适的箱子。首先要考虑的是货物是否装得下,其次再考虑在经济上是否合理,与货物所要求的运输条件是否符合。

2)集装箱的检查

集装箱在装载货物之前,都必须经过严格检查。一只有缺陷的集装箱,轻则导致货损,重则在运输、装卸过程中造成箱毁人亡事故。所以,对集装箱的检查是货物安全运输的基本条件之一。发货人、承运人、收货人以及其他关系人在相互交接时,除对箱子进行检查外,则应以设备交接单等书面形式确认箱子交接时的状态。通常,对集装箱的检查应做到:

(1)外部检查。对箱子进行六面察看,外部是否有损伤、变形、破口等异样情况,如有即作出修理部位的标志。

(2)内部检查。对箱子的内侧进行六面察看,是否漏水、漏光、有无污点、水迹等。

(3)箱门检查。门的四周是否水密,门锁是否完整,箱门能否270°开启。

(4)清洁检查。箱子内有无残留物、污染、锈蚀异味、水湿。如不符合要求,应予以清扫、甚至更换。

(5)附属件的检查。对货物的加固环节,如板架式集装箱的支援、平板集装箱、敞棚集装箱上部延伸用加强结构等状态的检查。

2. 货物装箱的一般方法

随着集装箱运输的不断发展,不同种类、不同性质、不同包装的货物都有可能装入集装箱内进行运输。同时,从事集装箱运输的管理人员以及操作人员不断增多,为确保货运质量的安全,做好箱内货物的积载工作是很重要的。许多货损事故的发生都是装箱不当所造成。货物在集装箱内的堆装、系固等工作看起来似乎比较简单,但由于集装箱货物在整个运输过程中可能涉及多种运输方式,特别是海上运输区段风险更大,货损事故难免发生。货物在箱内由于积载、装箱不当不仅会造成货损,还会给运输及装卸机械等设备造成损坏,甚至人身伤亡。

货物在装入集装箱内时应注意的事项有:

(1)在不同件杂货混装在同一箱内时,应根据货物的性质、重量、外包装的强度、货物的特性等情况,将货区分开。将包装牢固、重件货装在箱子底部,包装不牢、轻货则装在箱子上部。

(2)货物在箱子内的重量分布应均衡。如箱子某一部位装载的负荷过重,则有可能使箱子底部结构发生弯曲或脱开的危险。在起重机和其他机械作业时,箱子会发生倾斜,致使作业不能进行。此外,在陆上运输时,如存在上述情况,拖车前后轮的负荷因差异过大,也会在行驶中发生故障。

(3)在进行货物堆码时,则应根据货物的包装强度,决定货物的堆码层数。另外,为使箱内下层货物不致被压坏,应在货物堆码之间垫入缓冲材料。

(4)货物与货物之间,也应加隔板或隔垫材料,避免货物相互擦伤、沾湿、污损。

(5)货物的装载要严密整齐,货物之间不应留有空隙,这样不仅可充分利用箱内容积,也可防止货物相互碰撞而造成损坏。

(6)在目的地掏箱时,由于对靠箱口附近的货物没有采取系固措施,曾发生过货物倒塌,造成货物损坏和人身伤亡的事故。因此,在装箱完毕,关箱前应采取措施,防止箱口附近货物的倒塌。

(7)应使用清洁、干燥的垫料(胶合板、草席、缓冲器材、隔垫板)。如使用潮湿的垫料,就容易发生货损事故。

(8)应根据货物的不同种类、性质、包装,选用不同规格的集装箱,选用的箱子应符合国际标准,经过严格的检查,并具有检验部门发给的合格证书。

3. 特殊货物的装箱要求

1)超尺度和超重货的装箱

所谓超尺度和超重货是指货物的尺度超过了国际标准集装箱的尺寸而装载不下的货物,以及单件货物重量超过了国际标准集装箱的最大载货重量而不能装载的货物。

一方面,集装箱船的箱格结构和装卸集装箱的机械设备是根据集装箱标准来设计的。因此,如果货物的尺寸、重量超过了这一标准规格,则无论是对于集装箱船的装载和集装箱的装卸作业,都会造成一定的困难。但从另一方面来说,由于集装箱运输的不断发展,货主方面不断提出使用非标准集装箱的要求,这就迫使有关方面研究如何运输这些超尺度和超重货的方法,以满足货主的要求。

(1)超高货。通常,干货集装箱箱门的有效高度,20ft 型箱为 2 135 ~2 154mm,40ft 型箱为 2 265 ~2 284mm。如货物超过了这一高度,则属于超高货。超高货的运输必须用开顶集装箱,或用板架集装箱装载。超高货的装载运输，对内陆运输、车站、码头、装卸机械、船舶装载等带来许多问题，首先，影响陆上运输：超高货通过陆上运输时，公路能通过的高度一般都是有限制的，这种限制高度各国规定不一，但在公路交通法规中均有具体规定。国际标准集装箱的高度为2 438mm（1A型和1C型，1AA型、1CC型为2 591mm），在这一高度内，一般来说，陆上运输没有问题。如超高20mm左右，一般还可通过。但如超过20mm以上时，应向有关部门提出申请，在得到允许时方可进行运输。这种允许往往带有附加条件，如只能在夜间通行或必须减速通行等。其次，影响装卸机械作业：由于集装箱码头堆场和车站使用的装卸机械设备，如装卸桥、跨运车、龙门起重机等都是按标准集装箱设计的，没有考虑超高货装载的特殊情况，因此无法利用专用吊具装卸超高集装箱。如对超高货进行装卸，必须在装卸机械上临时安装一定的附属工具才能进行装卸。另外，影响到船舶装载：集装箱船装载超高货箱时，只能堆装在舱内，或甲板上的最高层。但集装箱船的设计高度一般是以8′6″的高度为标准，而1C型集装箱通常的高度为8′，因此，在舱内装载8′高的集装箱时，舱内垂直方向将留有一定的空隙。如舱内堆6层高，则会出现6×6″=3′6″的空隙。另外，如超高量太大，整个货物的重心高度必然会提高，随之会影响船舶稳性高度，给海上货物运输带来不安全因素。

（2）超宽度。关于集装箱运输下允许货物在横向突出的距离，首先是受到集装箱船箱格结构的限制。在陆上运输时，其超宽的限制不如超高那样严格。关于装卸机械对超宽的限制则根据所使用的机械设备种类而定，如跨运车，一般对每边超宽10cm以内的集装箱可从底盘车上卸下，但如超过了10mm，跨运车则无法作业。

（3）超长货。在箱格结构的集装箱船上，船舱内是无法装载超长货的。因为每一个箱格都有横向构件，所以如必须装运时，也只能装载甲板运输。从集装箱本身条件看，只有板架集装箱才能装载超长货，因板架集装箱可将两端插板取下，装货时把插板铺在货物下面就可以了。

（4）超重货。集装箱装载货物的重量和箱子自重的总重是有限制的，20ft箱为20长吨（20.320t），40ft箱为30长吨（30.480t），所有的与其有关的运输工具和装卸机械也都是根据这一总重来设计的。因此，应注意在装箱完毕后，其总重量不能超出上述规定的数值，否则，会影响集装箱的安全运输。一旦在装箱完毕后发现已超出了所规定的最大允许重量，应取出一部分货物，因为箱子超重是绝对不允许的。

2）液体货的装箱

散装的液体货可以利用罐式集装箱运输，这样可以节约大量的包装费用和装卸费用。采用罐式集装箱运输液体货物时应注意：

（1）罐式集装箱本身结构、性能、箱内面的涂料是否满足货物的运输要求；

（2）查明集装箱的容量和所允许的载重量的比例与货物密度是否接近一致，当货物密度较大装载半罐的情况下，在装卸和运输过程中有损罐的危险；

（3）查明排罐时是否具有必要的设备，这些设备是否适用于箱子的阀门等；

（4）检查安全阀是否有效；

（5）了解货物的特性，在运输和装卸过程中是否需要加温，以及装卸地是否具有蒸汽源和电源；

（6）了解有关法规是否受其制约等。

3）冷藏货的装箱

冷藏集装箱所装载的货物可分为冷却货物（Chilled Cargo）和冷冻货物（Frozen Cargo）两种。前者是指一般选定不冻结的温度，或是货物表面有轻微结冻的温度，其温度范围在11～-1℃，冷却货物的目的是为了维持货物的呼吸和防止箱内出汗。后者是指将货物冷冻起来运输，其温度范围通常在-11～-20℃不等。

对冷藏货物在运输途中应保持的温度，货主在托运时都应有指示，承运人则应严格遵照执行。双方都应保管好有关该票货物在运输途中所需要的文件，以便发生纠纷后就温度问题引起的争执时有据可依。

冷藏货在装箱前，对集装箱和货物都应进行检查。对以下事项需特别注意：

（1）冷冻装置的启动、运转、停止；

（2）通风孔处于何种状态（开启或关闭）；

（3）泄水管是否堵塞；

（4）集装箱本身的气塞性；

（5）冷藏货是否达到规定的温度；

（6）装箱时，应注意货物不要堵塞冷气通道，天棚部分留有一定间隙；

（7）装载期间，冷冻装置应停止运转。

4）动植物的装箱

一般来说，动、植物的检疫应根据出口国的规定进行。同时，还要注意有些国家规定动、植物的进口一定要经过检疫人员的检查，并得到许可后才能进口，如得不到许可，则会强制处理，如杀死、烧毁等。

动、植物检疫的对象通常是牛、马、羊、猪和经屠宰后的皮、毛、肉、肠等。运输该类货物的集装箱有两种，一种是密闭性的，另一种是非密闭性的。

装箱时应根据具体的动、植物情况，注意：

（1）集装箱的适货性；

（2）装箱时的环境；

（3）货物所需的备料；

（4）货物的装箱量等。

5）散装货的装箱

用集装箱装载运输散装货可节省包装费用和装卸费用。散货集装箱主要用于装载运输小麦、麦芽、谷物、树脂、铅粉等，在该类货物装箱时应注意：

（1）装卸地的装卸设施；

（2）箱型的选定及清扫；

（3）防止因出汗而造成的货损；

（4）不同货物的自然特性；

（5）箱子应清洁、干燥、无味等。

6）危险货物的装箱

危险货物的装箱方法和运输要求与非危险货物是完全不同的，这是因为考虑到该类货物的物理特性、化学特性，以及运输安全的要求，对危险货物的装箱要求是：

(1)不符合要求的危险货物,或已有破损、渗漏情况的不得装入箱内。

(2)危险货物的任何部分不得突出到箱外,装箱后即应关门封锁。

(3)不应将危险货物与不相容的物质装载同一箱内,除特殊情况由主管当局同意者外。

(4)危险货物只有按规定包装后才能装载集装箱运输;某些干燥的散装危险货,可装载由主管当局特准制作的用于该种货物运输的集装箱内。

(5)液体货物和非冷藏的压缩气体的装载应得到主管部门的批准。

(6)将装载在集装箱内的危险物质和其他任何物质的包件予以固定。

(7)当一票危险货物只构成集装箱内所装货物的一部分时,最好将其装载在箱门附近。

(8)对托运人来说,应在货物托运单上或单独的申报单上保证他所托运的货物已正确申报货名、加以包装、作出标志,并具有适运的条件。

(9)负责将危险货物装入集装箱内的工作人员,应提交"集装箱装运危险货物装箱证明书",以证实已正确装箱并符合以下规定:

①集装箱清洁、干燥,外观上适合装货;

②集装箱内未装入不相容的货物;

③所有包件都经过外部破损检查,装入箱内的包件是完好的;

④所有包件都已恰当地装入集装箱并加以牢固;

⑤集装箱及其包件都有正确的标记、标志;

⑥对集装箱内所装的每一票货物,已经收到其根据《国际海运危险货物规则》所要求的危险货物申报单。

(10)装有危险货物的集装箱,应有规格不少于250mm×250mm的《国际海运危险货物规则》类别标志(标牌),应至少有4幅这种标志(标牌),并将其贴在外部明显的地方,每侧各一幅,前后端各一幅。

(11)集装箱一经认为无危险性,所有危险标志应从箱体上去掉或加以遮盖。

(12)装载有危险货物的集装箱,应检查外部有无所装内容的破损、撒漏或渗漏迹象,一旦发现有破损、撒漏或渗漏的集装箱,在未加以修理和将容器移走前,都不予以承运。

(13)装载危险货物的集装箱卸空后,应采取措施保证集装箱没有污染,而使集装箱不具有危险性。

五、集装箱货物的交接

1. 集装箱货物的流转形态

集装箱运输是将散件货物(Break Bulk Cargo)汇成一个运输单元(集装箱),使用船舶等运输工具进行运输的方式。集装箱运输的货物流通途径与传统的杂货运输有所不同,集装箱运输不仅与传统杂货运输一样以港口作为货物交接、换装的地点,还可以在港口以外的地点设立货物交接、换装的站点(Inland Depot)。

集装箱运输改变了传统的货物流通途径,在集装箱货物的流转过程中,其基本流转形态有整箱货和拼箱货两种,另外还有合并运输和分立运输的特殊做法。

1)整箱货(FCL—FCL)

整箱货(Full Container cargo Load,FCL)是指由货方负责装箱和计数,填写装箱单,并加封志的集装箱货物，通常只有一个发货人和一个收货人。

在目前的海上货运实践中，班轮公司主要从事整箱货的货运业务。

2）拼箱货（LCL—LCL）

拼箱货（Less than Container cargo Load，LCL）是指由承运人的集装箱货运站负责装箱和计数，填写装箱单，并加封志的集装箱货物，通常每一票货物的数量较少，因此装载拼箱货的集装箱内的货物会涉及多个发货人和多个收货人。承运人负责在箱内每件货物外表状况明显良好的情况下接受并在相同的状况下交付拼箱货。

在目前的货运实践中，主要由拼箱集运公司或货运代理公司从事拼箱货的货运业务。

3）合并运输（LCL—FCL）

这种条款中，货物由承运人在装货港集装箱场站安排装箱，由收货人自行拆箱；一般是多票拼箱货有同一个收货人，装同一个集装箱，由托运人支付装箱费。

4）分立运输（FCL—LCL）

这种条款中，货物由发货人自行装箱，由承运人安排目的地集装箱场站拆箱；一般是多票拼箱货有同一个发货人，装同一个集装箱，收货人需支付拆箱费。

2. 集装箱货物的交接地点

货物运输中的交接地点是指根据运输合同，承运人与货方交接货物、划分责任风险和费用的地点。由于国际公约或各国法律通常制定了强制性的法律规范，因此承运人不能通过合同的方式减轻自己的责任；而有关费用问题，则可以由双方当事人另行约定。在集装箱运输中，根据实际需要，货物的交接地点并不固定。

无论是出口国的“接货”，还是进口国的“交货”，目前集装箱运输中货物的交接地点常用的主要有集装箱堆场（CY）、集装箱货运站（CFS）和其他双方约定的地点“门（Door）”。

1）集装箱堆场（Container Yard，CY）

是交接和保管空箱（Empty Container）和重箱（Full Container）的场所，也是集装箱换装运输工具的场所。

2）集装箱货运站（Container Freight Station，CFS）

是拼箱货交接和保管的场所，也是拼箱货装箱和拆箱的场所。

3. 集装箱货物的交接方式

根据集装箱货物的交接地点不同，理论上可以通过排列组合的方法得到集装箱货物的交接方式为9种。在不同的交接方式中，集装箱运输经营人与货方承担的责任、义务不同，集装箱运输经营人的运输组织的内容、范围也不同。

1）门到门（Door to Door）交接方式

门到门交接方式是指运输经营人由发货人的工厂或仓库接受货物，负责将货物运至收货人的工厂或仓库交付。在这种交付方式下，货物的交接形态都是整箱交接。

2）门到场（Door to CY）交接方式

门到场交接方式是指运输经营人在发货人的工厂或仓库接受货物，并负责将货物运至卸货港码头堆场或其内陆堆场，在CY处向收货人交付。在这种交接方式下，货物也都是整箱交接。

3）门到站（Door to CFS）交接方式

门到站交接方式是指运输经营人在发货人的工厂或仓库接受货物，并负责将货物运至卸货港码头的集装箱货运站或其在内陆地区的货运站，经拆箱后向各收货人交付。在这种交接方式下，运输经营人一般是以整箱形态接受货物，以拼箱形态交付货物。

4）场到门（CY to Door）交接方式

场到门交接方式是指运输经营人在码头堆场或其内陆堆场接受发货人的货物（整箱货），并负责把货物运至收货人的工厂或仓库向收货人交付（整箱货）。

5）场到场（CY to CY）交接方式

场到场交接方式是指运输经营人在装货港的码头堆场或其内陆堆场接受货物（整箱货），并负责运至卸货港码头堆场或其内陆堆场，在堆场向收货人交付（整箱货）。

6）场到站（CY to CFS）交接方式

场到站交接方式是指运输经营人在装货港的码头堆场或其内陆堆场接受货物（整箱），负责运至卸货港码头集装箱货运站或其在内陆地区的集装箱货运站，一般经拆箱后向收货人交付。

7）站到门（CFS to Door）交接方式

站到门交接方式是指运输经营人在装货港码头的集装箱货运站及其内陆的集装箱货运站接受货物（经拼箱后），负责运至收货人的工厂或仓库交付。在这种交接方式下，运输经营人一般是以拼箱形态接受货物，以整箱形态交付货物。

8）站到场（CFS to CY）交接方式

站到场交接方式是指运输经营人在装货港码头或其内陆的集装箱货运站接受货物（经拼箱后），负责运至卸货港码头或内陆地区的堆场交付。在这种方式下，货物的交接形态一般也是以拼箱形态接受货物，以整箱形态交付货物。

9）站到站（CFS to CFS）交接方式

站到站交接方式是指运输经营人在装货港码头或内陆地区的集装箱货运站接受货物（经拼箱后），负责运至卸货港码头或其内陆地区的集装箱货运站，（经拆箱后）向收货人交付。在这种方式下，货物的交接形态一般都是拼箱交接。

以上9种交接方式是集装箱运输中集装箱货物理论上所存在的交接方式。实践中，海运集装箱货物交接的主要方式为：CY to CY 是班轮公司通常采用的交接方式；CFS to CFS 是集拼经营人通常采用的交接方式。

4. 其他特殊交接地点和方式

1）FI 方式接货

由托运人自行提取空箱、装箱、理货、加封、并负责将重箱装船，承担将货物装船至舱内之前所产生的一切费用和风险，承运人在舱内接受重箱并安排运输。

2）LI / TACKLE / HOOK 方式接货

由托运人自行提取空箱、装箱、理货、加封、并负责将重箱运至码头/锚地船边吊钩下并承担货物起吊前的一切费用和风险，承运人负责装船并安排运输。

3）FO 方式交货

承运人将重箱运至卸港，在舱内将重箱交付收货人。收货人在舱内接受重箱并承担卸船以及卸船以后所产生的一切费用和风险。

4）LO / TACKLE / HOOK 方式交货

承运人将重箱运至卸港的码头/锚地并负责卸船，在船边吊钩下将重箱交付收货人。收货人在船边吊钩下接受重箱并承担卸船以后所产生的一切费用和风险。

5)FOR 方式交货

承运人将重箱运至收货人指定地点的火车站,在火车车板上将重箱交付收货人,收货人在火车车板上接受重箱并承担卸车以及卸车以后所产生的一切费用及风险。

6)TO WATER 方式交货

主要用于运输小型船舶。承运人将货物运至卸港的码头/锚地并负责将所运货物卸在水面上,在船边吊钩下将货物交付收货人。收货人在船边吊钩下接受货物并承担卸船以后所产生的一切费用和风险。

5. 集装箱货物的交接责任

对于拼箱货的交接责任,如同件杂货那样,承运人对货物的标志、件数或数量以及表面状况承担责任。而对于整箱货的交接责任,有关海上货物运输的国际公约以及各国海商法均未作出特别规定。

对于整箱货的交接责任,通常承运人根据提单正面和背面的印刷条款(如:Received in external apparent good order and condition except as otherwise noted. The total number of the packages or units stuffed in the container, the description of the goods and the weights shown in this Bill of Lading are furnished by the merchants, and which the carrier has no reasonable means of checking and is not a part of this Bills of Lading contract. [1])以及提单正面的附加条款(如:Said to Contain, STC; Shipper's Load And Count, SLAC; Shipper's Load, Count and Seal, SLCAS; Said By Shipper, SBS; One Container Only, OCO 等"不知条款"),仅承担在箱体完好和封志完整的状况下接受并在相同的状况下交付货物的责任,托运人承担在集装箱铅封及外表完好的状态下所载货物灭失或损坏以及由于箱内货物积载不当、理货不清而产生的责任和风险。

案例

我国某公司按 CFR 条件、凭不可撤销即期信用证以集装箱出口成衣 350 箱,装运条件是 CF to CY。货物交运后,我方取得清洁已装船提单,提单上标明:"Shipper's Load And Count"。在信用证规定的有效期内,我方及时办理了议付结汇手续。20 天后,接对方来函称:经进口国有关船方、海关、保险公司、公证行会同对到货开箱检验,发现其中有 20 箱包装严重破损,每箱均有短少,共缺成衣 512 件。各有关方均证明集装箱完好无损。为此,对方要求我方赔偿短缺的损失,并承担全部检验费 2 500 美元。

试分析,对方的要求是否合理?为什么?

思考题

1. 远洋船舶的营运方式有哪几种?
2. 班轮运输和租船运输的特点分别是什么?
3. 远洋运输船舶的种类有哪些?
4. 远洋运输货物的分类有哪些?

5. 积载因数的概念及其作用是什么？
6.《国际危规》将海运危险物分成哪九大类？
7. 目前使用的国际海运集装箱的规格尺寸主要有哪些？
8. 根据用途来分，集装箱的种类有哪些？
9. 集装箱的选择与检查应考虑哪些问题？
10. 集装箱货物的流转形态有哪几种？
11. 集装箱货物常见的交接方式有哪九种？特殊交接方式有哪些？
12. 在集装箱运输拼箱货和整箱货，承运人的交接责任分别是什么？

第二章　班轮运输业务

● 知识目标

1. 了解杂货班轮货运程序；
2. 掌握杂货班轮货运业务各单证的作用；
3. 了解集装箱班轮货运程序和特殊业务下的做法；
4. 掌握集装箱班轮货运各单证的作用；
5. 掌握班轮运价与运费计收。

● 技能目标

1. 能够图示说明 B/N、S/O、M/R、B/L、D/O 的使用过程；
2. 能够图示说明场站收据和交货记录联单的使用过程；
3. 能够正确计算班轮运费。

第一节　杂货班轮货运程序

一、揽货和订舱

班轮的货运程序是从揽货或订舱开始的。

揽货又称揽载(Canvassation)，是指班轮公司为使自己所经营的班轮能在载重和舱容上得到充分利用，尽量做到满舱满载，以取得最大经济效益，而从货主那里争取货源的行为。

揽货的实际成绩如何，关系着班轮经营的成败。所以，任何一家经营班轮运输的船公司，都特别注意在他所经营的班轮航线上揽集货载。通常的做法是在所经营的班轮航线的各挂靠港口及货源腹地通过自己的营业机构或船舶代理人与货主建立业务关系；通过报刊、杂志刊登船期表，如我国的《中国远洋航务公报》(CHINA SHIPPING BULLETIN)，《航运交易公报》(SHIPPING EXCHANGE BULLETIN)，《中国航务周刊》(CHINA SHIPPING GAZETTE)等都定期刊登班轮船期表，以邀请货主前来托运货物，办理订舱手续；通过与货主、无船承运人或货运代理人等签订货物运输服务合同或揽货协议来争取货源。

与班轮公司揽货相对应，托运人(Shipper)或其代理人向承运人——班轮公司或其代理机构、营业所等申请货物运输，承运人对这种申请给予承诺，就是订舱(Booking)。

杂货班轮通常会在多个挂靠港进行装卸作业，因此船公司在承揽货载或接受订舱时应注意以下问题：

1. 船舶舱位的分配

船公司首先会参考过去的实际情况，预先就各装货港分别对在该航线上各就航船舶的舱位进行适当的分配，定出限额。各装货港的营业所、代理机构只能在所分配的船舶舱位范围内承揽货载。特殊情况下发生所分配的舱位不敷应用或者过剩，要根据各港代理的舱位报告进行调整，以多补少，以使船舶舱位得到充分利用。

2. 订舱货物的性质、包装和重量

承运人承揽货载时，必须考虑各票货物的性质、包装和每件货物的重量及尺码等因素，因为不同种类的货物对运输和保管有不同的要求。例如，重大件货物可能会受到船舶及装卸港口的起重机械能力影响和船舶舱口尺寸的限制；忌装货物的积载问题；各港口对载运危险货物船舶所作的限制等。

3. 装卸港及过境港的法规

国际贸易货物的装货港、卸货港或过境港往往分属于不同的国家，所使用的法律或港口当局的规章和管理办法等也常不相同。例如，可能根据装货港的法规允许装船的货物，根据卸货港的法规却禁止卸货，或者对于装运某种货物的船舶禁止或限制入港。所以，在承揽货载时，应对有关国家法律和港口规章或管理办法作出充分了解。

二、收货和装船

杂货班轮运输中，除另有约定外，都规定托运人应将其托运的货物送至船边，如果船舶是在锚地或浮筒作业，托运人还应用驳船将货物驳运至船边，然后进行货物的交接和装船作业。对于特殊货物，如危险货物、鲜活货、贵重货，重大件货物等，通常采取由托运人将货物直接送至船边，交接装船的形式。即采取现装或直接装船的方式。

然而，由于在杂货班轮运输中，船舶承运的货物种类多，票数多，包装式样多，挂靠港口多等原因，如果要求每个托运人都将自己托运的货物直接送至码头船边，就可能会发生待装的货物不能按规定的装船先后次序送至船边的情况，从而使装货现场发生混乱，影响装货效率的现象。由此而产生的结果是延长了船舶在港的停泊时间，延误船期，也容易造成货损，货差现象。因此为了提高装船效率，加速船舶周转，减少货损、货差现象，在杂货班轮运输中，对于普通货物的交接装船，通常采用由班轮公司在各装货港指定装船代理人，由装船代理人在各装货港的指定地点（通常为港口码头仓库）接受托运人送来的货物，办理交接手续后，将货物集中整理，并按次序进行装船的形式，即所谓的“仓库收货，集中装船”的形式。

三、卸货和交付

在杂货班轮运输中，理论上卸船就意味着交货，是指将船舶所承运的货物在提单上载明的卸货港从船上卸下，并在船边交给收货人并办理货物的交接手续。

但是，如果由于战争，冰冻，港口罢工等特殊原因，船舶已不可能前往原定的卸货港，或会使船舶处于不安全状态，则船公司有权决定船舶驶往能够安全到达的附近港口卸货。

在杂货班轮运输中，对于危险货物，重大件等特殊货物，通常采取由收货人办妥进口手续后来船边接受货物，并办理交接手续的现提形式。但是，如果各个收货人在船抵后都同时来到码头船边接收货物，同样会使卸货现场十分混乱，影响卸货效率，延长船舶在港停泊时间。所以，为使船舶在有限的停泊时间内迅速将货卸完，实践中通常由船公司指定装卸公司作为卸货代理人，由卸货代理人总揽卸货和接收货物并向收货人实际交付货物的工作。因此，在杂货班轮运输中，对于普通货物，通常采取先将货物卸至码头仓库，进行分类整理后，再向收货人交付的所谓“集中卸船，仓库交付”的形式。

与装船的情况相同，在杂货班轮运输中，不论采取怎样的卸船交货的形式，船公司的责任都是以船边为责任界限，而且卸货费用也是按这样的分界线来划分的。船公司、卸货代理人、收货人三者之间的相互关系与前述的船公司、装船代理人、托运人三者之间的关系相同。

在杂货班轮运输中，由于实务中多采用“集中卸船，仓库交付”的形式；并且收货人必须在办妥进口手续后，方能提取货物。所以，在班轮运输中，通常是收货人先取得提货单，办理进口手续后，再凭提货单到堆场、仓库等存放货物的现场提取货物。而收货人只有在符合法律规定及航运惯例的前提条件下，方能取得提货单。

在使用提单的情况下收货人必须把提单交回承运人，并且该提单必须经适当正确的背书（Duly Endorsed），否则船公司没有交付货物的义务。另外，收货人还须付清所有应该支付的费用，如到付的运费、共同海损分担费等，否则船公司有权根据提单上的留置权条款的规定，暂时不交付货物，直至收货人付清各项应付的费用；如果收货人拒绝支付应付的各项费用而使货物无法交付时，船公司还可以经卸货港所在地法院批准，对卸下的货物进行拍卖，以拍卖所得价款充抵应收取的费用。因此，货运代理人应及时与收货人联系，取得经正确背书的提单，并付清应该支付的费用，以便换取提货单，并在办理了进口手续后提取货物。

第二节　杂货班轮货运业务单证

在杂货班轮运输中，从办理货物托运手续开始，到货物装船、卸船直至货物交付的整个过程，都需要编制各种单证。这些单证是在货方（包括托运人和收货人）与船方之间办理货物交接的证明，也是货方、港方、船方等有关单位之间从事业务工作的凭证，又是划分货方、港方、船方各自责任的必要依据。

在这些单证中，有的是受国际公约和各国国内法规的约束的，有的则是按照港口当局的规定和航运习惯而编制使用的。尽管这些单证种类繁多，而且因各国港口的规定会有所不同，但主要单证是基本一致的，并能在国际航运中通用。

一、在起运港缮制或签发的单证

杂货班轮出口货运的主要业务单证有托运单、装货单、收货单等。为了减少重复劳动，提高工作效率，我国港口常将托运单、装货单、收货单，以及缴纳出口货物港杂费申请书、收取运费通知等内容相关的单证制成联单，一次打印，以简化制单工作。

1. 托运单（Booking Note，B/N）

在杂货班轮运输的情况下，托运人如果以口头形式预订舱位，而船公司对这种预约表示承诺，则运输合同关系即告建立，这种以口头形式订立的合同也符合法律的规定（如中国《合同法》第十条规定：当事人订立合同，有书面形式、口头形式和其他形式），但是在实际业务中，则是托运人根据买卖合同和信用证的有关内容，就其需要装运货物所需要的船舶舱位，向船公司或其代理人提交一份记载货物的详细情况、目的港、装运数量、装船期限等内容的托运单（也称“订舱单”），以书面形式办理货物的订舱托运手续。承运人根据托运单的内容，结合船舶航线、挂靠港、船期和舱位等条件考虑认为合适后，即接受这一托运，经承运人指定船名后，将托运单留下，签发装货单表明同意承运货物。

托运单的主要内容包括：货名、件数、包装式样、标记及号码、重量、尺码、目的港、装船期限、能否分批装运或转船、信用证有效期等。托运单的格式如表 2-1 所示。

托运单格式 表 2-1

海运出口托运单

托运人
Shipper ____________________

编号
No. ____________ 船名
S/S ____________

目的港：
For ____________

<table>
<tr><td colspan="2" rowspan="2">标记及号码
Marks & Nos.</td><td rowspan="2">件 数
Quantity</td><td colspan="4" rowspan="2">货 名
Description of Goods</td><td colspan="2">重量公斤
Weight Kilos</td></tr>
<tr><td>净
Net</td><td>毛
Gross</td></tr>
<tr><td colspan="2"></td><td></td><td colspan="4"></td><td></td><td></td></tr>
<tr><td colspan="7">共计件数（大写）
Total Number of Packages in Writing</td><td colspan="2">运费付款方式</td></tr>
<tr><td>运费计算</td><td colspan="4"></td><td colspan="2">尺 码
Measurement</td><td colspan="2"></td></tr>
<tr><td>备注</td><td colspan="8"></td></tr>
<tr><td>台头</td><td>ORDER OF</td><td>可否转船</td><td></td><td>可否分批</td><td colspan="4"></td></tr>
<tr><td rowspan="2">通知</td><td rowspan="2"></td><td>装期</td><td></td><td>效期</td><td></td><td>提单张数</td><td colspan="2"></td></tr>
<tr><td>金额</td><td colspan="6"></td></tr>
<tr><td>收货人</td><td></td><td>银行编号</td><td></td><td>信用证号</td><td colspan="4"></td></tr>
</table>

制单 年 月 日

2. 装货单(Shipping Order,S/O)

装货单,亦称下货纸,是托运人(实践中通常是货运代理人)填制交船公司(实践中通常是船舶代理人)审核并签章后,据以要求船长将货物装船承运的凭证。

装货单上除应记载托运人名称、编号、船名、目的港及货物详细情况(应与托运单相同)等内容外,还有待货物装上船后由理货人员填上的货物装船日期、装舱位置、实际装上船的货物数量以及理货员的签名等项内容。装货单的格式如表2-2所示。

装货单格式 表2-2

装货单
SHIPPING ORDER

托运人
Shipper ____________________

编号 No. ____________ 船名 S/S ____________

目的港:
For ____________

兹将下列完好状况之货物装船后希签署收货单

Receive on board the undermentioned goods apparent in good order and condition and sign the accompanying receipt for the same.

标记及号码 Marks & Nos.	件数 Quantity	货名 Description of Goods	重量公斤 Weight Kilos	
			净 Net	毛 Gross
共计件数(大写) Total Number of Packages in Writing				

日期 Date ____________ 时间 Time ____________

装入何舱 Stowed ____________

实收 Received ____________

理货员签名 Tallied By ____________ 经办员 Approved By ____________

装货单是国际航运业通用的单据,多数由一式三联组成。第一联是托运单及其留底(Counterfoil),第二联是装货单正本(Original),第三联是收货单,习惯上又称大副收据(Mate's Receipt)。

除上述三联外,根据业务需要,还可增加若干副本(Copy),供缮制出口舱单和计算运费等用途。对于高价值货物或其他特种货物,为了使在装船时能够给予特别注意,常以不同颜色(如红色)的装货单来与一般装货单相区别。

装货单的流转程序是：承运人或其代理人接受托运后，将确定装载的船舶名称、目的港及顺次编号填入托运单，然后将装货单发给托运人填写，填妥后交回代理公司签章。代理公司审校无误签章留底后，将装货单（连同收货单）交给托运人，托运人即可持经代理公司签章的装货单连同其他单证到海关办理出口货物的报关手续，经海关审核准予出口，在装货单上加盖海关放行图章便可持以要求船长将货物装船。所以，此时的装货单又称“关单”。

经承运人或其代理人和海关签章后的装货单,即是货物办妥托运手续的证明,又是船公司通知船长接受承运货物装船的凭证。装船时托运人(或其货运代理人)必须向船长或大副提交这一单证。同时,船方还要详细校对实际装船货物的情况是否与装货单上记载的内容相一致。

装货单一经承运人签认,船货双方都应受其约束,如果发生货物退关造成损失时,应由责任方负责。如果需要修改装货单记载的内容,应及时编制更正单分送有关单位更正。如果整票货物退关,除发出更正单外,还要将原装货单退回注销。

3. 收货单(Mate's Receipt,M/R)

收货单是指某一票货物装上船后,由船上大副签署给托运人的,作为证明船方已收到该票货物的凭证。所以,收货单又称“大副收据”。托运人取得了大副签署的收货单后,即可凭以向承运人或其代理人换发提单。

收货单是前述一式三联装货单中的一联,它的记载内容和格式与装货单完全一致,只是最后还有大副签署一栏。收货单的格式如表2-3所示。

当每票货物装船后,现场理货人员即核对理货计数单的数字,并在装货单上签注实装数量、装舱位置和装船日期,再由理货长在装货单的规定位置上签名,证明该票货物如数装船无误,然后连同收货单一起交给大副,大副审核属实后在收货单上签字,留下装货单,将收货单退给理货长转交托运人或其货运代理人。托运人取得了经大副签署的收货单后,即可凭以向船公司或其代理人换取已装船提单。

承运人对货物承担的责任是在货物装船时开始的。因此，在货物装船时，大副必须认真核对货物的实际情况是否与装货单上记载的情况相符合，货物的外表状况是否良好，有无标志不清、水渍污渍等情况；数量（件数）是否短缺；货物损坏的情况与成都，以及应急修理的事实等。如有这些情况，应明确、具体地记载在收货单上。这种在收货单上记载有关货物外表状况不良或有缺陷的情况称为“批注”（Remark），习惯上称为“大副批注”。有大副批注的收货单称为“不清洁收货单”（Foul Receipt）；无大副批注的收货单则为“清洁收货单”（Clean Receipt）。

收货单格式 表2-3

MATE'S RECEIPT

托运人

Shipper ______________________

收货单

编号

No. ______________ 船名 S/S ______________

MATE'S RECEIPT

目的港：

For ______________________

下列完好状况之货物业已收妥无损

Received on board the following goods apparent in good order and condition.

标记及号码 Marks & Nos.	件数 Quantity	货名 Description of Goods	重量公斤 Weight Kilos	
			净 Net	毛 Gross

共计件数（大写）

Total Number of Packages in Writing

日期 Date ______________ 时间 Time ______________

装入何舱

Stowed ______________________

实收

Received ______________________

理货员签名 Tallied By ______________ 大副 Chief Officer ______________

货物装船时发现外表状况不良或存在缺陷，托运人（发货人）又不愿调换，大副就应在收货单上如实地加以适当的批注，以使船方在一定程度上可以减轻或免除赔偿责任。也就是说，有了批注可以证明交付货物时的损坏状况是符合或归咎于这类批注所记载的缺陷与状况的。

然而，收货单上有了批注，最终将要转到提单上去，有可能使提单成为不清洁提单，从而影响托运人以提单向银行结汇的可能。因此，在批注时，应防止两种倾向：一种是不管货物是否良好、件数是否正确，一概不加批注，这样势必使承运人负担本来不应承担的责任；另一种是不论是否有损坏或短缺，为减轻承运人的责任，尽量多做一些批注，这样将给货主增加许多不必要的麻烦，也影响船方的声誉。总之，在确定是否需要批注时，应做到既不夸大，又不缩小；内容要具体、明确，切忌含糊不清；有关数量应用确实的数字；书写时字迹要清晰、容易辨认。

托运人取得收货单后,即可凭以要求船公司签发提单。提单具有货物收据、物权凭证和运输合同业已存在证明的功能,因此它是班轮运输中最重要的单证之一。

4. 其他业务单证

1)提单(Bill of Lading,B/L)

提单是承运人签发给托运人、证明货物已经装船,或为了装船而收到货物,并保证在目的港凭以交付货物的单证。

提单在货物运输中是一种非常重要的单证。它既具有规定承运人的权利、义务、赔偿责任和免责的运输合同证明的作用,也是表明承运人收到货物的货物收据,同时海事提单持有人转让货物占有权或凭以提取货物的物权凭证。

件杂货运输提单的样式如图 2-1 所示。

2)装货清单(Loading List,L/L)

装货清单是船公司或其代理人根据装货单留底,将全船待运货物按目的港和货物性质归类,依航次靠港顺序排列编制的装货单的汇总单。装货清单的内容包括船名,装货单编号、件数、包装、货名、毛重、估计立方米及特种货物对运输的要求或注意事项的说明等。装货清单的格式如表 2-4 所示。

装货清单是大副编制积载计划的主要依据。又是供现场理货人员进行理货,港口安排驳运,进出库场以及掌握托运人备货及货物集中情况等的业务单据。当有增加或取消货载的情况发生时,船方(通常是船舶代理人)会及时编制“加载清单”(Additional Cargo List)或“取消货载清单”(Cancelled Cargo List),并及时分送各有关方。

3)载货清单(Manifest,M/F)

载货清单是在货物装船完毕后,由船公司的代理人根据大副收据或提单编制的一份按卸货港顺序逐票列明全船实际载运货物的汇总清单。其内容包括船名及国籍,开航日期,装货港及卸货港,同时逐票列明所载货物的详细情况。载货清单的格式如表 2-5 所示。

载货清单又称“舱单”、“国际航行船舶出口载货清单”。它是船舶办理出口(进口)报关手续时的必备单证,也是海关对海运货物进出国境进行监管的单证之一,海关凭以进行验收放行及监督装卸工作。

Code Name: GOSCO9901

Shipper (Insert name,address and phone)

廣州遠洋運輸公司

Guangzhou Ocean Shipping Company

Consignee (Insert name,adderss and phone)

Notify Party (Insert name,address and phone)

BILL OF LADING

ORIGINAL

Vessel: Port of Loading:

Port of Discharge: | Number of Original Bs/L

Description of Goods | Gross weight/Measurement

Particulars Furnished by Merchants

(of which on deck at Marchant's risk;the Carrier not being responsible for loss or damage howsoever arising)

Freight and Charges

SHIPPED at the port of loading in apparent good order and condition on board the vessel for carriage to the port of discharge or so near thereto as she may safely get to discharge the goods specified above.

WEIGHT, measure,quality,quantity,condition,contents and value unknown

IN WITNESS where of the Master or Agent of the said vessel has signed the number of Bill of Lading indicated below all of this tenor and date,any one of which being accomplished the others shall be void.

Place and date of issue:

Signed for and on behalf of the carrier:

For conditions of carriage see overleaf

Serial No.

(For Carrier's use only)

图 2-1 件杂货运输提单样式

装货清单格式

表2-4

页数

Page No. ______________

装货清单　船　名
Loading list of S. S. /M. V. "　　　　"

关单号码 S/O No.	件数及包装 No. of Pkgs	货　　名 Description	重量吨 Weight in Metric Tons	估计立方米 Estimated Space in cu. M.	备　　注 Remarks

船舶办理出口(进口)报关手续时,向海关提交的载货清单可分为在港口装货时使用的"出口载货清单"(Export M/F)、卸货时使用的"进口载货清单"(Import M/F)和"过境货物载货清单"(Through Cargo M/F)。当船舶在港装货完毕开航之前,船长应在此单上签名,并将其中一份交给海关办理船舶出口报关手续。如果船舶没有装货出口,办理出口手续时,也要向海关提交一份在载货栏内注明"无货出口"(Export Cargo Nil)字样的载货清单。反之,船舶没有载货进口,向海关提交的载货清单应注明"无货进口"(Import Cargo Nil)。

表 2-5

载货清单格式

载货清单
EXPORT MANIFEST

船名 M. V. ________ 航次 Voy. ________ 船长 Captain ________ 从 From ________ 到 To ________ 开航日期 Sailed ________ 页数 Sheet No. ________

提单号码 B/L No.	标志和号数 Marks & Numbers	件数及包装 No. of Packages	货名 Description of Goods	发货人 Shippers	收货人 Consignees	重量 Weight 公斤 Kilos.	尺码 Measurement	备注 Remarks

载货清单也作为船舶运载所列货物的证明。船舶装货完毕离港前，船长必须主动向船公司的代理人索取若干份随船同行，以备中途挂港或到达卸港时办理进口报关手续使用。若船舶到大卸货港时，卸货港的船舶代理人尚未收到有关货运资料时，还可将随船所带的载货清单或经过复制的载货清单分送港口有关部门作为解决安排卸货急需之用。

此外，有的港口根据港章规定，对在特别指定地点装卸的危险货物，必须另外编制载货清单。

如果在载货清单上增加运费项目，则可制成载货运费清单（Freight Manifest）。

4）运费清单（Freight Manifest，F/M）

运费清单又称"运费舱单"，是由装货地船公司或其代理人根据提单副本编制的与货物运费有关事项的一览表，是承运人向托运人收取运费的汇总单。它可以直接寄交或由本船带交给卸货港船公司的代理人，供收取到付运费或处理有关业务使用。

运费清单是分卸货港并按提单编号顺序编制的，其内容除载货清单记载的事项外，增加了计费吨、运费率、预付或到付的运费额等内容。运费清单的格式如表 2-6 所示。

5）货物积载图（Stowage Plan）

货物积载图是以图示的形式来表明货物在船舱内的装载情况，使每票货物都能形象具体地显示出其在舱内的位置。货物积载图的样式如图 2-2 所示。

出口货物在货物装船前，必须就货物装船顺序，货物在船上的装载位置等情况作出一个详细的计划，以指导有关方面安排泊位、货物出舱、下驳、搬运等工作。这个计划是以一个图表的形式来表示，即用图表的形式表示货物在船舱内的装载情况，使每一票货物都能形象具体地显示其船舱内的位置。该图表实际上是计划的积载图。在货物装船以前，大副根据装货清单上记载的货物资料制定货物积载计划。但是，在实际装船过程中，往往会因为各种客观原因，使装货工作无法完全按计划进行。例如，原计划的货载变动；货物未能按时集港而使装船计划改变，造成积载顺序与原计划不同等情况。这样，就造成货物实际在舱内的积载位置与原来的计划不一致。当然，在装船过程中，对原计划的改动原则上都应征得船长或大副的同意。当每一票货物装船后，应重新标出货物在舱内的实际装载位置，最后绘制成一份货物积载图。

6）危险货物清单（Dangerous Good List）

危险货物清单是专门列出船舶所载运全部危险货物的明细表。其记载的内容除装货清单、载货清单的基本内容外，特别增加了危险货物的性能和装船位置两项。危险货物清单的格式如表 2-7 所示。

为了确保船舶、货物、港口及装卸、运输的安全，包括我国港口在内的世界上很多国家的港口都专门作出规定，凡船舶载运危险货物都必须另行单独编制危险货物清单。

按照一般港口的规定，凡船舶装运危险货物时，船方应向有关部门（我国海事局）申请派员监督装卸。在装货港装船完毕后由监装部门签发给船方一份"危险货物安全装载书（Dangerous Cargo Safe Stowage Certificate）"。这也是船舶载运危险货物时必备的单证之一。

另外，有些港口对装、卸危险货物的地点、泊位，甚至每一航次载运的数量，以及对危险货物的包装、标志等都有所规定。因此，船公司和货主对各国有关装卸危险货物的规定都应事先有所了解，以免日后发生不必要的麻烦。

表 2-6

运费清单格式

运费清单
EXPORT FREIGHT MANIFEST

船名 M. V. ________ 航次 Voy. ________ 船长 Captain ________ 从 From ________ 到 To ________ 开航日期 Sailed ________ 页数 No. ________

提单号码 B/L No.	标志和号数 Marks & Numbers	件数及包装 No. of Packages	货名 Description of Goods	重量 Weight 公斤 kilos.	发货人 Shippers	收货人 Consignees	运费吨 Scale Tons		运费 Freight			备注 Remarks
							立方公尺 Cu. M.	公吨 Metric Tons	费率 Rate	预付 Prepaid	到付 Collect	

目的港 LHIST NATLON	颜色 COLOUR	第一舱 No.1	第二舱 No.2	第三舱 No.3	第四舱 No.4	第五舱 No.5	第六舱 No.6	甲板货 DECKCARGO	总计 TOTAL
曼谷		68.2	408.2	300.0	0	226.8			1 003.2
卡拉奇		162.8	665.1	616.8	190.0	123.9			1 758.6
迪拜		300.0	1112.3	1078.0	915.2	760.0			4 195.5
达曼		330.0	300.3	720.0	800.0	215.0			2 365.3
总计 TOTAL		861.0	2 485.9	2 714.8	1 935.2	1 325.7			9 322.6

中 国 远 洋 运 输 公 司

CHINA OCEAN SHIPPING COMPANY

货 物 积 载 图

STOWAGE PLAN

船名 /S "Q" 轮

航次 VOYAGE ______ 自 FROM 黄浦港 至 TO 曼谷 卡拉奇 迪拜 达曼

日期 DATE: 离港 SAILED 11月2日 19 到港 ARRIVED ______ 19

水尺 DRAFT: 前 F. 8.05m 后 A. 8.45m 平均 M. 8.26m

舱位 HATCH	底舱 LOWER HOLD	二层舱 LOWER T. D.	三层舱 UPPER T. D.		共计件数/吨数 TOTAL PKGS/TONS
第一舱 No.1	10600/530	7048/331			17648/861
第二舱 No.2	19959/1741	9030/744.9			28989/2485.9
第三舱 No.3	38100/1930	5739/784.8			43839/2714.8
第四舱 No.4	33412/1630	8706/305.2			42118/1935.2
第五舱 No.5	15200/760	8894/565.7			24094/1325.7
第六舱 No.6					
总计 TOTAL	117271/6591	39417/2731.6			156688/9322.6

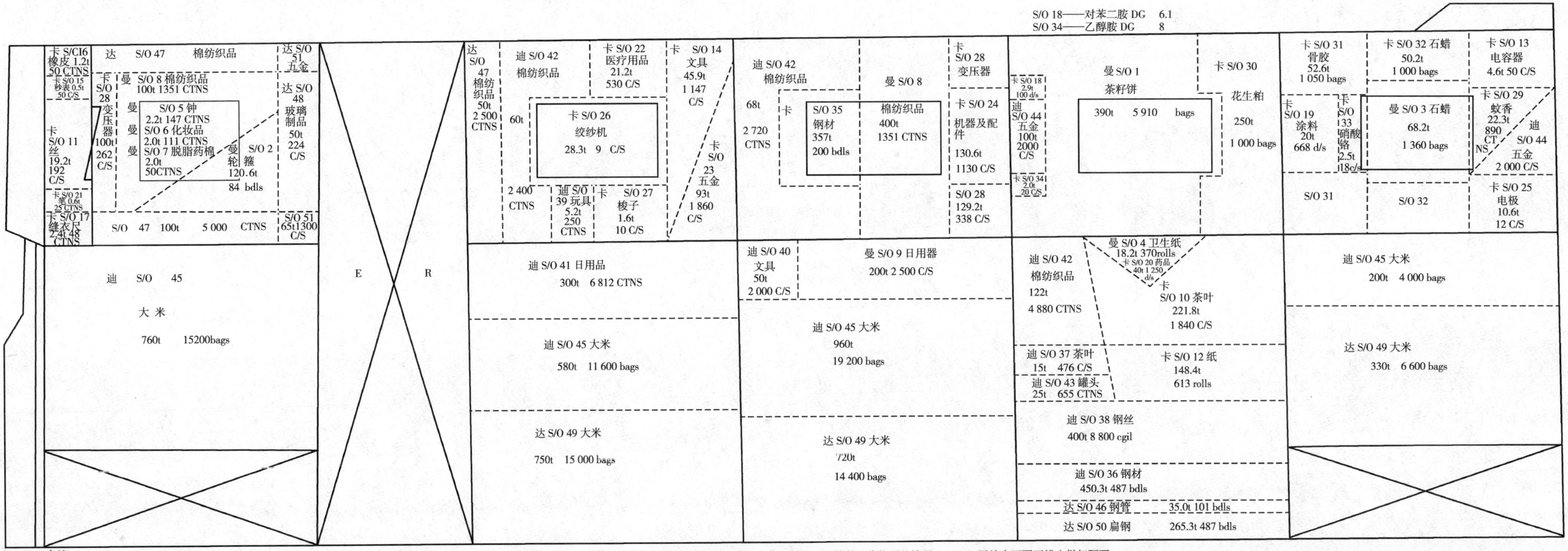

备注 REMARKS 本船吊杆负荷量为 5t No.1 No.3 No.4 底舱不同到港的大米应做好隔票，大米与其他货物之间应予以铺垫。No.2 底舱装好钢材类货物应予以铺垫，以使其上货物平整堆码。No.1 二层舱内两票石蜡应做好隔票。

No.1 二层舱内 S/O 33，No.2 二层舱内 S/O 1 S/O 30 S/O 18 S/O 34 为危险货，注意安全装载。

大副签章：SIGNATURE OF CHIEF OFFICER ______

图 2-2 货物积载图样式

危险货物清单格式　　表 2-7

危险货物清单

DANGEROUS CARGO LIST

船名 M. V. ________ 航次 Voy. ________ 船长 Captain ________ 从 From ________ 到 To ______ 开航日期 Sailed ______ 页数 Sheet No. ________

提单号码 B/L No.	标志和包装 Maks & kind of Packages	货名 Description of Goods	重量 Weight Kilos. 公斤	货物性能 shippers	装船位置 Gonsig nees	备注 Remarks

除上述主要单证外，为了提高运输效率和效益，还会使用其他一些单证，如重大件清单（Heavy and Lengthy Cargo List）、剩余舱位报告（Space Report）、积载检验报告（Stowage Survey Report）等。

二、在卸货港缮制或签发的单证

和装船时由船方签发收货单以作为船方收到货物的凭证一样，在卸货港卸货时，收货人或装卸公司之间也需要相互签认一种可以作为证明船方和收货人或装卸公司交接货物实际情况的单证。

在不同的国家和港口，用以证明货物卸货时所交接货物的实际情况的单证名称可能有所不同，但它们所包括的内容和所起的作用基本相同。

1. 过驳清单（Boat Note）和卸货报告（Outturn Report）

过驳清单是卸货港货物过驳卸船时，作为证明货物交接和表明所交货物实际情况的单证。过驳清单是根据卸货时的理货单证编制的，其内容包括：驳船名，货名、标志、号码、包装、件数，卸货港，卸货日期，舱口号等，并由收货人、卸货公司、驳船经营人等收取货物的一方与船方共同签字确认。此外，过驳清单还会记载所卸货物差损的种类和程度，称为过驳清单批注（Boat Note Remark）。过驳清单的格式如表 2-8 所示。

过驳清单格式　　表 2-8

货物过驳清单

No.__________

船　名__________　　航　次__________

卸货港__________　　到港日期__________

舱口号__________　　卸货日期__________

驳船号__________

标　志	件数及包装	包装形式	货　名	批　注

大副签字__________　　理货组长签字__________

收货人签字__________

过驳清单按卸货的实际情况填好后，由收货人、装卸公司等收取货物的一方和船方作为责任者的大副为另一方共同签字确认。

关于记载于过驳清单的批注，方法与前述收货单的批注类似，它不但要记载货损的种类，而且还要明确记载损坏程度，是否进行了临时修补，内装货物的状态等。

因为船方的责任期间是从货物装船时起到卸离船舶时为止，所以收货单和过驳清单是证明船方责任起止的重要证据。如果收货单和过驳清单的批注一致，则可以证明船方在运输过程中没有给货物造成损害。假如在此以后交付货物时发现了货物损坏，而这种损坏并未在过驳清单上批注，除非特殊原因，否则所有这些属于卸货后发现的损坏都不属于船公司的责任。

过驳清单多使用于日本及欧洲的一些港口。在一些不使用过驳清单的港口，则使用卸货报告（Outturn Report）。

卸货报告的作用与过驳清单大体相同。它是按照起运港编制的出口载货清单和卸货港全部卸下的货物重新按票汇总的一份详细的进口载货清单。它较之起运港的出口载货清单增加了卸货方式（Kind of Delivery，是指将货物卸岸入库，还是装车或过驳）；实交数量（Total Delivery）；溢卸数量（Over Landed）；残损数量（Damage）和备注栏（Remark）等项目。

对货物的外表状况、内容、残损、溢短等情况均可在卸货报告的备注栏内批注。

2. 货物残损单(Broken & Damaged Cargo List)和货物溢短单(Overlanded & Shortlanded Cargo List)

货物残损单和货物溢短单是我国港口在卸货时使用的,作为卸货交接证明的单据。

货物残损单是指卸货完毕后,理货员根据卸货过程中发现的货物破损、水湿、水渍、渗漏、霉烂、生锈、弯曲变形等情况记录编制的,证明货物残损情况的单据。货物残损单的格式如表 2-9 所示。

货物残损单格式

表 2-9

编号:______________
No.

货 物 残 损 单

BROKEN & DAMAGED CARGO LIST

船名:____________　国籍:____________　停泊地点:____________
S. S. /M. S.　Nationality　Berthed at

开工日期:________年　月　日　制单日期:　年　月　日
Tally Commenced on　Date of List

提单号或舱单号 B/L or M/F No.	标志 Mark	货名 Description	件数 P' kges	包装 Packing	残损情况 Broken and/or Damage Condition
件数小计 P' kgs. Totalled					

收货人/代理人:____________　理货组长:____________　船长/大副:____________
Receiver/Agent　Chief Tallyman　Master/Chief Officer

货物溢短单是在卸货时,某票货物所卸下的数字与提单(或载货清单)上所记载的数字不符(发生溢卸或短卸)的情况,待船舶卸货完毕并清理数字后,由理货长汇总编制的表明货物溢出或短缺情况的证明。货物溢短单的格式如表 2-10 所示。

货物溢短单格式

表 2-10

编号：__________
No.

货物溢短单
Overlanded & Shortlanded Cargo List

开工日期：________年________月________日
Tally Commenced on

船名：__________ S. S. /M. S.　国籍：__________ Nationality　停泊地点：__________ Berthed at　制单日期：________年________月________日 Date of List

溢卸货物 Overlanded Cargo					短卸货物 Shortlanded Cargo				
提单或舱单号 B/L or M/F No.	标志 Marks	货名 Description	件数 P'kgs.	包装 Packing	提单或舱单号 B/L or M/F No.	标志 Marks	货名 Description	件数 P'kgs.	包装 Packing
件数小计 P'kgs. Totalled					件数小计 P'kgs. Totalled				

收货人/代理人：__________ Receiver / Agent　理货组长：__________ Chief Tallyman　船长/大副：__________ Master / Chief Officer

货物残损单和货物溢短单都是船公司日后处理收货人索赔的原始资料和依据之一，必须经船长或大副的签认才有效。所以，船方在签字前必须认真核对，情况属实才能给予签认。残损单内所记载的残损情况与事实不符时，也可在残损单上作出适当的批注。

3．货物查询单(Cargo Tracer)

货物查询单是在卸货港发现货运事故(常见于溢短卸)时，为追查原因以明确责任所在，而向装货港、各挂靠港、船公司和载运该货物的船舶发出的调查函。

货物查询单分查询联(甲联)和被查询单位的答复联(乙联)。船公司在卸货港的代理人将需要调查的内容分别记入查询联和答复联内，一并寄交被查询的单位。被查询的单位接到后，应立即进行详细的调查，并将调查结果填入答复联，寄还发出查询单的单位。查询单的格式如表2-11和表2-12所示。

查询单(甲)格式　　表2-11

编号：__________
No.

查询单(甲)
TRACER (A)

____
(受查询的单位名称)
To：__________________

船名：________________　航次：________________　国籍：________________
S.S. / M.S.　Voy. No.　Nationality

开工日期：________年______月______日　完工日期：________年______月______日
Tally Commenced on　Tally Completed on

该轮在我港理货过程中有如下情况，请协助查证，并将查证结果填写在查询单(乙)内尽快退回。

Your assistance is requested in helping us to clarify the following maters during tally of this ship in our port. Please fill the results of your investigations in TRACER (B) and return it to us as soon as possible.

提单或装货单号 B/L or S/O No.	舱单或装货单记载 As Stated on Manifest or Shipping Order			要求调查的情况 Matters to be investigated
	标志 Marks	货名 Description	件数和包装 No. of P'kgs & Packing	
(以上各项内容，进口货物按舱单，出口货物按装货单记载填写) For the import cargoes, the above blanks shall be filled according to the relevant Manifests. And, for the export cargoes, the Shipping Orders concerned.				

制单日期：____________年____________月____________日
Date

(查询专用章)
STAMP

查询单(乙)格式 表2-12

编号:______
No.

查询单(乙)
TRACER (B)

______
(查询单位的名称)
To:______

船名:______ 航次:______ 国籍:______
S.S. / M.S. Voy. No. Nationality

港名:______ 开工日期:______年______月______日
Port Tally Commenced on

完工日期:______年______月______日
Tally Completed on

经查,该轮在我港的理货情况如下,特此复告。

You are hereby informed that the results of our investigation on the tally conditions of this ship in our port are as follows:

<table>
<tr><td rowspan="2">提单或装货单号
B/L or S/O No.</td><td colspan="3">舱单或装货单记载
As Stated on Manifest or Shipping Order</td><td rowspan="2">调查结果
Results of Investigation</td></tr>
<tr><td>标志
Marks</td><td>货名
Description</td><td>件数和包装
No. of P'kgs & Packing</td></tr>
<tr><td></td><td></td><td></td><td></td><td rowspan="2"></td></tr>
<tr><td colspan="4">(以上各项内容,进口货物按舱单,出口货物按装货单记载填写)
For the import cargoes, the above blanks shall be filled according to the relevant Manifests. And, for the export cargoes, the Shipping Orders concerned.</td></tr>
</table>

(此联请受理查询单位填制后退回)
This Form shall be returned after being Filled by the parties inquired.

制单日期:______年______月______日
Date

(公章)
STAMP

4. 提货单(Delivery Order,D/O)

虽然交付货物是以提单为交换条件的,但在实际业务中所采用的办法却是在收货人交出提单(或保函)后,由船公司或其代理人签发一份提货单给收货人到仓库(仓库交货)或本船(船边提货)提取货物。

船公司或其代理人在签发提货单时,首先要认真核对提单和其他装船单据的内容是否相符,然后详细地将本船船名、货物名称、件数、重量、标志、提单号、收货人名称等记载在提货单上,并由船公司或其代理人签字。

在同意以船边提货方式交付货物时,应在提货单上注明。

提货单亦称小提单,是收货人凭以向现场(码头仓库或船边)提取货物的凭证。其内容包括船名,货名、件数、数量、包装式样、标志,提单号,收货人名称等。提货单的格式如表 2-13 所示。

提货单的性质与提单完全不同,它只不过是船公司指令码头仓库或装卸公司向收货人交付货物的凭证,不具备流通及其他作用。因此,提货单上一般记有"禁止流通"(Non－Negotiable)字样。

提货单格式　　表 2-13

No.________

提　货　单

致________　港口________　日期________

航次________　装货港________

请将下列自________轮卸下的货物交付给________

提单号	标 志	包装和件数	货 名	数 量	备 注

本提货单根据批注、提单条款和收货单签发。

禁止流通

签字________

第三节　集装箱班轮货运程序与单证

集装箱运班轮运输是在件杂货班轮疏运的基础上发展起来的,其货运程序和业务单证与杂货班轮大同小异,但由于集装箱运输的特殊性、货源组织方式和港口运作模式的不同,集装箱班轮运输又有着其自身的特点。

一、集装箱班轮整箱货货运程序与主要业务单证

1. 订舱托运

根据贸易合同和信用证有关条款的规定,作为发货人的出口商(在FOB价格条件下,也可能是作为收货人的进口商)应在正式办理托运手续之前,选定班期适当的船舶,添置订舱单或托运单向船公司或其代理人,或其他运输方式经营人申请订舱或托运,以满足按时将集装箱货物运至目的地的要求。

通常,对于批量较小的集装箱货物,可填写托运单直接向船公司或其代理人或其他运输方式的经营人办理托运手续,而对于较大批量的集装箱货物,一般都通过向船公司或其代理人订舱,取得订舱确认后,再办理托运手续。

船公司或其代理人或其他运输方式的经营人,根据货主的订舱申请,考虑航线、船舶、港口条件、运输时间以及运输条件能否满足货方的要求后,确定是否能接受订舱和托运的要求。

若船公司接受托运,即同意承运,应对订舱或托运要求作出书面确认,称为"承运"。船公司或船公司的代理人审核托运单;对于经过订舱的货物,还须与订舱单核对,确认无误后,就在装货单上盖章,以表明承运货物,然后将装货单退还给货主或货运代理人。货主或货运代理人即可持装货单向海关办理货物出口报关手续。而船公司或船公司的代理人则在承运货物后,根据订舱单或托运单缮制订舱清单分送集装箱装卸作业区或集装箱堆场,据以准备空箱的发放和重箱的交接、保管以及装船工作。

2. 用箱申请

在托运人或其货运代理人提出订舱托运的同时,应根据货物的性质、重量、尺码、积载因数等决定所需集装箱的种类、规格和数量,向船公司或其代理人提出空箱使用申请,同时提供用箱人、运箱人、用箱区域和时间等信息。船公司同意,即会签发一份集装箱发放通知单(有的船公司以集装箱设备交接单代替集装箱发放通知单),凭以提取空箱。

3. 发放空箱

通常,集装箱是由船公司无偿借用给货主或集装箱货运站使用的。

在整箱货的情况下,船公司或他的代理人在接受订舱、承运货物后,即签发集装箱发放通知单,连同集装箱设备交接单一并交给托运人或货运代理人,据以到集装箱堆场或内陆站提取空箱。而在拼箱货的情况下,则由集装箱货运站提取空箱。

集装箱发放通知单(Container Release Order),又称空箱提交单(Equipment Dispatch Order),是船公司指示集装箱堆场将空集装箱及其他设备提交给本单持有人的书面凭证。

在集装箱运输中,通常由船公司提供空集装箱,借给发货人或集装箱货运站,供发货人或集装箱货运站将货物装箱。但是,一个集装箱的造价是相当高的,为了集装箱的安全,船公司

不能只靠简单的口头指令,命令集装箱堆场将空集装箱交给发货人或集装箱货运站使用。为此,船公司需根据订舱清单向发货人或集装箱货运站签发集装箱发放通知单,并通知集装箱堆场。在货主或集装箱货运站向集装箱堆场提出空箱时,需出示这种单证。而集装箱堆场只向持有该单证的人发放空箱。

集装箱发放通知单一式三份,由船公司签发,除自留一联备查外,分送发货人或集装箱货运站及集装箱堆场各一联。集装箱发放通知单的格式如表2-14所示。

集装箱发放通知单格式 表2-14

集装箱发放通知单

CONTAINER RELEASE ORDER

请凭签发的集装箱发放通知单办理集装箱及集装箱设备发放手续。

PLEASE RELEASE THE SPECIFIED CONTAINER & CONTAINER EQUIPMENT AGAINST THIS CONTAINER RELEASE ORDER

<table>
<tr><td colspan="3">用箱人/运箱人(CONTAINER USER/HAULIER)</td><td colspan="3">提箱地点(PLACE OF DELIVERY)</td></tr>
<tr><td colspan="3"></td><td colspan="3"></td></tr>
<tr><td colspan="2">船名/航次(VESSEL/VOYAGE No.)</td><td>提单号(B/L No.)</td><td colspan="2">集装箱经营人(CONTAINER OPERATOR)</td><td>集装箱号(CONTAINER No.)</td></tr>
<tr><td colspan="2"></td><td></td><td colspan="2"></td><td></td></tr>
<tr><td>铅封号(SEAL No.)</td><td>尺寸(SIZE)</td><td>类型(TYPE)</td><td>状态(STATUS)</td><td colspan="2">运载工具牌号(TRUCK, WAGON, BARGE No.)</td></tr>
<tr><td></td><td></td><td></td><td>□重箱 □空箱
FULL EMPTY</td><td colspan="2"></td></tr>
<tr><td>发往地点
(DELIVERED TO)</td><td colspan="2">返回地点
(PLACE OF RETURN)</td><td colspan="2">免费使用期限
(FREE TIME PERIOD)</td><td>外运签章
ISSUED BY</td></tr>
<tr><td></td><td colspan="2"></td><td colspan="2">月 日至 月 日</td><td rowspan="3">年 月 日</td></tr>
<tr><td colspan="5">出场目的(PURPOSE OF GATE - OUT)</td></tr>
<tr><td colspan="5">□拆箱 DEVANNING　□重箱装船 FULL FOR LOADING　□检验 INSPECTION　□起租 ON-HIRE　□堆存 STORAGE　□熏蒸 FUMIGATION
□装箱 VANNING　□空箱装船 EMPTY FOR LOADING　□修理 REPAIRING　□退租 OFF-HIRE　□清洗 CLEANING　□</td></tr>
</table>

4. 出口报验

出口报验并取得相关检验证书,这是为了符合买卖合同的要求,有时也是出口国家有关法律、法规的要求。

5. 出口报关

海关货运监管的基本任务，是根据《海关法》和国家有关进出口政策、法律、法规，监督货物和运输工具的合法进出，检查并处理非法进口、偷漏税等走私违法活动。

海关对进出口货物的监管依据是：进出口货物的收、发货人（或代理人）填写的《进出口货的报关单》以及经贸管理部门签发的“进出口货物许可证”或有关主管部门的批准文件以及正常的商务单据。

海关接受申报、查验、征税和放行制度是货物监管的基本制度。

申报，是指货物、运输工具和物品的所有人或其代理人在货物、运输工具、物品进出境时，向海关呈交规定的单证手续。

查验，就是指海关在接受申报后，以已经审核的法定单据为依据，在海关监管场所，对进口的或出口的货物进行实际的核对和查验，确定货物的进出口是否合法，以及货物的品名、数量、规格等是否与报关单证所列一致。

进出口货物，除海关批准免验的以外，都应接受海关的查验。查验进出口货物，应当在海关规定的时间和场所进行。如果要求海关在海关监管场所以外的地方查验，应当事先报请海关同意，海关规定收取规费。

海关查验货物时，进出口货物的收货或其代理人应当到场，并按海关的要求负责搬移货物，开拆和重封货物的包装等；海关认为必要时，可以进行开验、复验或提取货样。

放行，就是海关对货物、运输工具、物品查验后，在有关单据上签印放行，或者开具放行通知单，以示海关监督结束。

我国海关对进出口集装箱及所装货物规定：凡出口的集装箱货物，如果是在内地设有海关地点装箱的，则由当地发货人或货运代理向海关申报，由海关将有关申报单证转交承运人负责带给出境地海关凭以监督装船；凡进口的集装箱货物直接运往内地设有海关的地点，则由口岸货运代理向海关申请办理转运（转点）手续，口岸海关将有关申报单证转交承运人负责带交内陆地海关，由内陆地海关查验放行。

6. 委托空箱拖运

此项工作一般是由买卖合同中负责运输的一方来完成。货主可指定某家内陆运输承运人完成空箱拖运事宜，同时还要看货主向船公司托运时与船代的协议上对内陆拖箱有无指定内陆承运人，如有规定，就必须按协议上的规定，找指定的内陆承运人。

7. 空箱出 CY 交接

不论是由货主或集装箱货运站提取空箱，都须事先缮制设备交接单（出场）。提取空箱时，在集装箱装卸作业区的门卫处，由装卸作业区的门卫会同提取空箱的卡车驾驶员代表集装箱堆场及集装箱使用人对集装箱及其附属设备的外表状况进行检查，然后分别在设备交接单上签字，各持一份。

集装箱设备交接单（Equipment Interchange Receipt，EIR），简称设备交接单（Equipment Receipt，E/R），是集装箱所有人（船公司）或集装箱经营人委托集装箱码头，堆场与货方或集装箱货运站（即用箱人）交接集装箱或冷藏集装箱，或特种集装箱及电动机等设备的凭证。设备交接单的格式如表 2-15 所示。

设备交接单格式 表 2-15

中国上海外轮代理公司

CHINA OCEAN SHIPPING AGENCY SHANGHAI

集装箱发放/设备交接单 OUT出场

EQUIPMENT INTERCHANGE RECEIPT

No.

用箱人/运箱人(CONTAINER USER/HAULIER)			提箱地点(PLACE OF DELIVERY)

发往地点(DELIVERED TO)	返回/收箱地点(PLACE OF RETURN)

船名/航次(VESSEL/VOYAGE No.)	集装箱号(CONTAINER No.)	尺寸/类型(SIZE/TYPE)	营运人(CNTR. OPTR.)

提单号(B/L No.)	铅封号(SEAL No.)	免费期限(FREE TIME PERIOD)	运载工具牌号(TRUCK,WAGON,BARGE No.)

出场目的/状态(PPS OF GATE-OUT/STATUS)	进场目的/状态(PPS OF GATENSTATUS)	出场日期(TIME-OUT)
		月 日 时

出场检查记录(INSPECTION AT THE TIME OF INTERCHANGE)

普通集装箱(GP CONTAINER)	冷藏集装箱(RF CONTAINER)	特种集装箱(SPECIAL CONTAINER)	发电机(GEN SET)
□正常(SOUND) □异常(DEFECTIVE)	□正常(SOUND) □异常(DEFECTIVE)	□正常(SOUND) □异常(DEFECTIVE)	□正常(SOUND) □异常(DEFECTIVE)

(1) 外代留底

损坏记录及代号(DAMAGE & CODE)

BR	D	M	DR	DL
破损(BROKEN)	凹损(DENT)	丢失(MISSING)	污箱(DIRTY)	危标(DGLABEL)

左侧 (LEFT SIDE)

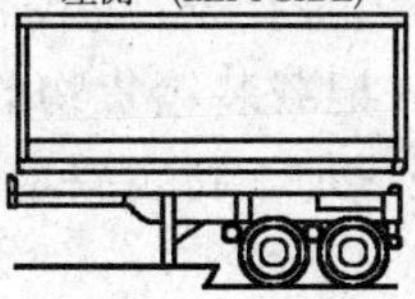

右侧 (RIGHT SIDE)

前部 (FRONT)

集装箱内部(CONTAINER INSIDE)

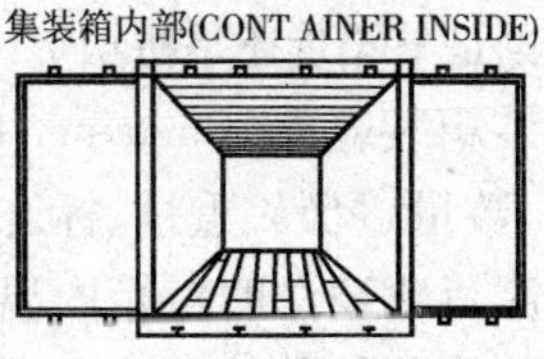

顶部 (TOP)

底部 (FLOOR BASE)

箱门 (REAR)

如有异状,请注明程度及尺寸(REMARK).

除列明者外,集装箱及集装箱设备交接时完好无损,铅封完整无误。

THE CONTAINER/AASSOCIATED EQUIPMENT INTERCHANGED IN SOUND CONDITION AND SEAL INTACT UNLESS OTHERWISE STATED.

用箱人/运箱人签署 (CONTAINER USER/HAULIERS SIGNATURE)

码头/堆场值班员签署 (TERMINAL/DEPOT CLERK'S SIGNATURE)

设备交接单分进场设备交接单(IN)和出场设备交接单(OUT),各有三联,分别为箱管单位(或船公司)联,码头、堆场联和用箱人、运箱人联。

设备交接单的各栏分别由作为箱管单位的船公司或其代理人,用箱人、运箱人和码头、堆场的经办人员填写。

船公司或他的代理人填写的栏目有:用箱人 USER / 运箱人 HAULIER、提箱地点 PLACE OF DELIVERY、船名 VESSEL/ 航次 VOYAGE No.、集装箱的类型 TYPE 及尺寸 SIZE、集装箱状态 STATUS、免费使用期限 FREE TIME PERIOD 和进(出)场目的 PPS OF GATE-IN(OUT)等。

由用箱人、运箱人填写的有:运输工具牌号 TRUCK、WAGON、BARGE No.;如果是进场设备交接单,还须填记来自地点、集装箱号、提单号、铅封号等栏目。

由码头、堆场填写的有:集装箱出场日期 TIME-OUT、检查记录 INSPECTION AT THE TIME OF INTERCHANGE;如果是出场设备交接单,还须填记提箱地点 PLACE OF DELIVERY 和集装箱号等栏目。

设备交接单的流转过程是:

(1)由箱管单位填制设备交接单交用箱人、运箱人;

(2)由用箱人、运箱人到码头、堆场提箱送收箱地(或到发箱地提箱送码头、堆场),经经办人员对照设备交接单,检查集装箱的外表状况后,双方签字,码头、堆场留下箱管单位联和码头、堆场联,将用箱人、运箱人联退还给用箱人、运箱人;

(3)码头、堆场将留下的箱管人联退还给箱管单位。

设备交接单既是分清集装箱设备交接责任的单证,也是对集装箱进行追踪管理的必要单证。由于集装箱货物是按箱交接的,在集装箱外表无异状、铅封完好的情况下,它实际也是一种证明箱内货物交接无误的单证。

8. FCL 装箱

在整箱货的情况下,由货主自行办理货物出口报关手续,在海关派员监装下自行装箱,并缮制装箱单和场站收据。

无论是整箱货还是拼箱货,装箱人都要做一份集装箱装箱单,作为商务处理的主要索赔单证。

集装箱装箱单(Container Load Plan,CLP),是按装箱顺序(自里至外)记载装箱货物的具体名称、数量、尺码、重量、标志和其他货运资料的单证。对于特种货物还应加注特定要求,比如对冷藏货物要注明对箱内温度的要求等。

集装箱装箱单的用途主要是:

(1)集装箱船舶进出口报关时向海关提交的载货清单的补充资料;

(2)向承运人提供箱内所装货物的明细清单;

(3)装、卸港的集装箱装卸作业区编制装、卸船计划的依据;

(4)集装箱船舶计算船舶吃水和稳性的数据来源;

(5)当发生货损时,还是处理索赔事故的原始依据之一;

(6)在卸货地作为办理集装箱保税运输的单据之一。

装箱单一式五联,其中,码头联、船代联、承运人联各一联,发货人/装箱人联二联。整箱货的装箱单由发货人缮制,而拼箱货的装箱单则由作为装箱人的集装箱货运站缮制。集装箱装箱单的格式如表 2-16 所示。

表 2-16

集装箱装箱单格式

CONTAINER LOAD PLAN
装 箱 单

<table>
<tr><td colspan="4">Reefer Temperature Required. 冷藏温度
℃ ℉</td><td colspan="6" rowspan="2"></td></tr>
<tr><td>Class
等级</td><td>IMDG Page
危规页码</td><td>UN No.
联合国编号</td><td>Flashpoint
闪点</td></tr>
<tr><td colspan="4">Ship's Name/Voy No. 船名/航次</td><td>Port of Loading
装港</td><td>Port of Discharge
卸港</td><td>Place of Delivery
交货地</td><td colspan="3">SHIPPER'S/PACKER'S DECLARATIONS: We hereby declare that the container has been thoroughly cleaned without any evidence of cargoes of previous shipment prior to vanning and cargoes has been properly stuffed and secured.</td></tr>
<tr><td colspan="4">Container No. 箱号</td><td>Bill of Lading No.
提单号</td><td>Packages & Packing
件数与包装</td><td>Gross Weight
毛 重</td><td>Measurements
尺 码</td><td>Description of Goods
货 名</td><td>Marks & Numbers
标 志</td></tr>
<tr><td colspan="4">Seal No. 封号</td><td colspan="2" rowspan="5">Front
前

Door
门</td><td rowspan="5"></td><td rowspan="5"></td><td rowspan="5"></td><td rowspan="5"></td></tr>
<tr><td colspan="2">Cont. Size 箱型
20′ 40′ 45′</td><td colspan="2">Cont. TYPE. 箱类
GP = 普通箱 TK = 油罐箱
RF = 冷藏箱 PF = 平板箱
OT = 开顶箱 HC = 高箱
FR = 框架箱 HT = 挂衣箱</td></tr>
<tr><td colspan="4">ISO Code For Container Size/Type.
箱型/箱类 ISO 标准代码</td></tr>
<tr><td colspan="4">Packer's Name/Address.
装箱人名称/地址</td></tr>
<tr><td colspan="4">TEL No.
电话号码</td></tr>
<tr><td colspan="4">Packing Date. 装箱日期</td><td>Received By Drayman
驾驶员签收及车号</td><td>Total Packages
总件数</td><td>Total Cargo Wt
总货重</td><td>Total Meas.
总尺码</td><td colspan="2" rowspan="2">Remarks: 备注</td></tr>
<tr><td colspan="4">Packed By: 装箱人签名</td><td colspan="2">Received By Terminals/Date Of Receipt
码头收箱签收和收箱日期</td><td>Cont. Tare Wt
集装箱皮重</td><td>Cgo/Cont Total Wt
货/箱总重量</td></tr>
</table>

发货人或货运站将货物装箱，缮制装箱单一式五联后，连同装箱货物一起送至集装箱堆场。集装箱堆场的业务人员在五联单上签收后，留下五联单中的码头联、船代联和承运人联，将发货人/装箱人联退还给送交集装箱货物的发货人或集装箱货运站。发货人或集装箱货运站除自留一份发货人/装箱人联备查外，将另一份发货人/装箱人联寄交给收货人或卸箱港的集装箱货运站，供拆箱时使用。

对于集装箱堆场留下的三联装箱单，除集装箱堆场自留码头联，据以编制装船计划外，还需将船代联及承运人联分送船舶代理人和船公司，据以缮制积载计划和处理货运事故。

有的国家，如澳大利亚，对动植物检疫的要求非常严格。在这种情况下，在装箱单上就须附有申请卫生检疫机关检验的申请联。

申请联的申请检验事项中，与货运有关的内容包括包装用料及货物本身是否使用了木材，如已使用了，是否已经过防虫处理的说明。如果已经过处理，则就货物而言，应将发票、海运单证和熏蒸证书一并寄交收货人；就集装箱而言，应连同集装箱适航证书一并寄交卸货港的船公司代理人。

总之，装箱单的内容记载的准确与否，与集装箱货物运输的安全有着非常密切的关系。

9. 委托重箱拖运

此项工作一般是由买卖合同中负责运输的一方来完成。货主可指定某家内陆运输承运人完成重箱拖运事宜，同时还要看货主向船公司托运时与船代的协议上对内陆拖箱有无指定内陆承运人，如有规定，就必须按协议上的规定，找指定的内陆承运人。

值得注意的是，如果货物已在内地办理了出口清关手续，属转关运输的话，应注意海关的相应监管要求。

10. 重箱进 CY 交接

发货人和集装箱货运站将由其或其代理人负责装载的集装箱货物运至码头堆场时，设在码头堆场大门的门卫对进场的集装箱货物核对订舱单、场站收据、装箱单、出口许可证等单据。同时，还应检查集装箱的数量、号码、铅封号码是否与场站收据记载相一致。箱子的外表状况，以及铅封有无异常情况，如发现有异常情况，门卫应在场站收据栏内注明，如异常情况严重，会影响运输的安全，则应与有关方联系后，决定是否接受这部分货物。对进场的集装箱，堆场应向发货人、运箱人出具设备收据。

现代海上班轮运输以集装箱运输为主，为简化手续即以场站收据作为集装箱货物的托运单。“场站收据”联单现在通常是由货代企业缮制送交船公司或其代理人订舱，因此托运单也就相当于订舱单。

场站收据（Dock Receipt，D/R），又称港站收据，或称码头收据 Dock Receipt，是指船公司委托集装箱堆场、集装箱货运站或内陆站在收到整箱货或拼箱货后，签发给托运人证明已收到货物，托运认可凭以换取提单或其他多式联运单证的收据。场站收据的格式如表 2-17 所示。

我国在 1990 年开始进行集装箱多式联运工业性试验，简称“集装箱工试”。该项工业性试验虽已结束，但其中的 3 大单证的原理一直使用至今。3 大单证是：出口时使用的“场站收据”联单、进口时使用的“交货记录”联单和进出口时都要使用的“设备交接单”联单。

场站收据格式 表2-17

∇ Shipper(发货人) Consignee(收货人) Notify Party(通知人) Pre carriage by(前程运输) Place of Receipt(收货地点) Ocean Vessel(船名) Voy. No(航次) Port of Loading(装货港)	D/R No.(编号) 场站收据 DOCK RECEIPT Received by the carrier the Total umber of containers or other packages or units stated below to be transported subject to the terms and conditions of the Carrier's regular form of Bill of Lading(for Combined Transport or Port to port shipment) which shall be deemed to be incorporated herein. Date(日期): 场站章
Port of Discharge(卸货港) Place of Delivery(交货地点)	Final Destination For the Merchant's Reference(目的地)

Particulars Furnish Lead by Merchants(托运人提供详细情况)

Container No.(集装箱号)	Seal No.(封志号) Marks & Nos(标记与号码)	No. of Containers or P'kgs(箱数或件数)	Kind of Packages: Description of Goods(包装种类与货名)	Gross Weight 毛重(千克)	Measurement 尺码(立方米)

TOTAL NUMBER OF CONTAINERS OR PACKAGES(IN WORDS) 集装箱数或件数合计(大写)			
Container No.(箱号) Seal No.(封志号) Pkgs.(件数)		Container No.(箱号) Seal No.(封志号) Pkgs.(件数)	
		Received(实收) By Terminal clerk.(场站员签字)	

FERIGHT & CHARGES	Prepaid at(预付地点)	Payable at(到付地点)	Place of Issue(签发地点)
	Total Prepaid(预付总额)	No. of Original B(s)/L(正本提单份数)	BOOKING(订舱确认) APPROVED BY

Service Type on Receiving □-CY, □-CFS, □-DOOR	Service Type on Delivery □-CY, □-CFS, □-DOOR	Reefer Temperature Required(冷藏温度)	℉	℃

Type of Goods(种类)	□Ordinary(普通) □Reefer(冷藏) □Dangerous(危险品) □Auto(裸装车辆) □Liquid(液体) □Live Animal(活动物) □Bulk(散货) □______	危险品	Class Property IMDG Code Page UN No.

现以在上海口岸进行的"集装箱工试"的"场站收据"联单为例，介绍其各联的设计和用途：

第一联：货主留底；

第二联：船代留底；

第三联：运费通知(1)；

第四联：运费通知(2)；

第五联：装货单(Shipping Order)；

第五联(附页)：缴纳出口货物港务申请书(由港区核算应收之港务费用)；

第六联：场站收据副本大副联(浅红色)；

第七联：场站收据(Dock Receipt)正本(黄色)；

第八联：货代留底；

第九联：配舱回单(1)；

第十联：配舱回单(2)；

第十一、十二联：白纸联(现在这两联白纸已不用)。

场站收据是十联式集装箱货物托运单中的三联(其中正本场站收据一联，场站收据副本(1)——装货单一联，场站收据副本(2)——大副收据一联)。

D/R 十联单的各联流转如下：

(1)托运人填制集装箱货物托运单一式十联，委托货运代理人代办托运手续。

(2)货运代理人审核托运单接受委托后，将货主留底联退还给托运人备查。

(3)货运代理人持剩余的九联托运单至船公司或船公司的代理人处办理货物托运。

(4)船公司或船公司的代理人审核托运单，对照订舱清单，确认无误后，在场站收据副本(1)——装货单上盖章，确认订舱，承运货物，留下船代留底、运费通知(1)和运费通知(2)等三联后，将包括经船公司或船公司代理人签章的装货单在内的其余六联退还给货运代理人。

(5)货运代理人留存货代留底联，据以缮制货物流向单。

(6)货运代理人根据船公司或船公司代理人退回的配舱回单(1)联缮制提单和其他货运单证。

(7)货运代理人持经船公司或船公司的代理人签发的装货单和船公司或船公司的代理人退回的正本场站收据及场站收据副本(2)——大副联，随同出口货物报关单和其他有关货物出口的单证一起至海关办理货物出口报关手续。

(8)海关审核有关报关单证，同意出口，在装货单上加盖放行章，然后将经海关加盖放行章的装货单和大副联及正本场站收据退还给货运代理人。

(9)货运代理人将集装箱或货物连同装货单、大副联和正本场站收据及配舱回单(2)等四联送交集装箱堆场或集装箱货运站。

(10)集装箱堆场或集装箱货运站验收集装箱或货物，如无异状，则在正本场站收据及配舱回单(2)上签章后，退还给托运人或货运代理人；如集装箱或货物的实际状况与场站收据或配舱回单(2)的记载不符，则须在正本场站收据和配舱回单(2)上作出批注，退还托运人或货运代理人，而托运人或货运代理人则须根据配舱回单(2)的批注，修改已缮制的提单。

(11)集装箱堆场留下装货单,集装箱装船后将大副联交船方大副。

(12)托运人或货运代理人持正本场站收据和事先缮制的提单至船公司或船公司的代理人处,办理换取提单手续,船公司或船公司的代理人收回场站收据,签发提单。

对承运人来说,签收 D/R 表明:其已经收到货物;对货物开始负有责任;发货人可凭 D/R 换取 B/L;一旦发生责任纠纷,D/R 是解决纠纷的初步证据;对 FCL,无法知悉箱内货物实际装载情况,另有 SLAC、STC 等记载;对 LCL,D/R 签收与实收货物外表状况相符,不良批注会影响 B/L 的清洁。

对发货人来说,D/R 的签收应注意:D/R 内容因发货人填制有误造成货损,由发货人承担责任;发货人委托他人(货代)填制有误造成货损,由发货人承担责任;D/R 填制后若需修改,应向主管部门送交更正通知单;特殊货、危险货,还应注明货物性质、包装、种类、运输要求、注意事项等;D/R 的填制,发货人应保证单货一致、单单一致;发货人填制 D/R 应注意买卖合同和信用证条款,以保证顺利结汇。

11. 出口装船

集装箱进入集装箱装卸作业区的集装箱堆场后,装卸作业区根据待装货箱的流向和装船顺序编制集装箱装船计划或积载计划,在船舶到港前将待装船的集装箱移至集装箱前方堆场,按顺序堆码于指定的箱位,船舶到港后,即可顺次装船。

集装箱装船后,所有缮制出口载货清单,向海关办理船舶出口报关手续;船舶开航后,缮制载货运费清单,连同其他有关货运单证寄交目的港的船公司的代理人,据以事先做好船舶到港后的卸货与交付的准备,以及向目的港的船公司的代理人拍发货载电报等程序,均与传统的海运大体相似,此处不再赘述。

12. 装船理箱

由外轮理货公司做一张装船理箱单,到国外卸货后还要做一张卸船理箱单,这两张单证是用以确定海上箱子灭失的索赔单证。

装船时,外轮理货公司还要做一张 OUT EIR,因为箱子进场时做一张 IN EIR,若这两张单证的内容不符,就说明是 CY 责任。这两张单证是堆场对箱体责任划分的重要单证。

13. 以 D/R 换 B/L

发货人收到经集装箱堆场或集装箱货运站签署的场站收据后,即可凭场站收据向船公司或其他运输方式的经营人付清运费(预付运费的情况下),换取提单或其他多式联运单证,然后前往银行结汇货款。

值得注意的是,无论是整箱货还是拼箱货,理论上集装箱承运人应接受货物即签署场站收据,此时货物尚未装船,所以换取的提单应为收货待运提单。但在实践中,收货待运提单不足以保障收货人的利益,一般信用证也都要求已装船提单结汇。所以,实际上是等货物装上船后才签发 D/R,那么换取的都是已装船 B/L。

14. CIF 投保

在常见的 CIF 买卖中,由卖方负责向保险人投保,因为结汇时需有一张保单一同去结汇。而在 FOB、CFR 买卖中,卖方有义务及时向买方发出装船通知,以便买方及时安排货物运输保险事宜。

15. 出口结汇

在信用证交易下,卖方备妥信用证要求的相关单证即可前往议付行议付货款。主要的结汇单证通常有商业发票、提单、保单、汇票、装箱单、原产地证书、品质鉴定书等。银行按照单证严格相符的原则对各项单证的记载内容进行审核,完全符合后予以结汇。

关于信用证的有关内容,详见本章有关内容。

16. B/L 流转国外

议付行给予信用证受益人议付货款后,将全套单证连同受益人开具的汇票流转进口国,由开证行偿付货款。

17. 付款赎单

接到开证行通知后,信用证开证申请人即前往银行办理付款赎单手续,取得全套单证。在船舶抵港后,凭提单办理进口提货手续,也可能通过转让提单的方式转卖提单项下的货物,关于提单的转让,详见本书第四章。

18. 进口卸船

在卸货港的船公司代理人接到装货港的船公司或其代理人寄来的有关货运单证后,即联系集装箱装卸作业区的集装箱堆场或货运站经营人,为船舶到港和卸箱做好准备。船舶到港后,组织卸船和安排集装箱在集装箱堆场的存放或者转运或者在集装箱货运站进行拆箱等工作。

19. 卸船理箱

由外轮理货公司做一张卸船理箱单,与装港的装船理箱单一起用以确定海上箱子灭失的责任归属。

卸船时,外轮理货公司还要做一张 IN EIR,因为箱子出场时做一张 OUT EIR,若这两张单证的内容不符,就说明是 CY 责任,这两张单证是堆场对箱体责任划分的重要单证。

20. 通知提货

在船舶到港前,船公司在卸箱港的代理人还须向收货人发出进口货物提货通知书,要求收货人事先做好提货准备。

提货通知书(Delivery Notice)是船公司在卸箱港的代理人向收货人或通知人发出的船舶预计到港时间的通知。它是船公司在卸箱港的代理人在掌握船舶动态的基础上,根据装箱港的船公司的代理人寄来的提单副本上所记载的有关货运资料编制的。

船公司在卸货港的代理人向收货人或通知人发出提货通知书的目的在于要求收货人事先做好提货准备,以便集装箱货物到港后能尽快疏运出港,避免货物在港口、堆场积压,使集装箱堆场能更充分地发挥中转、换装作用,集装箱能更快地周转,得到更充分的利用。

提货通知书只不过是船公司为使货运程序能顺利完成而发出的单证,对于这个通知的发出与否、是否及时,以及收货人能否收到,作为承运人的船公司并不承担责任。也就是说,承运人并不承担因通知不到而引起的责任风险。

提货通知书的格式很简单,但提货通知书上的以下几点内容需要引起注意:

(1)根据中华人民共和国海关法规定,海运进口货物之收货人必须在船舶申报进境之日十四天内向海关申报,逾期由海关收滞报金,而且货物如在三个月内不申报提取,将作为无主货处理。凡船抵港后十天内不提取货物，由此产生的拆箱费、滞箱费、疏港费以及货损货差等风险责任均由收货人承担。

(2)遵循国际惯例，收货人须凭正本提单办理提货手续，并在正本提单上加盖公司法人章。“TO ORDER”提单须有发货人的背书。电报放货，收货人应出具公司保函和提单副本，并加盖公司法人章。

(3)进口危险品，冷冻货或重大件的收货人应主动提前与船代/港方联系，做好现提接货准备。

(4)该通知提供的靠泊日期，不作为船舶申报进境推算之日。

在集装箱卸船进入集装箱堆场或货运站，做好交付准备后，船公司或其代理人会向收货人发出到货通知，收货人即可凭提单和到货通知，办理提货手续，换取提货单，凭以提取货物。

到货通知书(Arrival Notice, A/N)是在卸货港的船公司的代理人在集装箱卸入集装箱堆场，或移至集装箱货运站，并办好交接准备后，用书面向收货人发出的要求收货人及时提取货物的通知。到货通知书的格式如表2-18所示。

到货通知书共有五联：

第一联：到货通知书；

第二联：提货单；

第三联：费用账单(1)；

第四联：费用账单(2)；

第五联：交货记录。

A/N五联单的各联流转如下：

(1)五联单到货通知书都由船公司在卸箱港的代理人在船舶到港前填制。

(2)船舶抵港前，船公司在卸货港的代理人，根据装箱港的船公司或他的代理人寄来的载货运费清单或提单副本的有关货运资料填制到货通知书一式五联后，在集装箱卸船并做好交货准备后，将五联单中的第一联——到货通知书寄交收货人或通知人。

(3)收货人持正本提单和到货通知书至船公司在卸货港的代理人处，换取其余四联，即提货单、费用账单(1)和(2)及交货记录等单证。

(4)船公司在卸箱港的代理人审核提单和是否已付清运费后，收回正本提单和到货通知书，在提货单上加盖专用章，连同五联单中的其他三联，即费用账单(1)和(2)及交货记录换发给收货人。

(5)收货人持费用账单(1)、(2)和交货记录，以及加盖了船公司在卸货港的代理人的专用章的提货单共四联，随同进口报关单和其他进口报关所需单证，至海关办理货物进口报关手续，海关核准放行，即在提货单上加盖海关放行章，然后将提货单、费用账单(1)和(2)以及提货单共四联退还给收货人。

办理进口报关时，有时海关要求收货人出具进口许可证；合同；信用证；来料加工、进口加工、补偿贸易登记手册；支票；包装证明；产地证书；内地转关证明；装箱单；提单副本等。

(6)收货人即可持这四联单证(主要是海关放行的提货单)至集装箱堆场或集装箱货运站办理提货手续。

(7)堆场或货运站经营人核单后，留下用作放货依据的提货单联和据以结算费用的费用账单(1)和(2),在交货记录联上加盖港站印章,将交货记录退还给收货人。

到货通知书格式 表 2-18

到 货 通 知 书
ARRIVAL NOTICE

收货人:__________

您单位下列进口货物已抵港,请速凭正本提单并背书后来我公司办理提货手续。

<table>
<tr><td>船名</td><td>航次</td><td colspan="2">起运港</td><td colspan="2">目的地</td></tr>
<tr><td>提单号</td><td colspan="2">交付条款</td><td colspan="3">到付海运费</td></tr>
<tr><td>卸货地点</td><td>到达日期</td><td colspan="2">进库场日期</td><td colspan="2">第一程运输</td></tr>
<tr><td>标记与集装箱号</td><td>货 名</td><td>集装箱数</td><td>件数</td><td>重 量(KGS)</td><td>体 积(m^3)</td></tr>
<tr><td></td><td></td><td></td><td></td><td></td><td></td></tr>
<tr><td></td><td></td><td></td><td></td><td></td><td></td></tr>
<tr><td></td><td></td><td></td><td></td><td></td><td></td></tr>
<tr><td></td><td></td><td></td><td></td><td></td><td></td></tr>
<tr><td></td><td></td><td></td><td></td><td></td><td></td></tr>
<tr><td></td><td></td><td></td><td></td><td></td><td></td></tr>
<tr><td></td><td></td><td></td><td></td><td></td><td></td></tr>
</table>

特此通知

中国上海外轮代理公司

年 月 日

注意事项:

1. 请凭本通知书和正本提单(加盖公章)速来我公司进口部门办理提货手续;如提取私人行李另须携带本人护照或代办委托书及身份证。为方便各环节业务,请最好携带您公司业务章前来办理提货手续。
2. 如需委托我公司代办报关转运,请随带有关单证及钱款,派员前来我司委托,如有不清,请洽我司电话:63232762 63230970 × 308。
3. 在必要情况下,我公司接受暂凭银行担保函替代正本提单办理提货手续。
4. 根据海关规定,货物到港(站)14 天内未能及时向海关申报,由此引起的海关滞报金,由收货人承担。

   根据上海市疏港法规定,货物到港(站)10 天内未能及时提取货物,由此引起的港口疏港所发生的费用等,由收货人承担。货物抵港三个月不提取,将作无主货处理。
5. 本通知书所列到达日期系预报日期,不作为申报进境计算滞报金、滞箱费起算之日凭据。
6. 本通知书依据提单与舱单上提供的"收货人"及地址投递,由于英文翻译中文所发生的人名地名不一致,我司不承担由此产生的损失,希请谅解。
7. 我公司地址:上海市中山东一路 13 号 3 楼 电话:63231363 63232081 63295632 63210051 邮编:200002 电报:PENAVICO 传真:63291519 电传:33052 PENAV CN

   星期六上午学习、星期日、节假日休息。

(8)收货人实际提取集装箱货物时,堆场或货运站的发货人员即凭收货人所持有的交货记录发放集装箱货物。并且提货完毕,在交货记录上签收,交货记录由集装箱堆场或货运站留存。

21. 以 B/L 换 D/O

作为收货人或其货运代理人，付款赎单取得全套单据后，要查清该进口货物属于哪家船公司承运、哪家作为船舶代理、在哪儿可以换到供通关用的提货单。应提前与船公司或船舶代理部门联系，确定船到港时间、地点，如需转船，应确认二程船名；提前与船公司或船舶代理部门确认换单费、押箱费、换单的时间；提前联系好场站确认好提箱费、掏箱费、装车费、回空费等。

在收到船公司卸货港代理发出的到货通知书后，收货人即可凭正本提单和到货通知书办理提货手续，换取提货单(Delivery Order)，办理进口清关手续后，凭以提取货物。提货单的格式如表 2-19 所示。

提货单格式　　表 2-19

中国上海外轮代理公司

CHINA OCEAN SHIPPING AGENCY SHANGHAI

提　货　单

DELIVERY ORDER

致：＿＿＿＿＿＿＿＿港区、场站

收货人：＿＿＿＿＿＿＿＿

下列货物已办妥手续，运费结清，准予交付收货人。

<table>
<tr><td colspan="2">船名</td><td colspan="3">航次</td><td colspan="2">起运港</td><td colspan="2">目的地</td></tr>
<tr><td colspan="2">提单号</td><td colspan="4">交付条款</td><td colspan="3">到付海运费</td></tr>
<tr><td>卸货地点</td><td colspan="2">到达日期</td><td colspan="4">进库场日期</td><td colspan="2">第一程运输</td></tr>
<tr><td colspan="2">标记与集装箱号</td><td>货名</td><td colspan="2">集装箱数</td><td>件数</td><td colspan="2">质量(KGS)</td><td>体积(m^3)</td></tr>
<tr><td colspan="2"></td><td></td><td colspan="2"></td><td></td><td colspan="2"></td><td></td></tr>
<tr><td colspan="9">请核对放货。
中国外轮代理公司上海分公司
年　月　日
凡属法定检验，检疫的进口商品，必须向有关监督机构申报。</td></tr>
<tr><td colspan="2">收货人章
1</td><td colspan="2">海关章
2</td><td colspan="3">3</td><td colspan="2">4</td></tr>
<tr><td colspan="2">5</td><td colspan="2">6</td><td colspan="3">7</td><td colspan="2">8</td></tr>
</table>

提货单的操作是以正本提单相交换的方式进行的,所以提货单是收货人提取货物的凭证,也是承运人同意交货的证明。在实际操作中,应注意以下事项:

(1)收货人是否在提单记载的目的港地提货,如果没有在提单记载的目的港交货,不能签发提货单。

(2)在到付运费情况下,收货人是否已支付清全部运费,提货单的签发表明同意放货,所以一定要将到付运费收取。

(3)正本提单一共有多少份。

(4)是凭 H—B/L 还是 M—B/L 签发提货单,当一票货物同时使用 H—B/L 和 M—B/L 时,对发货人来说,由于他持有的提单由无船承运人签发,因而无船承运人是正式承运人。但对无船承运人来说,船公司才是真正的承运人,他只能凭船公司签发的 M—B/L 签发提货单。

(5)正本提单上对货物、箱子有无批注,对箱号、关封号有无说明,一定要将提单上对货物、箱子的批注转到提货单上去。

(6)承运货物的船舶是否属自己代理的船公司的船舶,未经船公司书面授权而擅自签发提货单是错误的。

(7)如收货人没有交出正本提单,又要求签发提货单时,承运人是否已认可,或承运人对此有什么指示,没有正本提单,原则上不能签发提货单,否则必须得到承运人的认可。

(8)如收货人要求凭副本提单换提货单时,承运人是否在副本提单上盖章和提供经承运人认可的担保。

22. 进口报检

若是法检商品需要商检,则要在报关前,拿进口商检申请单(带公章)和两份报关单办理登记手续,并在报关单上盖商检登记在案章以便通关。验货手续在最终目的地办理。

如需动植检,也要在报关前拿箱单发票合同报关单去代报验机构申请报验,在报关单上盖章放行以便通关,验货手续可在通关后堆场进行。

海关通关放行后应去三检大厅办理三检。向大厅内的代理报验机构提供箱单、发票、合同报关单,由他们代理报验。报验后,可在大厅内统一窗口交费。并在白色提货单上盖三检放行章。

三检手续办理后,去港池大厅交港杂费。港杂费用结清后,港方将提货联退给提货人供提货用。

23. 进口报关

作为进口货物的收货人或其货运代理人,应注意:

(1)应确认货物的商品编码,然后查阅海关税则,确认进口税率、确认货物需要什么监管条件,如需作各种检验,则应在报关前向有关机构报验。

(2)换单时应催促船舶代理部门及时给海关传舱单,如有问题应与海关舱单室取得联系,确认舱单是否转到海关。

(3)当海关要求开箱查验货物时,应提前与场站取得联系,调配机力将所查箱子调至海关指定的场站(事先应与场站确认好调箱费、掏箱费)。

24. 委托重箱拖运

此项工作一般是由买卖合同中负责运输的一方来完成。货主可指定某家内陆运输承运人完成重箱拖运事宜，同时还要看货主向船公司托运时与船代的协议上对内陆拖箱有无指定内陆承运人，如有规定，就必须按协议上的规定，找指定的内陆承运人。

值得注意的是，如果货物须在进境地以外的其他地点办理进口清关手续，属转关运输的话，应注意海关的相应监管要求。

25. 重箱出 CY 交接

所有提货手续办妥后，可通知事先联系好的堆场提货。应注意的事项有：

(1)首先应与港池调度室取得联系安排计划。

(2)根据提箱的多少与堆场联系足够的车辆尽可能按港方要求的时间内提清，以免产生转栈堆存费。

(3)提箱过程中应与堆场有关人员共同检查箱体是否有重大残破，如有，要求港方在设备交接单上签残。

交货记录(Delivery Record)是一式五联到货通知书中的一联。它是集装箱堆场货运站在向收货人交付货物时，用以证明双方间已进行货物交接和载明货物交接状态的单证。

作为正常的业务手续，交货记录应在收货人全部提取货物后才能签收，然后由堆场或货运站将交货记录整理，按月、分船交船代留底。但在实际业务中，堆场或货运站的工作人员凭与收货人的关系来签收交货记录，经常会出现货没有全部提走，但交货记录已签收；收货人出具拼箱货交货记录，却签收整箱货；A 收货人的货交由 B 提取，而 B 收货人的货却交由 A 提取的情况。

对堆场或货运站的工作人员来说，签收交货记录时应注意：

(1)CFS—CFS 或 CY—CFS 交接的货由货运站提取。

(2)DOOR—DOOR 或 CY—DOOR 交接的货由承运人安排提取。

(3)CY—CY 或 DOOR—CY 交接的货由收货人安排提取。

(4)CFS—CY 交接的货也由收货人安排提取。

(5)同一张交货记录上的货分批提取时，只有等最后一批货提取完毕才能签收。

(6)如 CY—CY 条款，但注明 CY—CY(LCL)字样，则在堆场拆箱交货。

(7)如 CFS—CFS 条款，但注明 CFS—CFS(FCL)字样，则表明整箱提取。

(8)如实际提货状况与单证记载不符，应做好货损报告，并会同有关方签字。

(9)海关未在提货单上盖章的货，一定不可出堆场或货运站。

(10)交货前应查核费用账单，收货人是否已全部支付货物在堆场或货运站发生的所有费用。

对收货人来说，签收交货记录时应注意：

(1)如是凭 H—B/L 换取的提货单，则到无船承运人的代理人处办理提货手续，而不直接去船公司。

(2)接受整箱货时，应检查箱子外表状况，以及箱号、关封号是否与单证记载相符，如有异议，则会同有关方做好记录。

(3)接受拼箱货时，应检查货物外包装、唛头、数量等是否与单证记载相符，如有异议，或已发现有货损，则做好货损报告，并交有关方签认。

(4)未提取货物或货物未全部提取完毕，不能签收交货记录。

(5)提货时发现箱损或货损,而又无法确认责任方或确定损害区段时,则不能将货提走,避免无法提出索赔。

26. FCL 拆箱

整箱货运输下,拆箱工作是由收货人或其货运代理人完成的,承运人与收货人的责任划分是以集装箱货物出堆场大门为界,双方在集装箱外表状况良好、铅封完整下交接,作为承运人已经按照提单记载交付货物的表面证据。若收货人拆箱发现货损,应及时会同有关部门做好拆箱记录,以利于保险合同、买卖合同或运输合同下的索赔。而在拼箱货运输下,拆箱工作是由货运站完成的,双方按照货物的实际数量和外表状况进行交接。

27. 委托空箱回运

收货人或其货运代理人自堆场提取重箱后,应在集装箱免费使用期内及时掏箱,以免产生滞箱费。

货物提清后,应从场站取回设备交接单证明箱体无残损,去船公司或船舶代理部门取回押箱费。

28. 空箱回运交接

集装箱运输中,因为货物是连同集装箱一起办理交接的,所以集装箱堆场经营人须事先缮制集装箱设备交接单(出场);在整箱货的情况下,与收货人办理集装箱出借手续;而在拼箱货的情况下,则与集装箱货运站办理集装箱的交接。

由于集装箱的具体交接地点发生变化,双方对集装箱的交接责任并非以堆场大门为界。根据交通部《海上集装箱运输管理》规定,用箱人与箱主交接责任有 4 种情况:

(1)船方与港方对箱子交接以船边为界。

(2)堆场与公路对箱子交接以堆场大门为界。

(3)堆场与铁路对箱子交接以装卸现场为界。

(4)堆场与水路对箱子交接以码头边为界。

二、集装箱班轮拼箱货货运程序与主要业务单证

集装箱货运站是集装箱运输的产物,集装箱运输的主要特点之一就是船舶在港时间短,这就要求有足够的货源,一旦在卸船完毕后,即可装满船开航。集装箱货运站的主要业务就是集、散货物。集装箱货运站有两种类型,一种叫内陆港口型,另一种叫货源集散型。

在货物不足一箱时,一般都运至集装箱货运站,由集装箱货运站根据所托运的货物种类、性质、目的港,将其与其他货物一起拼装在集装箱内,并负责将已装货的集装箱运至码头堆场。

集装箱货运站在根据订舱单接收前来托运的货物时,应查明这些货物是否已订舱,如货物已订舱,货运站则要求货物托运人提供码头收据、出口许可证,然后检查货物的件数是否与码头收据记载相符,货物的包装是否正常,能否适合集装箱运输。如无异常情况,货运站即在场站收据上签字,反之则应在码头收据的备注栏内注明不正常的情况,然后再签字。如不正常的情况较严重,可能会影响以后的运输安全,则应同有关方联系决定是否接受这些货物。

集装箱货运站在进行货物装箱时,应从里到外的按货物装箱的顺序,制作集装箱装箱单。制作时必须准确、清楚。

货物装箱完毕后,集装箱货运站在海关监督之下加海关封志,并签发场站收据。同时,应

尽快与码头堆场取得联系，将已装货的集装箱运至码头堆场。

承办拼箱业务，即接受客户尺码或重量达不到整箱要求的小批量货物，把不同收货人、同一卸货港的货物集中起来，拼凑成一个20ft或40ft整箱，这种做法，我们称为集拼，国际上叫做Consolidation，简称Consol，承办者称为集拼箱经营人Consolidator。在国内，集拼箱经营人大多由货运代理人、无船承运人或多式联运经营人充当。

承办集拼业务的企业必须具备如下条件：

(1)具有集装箱货运站(CFS)装箱设施和装箱能力。

(2)与国外卸货港有拆箱分运能力的航运或货运企业建有代理关系。

(3)政府部门批准有权从事集拼业务并有权签发自己的House B/L。

一方面，从事集拼业务的国际货运代理企业由于其签发了自己的提单(House B/L)，故通常被货方视为承运人(集装箱运输下承运人的概念是指：凡有权签发提单，并对运输负有责任的人)，如果只经营海运区段的拼箱业务，则是无船承运人。因此其特征主要有：不是国际贸易合同的当事人；在法律上有权订立运输合同；本人不拥有、不经营海上运输工具；因与货主订立运输合同而对货物运输负有责任；有权签发提单，并受该提单条款约束；具有双重身份，对货主而言，他是承运人，但对真正运输货物的集装箱班轮公司而言，他又是货物托运人。

另一方面，货代公司须将船公司或其代理人签发给他的海洋提单正本连同自签的各House B/L副本快邮寄其卸货港代理人，代理人在船到时向船方提供海运提单正本，提取该集装箱到自己的货运站(CFS)拆箱，通知House B/L中各个收货人持正本House B/L前来提货。

集拼业务票数越多，处理难度越大，有时其中一票货的数量发生变更往往牵涉整箱货的出运，所以在处理中要倍加审慎。

三、集装箱班轮货运其他业务单证

1. 危险品清单(Dangerous Cargo List)

这是集装箱内装危险货物的汇总清单。危险货物的托运人在托运危险货物时，必须根据有关危险货物运输和保管的规章，如《国际危规》，事先向船公司或船公司的代理人提交危险品清单。

危险品清单一般须记载以下一些主要内容：船名/航次；船籍；装货港；卸货港；提单号；货名；《国际危规》的类别、标贴、页号、联合国编号；件数及包装；货重；集装箱号；铅封号；运输方式和装船位置等。

为了安排危险货物载集装箱堆场的堆存位置和装船的需要，托运人在将危险货物移入集装箱堆场和货运站时，都须提交危险品清单，由堆场经营人汇总交船方。

此外，所有危险货物都必须粘贴规定的危险品标志，内装危险货物的集装箱也必须有规定的危险品标志。

2. 冷藏集装箱清单(List of Reefer Container)

冷藏集装箱清单是装载冷冻货物或冷藏货物的冷藏集装箱的汇总清单。

冷藏集装箱清单由装箱人缮制。它应记载的主要内容主要包括：船名；船籍；船长姓名；装货港开航日期；装货港；卸货港；集装箱号码；铅封号；规格；运输方式；提单号；件号；货物名称；货物重量；箱重；总重；要求温度和装船位置等。

托运人托运冷冻货物或冷藏货物时,都应要求承运人在运输和保管过程中,将冷藏集装箱的箱内温度控制在一定范围之内,并且要求承运人在运输和保管货物方面承担高于普通货物应注意的义务。托运人在托运这种货物时,向承运人和集装箱堆场提供冷藏集装箱清单,就是为了使承运人和集装箱堆场在货物的保管和温度的控制方面给予充分的注意。因此,托运人或集装箱货运站须逐箱地明细填列货物的名称和指定的温度范围等项内容,交集装箱堆场,由堆场经营人汇总交船方。

3. 卸货报告(Outturn Report)

卸货报告是集装箱堆场或货运站在交付货物后,将交货记录中记载的批注,按不同载货的船名,分船编制的表明交货状态的批注汇总清单。

在集装箱对场或货运站完成了整箱货或拼箱货的交付后,须及时汇集交货记录上所作的批注,缮制卸货报告交船公司。以后,如果收货人对货物的灭失或损坏提出索赔时,卸货报告就是船公司理赔的重要依据。

不过,有些船公司并不要求集装箱堆场或货运站提交这一单证,而以交货记录作为理赔的依据。

4. 待提集装箱(货物)报告(Report of Undelivered Container(Cargo))

待提集装箱(货物)报告是集装箱堆场或货运站编制并送交船公司的,表明经过一段时间尚未能疏运的,仍滞留在堆场或货运站的重箱或货物的书面报告。据此,船公司可向收货人发出催提货物的通知,以利疏港和加速集装箱的周转。

其实,集装箱堆场或货运站向船公司送交待提集装箱(货物)报告和船公司向收货人发出催提通知,只不过是为尽快的疏运集装箱及货物和加快集装箱的周转而采取的必要措施之一,他们对此并不承担责任。事实上,在船公司向收货人发出的到货通知书中,通常都有关于提取货物的期限和对不按时提取的货物将按规定进行处理的规定。比如,在我国,对于到达上海港的集装箱货物,在到货通知书上就明确规定:"根据海关规定,货物到港(站)14 天内未能及时向海关申报,由此引起的港口疏港所发生的费用等,由收货人承担。货物抵港三个月不提取,将作无主货处理。"

四、班轮货运特殊业务

1. 卸货地订舱

在国际贸易实践中,出口商通常会要求以 CIF 价格条件成交,此时,由出口商安排货物运输工作,即出口商承担出口货物的托运工作,将货物交船公司运往国外交进口商,所以订舱工作多数在装货港或货物输出地由出口商办理。但是,如果出口货物是以 FOB 价格条件成交,则货物运输由进口商安排,此时订舱工作就可能在货物的卸货地或输入地由进口商办理。这就是所称的卸货地订舱(Home Booking)。卸货地订舱的货物在实践中也称为"指定货"(Buyer's Nominated Cargo)。

2. 加载

承运人签发装货单后,船、货、港等方面都需要有一段时间来编制装货清单、积载计划、办理货物报关、查验放行、货物集中等装船的准备工作。因此,对每一航次在装货开始前一定时间应截止签发装货单。具体的截止时间,视各港口具体情况而定,一般为装船前 24h(根据我国《海关法》的规定，出口货物的发货人除海关特准的外应当在装货的24h以前，向海关申报）。若在截止签发装货单日（Closing Date）之后，再次签发装货单，则称之为“加载”。“加载”通常是因紧急任务、特殊情况或信用证到期等原因造成的。一般，只要还没有最后编妥积载计划，或积载计划虽已编妥，但船舶的舱位尚有剩余，并且不影响原积载计划的执行时，船方都会设法安排“加载”。但是，“加载”引起的货物通关问题，由货方承担。

3. 误卸

船方和装卸公司应根据载货清单和其他有关单证认真地组织和实施货物的卸船作业，避免发生误卸（Mislanded）的情况，即避免发生原来应该在其他港口卸下的货物卸在本港的溢卸（Overlanded）和原来应该在本港卸下的货物遗漏未卸的短卸（Shortlanded）的情况。船公司或其代理人一旦发现误卸时，应立即向各挂靠港口发出货物查询单（Cargo Tracer），查清后应及时将货物运至原定的卸货港。提单条款中一般都有关于因误卸而引起的货物延迟损失或货物损坏责任问题的规定：因误卸而发生的补送，退运的费用由船公司负担，但对因此而造成的延迟交付或货物的损坏，船公司不负赔偿责任（关于这一点，很可能被判无效）。如果误卸是因标志不清、不全或错误，以及因货主的过失造成的，则所有补送、退运、卸货或保管的费用都由货主承担，船公司不负担任何责任。

4. 凭保函交付货物

在已经签发了提单的情况下，收货人要取得提货的权利，必须以交出提单为前提条件。然而，有时由于提单邮寄延误，或者作为押汇的跟单票据的提单未到达进口地银行，或者虽然提单已到达进口地银行，而因为汇票的兑现期限的关系，在货物已运抵卸货港的情况下，收货人还无法取得提单，也就无法凭提单来换取提货单提货。此时，按照一般的航运习惯，收货人就会开具由一流银行签署的保证书，以保证书交换提货单后提货。船公司同意凭保证书交付货物是为了能尽快的交货，而且除有意欺诈外，船公司可以根据保证书将因凭保证书交付货物而发生的损失转嫁给收货人或保证银行。但是，由于违反运输合同的义务，船公司对正当的提单持有人仍负有赔偿一切损失责任的风险。因此，船公司会及时要求收货人履行解除担保的责任，即要求收货人在取得提单后及时交给船公司，以恢复正常的交付货物的条件。实践中，船公司要求收货人和银行出具的保证书的形式和措词虽各不相同，但主要内容都包括因不凭提单提货，收货人和保证银行同意下列条件：

（1）因不凭提单提取货物，收货人和银行保证赔偿并承担船公司及其雇员和代理人因此承担的一切责任和遭受的一切损失。

（2）对船公司或其雇员或其代理人因此被起诉而提供足够的法律费用。

（3）对船公司的船舶或财产因此被扣押或羁留或遭到这种威胁而提供所需的保释金或其他担保以解除或阻止上述扣押或羁留，并赔偿船公司由此所遭受的一切损失、损害或费用。

（4）收到提单后换回保证书。

（5）对于上述保证内容由收货人和银行一起负连带责任。

无单放货，即无正本提单交付货物。按照我国《海商法》的规定，承运人应保证向提单载明的记名交付货物，或者按照指示人的指示交付货物，或者向提单持有人交付货物。无单放货是承运人违反了这一保证的违约行为，应当承担相应的法律后果。

绝大多数无单放货纠纷都或多或少地涉及到贸易合同的纠纷，甚至有不少贸易合同的当事人是因贸易合同中犯有过失无法在贸易诉讼中胜诉,或根本就不找贸易伙伴解决问题,才转而以承运人无单放货为由进行海事诉讼的。无单放货的纠纷至今仍时有发生,且有愈演愈烈之势,要想真正解决无单放货的问题,不仅仅是法律界的问题,而且还涉及航运界的问题。解决无单放货的途径主要有两个①,一是使用电子提单,通过电子数据交换(Electric Data Interchange, EDI)来解决纸面提单晚于货物抵达的情况。二是使用海运单(Sea Waybill),因为海运单不具有物权凭证性质,承运人可以不凭海运单交付货物,只要他能证明要求提取货物的人就是海运单载明的收货人,而收货人可以不凭海运单要求承运人交付货物,只要他能证明他本人就是海运单载明的收货人。

无单放货在航运实务中已司空见惯。究其原因,之一是单证迟延,由于现今集装箱运输的发展,货物在海上运输的时间比以往快了很多,而单证的流转速度并未因货物流转速度的加快而加快,所以往往是货物已经抵达目的港,而提单还在流转的过程中,近洋运输这种现象尤甚。因此,收货人往往凭保函向承运人要求提取货物,等到提单到手后再交还给承运人。除此以外,单证还可能因贸易原因修改提单或其他单证而迟延,因此延长了正常的提单流转速度。原因之二是贸易原因,收货人需提取货物出卖后,才有可能支付货款。买方凭保函向承运人要求提取货物,在此之前,提单等单证始终在卖方手中。买方在将货物出售获得货款后,到银行付款赎单,然后再将其中的提单交还给承运人。这种做法依赖于买方的信用,一旦买方提货后不付款,则仍持有提单的卖方钱货两空,起诉国外的买方既不经济,也不方便,甚至可能找不到国外的买方,故而起诉承运人即成为其首选。面对此种诉讼,承运人在一般情况下胜诉的可能性不大。至此,卖方将其在贸易中的风险转移给了承运人。在以往无单放货纠纷中,属于第二种原因的较多。

无单放货的法律性质一直以来是海商法学界争论的热点问题。国内曾有 3 种观点:一为"侵权说",认为无单放货行为是对正本提单合法持有人物权的侵犯;二为"违约说",认为无单放货违反了运输合同约定的凭单交货的义务;三为"竞合说",认为无单放货在法律同时符合违约和侵权的成立要件,构成违约责任和侵权责任的竞合。笔者赞同"违约说",理由是,根据我国《海商法》第 71 条的规定,"……提单中载明的向记名人交付货物,或者按照指示人的指示交付货物,或者向提单持有人交付货物的条款,构成承运人据以交付货物的保证。"承运人无单放货正是违反了这一款的规定。

从司法实践看,正本提单持有人常以侵权之诉状告承运人,但如果无单放货行为没有给正本提单合法持有人造成损害,或者正本提单合法持有人所遭受的损失与无单放货行为之间无因果关系,则侵权的构成要件没得到满足。在这种情况下,"侵权说"就失去了理论依据。而承运人违反合同的约定无单放货,无论是否给正本提单合法持有人造成实际损失,其行为本身已构成违约,则是显而易见的②。无论是从有利于国际贸易顺利开展上看,还是从法律规定③上看,将提单视为承运人与收货人或提单持有人之间的合同,更为合理,国际上一般将无单放

① Philip Yang, *Philip Yang on Shipping Practice*, Dalian Maritime University Press, 1995, pp223 ~ 224.

② 雷霆. 无正本提单放货的性质及其法律责任.《中国海商法年刊》(2000 年卷). 北京:人民交通出版社,2000 年 10 月第 140 页。

③ 我国海商法第 78 条第 1 款:"承运人同收货人、提单持有人之间的权利、义务关系,依据提单的规定确定。"

货归于错误交付(misdelivery),也可说明这一点。

1996年某电子有限公司诉某运输有限公司等无正本提单交货提货纠纷案,最高人民法院在再审中判定,承运人应对无单放货造成提单合法持有人的损失承担违约责任。该判决经最高人民法院审判委员会讨论通过并载于《中华人民共和国最高人民法院公告》,证明最高人民法院对无单放货行为是以违约的观点定调的。但目前仍有审判观点认为,无单放货属于侵权和违约竞合,当事人对诉因有选择权。

尤其要注意的是,按照我国《海商法》第71条的规定,承运人无正本记名提单也构成违法行为。这与国外的做法不一致。按照英美法,对于记名提单,承运人只要能证明前来要求提取货物的人,就是记名提单的收货人,即可不凭提单将货物交给收货人,而不用承担法律后果。在我国,承运人还是要承担违约责任的,但是承运人有权享受责任限制。

5. 选择卸货港交付货物

提单上的卸货港(Port of Discharge)一栏内有时会记载两个或两个以上可供货主选择的卸货港名称,这是因为货主在货物装船前尚未确定具体的卸货港,所以在办理货物托运时提出选择卸货港交付货物的申请,并在船舶开航后从提单上所载明的选卸港范围内选定对自己最为方便或最为有利的卸货港,最后在这个港口卸货和交付货物。这种由货主选择卸货港交付的货物称为"选港货"(Optional Cargo)。由于为"选港货"签发的提单中的卸货港一栏内已明示了卸货港的范围,如:"Option Kobe/Yokohama",所以收货人在办理提货手续时,只要交出一份提单即可。但是货主必须在船舶自装货港开航后,抵达第一个选卸之前的一定时间以前(通常为24h或48h),把决定了的卸货港通知船公司及被选定卸货港船公司的代理人,否则船长有权在任何一个选卸港将货物卸下,并认为船公司已履行了对货物运送的责任。

6. 变更卸货港交付货物

如果收货人认为有必要将货物改在提单上载明的卸货港以外的其他港口卸货交付,则可以向船公司提出变更卸货港的申请。但是,所变更的卸货港必须是在船舶航次停靠港口范围之内,并且必须在船舶抵达原定卸货港之前或到达变更的卸货港(需提前卸货时)之前提出变更卸货港交付货物的申请。由于变更卸货港交付货物是在提单载明的卸货港以外的其他港口卸货和交付货物,所以收货人必须交出全套提单才能换取提货单提货。而且,在船公司根据积载情况,考虑变更卸货港卸货和交付货物对船舶营运不会产生严重影响,并接受货主变更卸货港的申请后,收货人还应负担因这种变更而发生货物的翻舱、捣载费,装卸费以及因变更卸货港的运费差额和有关手续费等费用。

7. 电放

20世纪90年代初期,在船公司普遍没有自己的海运单,而又不需要收货人在卸货港以提单换取提货单的情况下,"电放"的做法产生了。"电放"是指在装货港货物装船后,承运人签发提单,托运人再将全套提单交回承运人,并指定收货人,承运人以电信方式授权其在卸货港的代理人,在收货人不出具提单的情况下,交付货物。由于与传统的做法不同,因此托运人和收货人都要出具保函,但收货人不需要履行解除担保的责任。同时,承运人不能交错货,托运人(卖方)应能收到货款,而收货人(买方)应能提到货物,这是"电放"中各方应注意的问题。

电放保函的内容如下所示:

"We *XXXXXX* confirm and hereby authorize a telex release of the above mentioned containers/

cargo for which we surrender all sets of original b/l (duly endorsed) and you are to release the containers to:

YYYYYY

We accept full responsibility and all consequences for this release of the containers/cargo in this manner, with no liability to *ZZZZZZ*, their principals or agents. The remaining original Bills of Lading are to be considered now null and void and are now of no value."

电放通知的内容如下所示:

"Please be advised that we are holding full set of original Bill of Lading for the above mentioned shipment, therefore please release said cargo/container to:

YYYYYY

The shipper accepts full responsibility and all consequences of releasing the container in this manner. Furthermore please keep the record and collect all relevant charges at your end prior to release of shipment."

8. 无人提货的处理

无人提取的货物是指货物到达卸货港后,收货人未在合理的时间内提取的货物或无人来提取的货物。产生无人提货的原因有很多,例如贸易双方的纠纷导致收货人拒绝提货;收货人由于通关、检验检疫等手续出现问题而迟延提货或弃货;由于货物价值不高,收货人考虑市场不利而弃货;无法通知到提单上的收货人;承运人未及时发出到货通知等。

(1)要求货方出具弃货声明。货物到港后,承运人往往都会及时向收货人或通知方发出到货通知。如果收货人或通知方拒绝提取货物或超过合理时间后仍不提取货物,承运人会要求其出具明确的弃货通知以保护自己的利益。

(2)联系托运人。在托运人持有提单(往往是货款未收到)的情况下,应首先确认托运人对货物的权利,然后按照其要求将货物回运或转运,托运人应确认承担相关费用。

(3)留置和拍卖货物。在到付运费未付、共同海损分摊保证金未付、其他垫付款向未付等情况下,留置货物并进行拍卖是承运人保护自身利益的重要方式。

承运人或其卸货港代理首先应确认当地法律是否允许承运人自行拍卖货物。如允许,则应及时向当地拍卖行申请拍卖;如不允许,则应及时向当地海关或其他当局申请拍卖。

(4)费用。有关超期堆存费、滞箱费、拍卖费等费用可从拍卖所得款项中支取,剩余部分交给拥有货物所有权的一方。

若拍卖所得款项在支付拍卖费后不足以弥补承运人的损失,承运人仍有权向托运人/收货人追偿。

第四节　班轮运价与运费计收

一、运价与运费的概念

运价是调节航运市场状态的关键因素,是平衡运力与运输需求关系的杠杆。市场经济中,航运资源的分配、调整、发展完全决定于航运市场和运价机制的作用,价值规律发挥着调节供求关系、资源分配的导向作用。运价不仅是航运企业而且也是货代企业最为关心的问题。但是,运价的市场平均水平不是取决于某一个企业的愿望,而主要看市场当时的供求关系。

运价(Freight Rate)是承运单位货物而付出的运输劳动的价格。运价就是运输产品价值的货币表现,表现为运输单位产品的价格。海上运输价格,简称为海运运价。运输产品表现为货物的空间位移,所以运价又是运距的增函数。

运费(Freight)是承运人根据运输契约完成货物运输后从托运人处收取的报酬。

运费与运价的关系是:运费等于运价与运量之积。即:

$$F = R \times Q$$

式中:F——运费;

R——运价;

Q——运量。

二、运价本

运价本(Tariff),也称费率本或运价表,是船公司承运货物向托运人据以收取运费的费率表的汇总,运价本主要由条款和规定、商品分类和费率三部分组成。

承运人有时会在提单中列入有关运价本的条款,用以说明承运人的运价本的作用。因为提单的正面和背面条款虽已很多,但却是固定格式,因而不可能经常改变。同时,运输合同下各项费用的收取,结算的依据还会与具体港口的特殊要求相对应,并随市场的变化而变化。所以,承运人会用运价本的形式对此作出规定。

按运价制定的形式不同,运价本可以分为等级费率本和列名费率本。

1. 等级费率本

等级费率本中的运价是按商品等级来确定的。这种运价是按照货物负担运费能力的定价原则,首先根据货物价格,将货物划分为若干等级;之后确定不同等级的货物在不同航线或港口间的不同等级的运价。同一等级的商品在同一航线或港口间运输时,使用相同的运价。这种运价的运价表附有"商品分级表(Scale of Commodity Classification)"。在计算运费时,首先根据商品的名称在"商品分级表"中查找出该商品所属等级,再从该商品的运输航线或运抵港口的"等级费率表(Scale of Rates)"中查找该级商品的费率。

商品分类部分按其英文字母顺序排列,在每一商品后面注明商品等级。费率表部分按航线划分,制定每一航线与商品等级相对应的集装箱和杂货费率。随着集装箱运输的发展,货物等级差别越来越小,现在几个等级货物的运价基本或完全相同,商品的分类也趋于简单。

2. 列名费率本

列名费率本,也称单项费率运价本,其中的运价是根据商品名称来确定的。对各种不同货物在不同航线上逐一确定的运价称为单项费率运价。按照货物名称和航线名编制的这种运价表也称作"商品运价表(Commodity Freight Rate Tariff)"。所以,根据货物名称和所运输的航线,即可直接查出该货物在该航线上运输的运价。

在商品运价表中,对每一个商品都给定一个运价。列名费率本在商品分类部分的商品后面注明了商品编号;费率部分则按编号列出每一编号的商品的不同目的地费率。根据商品的种类确定费率的理论也是货物负担运费能力定价原则。在这种运价本中,每一种货物的运价都很明确,但运价本使用不方便,查阅量大,且新产品必须随时登记新运价。

三、班轮运价特点

班轮运价的特点主要表现在:

1. 班轮运输的运价水平较高

班轮运输的特点决定了从事班轮经营的船舶的技术性能较好,船龄较低,船速较高。为满足各种货物的装运要求,船舱及货物运输设备齐全,所以,船舶的造价也高。

班轮运输是按公布的船期表中的时间和挂靠港口次序派遣船舶的,有时难以保证在每一挂靠港开航时都能使船舶达到满舱满载。为开展揽货业务,保证船舶装载率和整个班轮经营业务的顺利进行,通常需要在航线的各挂靠港口委托代理或设置揽货机构。这就增加了营运管理费用。

无论船舶是否满载,船舶的港口使费,如:吨税、引航费、拖轮费、停泊费、系解缆费等营运可变费用仍然存在。

所有以上这些因素,使得班轮运输的单位成本较高。按照成本定价原则,承运人要从收取的运费中能够补偿较高的运输成本,并取得合理利润,所以班轮运价就被确定在一个较高的水平上。

2. 货物对运费的负担能力较强

班轮运输的货物一般以制成品或半成品为主,基本上无初级原材料。通常为高附加值货物。所以,其运费负担能力较强,班轮运费占商品价值的比重仍较小。所以,较高的班轮运价符合负担能力定价原则,是托运人所能接受的。

3. 班轮运价在时间上相对稳定

班轮运输服务一般不以特定的客户为对象。因此,无论班期、航线、挂靠港口、运价等均是以货物的普遍运输需求为依据制定的。所以,班轮运价一般是根据平均运输成本、运力与需求的供给关系、市场竞争形势以及定价的基本原则等多种因素,对可能承运的各类货物分别制定运价,并以运价本的形式公布。尽管根据这些因素的变化,经常会作出一定的调整,但基本运价在一定时期内通常还是会保持相对稳定。至于其合理性、接受性、能否使全部运费收入抵偿全部运输成本并能获取合理的利润,则要在市场运作中得到印证。不过,尽管有着这样的稳定性,并不是说市场的运作完全照搬运价本,班轮公司还要根据具体情况具体对待。

按照1983年10月6日正式生效的《联合国班轮公会行动守则公约》中有关运价调整的条款规定,两次运价调整的最短间隔时间要有15个月。

为了应对航运市场的风险,班轮公司一般将偏高确定运价,或针对某些特殊情况采用加收“附加费”的办法。

4. 班轮运价是一种垄断价格

很长一段时期内,国际海上班轮运输中的班轮运输航线都是由班轮公会所控制。班轮公会在运价和其他营运活动方面所作出的各种规定比较严格,对会员公司具有强有力的约束。通常,公会都拥有统一的班轮运价,各会员公司按统一的运价计收运费;或制定最低运价标准,各会员船公司只能按高于该最低运价标准计收,而不能低于这个标准。目前班轮公会的势力已大大被削弱。

5. 班轮运价的制定结合采用运输成本定价和负担能力定价原则

货物负担运费能力定价原则虽然对班轮运输的货物普遍使用,但无区别地按同一标准适用这一原则来确定运价,也有失合理性。所以,在使运费的总收入能足以补偿运输成本的基础上,再按货物的不同价值来确定不同的运价,即采用等级运价是比较合理的。各个班轮公司制定并公布的运价都反映出这种原则。

实践中,班轮运价并不是只有上述几种情况。班轮运价两种主要的分类方法是按运价的制定者划分和按运价制定形式划分。

按运价的制定者划分,可以有班轮公会运价、班轮公司运价、双边运价和货方运价等。

班轮公会运价由班轮公会制定,供公会的会员航运公司统一使用。这种运价的调整或修改都由班轮公会决定,任何一家会员船公司都无权单独进行调整或修改。这种运价在公会内部是一种具有垄断性的运价。如前所述,这种价格在内部起着避免竞争的作用,而对于外部则是进行竞争的主要手段。

班轮公司运价是由经营班轮运输的船公司自行制定并负责调整或修改的运价。无论是参加班轮公会的航运公司,还是非班轮公会公司,任何一家都公布自己的运价表。当然,同一班轮公会的航运公司的运价表一般是一致的。对于班轮公司自行制定的运价,货方可以在托运货物时提出意见,但解释权和决定权仍然在航运公司。

双边运价是由承运人和托运人双方共同商议确定的,并对双方产生约束力的运价。对于运价的调整或修改,须经双方协商,任何一方都无权单独加以变更。

货方运价表是由货方(托运人)制定,承运人接受采用的运价。货方有权对运价进行调整和修改,但在运输合同洽谈时,需要与船方协商,确定实际执行的运价。通常能够制定和调整运价的货方都是拥有大量稳定货源的大宗货主或货主集团,能常年向船公司提供货载,货方有较大的运价谈判权。

按运价制定形式划分,有如上所述的单项费率运价和等级运价,还有航线运价。

航线运价是指不分运输距离的长短,只按航线、货物名称或等级确定的运价。与航线运价相对应的是递远递减的距离运价。但是,当运输距离增加到一定程度后,单位距离运输成本的递远递减差异变得不太明显。这是由于各航线的港口使费、装卸效率、挂靠港的条件等因素,占了运输成本的绝大部分。因此,远洋运输通常都分航线、按商品种类或等级制定运价。它是按照航线上各挂靠港口的平均距离为基础制定的运价。对于某一商品,只要其起运港和目的港是同一航线上规定挂靠的基本港口,就不再考虑运输距离的远近,而按同一运价计收运费。

基本港口(Base Port),也称基本港,是指国际大型班轮公司定期挂靠,进出口贸易量及海运需求量较大,具有相当规模的港口。如香港、上海、深圳、高雄、新加坡、神户、鹿特丹、奥克兰等。基本港是个相对的概念,随时间和区域变化而不同。基本港因进出口货物运输需求量大,班轮直接挂靠,相对成本较低。

四、影响运价制定的主要因素

运价水平的变动受许多因素影响,这些因素主要包括运输成本、航运市场结构、承运的货物、航线以及港口状况等。

1. 运输成本

运输作为一种劳动服务，在完成运输生产过程中，所发生的生产耗费总和称为运输成本。按价值与价格的关系，运输成本是影响运价的主要因素。

影响海上运输成本的因素较多，结构复杂。一般认为航次成本应包括船舶的资本成本、航次营运成本和航次变动成本。在我国，又把航次营运成本和航次变动成本分别称为固定成本和变动成本。这些成本主要包括：

1）资本成本

这是购买船舶的实际成本，是船舶最基本的成本，包括贷款、利息和税金等。在进行航次估算时，基于年度资本成本计算。年度资本成本可以等值为折旧费用，而年度折旧额是船舶的资本成本与船舶的经济寿命之比，进一步地可以算出船舶的每天折旧额。从短期来看，可以将资本成本视为固定成本。

2）营运成本

这是为保持船舶适航状态所需要的经常性的维持费用。无论船舶航行与否，为其营运必须支出费用，因此也称为营运费用，它不随特定航次变化。包括的因素有：船员工资及其他有关费用，如：培训费、劳动保险、福利费等；船舶保险费、保赔费等；船舶维持费用，如：油漆费、备件费用、检修费等；润滑油费；物料费；营业管理费，管理费是指公司设立的各种管理部门和代理机构从事营运需要的调度业务、商务、财务、机务、安全监督等管理工作所发生的一切费用。

3）航次变动成本

这是船舶为从事特定航次的运输所发生的费用。包括：燃料费；港口使费，如代理费、航道费、吨税、靠泊费等；引水费和拖轮费；货物装卸费；运河通行费；速遣费和赔偿费；船员航行津贴等。

2. 航运市场的结构与竞争

航运市场结构是影响运价的主要因素之一。不同的市场结构对运价产生不同的影响。班轮运输市场曾是寡头垄断的市场，市场运价长期由班轮公会所垄断。现在班轮公会内部控制力已明显削弱，再加上集装箱运输的普遍开展，这种市场已走向消亡。

集装箱班轮运输市场在总体规模上是由少数规模较大的船公司所垄断。参与经营活动的运输集团或大型航运公司可以根据其经营规模与在市场上的占有额，自行决定公司在各航线的运价。而且，运价已成为集装箱运输市场中各大航运公司竞争的焦点。

在寡头垄断的情况下，为避免各船公司之间的激烈竞争而引起的运价战，市场内的很多公司往往会组成各种不同形式的航运卡特尔，形成班轮运输市场的结构模式。

集装箱运输市场内的航运卡特尔，主要采取班轮公会、班轮公会与班轮公会之间的协议、公摊协议、联营协议和君子协议等几种形式。

这些卡特尔的存在，尽管减少了某个区域航线，或某一航线，或某航线的一个方向上的竞争，但是根本的市场性质未变，运价的决策机制未变。

3. 货物

货物种类、数量也是影响运价水平的重要因素。不同货类具有不同的性质与特点，影响船舶载重量和舱容的利用，运价标准也就不同，可能发生的额外费用必须反映到运价中。

较稳定的货流和大批量货源能使定期船具有较高的舱位利用率和较好的运费收入。

货物装卸的特殊要求，货物受损的难易程度，货物遭受偷盗的可能性等都会在运价中得到反映。

4. 航线及港口条件

不同的航线有着不同的航行条件，对船舶运输成本影响也就不同。航线距离、气象条件、安全性等也会在运价中得到反映。

对运价构成影响的港口条件包括港口的装卸费率、港口使费、港口装卸设备、泊位条件、装卸效率、管理水平、拥挤程度以及安全性等。

5. 运输合同条款

运输合同中所定的运输条件，如运费支付方式、费用承担责任、承运人的责任区间等，都会影响到运价的高低。

还有一些其他因素对海运运价产生影响，如航运服务质量，企业自身的经营目标，市场竞争形式的变化等。

五、班轮运费的构成

班轮运费包括基本运费和附加运费两部分。基本运费是对任何一种托运货物计收的运费；附加运费则是根据货物种类或不同的服务内容，视不同情况而加收的运费，可以说是由于在特殊情况下或者临时发生某些事件的情况下而加收的运费。附加运费可以按每一计费吨（或计费单位）加收，也可按基本运费（或其他规定）的一定比例计收。

1. 基本运费（Basic Freight）

指对运输每批货物所应收取的最基本的运费，是整个运费的主要构成部分。它根据基本运价（Basic Freight Rate）和计费吨计算得出。基本运价按航线上基本港之间的运价给出，是计算班轮基本运费的基础。基本运价的确定主要反映了成本定价原则，确定费率的主要因素是各种成本支出，主要包括船舶的折旧或租金、燃油、修理费、港口使费（如装卸费、吨税和靠泊等费用）、管理费、职工工资等。各种突发因素产生的额外费用通过附加费形式收取。集装箱运输的大量各种后期费用，如空箱的调拨、堆存等费用，也应该包括在基本运价中，但如何量化比较困难，所以基本成本较难准确控制。同时，市场供求关系也是影响费率的一大主要因素。

基本运价有多种形式，如普通货物运价、个别商品运价、等级运价、协议运价、集装箱运价等。而根据货物特性等所确定的特别运价有：军公物资运价、高价货运价、冷藏运价、危险品运价、甲板货运价、小包裹运价等。

2. 附加运费（Surcharge or Additional）

基本运费是构成全程运费中应收运费的主要部分，是根据航线上的各基本港之间进行运输的平均费用水平向普通货物收取的费用。而实际上，经常有一些需要特殊处理的货物、需要加靠非基本港或转船接运的货物（Transit Cargo）需要运输；即使是基本港之间的运输，也因为基本港的自然条件、管理规定、经营方式等情况的不同而导致货物运输成本的差异。这些都会使班轮公司在运营中支付相应的费用。为了使这些增加开支得到一定的补偿，需要在基本运费的基础上，在计算全程运费时计收一定的追加额。这一追加额就是构成班轮运费的另一组成部分——“附加运费”。

同时，航运市场的兴衰会永远受到世界经济形势和国际贸易情况的左右；航运市场的竞争会影响承运人的经营状况。为了在特定情况下保持一定水平的收益,应对各种不稳定因素引起的额外成本支出,承运人就需要通过附加费的形式,按照合理分担有关费用的定价原理确定附加运费。

附加运费的种类主要有:

1)燃油附加费(Bunker Adjustment Factor,BAF or Bunker Surcharge,BS)

这是由于燃油价格上涨,使船舶的燃油费用支出超过原核定的运输成本中的燃油费用,承运人在不调整原定运价的前提下,为补偿燃油费用的增加而增收的附加费。实践中,英文还称其为 Fuel Adjustment Factor,即 FAF。

当燃油价格回落后,该项附加费亦会调整直至取消。燃料油费用在船公司的经营成本中占有较大比重,燃油价格上涨直接增加了承运人的经营成本。燃油价格的长期上涨所带来的运输成本增加会在一定时期内的基本运价调整中得到反映。所以,燃油附加费一般是用来应对短期的燃油价格变动的。

实践中,有的承运人在燃油附加费以外还可能增收应急燃油附加费(Emergency Bunker Surcharge,EBS)。这是在已经增收燃油附加费时,燃油价格又突然上涨,承运人不调整原燃油附加费而增收的附加费。

2)货币贬值附加费(Currency Adjustment Factor, CAF)

这是由于国际金融市场汇率发生变动,计收运费的货币贬值,使承运人的实际收入减少,为了弥补货币兑换过程中的汇兑损失而加收的附加费。由于国际运输往往涉及多个国家和多种货币,而货币之间的兑换会带来一定的时间上的、手续上的损失,所以承运人会通过增收货币贬值附加费来弥补这一收入损失。

3)港口附加费(Port Additional)

由于港口装卸效率低,或港口使费过高,或存在特殊的使费(如,进出港要通过闸门等)都会增加承运人的运输经营成本,承运人为了弥补这方面的损失而加收的附加费称为港口附加费。

4)港口拥挤附加费(Port Congestion Surcharge)

由于港口拥挤,船舶抵港后需要长时间等泊而产生额外的费用,为补偿船期延误损失而增收的附加费称为港口拥挤附加费。港口拥挤附加费是一种临时性的附加费,其变动性较大,一旦港口拥挤情况得到改善,该项附加费即进行调整或取消。

5)转船附加费(Transshipment Additional)

运输过程中货物需要在某个港口换装另一船舶运输时,承运人增收的附加费称为转船附加费。运往一些偏僻或较小的非基本港的货物,必须通过转船才能运达;而有时由于转运干线船,也需要换装船舶。转运一次就会产生相应的费用,如,换装费、仓储费,以及二程船(接运船舶)的运费等费用,一般这些费用均由负责第一程船运输的承运人承担,并包括在所增收的转船附加费内。不过,转船附加费不一定能全部抵偿上述各项费用的支出,其盈亏由收取转船附加费的第一程船运输的承运人自理。现在的运输服务范围已从海洋跨上陆地,由此产生的额外转运费用有时也称转船附加费。

6)超长附加费(Long Length Additional)

由于单件货物的外部尺寸超过规定的标准,运输时需要特别操作,从而产生额外费用,承运人为补偿这一费用所计收的附加费称为超长附加费。货物的长度超过规定后,会增加装卸和运输的难度,如需特别的捆绑,铺垫,增加亏舱等,影响船期,增加支出。货主需支付超长附加费。在运价本中,一般长度超过9m的件杂货就可能要有这一附加费。

超长附加费是按长度计收的,而且长度越长其附加费率越高。如果超长货物需要转船时,则每转船一次,加收一次。

7)超重附加费(Heavy Lift Additional)

超重附加费是指每件商品的毛重超过规定重量时所增收的附加运费。这种商品称为超重货。由于单件货物的重量超过规定标准时,在运输中同样需要特别的捆绑、铺垫以及影响装卸工作等,所以承运人对单件货物重量超过一定标准的货物要加收该附加费。通常承运人规定货物重量超过5t时就要增收超重附加费。

超重附加费是按重量计收的,而且超重重量越大其附加费率越高。如果超重商品需要转船时,则每转船一次,加收一次。

如果单件货物既超长又超重,则两者应分别计算附加费,然后按其中收费高的一项收取附加费。

8)直航附加费(Direct Additional)

这是托运人要求承运人将其托运的货物从装货港,不经过转船而直接运抵航线上某一非基本港时所增收的附加费。

通常,承运人在运价本中会作出规定,当托运人交运的一批货物达到某一数量以上时,就可以同意托运人提出的直航要求,并按规定增收直航附加费。船舶直接加挂某一非基本港口后,会增加港口费用支出,并延长船期。选择直航一般以直航后产生的额外费用小于原来的转运费用为原则。

9)选港附加费(Optional Surcharge)

又称选卸附加费,即选择卸货港所增加的附加费。由于买卖双方贸易需要,有些货物直到装船时仍不能确定最后卸货港,要求在预先指定的两个或两个以上的卸货港中,待船舶开航后再作选定。这样,就会使整船货物的积载变化较大,甚至会造成舱容的浪费。另外,选择的卸货港所选定的港口必须是该航次挂靠的港口。在集装箱班轮运输中,选择卸货港已很少被船公司接受。

10)洗舱附加费(Cozening Fee)

船舶装载了污染货物后,或因为有些货物外包装破裂、内容物外泄时,为不再污染以后装载的货物,必须在卸完污染物后对货舱进行清洗,承运人对由此而支出的费用所增收的附加费称为洗舱附加费。清洗费用一般根据污染程度、清洗难度而定。

11)变更卸货港附加费(Alteration of Discharging Port Additional)

由于收货人变更、交货地变更或清关问题等需要,有些货物在装船后需变更卸货港,而货物不在提单上原定的卸货港卸货而增收的附加费称为变更卸货港附加费。

变更卸货港的运费超过原卸货港的运费时,提出变更要求方应补交运费差额,反之,减少原卸货港的运费部分不予退还。同时由于因需要翻舱所引起的额外费用和损失,亦由提出变更要求的一方负担。

12)绕航附加费(Deviation Surcharge)

是指因某一段正常航线受战争影响、运河关闭或航道阻塞等意外情况的发生迫使船舶绕道航行，延长运输距离而增收的附加运费。

绕航附加费是一种临时性的附加费，一旦意外情况消除，船舶恢复正常航线航行，该项附加费即行取消。

13）旺季附加费（Peak Season Surcharge）

也称高峰附加费，这是目前在集装箱班轮运输中出现的一种附加费，在每年运输旺季时，承运人根据运输供求关系状况而加收的附加费。

14）超额责任附加费（Additional for Excess of Liability）

这是托运人要求承运人承担超过提单上规定的赔偿责任限额时承运人增收的附加费。超额责任附加费按商品的 FOB 价格的一定百分比计收，因此托运人托运时应同时提供货物的 FOB 价格。

另外，还有一些其他的附加费，如冰冻附加费、苏伊士运河附加费、熏蒸费等。在集装箱班轮运输中，还有一些关于运输费用的概念，如“整体费率上调”（General Rate Increase，GRI），是指通常在每年的 5 月开始，承运人将所有的费率上调一定幅度；“目的地交货费”（Destination Delivery Charge，DDC），这是在北美地区的港口对到港的货物收取的费用；“空箱调运费”（Equipment Reposition Charge，ERC），也称设备调运费，是收货人没有按约定还空箱时，承运人为调运空箱而收取的费用。还有一些不尽合理的费用，如码头作业（操作）费（Terminal Handling Charge，THC）、原产地接货费（Original Receiving Charge，ORC）等。

六、班轮运费的计费标准

班轮运费的计费标准（Freight Basis）也称计算标准，是指计算运费时使用的计算单位。

在班轮运费的计收中，涉及的基本概念有运费吨、起码运费等。

1. 运费吨

是计算运费的一种特定的计费单位。通常，取重量和体积中相对值较大的为计费标准，以便对船舶载重量和舱容的利用给予合理的费用支付。如 100 个纸箱包装的纸制品，重 1.2t，体积为 $15m^3$，它的运费吨则按 15t 计算。而 100 箱的铁钉，重 9 000kg，体积 $2.6m^3$，它的运费吨则计为 9t。其运费则要按各自的运费吨计收。在运价表中，运费吨一般表示为 FT（Freight Ton）或 W/M（Weight/Measurement）。

2. 起码运费（Minimum Rate/Minimum Freight）

也称起码提单。指以一份提单为单位最少收取的运费。承运人为维护自身的最基本收益，对小批量货物收取起码运费，用以补偿其最基本的装卸、整理、运输等操作过程中的成本支出。不同的承运人使用不同的起码运费标准，件杂货和拼箱货一般以 1 运费吨为起码运费标准，最高不超过 5 运费吨；有的以提单为单位收取起码运费，按提单为标准收取起码运费后不再加收其他附加费。

班轮运输中，主要使用的计费标准是按容积和重量计算运费；但对于贵重商品，则按货物价格的某一百分比计算运费；而对于某些特定的商品，也可能按其某种包装状态的件数计算运费。某些商品则按实体个数或件数计算运费，如活牲畜按“每头（per head）”计收；车辆按“每辆（per unit）”计收，以及按承运人与托运人双方临时议定的费率（open rate）计收运费等。按临时议定的费率计收运费多用于低价商品的运输。

在集装箱运输中有按每一个集装箱计算收取运费的规定。此时，根据集装箱的箱型、尺寸规定不同的费率（Box Rate）。

承运人制定的运价表中都具体规定了各种不同商品的计算运费标准。航运界通用的符号有：

（1）"W（Weight）"表示该种货物应按其毛重计算运费。

（2）"M（Measurement）"表示该种货物应按其尺码或体积计算运费。某些国家对运输木材按"板尺（Board Foot）"和"霍普斯尺（Hoppus Foot）"计算运费（12 板尺 = 0.785 霍普斯尺 = $1ft^3$）。

（3）"W/M"表示该货物应分别按其毛重和体积计算运费，并选择其中运费较高者。

（4）"Ad. Val.（Ad Valorem）"表示该种货物应按其 FOB 价格的某一百分比计算运费。由于运价是根据货物的价格确定的，所以又称为从价运费。

（5）"Ad. Val. or W/M"表示该种货物应分别按其 FOB 价格的某一百分比和毛重、体积计算运费，并选择其中运费高者。

（6）"W/M plus Ad. Val"表示这种货物除应分别按其毛重和体积计算运费，并选择其中运费较高者外，还要加收按货物 FOB 价格的某一百分比计算的运费。

在运价表中，计算单位为运费吨，即有重量吨也有尺码吨。不同国家或地区采用不同的单位制。但目前各国都趋向采用国际单位制，以 t（即公吨，简称吨）和 m^3（即立方米）为计费单位。但英国和某些欧洲国家的航运界仍用长吨（英吨）和方立英尺为计费单位。

1 长吨 = 2240.15（磅）= 1016.6kg = 1.0166t

1t（公吨）= 2204.62（磅）= 1000kg = 0.9842 长吨

$1m^3$（立方米）= 35.7147（ft^3）（物理上）

1 容积吨 = $40ft^3$

根据我国的基本计量制度规定，我国的法定计量单位采用"米制"。在运费计算中，重量单位用"吨（Metric Ton）"；体积单位用"立方米（Cubic Meter）"。以 1 公吨或 1 立方米为一计费吨。

因此，在计算运费时，如果有关商品的体积或重量所使用的计量单位不符时，首先还要对计量单位进行换算。

七、班轮运费的计算方法

1. 件杂货班轮运费的计算

1）运费计算的一般方法

件杂货班轮运费是由基本运费和各项附加运费组成的，其计算公式为：

$$F = F_b + \sum S$$

式中：F——运费总额；

F_b——基本运费额；

S——某一项附加费。

基本运费是所运商品的计费吨（重量吨或容积吨）与基本运价（费率）的乘积，即：

$$F_b = f \cdot Q$$

式中：f——基本运价；

Q——计费吨。

附加运费是各项附加费的总和。各项附加费均按基本运费的一定百分比计算时，附加费的总额应为：

$$\sum S = (S_1 + S_2 + \cdots + S_n) \cdot F_b = (S_1 + S_2 + \cdots + S_n) \cdot f \cdot Q$$

式中：S_1、S_2、$\cdots S_n$——分别为某一项附加费费率（百分比）。

因此，运费总额的计算公式为：

$$F = F_b + \sum S = f \cdot Q + (S_1 + S_2 + \cdots S_n) \cdot f \cdot Q = (1 + S_1 + S_2 + \cdots + S_n) \cdot f \cdot Q$$

2）从价运费计算中的货物价格换算

从价运费是按货物的FOB价格的某一百分比计算的。但是，某些贸易合同可能是以CIF价格成交的，所以，要将CIF价格换算为FOB价格。之后，再算出从价运费。

按照一般的贸易习惯，按CFR价格是CIF价格的99%的比例，通过以下关系式求得FOB价格：

$$P_{CFR} = 0.99 P_{CIF}$$

$$F = (Ad.\ Val.) \cdot P_{FOB}$$

$$P_{CFR} = P_{FOB} + F = P_{FOB} + (Ad.\ Val.) \cdot P_{FOB} = (1 + Ad.\ Val.) \cdot P_{FOB}$$

$$P_{FOB} = \frac{P_{CFR}}{(1 + Ad.\ Val.)} = \frac{0.99 P_{CIF}}{(1 + Ad.\ Val.)}$$

式中：P_{FOB}——货物的FOB价格；

P_{CFR}——货物的CFR价格；

P_{CIF}——货物的CIF价格。

2. 集装箱班轮运费的计算

1）集装箱运输中运费的结构

集装箱班轮运输中运费的计算原则与杂货班轮运输中运费的计算原则相似，但也有其自身的特点。随着集装箱班轮运输发展的需求，有些租船运输中的装卸费用条款也被引入到了集装箱班轮运输中。如航次租船中的FI或FO的装卸条件被引入到集装箱班轮运输中。在这里，FI的含义与航次租船中的FI相同，即承运人不负责装船费用；FO的含义与航次租船中的FO相同，即承运人不负责卸船费用。例如，CY to FO即意味着承运人在装货港集装箱堆场接收货物，并在卸货港船舶舱内交货，这种货物交接形式和费用分担往往用于大批量货物的货主。这些货主在与集装箱码头装卸公司有着合作或契约关系的条件下，可以获得比较低的卸货费率；或者承运人对当地港口的情况无法把握时，就会使用这些不常用的条款。当然，CY to FO方式只适用于整箱货，通常用于ISTANBUL、LATTAKIA、BEIRUT等地中海东部航线的港口。

2）计费方法

一般班轮运费的计收方法适用于，同时也被广泛应用于计算集装箱货物的运费和其他费用。即在费率表中规定了基本运费和附加运费，并给出了费率和计费方法。不过，由于在整个运输过程中，货物要装箱、拆箱，而这些作业既可以由承运人负责进行，也可以由托运人自行负责进行。随之,费用的负担责任也就确定。所以,不同的情况下的运费计算办法也就有所不同。

集装箱班轮运输中的基本运费的计算方法有两种:

(1)采用与计算普通杂货班轮运输基本运费相同的方法,对具体的航线按货物的等级和不同的计费标准来计算基本运费;

(2)对具体航线按货物等级及箱型、尺寸的包箱费率(box rate),或仅按箱型、尺寸的包箱费率而不考虑货物种类和级别计算基本运费。包箱费率指对单位集装箱计收的运费率。包箱费率也称为"均一费率(freight all kinds,FAK)"。采用包箱费率计算集装箱基本运费时,只需要根据具体航线、货物等级以及箱型、尺寸所规定的费率乘以箱数即可。

在使用第一种计算方法时,由于集装箱货物的交接方式较多,因此就有不同的具体计算方法,包括拼箱货运费计算和整箱货运费计算。拼箱货的海运运费计算与普通杂货班轮运输货物的运费计算方法相似。整箱货的运费计算虽然有"最低运费"和"最高运费"的原则,但实践中并不使用。

最低运费是在货物由托运人自行整箱装箱,CY 交货的情况下,且又采用拼箱货运费的计算方法时,一箱货物的运费应按集装箱的最低运费吨(计费吨)计算运费。如果箱内所装货物没有达到规定的最低装箱标准,亦即箱内所装货物没有达到规定的最低运费吨时,其亏损部分,托运人应支付"亏箱运费"。

最高运费是在集装箱运输中,为鼓励托运人采用整箱装运货物,并能最大限度地利用集装箱内部容积,而使用的一种运费计算方法。运费计算时为各种规格和类型的集装箱规定一个按集装箱的内部容积折算的最高运费吨。例如,规定 20ft 的干货箱的最高运费吨为 $31m^3$,40ft 的干货箱的最高运费吨为 $67m^3$。实际装入箱内的尺码吨超过规定的最高运费吨时,仍然按最高运费吨为限计收运费。由于整箱货中所装的商品可能是分属不同运费等级的商品,则免收运费的商品应从运价等级最低的商品起始上推。在托运人没有提供整箱货的正确度量单位或者计算运费的基础数据时,按最高运费吨和箱内运价等级最高的货物的运价计收运费。在只提供了部分货物的资料时,已有资料的货物的运费按实际计费吨和此类货物的等级费率计算;缺乏必要资料的货物的运费吨,则为最高运费吨和已提供资料的货物的计费吨之差。这一计费吨差与未提供或提供资料不足的货物中运价等级最高的费率之积,即为这类货物的运费。最高运费仅适用于以容积吨作为计费单位的货物,而不适用于按重量吨计算运费的货物。

集装箱班轮运输中的附加费也与杂货班轮运输中的情况相似。但是,实践中有时会将基本运费和附加费合并在一起,以包干费(All in Freight)的形式计收运费。此时的运价称为包干费率,又称"全包价(All in Rate,A. I. R)"。

案例

1. 我国某外贸公司以 FOB 中国口岸与日本某公司成交矿砂一批,日商即转手以 CFR 悉尼价出售给澳大利亚某公司,日商米证价格为 FOB 中国口岸,目的港为悉尼,并提出在提单上表明"运费已付"。

问:日商为何这样做?我外贸公司应如何处理,才能使自已利益不受损害?

2. 某货运代理公司接受货主委托,安排一批茶叶海运出口,货运代理公司在提取了船公司提供的集装箱并装箱后,将整箱货交给船公司。同时,货主自行办理了货物运输保险。收货人在目的港拆箱提货时发现箱内异味浓重,经查明,该集装箱前一航次所载货物为精萘,致使茶叶受精萘污染。

问:(1)收货人可以向谁索赔?为什么?

(2)最终应由谁对茶叶受污染事故承担赔偿责任?

思考题

1. 杂货班轮货运程序包括哪几个主要步骤?
2. 何谓"仓库收货,集中装船"及"集中卸船,仓库交货"?
3. 杂货班轮货运业务出口、进口分别使用哪些单证?
4. 集装箱班轮整箱货进出口货运程序包括哪些步骤?
5. 阐述"场站收据"联单的使用过程及各联的作用。
6. 阐述"到货通知书/交货记录"联单的使用过程及各联的作用。
7. 设备交接单的作用是什么?
8. 集装箱装箱单的作用是什么?
9. 什么叫"指定货"?
10. 什么叫"加载货"?
11. 什么叫"误卸"?发生误卸应如何处理?
12. 对承运人来说,凭保函签发提单有什么风险?
13. 什么叫"选港货"?
14. 什么叫"变更卸货港交货"?它与"选港货"在业务操作上有什么区别?
15. 什么叫"电放"?处理电放业务应注意哪些问题?
16. 发生无人提货的情况,承运人应如何处理?
17. 简述班轮运价的特点。
18. 简述班轮运费的构成。
19. 常见的班轮运输附加费有哪些?
20. 班轮运费的计费标准有哪些?

第三章　提单、海运单及其相关业务

● **知识目标**

1. 解释提单的定义，描述其作用和种类；
2. 了解提单正面和背面的主要条款；
3. 掌握提单的缮制，签发，交换和注销，更改和遗失，转让等业务；
4. 了解有关提单的国际公约和国内立法的主要内容；
5. 了解海运单和提单的异同。

● **技能目标**

1. 能够正确缮制提单；
2. 能够运用本章知识对相关案例进行分析。

第一节　提 单 概 述

一、提单的定义

早在中世纪，在欧洲就已经出现了提单。不过，那时的提单形式非常简单，只不过是承运人收到货物后开具的一张收据；而在目的港，收货人也只不过是凭他持有的这张收据提取货物而已。当时，关于承运人与货主之间的权利和义务，只是按照双方达成的口头或书面的协议办理，而且这种协议也很简单。由于这时的海上运输业还不很发达，而且海运法规也很不完善。所以，在权利方面，承运人占有绝对的优势，而托运人则不得不迁就承运人所提出的种种不公平的条件，在海上运输中要承担比承运人大得多的风险。

随着国际贸易和海上运输业的发展，以及各种海上运输法规与国际公约的出现和完善，现代提单的概念和功能都有了重要的改变。不仅对于已装船货物，承运人负有签发提单的义务，而且根据托运人提出的要求，即使货物尚未装船，只要货物已在承运人掌管之下，承运人也有签发一种被称为“收货待运提单”的义务。至于提单的功能方面，也从原先只用来表示货物已装船的收据功能，扩大为既用作表示货物已装船和货物已在承运人掌管之下的收据，也用作代表物权的有价证券，并且还被用作证明运输合同已经存在的单证。

提单（Bill of Lading, B/L）在国际班轮运输中既是一份非常重要的业务单据，又是一份非常重要的法律文件。提单是远洋运输中最具有特色的运输单据，也是国际贸易中的重要贸易单证。提单一经承运人签发,即表明承运人已将货物装上船舶,或已确认其掌管货物。承运人在保证将安全迅速地将货物运至目的港,并享受提单规定的权利和免责,承担提单规定的义务和赔偿责任,承运人还要保证在目的港凭提单向合法的提单持有人交付货物。托运人接受提单后,可将提单交目的港的收货人,以便收货人能凭提单提取货物。如果是买卖合同下的运输,根据买卖双方的付款协议,在卖方交单结汇后,由银行将提单转交给买方。在提取货物前,如果提单被转让他人,受让人可以凭提单在目的港提取货物,但受让人要受提单条款的约束。

1992 年 11 月 7 日通过的自 1993 年 7 月 1 日起施行的我国《海商法》第 71 条给提单下的定义是:"提单,是指用以证明海上货物运输合同和货物已经由承运人接收或者装船,以及承运人保证据以交付货物的单证。提单中载明的向记名人交付货物,或者按照指示人的指示交付货物,或者向提单持有人交付货物的条款,构成承运人据以交付货物的保证。"这一定义源自于《汉堡规则》第 1 条第 7 项,它明确地说明了提单的性质与作用。1924 年《海牙规则》和 1968 年《海牙 - 维斯比规则》》都是有关提单的国际公约,但都没有给提单下定义,1978 年《汉堡规则》是第一次在国际公约中给出了提单定义。

《海商法》第 72 条同时规定:"货物由承运人接收或者装船后,应托运人的要求,承运人应当签发提单。"所以,承运人不能因为其他原因而扣发提单。

提单一经承运人签发,即表明承运人已将货物装上船舶或已确认接管货物,并保证按照提单条款规定的权利、义务、赔偿责任和免责运输货物,并保证在目的港以本提单相交换,将货物交付给合法的提单持有人。货主接受提单后,除了受提单条款的约束外,不但可以用提单在目的港提取货物,而且可以用提单办理押汇,从银行那里取得货款或贷款,或将提单转让。

二、提单的作用

1. 提单是海上货物运输合同的证明

1)提单是运输合同成立的证明

《海商法》第 71 条规定:"提单,是指用以证明海货物运输合同和货物已经由承运人接收或者装船,以及承运人保证据以交付货物的单证。"

提单的印刷条款规定了承运人与货物关系人之间的权利义务,提单也是法律承认的处理有关货物运输争议的依据,因此有人会认为提单本身就是运输合同。但是,提单并不具有作为合同应具备的基本条件。首先,按照严格的法律概念,它不是双方意思一致的产物①。约束承托双方的提单条款是承运人单方拟定的,构成运输合同的主要项目诸如船名、开航日期、航线、靠港及其他有关货运条件都是事先公布,而且是众所周知的,至于运价和运输条件也是承运人预先规定的,在提单上只有承运人单方的签字,按照班轮运输的特点,提单也无需托运人签字。其次,承运人和托运人双方履行运输合同在先,发提单在后。提单只是在履行运输合同的过程中出现的一种证据,签发提单只是承运人履行运输合同的一个环节,而合同实际上是在托运人向承运人或其代理人订舱、办理托运手续时就已成立。确切地说,承运人或其代理人在托运人填制的托运单上盖章时,即承运人承诺运输,承托之间的运输合同成立。对托运人来说,在提单签发前,他也履行了诸如备货、准备相关文件等运输合同中规定的义务。所以,提单是海上

---

① 胡美芬,王义源. 远洋运输业务. 北京:人民交通出版社,2006 年第四版第 125 页。

货物运输合同已成立的证明。

如果在签发提单之前，承托双方另有约定，且该约定又不同于提单条款规定的内容，英国法院主张以该约定为准。如果在签发提单之前，承托双方并无约定，且托运人在接受提单时又未提出任何异议，这时才可将提单条款推定为合同条款的内容，从而约束承托双方，提单才能从运输合同成立的证明转化为运输合同本身。其理由是，提单毕竟不同于运输合同，运输合同在签字前就已经存在，而提单是在货物装船后或承运人接管货物后签发的，而且是由承运人单方签字后交给托运人的，如果在此之前不存在任何运输合同，只要托运人认为他不能接受提单上所列条款，或提单上没有列入他想列入的条款，而时间上又允许的话，他就完全可能将货物撤回。此时，提单条款并不能作为合同条款而对他产生约束力。如果托运人在接受提单时未提出任何异议，包括他在内的提单持有人则要受提单条款的约束，英国《1855 年提单法》(Bill of Lading Act. 1855)和 1924 年《统一提单若干法律规定的国际公约海牙规则》(International Convention for the Unification of Certain Rules of Law Relating to Bill of Lading, Hague Rules,《海牙规则》)《海牙规则》都对提单的合同性质作出了关于在不违背法律和规则的条件下，提单条款具有法律效力的特殊规定，故托运人即使不在提单上签字，提单条款对包括托运人在内的提单持有人都具有约束力。

2)提单是运输合同内容的证明

提单不仅是证明承托双方存在运输合同，而且还是合同内容的证明。特别是提单正面记载内容主要证明了承运人与托运人在提单签发之前达成的运输合同的主要内容，如船名、开航日期、航线、靠港、货物的品名、重量、数量、件数及其他有关货运条件等，但它不是运输合同的本身。除非承运人与托运人事先另有相反约定，或者托运人能证明该内容不是其真实的意思表示之外，属于承运人与托运人之间达成的合同的内容。这是因为，提单正面记载有关货物的内容通常是由托运人或其代理人提供的，又因为承运人的提单都是事先印制好的，托运人知道或应当知道提单条款的内容。如果在与承运人达成合同时，托运人没有提出异议，应视为托运人接受了提单及提单条款。所以，提单是运输合同内容的证明。

在班轮运输情况下，承运人与托运人之间的权利义务由订舱协议确定，提单条款如果不与订舱协议相冲突时，可作为运输合同的补充。提单背面条款也都是关于承托双方之间的权利义务条款。但是，如果提单发生转让，它就再也不是合同的证明或合同的补充，而是承运人与提单受让人之间的运输合同。即使承运人与托运人之间事先另有协议，提单受让人也是不知情的，因此提单受让人和承运人的行为仅受提单的约束而不受承运人与托运人之间的任何协议的约束，据此，提单则起到运输合同的作用。

在租船运输情况下，出租人与承租人之间的权利义务是由租船合同确定的，当提单以出租人、船长或出租人的代理人的名义签发，而由承租人持有时，这时的提单不具有海上货物运输合同和合同证明的性质，而仅具有收据和占有权凭证的性质。当该提单由非承租人的发货人或收货人持有时，该提单则具有海上货物运输合同的性质。

至于提单转让至第三人手中，目前国内大多数学者持“提单成为承运人与第三人之间的合同”的观点，更有我国《海商法》第 78 条第 1 款的规定佐之。我国《海商法》第 78 条第 1 款规定：“承运人与收货人、提单持有人之间的权利、义务关系，依据提单规定确定。”即当提单转让给善意的第三人(提单的受让人、收货人等)以后，承运人与第三人之间的权利、义务等就须按提单条款的规定处理,此时提单可视为承运人与第三人之间的运输合同。

但也有人认为,即使提单转让至第三人手中,它仍应是运输合同的证明①。这种观点认为,不论提单在托运人手中,还是转移或者转让至第三人收货人,始终只是承运人与托运人之间达成的合同的证明,而且是合同内容的证明。因为,提单上的内容仍然是托运人与承运人之间达成运输合同的内容。

值得一提的是,提单是运输合同成立和运输合同内容的证明,但提单不是运输合同生效的证明。合同是否生效,需参照我国民事法律有关的文件规定,即在订立合同时,合同的当事人应①具有民事权利能力和民事行为能力;②合同当事人的意思表示真实;③合同不违反法律和社会公共利益。但从提单本身是无法判断存在上述3个要件的,因此提单不是合同生效的证明。

2. 提单是证明货物已装船或由承运人接管的货物收据

1)提单是承运人收到货物的收据

提单是证明货物已由承运人接管或已装船的货物收据(receipt for the goods)。按照航运惯例,货物的原始收据不是提单,而是大副收据(mate's receipt, M/R),如果是集装箱运输则是场站收据(dock receipt, D/R)。"已装船提单"是在货物装船后,根据货物的原始收据——大副收据等签发的,提单上记载有证明收到货物的种类、数量、标志、外表状况的内容。本来,签发提单时是要证明已收到货物和货物的状况即可,并不一定要求将货物装船的时间载于其上,但由于国际贸易中经常使用FOB、CFR和CIF 3个传统的价格术语,在这3个传统的"装运合同(Shipping Contract)"价格术语下,是以将货物装船象征卖方将货物交付给买方,货物装船时间也就意味着卖方的交货时间,因此提单上还记载有货物装船的时间。用提单来证明货物的装船时间是非常必要的,因为作为履行贸易合同的必要条件,如果卖方未将货物按时装船,银行就不会接受该提单。"收货待运提单"是证明承运人已接管货物、具有明显的货物收据功能的单证。按照UCP500,银行并不接受收货待运提单,因此在货物装船后,托运人可凭收货待运提单要求承运人换发已装船提单。我国《海商法》第74条规定:"货物装船前,承运人已经应托运人的要求签发收货待运提单或者其他单证的,货物装船完毕,托运人可以将收货待运提单或者其他单证退还承运人,以换取已装船提单;承运人也可以在收货待运提单上加注承运船舶的船名和装船日期,加注后的收货待运提单视为已装船提单。"

2)提单作为货物收据的证据效力

承运人签发提单,就表明他已按提单上所列内容收到货物,并有义务在目的港将货物如提单所记载的那样向收货人交付,如果承运人或者代其签发提单的人签发提单时,对未对提单所记载的货物品名、标志、包装或者件数、重量或者体积、货物的表面状况作出保留,即批注(remarks),是承运人已经按照提单所记载的状况收到货物或者货物已经装船的初步证据(prima facie evidence)。

但是,提单作为货物收据的法律效力在不同的当事人之间也是不同的。班轮运输中,提单作为货物收据的效力,视其在托运人或收货人手中而有所不同。对托运人来说,提单只是承运人依据托运人所列提单内容收到货物的初步证据。换言之,如果承运人有确实证据证明他在事实上未收到货物,或者实际收到的货物与提单记载有不符之处,承运人可以向托运人提出反

① 司玉琢. 海商法. 北京:法律出版社,2003 第120页。

证，证明提单记载的有关货物的情况与实际收到的不符，否则承运人不能减轻或者免除自己的赔偿责任。1924 年《海牙规则》第 3 条第 4 款规定，提单是应作为“承运人收到该提单中所载货物的初步证据”。我国《海商法》第 77 条规定，除依照该第 75 条的规定作出保留外，承运人或者代其签发提单的人签发的提单，是承运人已经按照提单所载状况收到货物或者货物已经装船的初步证据。对于托运人来说，亦是如此。他也可以向承运人提出反证，证明提单上有关货物的记载与他实际交付给承运人的不符。在租船运输中，出租人或其代理人或船长给承租人签发的提单，就是出租人收到货物的初步证据，出租人和承租人都可以提出反证。

但是，对善意的收货人或提单持有人来说，提单是承运人已按托运人所列内容收到货物的最终证据(conclusive evidence)。承运人不能提出相反的证据否定提单内所记载的内容。我国《海商法》第 77 条对提单有关货物记载事项的证据效力的规定，承运人向善意受让提单的包括收货人在内的第三人提出与提单所载状况不同的证据，不予承认。即承运人必须向收货人或提单持有人交付与提单记载相同的货物，任何与提单记载不同的证据都不为法律所接受。这是从保护善意的第三人的角度考虑的，善意第三人在接受提单时，即已相信他可以收到提单上记载的货物，提单上的记载与他应该收到的货物是一致的。所谓善意的(in good faith)是指不知情，即收货人拿到提单或提单持有人持有提单时不知道提单记载的货物状况与货物的实际情况不符。

3. 提单是承运人据以交付货物的保证

承运人或其代理人在目的港交付货物时，必须是收货人或提单持有人呈递提单后才能交货。在这种情况下，即使是真正的收货人，如果不能递交正本提单，承运人也可以拒绝对其放行货物。也就是说，收货人是根据提单物权凭证(document of title)的特性，在目的港以提单相交换来提取货物。提单是证明货物由承运人接收或者装船的单据，交付货物的请求权便是这一单证的化身①。由于提单代表着提单上所记载的货物，只有出示提单才能提取货物，所以收货人或其他提单持有人必须凭提单才能向承运人或承运人的代理人请求交付货物，而承运人或其代理人也必须按提单所记载的货物状况向收货或提单持有人交货。因为提单代表着货物，并且在英美的海商法著作和法院的判例中，都认为提单是物权凭证，并认为提单的这一作用是承运人凭提单交付货物或者收货凭提单提取货物的基础。但是，“物权凭证”(document of title)在英国被解释为货物的占有和控制的凭证，转让提单产生货物占有转移的后果，并可以产生货物所有权的转移的后果②。而要产生货物所有权转让的后果，应满足 3 个条件，即：提单的转让人对货物具有所有权，货物在运输过程中，以及转让人具有转移货物所有权的意图③。由此可见，document of title 在英国亦非就是完全的所有权凭证。尽管 1924 年《海牙规则》也有提单为 document of title 的规定，但是法律和贸易习惯赋予提单这一作用，更多的是考虑了提单在传统的单证贸易中的流通性，以保障提单的结汇、质押等作用。我国担保法也规定了提单可以作为权利质押的标的之一。现在，学术界不再争论提单究竟是物权凭证、所有权凭证，或仅仅是一种权利凭证。笔者认为，当提单作为货物运输单证在运输领域流转时，提单不

① 於世成等. 海商法. 北京：法律出版社，1997 年 12 月第 1 版第 112 页。

② 杨良宜. 提单及其付运单证. 北京：中国政法大学出版社，2001 年版第 6 ~ 7 页。

③ 司玉琢. 海商法. 北京：法律出版社，2003 年 7 月第 1 版第 128 页。

具有物权凭证的特点,它仅仅表明提单持有人对提单或提单代表的货物享有占有权。由于提单在流通过程中,会出现许多持有人,例如负责托收货款的银行,负责传递单证的快递公司等,他们都是合法的持有人,但持有并不代表他们对提单或提单记载的货物拥有所有权。但是,提单作为贸易单证或者质押单证时,其物权性就显现出来①。在贸易过程中,提单就是物权凭证,转让提单即视为转让了货物,即提单所代表的"物权"随提单的转移而转移,提单中所规定的权利和义务也随着提单的转移而转移。即使货物在运输过程中遭受损坏或灭失,也因货物的风险已随提单的转移而转移给了提单的受让人。提单的受让人能否得到赔偿将取决于有关海上货物运输的法律、国际公约和提单条款的规定。但是,提单的转让是受时间上的制约的。在办理提货手续前,提单是可以转让的。但是,一旦办理了手续后,该提单就不能再转让了。

三、提单的种类

随着世界经济的发展,远洋运输中所使用的海运提单(Ocean B/L or Marine B/L)种类也越来越多。通常使用的提单为全式提单(Long Form B/L)或称为繁式提单,即提单上详细列有承运人和提单关系人之间权利、义务等条款的提单。此外,还有简式提单(Short Form B/L),即提单上印有"Short form"字样,而背面没有印刷有关承运人与提单关系人权利、义务条款,或者背面简单列有注明以承运人全式提单所列条款为准的提单。有时信用证会明确规定不接受简式提单。在此介绍实践中经常会遇到的一些提单基本种类和特殊情况。

1. 基本种类

这类提单是指在正常情况下,符合法律要求所使用的提单。由于提单分类的标准不同,因此就有以下多种情况。

1)按货物是否已装船为标准

(1)已装船提单(On Board B/L 或 Shipped B/L)。指整票货物全部装船后,由承运人或其代理人向托运人签发的货物已经装船的提单。该提单上除了载明其他通常事项外,还须注明装运船舶名称和货物实际装船完毕的日期。

(2)收货待运提单(Received for Shipment B/L)。简称待装提单或待运提单,是指承运人虽已收到货物但尚未装船,应托运人要求而向其签发的提单。由于待运提单上没有明确的装船日期,而且又不注明装运船的船名,因此在跟单信用证的支付方式下,银行一般都不接受这种提单。

当货物装船后,承运人在待运提单上加注装运船舶的船名和装船日期,就可以使待运提单成为已装船提单。

2)按提单收货人一栏的记载为标准

(1)记名提单(Straight B/L)。指在提单"收货人"一栏内具体填上特定的收货人名称的提单。记名提单只能由提单上所指定的收货人提取货物。记名提单,不得转让。

记名提单可以避免因转让而带来的风险,但也失去了其代表货物可转让流通的便利。银行一般不愿意接受记名提单作为议付的单证。

---

① 司玉琢.关于无单放货的理论与实践—兼论提单的物权性问题.中国海商法年刊2000年第18~19页。

(2)不记名提单(Open B/L;Blank B/L;Bearer B/L)。指在提单"收货人"一栏内记明应向提单持有人交付货物(to the bearer 或 to the holder)或在提单"收货人"一栏内不填写任何内容(空白)的提单。不记名提单,无需背书,即可转让。也就是说,不记名提单由出让人将提单交付给受让人即可转让,谁持有提单,谁就有权提货。

(3)指示提单(Order B/L)。指在提单"收货人"一栏内只填写"凭指示"(to order)或"凭某人指示"(to the order of XXX)字样的提单。指示提单,经过记名背书或空白背书转让。指示提单除由出让人将提单交付给受让人外,还应背书,这样提单才得到了转让。

如果提单的收货人一栏只填写"to order",则称为托运人指示提单。记载"to the order of the shipper"与记载"to order"是一样的托运人指示提单。在托运人未指定收货人或受让人以前,货物仍属于托运人。

如果提单的收货人一栏填写了"to the order of XXX",则称为记名指示提单。这种情况下,由记名的指示人指定收货人或受让人。记名的指示人("XXX")可以是银行,也可以是贸易商等。

3)按对货物外表状况有无批注为标准

(1)清洁提单(Clean B/L)。指没有任何有关货物残损,包装不良或其他有碍于结汇的批注的提单。

事实上提单正面已印有"外表状况明显良好"(in apparent good order and condition)的词句,若承运人或其代理人在签发提单时未加任何相反的批注,则表明承运人确认货物装船时外表状况良好的这一事实,承运人必须在目的港将接受装船时外表状况良好的同样货物交付给收货人。在正常情况下,向银行办理结汇时,都应提交清洁提单。

(2)不清洁提单(Foul B/L or Unclean B/L)。指承运人在提单上加注有货物及包装状况不良或存在缺陷,如水湿、油渍、污损、锈蚀等批注的提单。承运人通过批注,声明货物是在外表状况不良的情况下装船的,在目的港交付货物时,若发现货物损坏可归因于这些批注的范围,从而减轻或免除自己的赔偿责任。在正常情况下,银行将拒绝以不清洁提单办理结汇。

实践中,当货物及包装状况不良或存在缺陷时,托运人会出具保函,并要求承运人签发清洁提单,以便能顺利结汇。由于这种做法掩盖了提单签发时的真实情况,因此承运人将会承担由此而产生的风险责任。承运人凭保函签发清洁提单的风险有:

①承运人不能以保函对抗善意的第三方,因此承运人要赔偿收货人的损失,然后承运人根据保函向托运人追偿赔款。

②如果保函具有欺骗性质,则保函在承运人与托运人之间也属无效,承运人将独自承担责任、不能向托运人追偿赔款。

③承运人接受了具有欺骗性质的保函后,不但要承担赔偿责任,而且还会丧失责任限制的权利。

④虽然承运人通常会向"保赔协会"(Protection and Indemnity Club,P&I Club)投保货物运输责任险,但如果货损早在承运人接受货物以前就已经发生,则"保赔协会"是不负责任的,责任只能由承运人自负。

⑤如果承运人是在善意的情况下接受了保函,该保函也仅对托运人有效。但是,托运人经常会抗辩:货物的损坏并不是包装表面缺陷所致,而是承运人在运输过程中没有履行其应该适

当、谨慎地保管和照料货物的义务所致。因此,承运人要向托运人追偿也是很困难的。

当然,实践中承运人接受保函的情况还是时有发生的,这主要是因为当事人根据商业信誉,会履行自己的保证所致。

4)按不同的运输方式为标准

(1)直达提单(Direct B/L)。指由承运人签发的,货物从装货港装船后,中途不经过转船而直接运抵卸货港的提单。

(2)转船提单(Transshipment B/L or Through B/L)。指在装货港装货的船舶不直接驶达货物的目的港,而要在中途港换装其他船舶运抵目的港,由承运人为这种货物运输所签发的提单。

(3)多式联运提单(Combined transport B/L 或 Intermodal transport B/L 或 Multimodal transport B/L)。指货物由海路、内河、铁路、公路和航空等两种以上不同运输工具共同完成全程运输时所签发的提单,这种提单主要用于集装箱运输。多式联运提单一般由承担海运区段运输的船公司签发。

5)按提单签发人不同为标准

(1)班轮公司所签提单(班轮提单)(Liner B/L)。指在班轮运输中,由班轮公司或其代理人所签发的提单。在集装箱班轮运输中,班轮公司通常为整箱货签发提单。

(2)无船承运人提单(NVOCC B/L)。指由无船承运人或其代理人所签发的提单。在集装箱班轮运输中,无船承运人通常为拼箱货签发提单,因为拼箱货是在集装箱货运站内装箱和拆箱,而货运站又大多有仓库,所以有人称其为仓/仓提单(House B/L)。当然,无船承运人也可以为整箱货签发提单。

2. 特殊种类

这类提单是指在特殊情况下,可能是不符合法律规定或者对货运业务有一定影响时所使用的提单。这类提单也有多种情况。

1)按签发提单时间为标准

(1)预借提单(Advanced B/L)。指由于信用证规定的装运期或交单结汇期已到,而货物尚未装船或货物尚未装船完毕时,应托运人要求而由承运人或其代理人提前签发的已装船提单。即托运人为能及时结汇而从承运人处借用的已装船提单。

当托运人未能及时备妥货物,或者船期延误使船舶不能如期到港,托运人估计货物装船完毕的时间可能要超过信用证规定的装运期甚至结汇期时,就可能采取从承运人那里借出提单用以结汇的办法。但是,承运人签发预借提单要冒极大风险,因为这种做法掩盖了提单签发时的真实情况。许多国家法律的规定和判例表明,一旦货物引起损坏,承运人不但要负责赔偿,而且还要丧失享受责任限制和援用免责条款的权利。

(2)倒签提单(Anti-date B/L)。指在货物装船完毕后,应托运人的要求,由承运人或其代理人签发的提单,但是该提单上记载的签发日期早于货物实际装船完毕的日期。即托运人从承运人处得到的以早于货物实际装船完毕的日期作为提单签发日期的提单。由于倒填日期签发提单,所以称为“倒签提单”。

由于货物实际装船完毕日期的迟于信用证规定的装运日期,若仍按实际装船日期签发提单,肯定影响结汇,为了使签发提单日期与信用证规定的装运日期相吻合,以便结汇,托运人就可能要求承运人仍按信用证规定的装运日期“倒填日期”签发提单。承运人倒签提单的做法同样掩盖了真实的情况，因此也要承担由此而产生的风险责任。

（3）顺签提单（Post-date B/L）。指在货物装船完毕后，承运人或其代理人应托运人的要求而签发的提单，但是该提单上记载的签发日期晚于货物实际装船完毕的日期。即托运人从承运人处得到的以晚于该票货物实际装船完毕的日期作为提单签发日期的提单。由于顺填日期签发提单，所以称为“顺签提单”。

由于货物实际装船完毕的日期早于有关合同中装运期限的规定，如果按货物实际装船日期签发提单将影响合同的履行，所以托运人就可能要求承运人按有关合同装运期限的规定“顺填日期”签发提单。承运人顺签提单的做法也掩盖了真实的情况，因此也要承担由此而产生的风险责任。

2）其他特殊提单

（1）舱面货提单（On Deck B/L）。指将货物积载于船舶露天甲板，并在提单上记载“on deck”字样的提单。也称甲板货提单。

积载在船舱内的货物（舱内货 under deck cargo）比积载于舱面的货物所可能遇到的风险要小，所以承运人不得随意将货物积载于舱面运输。但是，按商业习惯允许装于舱面的货物、法律规定应装于舱面的货物、承运人与托运人协商同意装于舱面的货物可以装于舱面运输。另外，由于集装箱运输的特殊性，通常有三分之一以上的货物要装于甲板，所以无论集装箱是否装于舱面，提单上一般都不记载“on deck”或“under deck”，商业上的这种做法已为有关各方当事人所接受。

（2）并提单（Omnibus B/L）。指应托运人要求，承运人将同一船舶装运的相同港口、相同货主的两票或两票以上货物合并而签发的一套提单。

托运人为节省运费，会要求承运人将属于最低运费提单的货物与其他提单的货物合在一起只签发一套提单。即将不同装货单号下的货物合起来签发相同提单号的一套提单。

（3）分提单（Separate B/L）。指应托运人要求，承运人将属于同一装货单号下的货物分开，并分别签发的提单（多套提单）。

托运人为满足商业上的需要，会要求承运人为同一票多件货物分别签发提单，如有 3 件货物时，分别为每一件货物签发提单，这样就会签发 3 套提单。即将相同装货单号下的货物分开签发不同提单号的提单。

（4）交换提单（Switch B/L）。指承运人应货方的要求为了满足贸易上的需要（经常是由于中间商出于隐藏真实买卖双方的目的）或其他原因将原提单收回后改变原提单上的收、发货人和通知方等栏目重新出单，或将原提单的整票或分为几票货，改变数量、原卸货港或收货人等栏目重新出单。

转换提单涉及提单正面主要关系人或主要内容的变更，转换后的提单构成对不知情的原提单持有人的伤害，对承运人也存在潜在的风险。如由于单证申报不实，造成有关当局的追究，严重时可能引起扣船及没收货物等纠纷。同样，由于提单转换后的内容与原来买卖双方的约定不符，可能会引起买卖双方对货款、数量、交付地等的争议。此外更为严重的是，有可能被欺诈方利用以达到非法牟利的目的。因此，在操作时要谨慎。

（5）交接提单（Memo B/L）。指由于货物转船或联运或其他原因，在不同承运人之间签发的不可转让、不是“物权凭证”的单证。交接提单只是具有货物收据和备忘录的作用。

有时由于一票货物运输会由不同的承运人来运输或承运，为了便于管理，更是为了明确不同承运人之间的责任，就需要制作交接提单。交接提单的基本格式除了右上角印有“MEMO”标志以及“NON - NEGOTIABLE MEMO BILL FOR COMBINED TRANSPORT OR PORT TO PORT ”的说明外，其他内容与一般提单基本相同。在缮制内容上应当包括前程承运人的名称、前程单证的编号、前程承运人的装港及卸港代理人名称、货物名称、件数、重量及标志等货物描述和特种货物的特别要求等内容。

(6)过期提单（Stale B/L）。指由于出口商在取得提单后未能及时到银行议付的提单。因不及时而过期，形成过期提单，也称滞期提单。

在信用证支付方式下，根据 UCP500 第 43 条的规定，如信用证没有规定交单的特定期限，则要求出口商在货物装船日起 21 天内到银行交单议付，也不得晚于信用证的有效期限。超过这一期限，银行将不予接受。过期提单是商业习惯的一种提单，但它在运输合同下并不是无效提单，提单持有人仍可凭其要求承运人交付货物。

四、提单的条款

1. 提单的正面条款

1)确认条款

该条款是承运人表示在货物或集装箱外表状况良好的条件下接受货物或集装箱，并同意承担按照提单所列条款，将货物或集装箱从装货港或起运地运往卸货港或交货地，把货物交付给收货人的责任的条款。该条款的英文措辞通常为：Received in apparent good order and condition except as otherwise noted the total number of containers or other packages or units enumerated below for transportation from the place of receipt to the place of delivery subject to the terms and conditions hereof. 再如中远提单（FORM9805）则有：RECEIVED in external apparent good order and condition except as otherwise noted.

2)不知条款

该条款是承运人表示没有适当的方法对所接受的货物或集装箱进行检查，所有货物的重量、尺码、标志、品质等都由托运人提供，并不承担责任的条款。该条款的英文措辞通常为：“Weight, measure, marks, numbers, quality, contents and value if mentioned in this Bill of Lading are to be considered unknown unless the contrary has been expressly acknowledged and agreed to. The signing of this Bill of Lading is not to be considered as such an agreement.” 再如中远提单（FORM9805）：The total number of packages or units stuffed in the container, the description of the goods and the weights shown in this Bill of Lading are furnished by the Merchants, and which the carrier has no reasonable means of checking and is not a part of this Bill of Lading. 但是，“不知条款”并不一定有效。在集装箱货物运输中，如果承运人以整箱接整箱交的方式运输，即“场到场”（CY TO CY）或“门到门”（DOOR TO DOOR），承运人声明不知道箱内的件数、数量或重量，可视为有效，因为承运人无义务开箱检查或核对箱内货物的件数、数量或重量。我国《海商法》第 75 条规定，承运人没有适当的方法核对提单记载的，可以在提单上批注，说明无法核对。但如果是“站到站”（CFS TO CFS）运输，承运人或其代理人负责集装箱的装箱施封，承运

人再在提单上加注不知条款即为无效。

3)承诺条款

该条款是承运人表示承认提单是运输合同成立的证明,承诺按照提单条款的规定承担义务和享受权利,而且也要求货主承诺接受提单条款制约的条款。由于提单条款是承运人单方拟定的,该条款为表明货主接受提单也就接受了提单条款并受其制约,所以该条款也称代拟条款。该条款的英文措辞通常为:On presentation of this Bill of Lading duly endorsed to the Carrier by or on behalf of the Holder of the Bill of Lading, the rights and liabilities arising in accordance with the terms and conditions hereof shall, without prejudice to any rule of common law or statute rendering them binding on the Merchant, become binding in all respects between the Carrier and the holder of the Bill of Lading as though the contract evidenced hereby had been made between them. 又如中远提单(FORM9805):The Merchants agree to be bound by the terms and conditions of this Bill of Lading as if each had personally signed this Bill of Lading.

4)签署条款

该条款是承运人表明签发提单(正本)的份数,每份提单具有相同效力,其中一份完成提货后其余各份自行失效和提取货物必须交出经背书的一份提单,以换取货物或提货单的条款。该条款的英文措辞通常为:One original Bill of Lading must be surrendered duly endorsed in exchange for the goods or delivery order. In witness whereof the number of original Bill of Lading stated under have been signed, all of this tenor and date, one of which being accomplished, the other(s) to stand void. 又如中远集运提单(FORM9805):......, one of the original Bills of Lading must be surrendered and endorsed or signed against the delivery of the shipment and whereupon any other original Bills of Lading shall be void.

2. 提单的背面条款

全式提单的背面印有各种条款。提单背面条款可以分为两类,一类是强制性条款,另一类是任意性条款。

强制性条款的内容不能违反有关国际公约、国内法律或港口的规定,违反或不符合这些规定的条款无效。我国《海商法》第44条规定:"海上货物运输合同和作为合同凭证的提单或者其他运输单证中的条款,违反本章规定的,无效。"任意性条款是国际公约、国内法律或港口规定中没有明确规定,允许承运人自行拟定的条款。这些条款也是表明承运人与托运人、收货人或提单持有人之间承运货物的权利、义务、责任与免责的条款,是解决争议的依据。但是,这些条款并不一定都有效。此外,提单上还会有承运人以印刷、刻字印章或打字、手写的形式加列的适用于某些特定港口或特种货物运输的条款,或托运人要求加列的条款。以中远集运提单(FORM9805)为例,提单背面主要有如下条款:

1)定义条款

定义条款(Definition)是对与提单有关术语的含义和范围作出明确规定的条款。例如在中远提单中,货方就是指包括发货人、托运人、收货人、受货人、货主、提单的合法持有人或被背书人,或与货物或提单具有现时或未来利益关系的任何人,或被授权代表前述任何一方行事的任何人。这样规定主要是考虑了提单的流转需要,明确了与承运人相对应的货方,以便于双方根据运输合同解决将来发生的纠纷。从另一方面看,这样规定主要是想让任何对承运人有诉求的当事人,只能依提单提起合同之诉,同时,国际公约如《维斯比规则》和国内法如我国《海商法》,也都规定了因货物的灭失、损坏或迟延交付向承运人提起的任何诉讼,不论请求人是否合同的一方,也不论是根据合同或者是根据侵权行为提起的,承运人均可以享受法律规定的抗辩和责任限制的权利,这进一步保障了承运人只履行提单规定的义务并享受提单规定的权利。

分立契约人(sub - contractor),包括了除承运人以外的船舶所有人及经营人,装卸工人、码头、仓库、集装箱储运站经营人及拼箱经营人,公路及铁路运输经营人,以及承运人雇佣的用以进行运输的任何独立订约人及他们的再分立契约人(sub - sub - contractor),同时分立契约人还包括直接及间接分立契约人以及他们的受雇人、代理人或分立契约人。依提单中的规定,分立契约人将和承运人一样享有抗辩和责任限制的权利,这也符合国际公约和国内法的规定。

2)承运人运价本条款

该条款规定承运人的运价本被并入提单,在提单与所用运价本之间如有不一致时,以提单为准。由于提单是固定的印刷格式,不可能经常更改。而运输合同项下各项费用的收取,既要考虑具体的货物种类及港口的特殊要求,又要随着市场的变化而变化。加入这样的条款可以使提单约束运输合同的各方。

3)承运人责任条款

承运人责任条款(Carrier's Responsibility)是用以明确承运人承运货物过程中应承担的责任的条款。由于提单的首要条款①都规定有提单所适用的法律,而有关提单的国际公约或各国的法律规定了承运人的责任,所以凡是列有首要条款或类似首要条款的提单都可以不再以明示条款将承运人的责任列于提单条款之中。中远提单与之类似的条款也是如此,它主要是规定了在不同运输方式下承运人对货物的责任。例如港到港运输、水水联运和多式联运。

4)承运人责任期间条款

承运人责任期间条款(Period of Responsibility)是用以明确承运人对货物运输承担责任的开始和终止时间的条款。我国《海商法》第46条规定:"承运人对集装箱装运的货物的责任期间,是指从装货港接收货物时起至卸货港交付货物时止,货物处于承运人掌管之下的全部期间。承运人对非集装箱装运的货物的责任期间,是指从货物装上船时起至卸下船时止,货物处于承运人掌管之下的全部期间。"中远提单的规定与之完全相符,但中远提单还规定,承运人可以将货物除交付给提单合法持有人以外,还可以按当地法律或规章要求将货物交与有关当局,以先发生的为准,都可视为承运人履行了交货义务。

5)承运人赔偿责任限制

承运人的赔偿责任限制条款(Limit of Liability)是用以明确承运人对货物的灭失和损坏负有赔偿责任应支付赔偿金时,承运人对每件或每单位货物支付的最高赔偿金额的条款。中远提单第7条就是责任限额条款。该条款分两种情况规定了承运人对货物灭失或损坏的赔偿责

① 首要条款(Paramount Clause),是用以明确提单适用受某一国际公约制约的条款。由于《海牙规则》只适用于在缔约国签发的提单。如提单当事人通过"意思自治"在提单中指明适用《海牙规则》,则扩大了国际公约的适用范围(详见於世成.海商法.法律出版社,1997年12月第1版第122页)。中远提单第26条"管辖权条款"明确规定了适用中国法律,而对于包含驶入、经过或驶离美国的港口或地点的运输时,则适用美国法律,因此该提单中并没有首要条款。

任限制，一是按中国《海商法》，承运人、其受雇人、代理人、分立契约人及船舶在任何情况下只承担我国《海商法》规定的赔偿责任限额，即每件或每单位 666.67SDR，或每公斤 2SDR，以赔偿限额高者为准；二是按美国海上货运法（US COGSA），即每件或每单位 USD500。同时，该条款对从价货物作了相应规定。对提单载明的货方申报了价值并加付了运费的货物，承运人按损害货物的实际价值进行赔偿。但是，申报价值对承运人来说，并非终结性的（not conclusive），它只是计算损害赔偿的基础，货方要举证证明其所遭受的实际损失的价值。在全部灭失的情况下，申报价值不得超过实际价值，在部分损失的情况下，则以申报价值为基础按比例调整。我国《海商法》第 55 条规定，货物灭失的赔偿额，按照货物的实际价值计算；货物损坏的赔偿额，按照货物受损前后实际价值的差额或者货物的修复费用计算。这样规定主要是为了预防道德风险，防止利益方为了获取高额赔偿而故意损坏货物。

6）特定货物条款

特定货物条款是用以明确承运人对运输一些特定货物时应承担的责任和享有的权利，或为减轻或免除某些责任而作出规定的条款。在运输一些特殊性质或对运输和保管有特殊要求的货物时，就会在提单中找到相应的条款，如：舱面货（Deck Cargo）、活动物（Live Animals and Plants）、危险货物（Dangerous Goods）、冷藏货（Refrigerated Goods）、木材（Timber）、钢铁（Iron and Steel）、重大件（Heavy Lifts and Awkward Cargo）等特定货物。中远提单第 17 条、第 20 条和第 21 条分别规定了舱面货、牲畜、危险货以及特殊、冷藏或加热集装箱货物。提单正面载明装于舱面的除集装箱货物以外的货物，包括活牲畜、鱼、鸟和植物，一概由货方承担风险进行运输，承运人对在海上运输中发生的不论是否由于承运人的疏忽而引起的不论任何性质的灭失或损害概不负责。但承运人应证明，他已履行货方关于运输活牲畜等的特殊要求，所发生的灭失或损害是由海上运输所固有的风险所致。关于危险货的规定与我国《海商法》第 68 条相同。关于特殊、冷藏或加热集装箱，要求货方要妥善积载货物，货物装箱后将温度调至所需程度，承运人在实际看管货物应恪尽职责，并可增减 2℃，承运人对于由于制冷装置或机器因潜在缺陷、失灵、故障或停止运转而造成货物的任何灭失或损害，概不负责。

7）喜马拉雅条款

该条款主要是规定受雇人或代理人的法律地位的条款。该条款源于 1953 年英国的一个案例（Alder v. Dickson）。英国东方及半岛公司（P&O）所属的“喜马拉雅号”客轮（Himalaya）在一次靠港时，由于舷梯未搭好，致使一名叫 Alder 的女乘客摔伤。因承运人依据客票上印有的免责条款要求免责，Alder 便以侵权行为为诉因控告该船水手长 Dickson。法院判决，水手长作为承运人的受雇人员，无权援引客票上印有的免责条款。该案在当时的承运人中反响很大，自此以后，纷纷在提单上加入“喜马拉雅条款”，规定承运人的受雇人或代理人可以援引承运人的各种抗辩、免责和责任限制。1968 年《维斯比规则》将该条款内容法定化：如果诉讼是对承运人的受雇人或代理人提起，则该受雇人或代理人有权援引《海牙规则》中承运人的各项抗辩或责任限制的规定。但要注意，《维斯比规则》的这条规定中的受雇人或代理人，不包括承运人的独立合同人。因此，现在提单中的喜马拉雅条款，不仅包括受雇人和代理人，还包括独立合同人。例如，中远提单第 3 条规定，如果向船舶、承运人、其受雇人或代理人或分立契约人提起任何诉讼或索赔，前述所有人都有权享有提单所载适用于承运人的每项免责、抗辩和责任限制。显然，中远提单中该条款将独立合同人亦包括其内。

8)关于集装箱货物

此类条款主要规定了运输拼箱货(FCL)和整箱货(LCL)时,承运人和托运人的责任。中远提单第9条和第10条即是如此。如果由承运人提供箱子装运拼箱货,应由承运人装入集装箱,承运人有权将不论是否为承运人装箱的任何集装箱装于舱面或舱内。即承运人不接受由货方装箱的拼箱货,否则承运人可能承担极大的风险,实务中,承运人一般也是不接受货方装箱的拼箱货。货方使用承运人提供的集装箱应尽善良管理人的义务,承担在其掌管期间集装箱损害以及集装箱对第三方可能造成的损害赔偿责任。货方应按运价本的规定,将空箱及时归还至承运人或其代理人指定的地点,并且承担因迟延归还空箱而引起的损失,如滞期费和其他损失或费用。如果是整箱货运输,货方负有在装箱前检查由承运人提供的集装箱箱体和箱内状况的义务,一旦货方接受箱子,即是集装箱箱况良好的初步证据。此外,由于承运人通常无法检查箱内货物以及箱内积载状况,完全依赖于货方的申报,所以,在目的港交货时,只要集装箱的铅封完好,即是承运人已完好地履行了运输合同义务的充分证据。

9)共同海损与救助

该条款主要是约定适用的共同海损理算规则、理算地点,以及货主应在提货前提供共同海损摊款数额的备用金或其他担保。由于共同海损理算方面没有国际公约,实务中各承运人普遍采用的是CMI制定的《约克·安特卫普规则》。除此而外,该条款还约定,船长有权代表货方签订救助合同并结算救助报酬,货方应向救助方及时并充足提供备用金或其他担保,否则货方应对承运人由此遭受的一切损失责任。船长有权代表货主签订救助合同并结算救助报酬,1989年《国际救助公约》也有类似规定①。

10)新杰森条款

“新杰森条款”(New Jason Clause),也是关于共同海损的条款,规定在承运人的受雇人或代理人有过失时,货主仍要分摊共同海损。

1924年《海牙规则》第4条第1款a项规定了船长、船员、引水员或其他受雇人员,在管理和驾驶船舶中的过失可以免责。因免责的过失引起的共同海损损失,应当由各受益方按各自获救财产价值的比例分摊共同海损。但是,根据美国法律,《海牙规则》中免责只能解释为船长、船员驾驶船舶过失所致的损害,船舶所有人可以免责,但不能再请求货方分摊共同海损的损失。承运人为了保护自己的利益,根据“意思自治原则”,在去美国港口的船舶提单中订上一个“共同海损疏忽条款”(General Average Negligence Clause),即“如果承运人已尽到了使船舶适航的义务,由于其雇佣人员的航海过失或者管船过失导致的共同海损,货主应参加分摊。”1910年,美国最高法院正式肯定了共同海损疏忽条款,并将其命名为“杰森条款”(Jason Clause),此后,凡是去美国港口的船舶都在提单中加入了“杰森条款”。1936年,美国出台了海上货物运输法(US COGSA),为了符合新的法律,各船公司又纷纷修改了提单中的“杰森条款”,并将其命名为“新杰森条款”,与旧条款相比,新条款增加了姐妹船救助视同第三方救助,且救助报酬可作为共同海损费用,由包括货方在内的各受益方分摊。

中远提单第28条“新杰森条款”全文如下:

---

① 《1989年国际救助公约》第6条第2款:船长有权代表船舶所有人签订救助合同。船长或船舶所有人有权代表船上财产所有人签订此种合同。

In the event of accident, danger, damage or disaster before or after the commencement of the voyage resulting from any cause whatsoever, whether due to negligence or not, for which, or for the consequences of which, the Carrier is not responsible by statute, contract or otherwise, the Goods and the Merchant jointly and severally shall contribute with the Carrier in General Average to the payment of any sacrifices, losses or expenses of a General Average nature that may be made or incurred and shall pay salvage and special charges incurred in respect of the Goods. If a salving ship is owned or operated by the Carrier, salvage shall be paid for as fully as if the salving ship belonged to strangers. “如在航次开始之前或之后,由于不论是疏忽与否的任何原因而引起意外、危险、损害或灾难,而根据法令、契约或其他规定,承运人对此类事件的后果都不负责,则货物及货方应在共同海损中与承运人一起分提可能构成或可能发生的属于共同海损性质的牺牲、损失或费用,并应支付就货物而发生的救助费用及特殊费用。如果救助船舶为承运人所有或由其经营,则救助费用应当犹如该船属于无关之人一样,全额支付。”

BIMCO(the Baltic and International Maritime Council,波罗的海国际航运公会)也提供了如下的“新杰森条款”的标准格式:

In the event of accident, danger, damage or disaster before or after the commencement of the voyage, resulting from any cause whatsoever, whether due to negligence or not, for which, or for the consequence of which, the Carrier is not responsible, by statute, contract or otherwise, the goods, Shippers, Consignees or owners of the goods shall contribute with the Carrier in general average to the payment of any sacrifices, losses or expenses of a general average nature that may be made or incurred and shall pay salvage and special charges incurred in respect of the goods.

If a salving ship is owned or operated by the Carrier, salvage shall be paid for as fully as if the said salving ship or ships belonged to strangers. Such deposit as the Carrier or his agents may deem sufficient to cover the estimated contribution of the goods and any salvage and special charges thereon shall, if required, be made by the goods, Shippers, Consignees or owners of the goods to the Carrier before delivery. ①

11)互有过失碰撞条款

订入该条款,是为了使承运人能够向本船货主追回承运人本应免责,但已间接赔付给本船货主的那部分损失。因为根据美国法,两船发生碰撞而互有过失时,责任方对货物损害与人身伤亡一样须负连带责任。因此,货主因本船(载货船)承运人依运输合同或提单条款免除赔偿责任,只好向碰撞另一责任方(非载货船)索赔,非载货船或船东在赔付全部货损后,会转而向本船承运人追偿,这样的话,本船承运人即间接地赔付给本船货主一部分本来不应赔付的损失。为此,承运人都会在提单中加入该条款。不仅如此,租船合同和保险单中也都有该条款。

“If the Vessel comes into collision with another ship as a result of the negligence of the other ship and any act, neglect or default of the Master, Mariner, Pilot or the servants of the Carrier in the navigation or in the management of the Vessel, the owners of the cargo carried hereunder will indemnify the Carrier against all loss or liability to the other or non - carrying ship or her Owners in so

① http://www.bimco.dk/

far as such loss or liability represents loss of, or damage to, or any claim whatsoever of the owners of said cargo, paid or payable by the other or non – carrying ship or her Owners to the owners of said cargo and set – off, recouped or recovered by the other or non – carrying ship or her Owners as part of their claim against the carrying Vessel or Carrier. The foregoing provisions shall also apply where the Owners, operators or those in charge of any ship or ships or objects other than, or in addition to, the colliding ships or objects are at fault in respect of a collision or contact."①"如果本船由于他船的疏忽和本船船长、船员、引航员或本船承运人的雇佣人员在驾驶或管理船舶中的行为、疏忽或不履行职责而与他船碰撞,则本船货主应补偿本船承运人对他船即非载货船舶或其所有人所承担的一切损害或一切责任,但此项补偿的损害或责任,仅限于他船或非载货船舶或其所有人已付或应付本船货主蒙受的灭失、损害或提出的任何索赔,并由他船或非载货船舶将此作为向载货船舶或承运人所提索赔的一部分,或冲抵载货船舶或承运人提出的索赔、或取得补偿,或要求收回。上述规定在非属碰撞船舶或物体的,或在碰撞船舶之外的任何船舶或物体的所有人、经营人或主管人,在碰撞、触礁、搁浅或其他事故中犯有过失时,亦得适用。"

值得一提的是该条款的效力问题。各国法律普遍承认提单中该条款的效力。但在美国早些年的判例中,美国法院认为租船合同中订入的该条款,因为承租双方在订立合同时的地位是平等的,因此有效。而提单中的该条款,在订立运输合同时双方的地位未必平等,因此作为提单中一个条款,"互有过失碰撞条款"因违反美国的公共政策而无效。但是,美国地方法院在1979年曾作出货主只能向非载货船舶主张按其过失比例应承担的赔偿责任的判决,而不再是不分过失比例,各负50%的责任,该判例尚不能断定美国各地方法院的判决会趋于一致,也不能断定美国会采用国际公约关于碰撞责任的规定。如果美国仍按传统的不分过失比例各负50%的责任,船东仍可在美国以外的其他国家,根据"互有过失碰撞条款"向货主追诉,毕竟多数国家的法律是承认该条款的效力的。

12)留置权条款

承运人对应当向其支付的运费、共同海损分摊、滞期费和承运人为货物垫付的必要费用以及应当向承运人支付的其他费用没有付清,又没有提供适当担保的,承运人可根据本条款,在合理的限度内留置货主的货物。我国《海商法》第87条和第88条对此有专门的规定。

承运人在行使留置权时要注意以下几点:①提单中的留置权属于占有留置权,即承运人只有在占有货物的前提下才可行使留置权,如果货物已经脱离了承运人的实际控制和占有,则不得行使该权利。②承运人留置的货物属于债务人所有,承运人留置非付费义务人的货物,要承担错误留置的责任。③只能因与运输合同或提单所涉货物有关的费用而留置货物,例如中远提单第16条规定的就有运费、亏舱费、滞期费、共同海损分摊、救助报酬、处置货物的费用、捐税、罚款及佣金等。④债务人应付费用的期限已届满。⑤留置货物的数量应当与未付费用的数额相当,即应当在合理的限度内留置货物。

13)通知与交付

该条款首先规定了货方的提货义务以及承运人通知提货的法律性质。提单正面记载有一栏即是通知方,是承运人为业务需要而设置的,货物运抵目的港,则承运人会按照该栏的记载

① http://www.bimco.dk/

告知通知方。但是,从法律上讲,承运人并不负有通知货方提货的义务,这也是国际贸易的客观条件所限定的。因为,如果是可转让的提单,则在提取货物前可能经过多次背书转让,承运人根本无从知晓或确认真正的收货人是谁,只能通过通知方要求货方速来提货,这也是从为客户服务的角度所能提供的方便,绝非承运人的法律义务。其次,该条款规定承运人可以对无人提取的货物可采取卸下、出售、销毁等适当合理的措施进行处理。针对有的国家规定进口货必须交给海关或有关当局的做法,该条款则规定,只要承运人按照当地的法律法规的规定,将货物交给了海关或有关当局,则视为承运人已经完好地履行了运输合同或提单的义务。

14)法律及管辖权条款

这是提单中非常重要的条款,尽管该条款的效力在不同国家是有所不同的。此类条款规定,如果发生与提单有关的一切争议应适用的法律,以及何国法院有管辖权。中远提单第26条第1款明确规定,本提单受中国法律管辖,一切争议均应按中国法律加以裁定,凡对承运人提起诉讼,均应提交中国上海海事法院或中国其他海事法院。同条第2款即规定,进出或经由美国的运输,应受1936年美国海上货物运输法(US COGSA)约束。这是为了适应美国法律的强制性规定及美国联邦海运委员会(FMC)的要求而制定的。适用美国法律的条款,在提单中被称为"本地条款"(local clause)或"地区条款",现在凡进出或经由美国的货物运输,承运人的提单中都列入了本条款,当然中远提单也没例外。不仅如此,该款还规定货物的装前卸后期间,COGSA同样适用,只要货物在承运人掌管期间,即可约束承运人。

15)契约的变更

中远提单第27条即是该条款,列入该条款的目的主要是用于防止承运人的受雇人、代理人或分立契约人在没有承运人的书面授权或书面批准的情况下,为自身或任何其他原因对提单条款进放弃或变更,从而损害承运人的利益或有损于提单的效力。

16)无船承运人

目前无船承运人(NVOCC)大行其道,他们通常会有双重身份。在面对货方时,他是承运人,但当他接受了货主的货物后,在将货物交与船舶经营人运输时,他又是货方,是托运人。在提单中加入该条款,即是为了约束无船承运人。无船承运人在与真正货主或其他人订立的运输合同并使用承运人的提单,应载有提单的条款和条件,如放弃作为船舶经营人的承运人提单规定的权利时,无船承运人应保证赔偿因此而给承运人、受雇人、代理人及分立契约人遭受的损失。

17)索赔通知与时效

中远提单第5条的规定与我国《海商法》第81条规定一致,即货物损坏不明显的,应当在交付时向承运人递交索赔通知;货物损坏不明显的,货方应在货物交付的次日起连续7日内,集装箱货物交付的次日起连续15日内,向承运人递交书面索赔通知,否则即是承运人已经按照提单记载交付以及货物状况良好的初步证据。《海商法》如此规定,意为如果货方不及时提出索赔通知,将加重货方的举证责任。除非货方可以提出更加充分有力的证据证明承运人应当对货物的灭失或损害承担责任,否则承运人不承担任何责任。

我国《海商法》第257条规定:"就海上货物运输向承运人要求赔偿的请求权,时效期间为一年,自承运人交付或者应当交付货物之日起计算;……"同法第267条又规定:"时效因请求人提起诉讼、提交仲裁或被请求人同意履行义务而中断。但是,请求人撤回起诉、撤回仲裁或者起诉被裁定驳回的,时效不中断。……”中远提单的规定与《海商法》的规定相一致。超过诉讼时效,货方向承运人提起诉讼就丧失了胜诉权。值得注意的应是,《海商法》第267条的规定的时效属于短期时效,并与我国民诉法关于时效中断的规定并不一致,即时效不会因请求人提出请求而中断,如果货方没有在一年内解决与承运人的纠纷的话,必须在时效期间内通过诉讼才有可能使得时效中断,否则就会丧失胜诉权。因此,货方应在货物灭失或损坏发生后,提早调查,积极收集证据,以便于向最终的责任方进行追偿。

除前述条款外,提单中一般还有其他一些条款,例如,运费和费用条款,规定了运费的支付方式以及由货方承担未支付运费的风险;承运人检验货物条款,规定承运人有权无责,可以随时开箱掏箱或接受有关当局的指示检查货物,不承担货物因此遭受的损失;运输方式及路线条款,主要规定承运人可以使用任何运输方式或储存方式,有权将货物换船或转运,这也是为了适应目前集装箱运输的现状;影响履约的事项条款,主要是针对在运输过程中如发生突发事件或客观环境的变化使得货物的安全运输受阻,则经承运人或船长判断,并可不经货方事先同意,承运人或船长有权安排替代航线,有权中断本航次,或放弃本航次,并有权处置货物而不负任何责任。

第二节 提单业务

提单所记载的内容是否正确无误,不但关系到承运人的经济利益,而且还影响到承运人的信誉。为了使所签发的提单字迹清晰、整洁、内容完整、不错不漏,就要求提单的签发人在签发提单前,必须对提单所记载的,包括提单的各个关系人的名称、货物的名称、包装、标志、数量和外表状况等项内容的必要记载事项进行认真仔细的核对、审查,使不正确的内容能得到及时纠正。

由于货物的原始收据是杂货运输中的收货单或集装箱运输中的场站收据,所以提单的签发应以收货单或场站收据为依据。

一、提单的缮制

1. 提单的记载事项

国际公约和各国国内立法均对提单需要记载的内容作了规定,以保证提单的效力。根据中国《海商法》第73条的规定,提单内容,包括下列事项:

(1)货物的品名、标志、包数或者件数、重量或者体积,以及运输危险货物时对危险性质的说明;

(2)承运人的名称和主营业所;

(3)船舶名称;

(4)托运人的名称;

(5)收货人的名称;

(6)装货港和在装货港接收货物的日期;

(7)卸货港;

(8)多式联运提单增列接收货物地点和交付货物地点;

(9)提单的签发日期、地点和份数;

(10)运费的支付;

(11)承运人或者其代表的签字。

提单缺少上述一项或几项并不影响提单的性质。但是,提单应当符合《海商法》第71条的规定。

实践中,为了满足业务上的需要,提单正面记载的内容还会增加一些项目。

1)船名(Name of Vessel)

若是已装船提单,须注明船名,若是收货待运提单,待货物实际装船完毕后记载船名。该项记载的意义在于:万一发生货损货差或其他合同纠纷,法院因收货人的申请采取诉前保全或诉讼保全措施时,有确定的客体。

2)承运人名称(Name of Carrier)

承运人是运输合同的一方当事人,在提单中记载其名称,以便收货人明白谁是合同中的承运人。当然,一般提单上已印有船东的名称和公司地址,但还有些提单上看不出谁是承运人,即使在提单签字栏目中也只能看到代理人的签名。在诉讼中,这样的提单将给法院的审理造成诸多不便,对收货人或其保险人也不利。所以,提单记明承运人名称实属必要。

3)托运人名称(Name of Shipper)

托运人是运输合同的另一方当事人,这项记载的必要性更是不言而喻。正如以上所述,提单作为一种物权证书,如果是托运人指示提单,则提单必须由托运人背书后方可转让。

4)收货人名称(Name of Consignee)

收货人自取得提单之时起,便成了提单的关系人。有关收货人名称的记载方法因不同需要而有所不同,如记名提单直接载明收货人名称;指示提单只载明指示人名称,也可只记"指示"字样,即由托运人指示。

5)通知人名称(Name of Notified Party)

几乎所有的提单上都有通知人名称这一项,但在记名提单上就没有必要再填上通知人名称了,因为记名提单上已经写明了具体收货人的名称。但在指示指单上,因没有写明具体收货人名称,这样,船公司在卸港的代理人无法与收货人联系,及时办理报关、提货手续,托运人往往在通知人栏目中写明通知人的名称、地址或公司名称。通知人一般为预定的收货人或收货人委托的代理人。

6)装货港、卸货港和转运港(Port of Loading, Port of Discharge, Port of Transshipment)

从法律的角度来看,这些记载有利于确定法院的管辖权和确定运输合同的准据法。同时还明确了港口,如在哪个港口卸货等。

7)货物名称、标志、包装、件数、重量和体积等(Description of Goods, Marks & No., Number of Package or Container, Gross Weight, Measurement, etc.)

以上记载事项一般都由托运人提供,应该说这些有关货物的说明是提单内容中比较重要的部分。因为在大多数情况下,提单受让人不可能通过亲自检验的方法来判断货物的数量和质量,而只能根据提单中对货物的说明支付货款。所以,为了维护提单的信用和效力,一方面托运人必须保证其所提供的货物与提单上的记载相吻合,不得有误述和虚报;另一方面承运人应将货物的实际状况与提单上的记载进行仔细核对,若发现有不符之处,应在提单上批注。

8)运费的支付(Payment of Freight)

运费是由货主对安全运送和交付货物向承运人支付的酬劳,也是运输合同成立的对价条件。因此,有关运费由谁支付、何时支付,都应在提单上注明。若货主拒绝支付运费和其他有关的费用,根据提单条款规定,承运人对货物享有留置权。

9)提单的签发日期、地点和份数(Place and Date of Issue, Number of Original B(s)/L)

提单的签发日期应该是提单上所列货物实际装船完毕的日期,也应该与收货单上大副所签的日期是一致的。若违反这一原则,无论是提前或推迟,都将产生外贸合同中买卖双方、运输合同中承运人与货方的法律责任问题,不仅会导致贸易合同撤销的责任方的赔偿,而且可能会追究承运人签发倒签提单或预借提单的法律责任。

提单签发的地点原则上应是装货地点,一般是在装货港或货物集中地签发。

提单签发的份数,按航运惯例通常是正本提单一式两至三份。每份具有同等效力,收货人凭其中一份提取货物后,其他各份自动失去其效力。但副本提单的份数可视托运人的需要而定。不过,副本提单不能作为物权凭证或背书转让,只能供有关作业的参考。

10)承运人或船长,或由其授权的人签字或盖章

提单必须经过签署手续后才能生效。有权签署提单的有承运人或船长,或由他们授权的代理人。

当今国际航运中,尤其是班轮货物运输中,大多由船公司的代理人签发提单,但代理人必须经由船公司授权方能行使提单签发权,经授权的代理人签署提单与承运人签署提单一样有效。根据一般法律规定,承运人对代理人的行为要负责。

如果签发多式联运提单,则还应有接收货物的地点和交付货物的地点(Place of Receipt, Place of Delivery),但此时可能就不再记载船舶的名称。

另外,无船承运人提单中还会有"for delivery of goods, please apply to"一栏,供填写无船承运人在目的地的分支机构或者其代理人的地址、电话等内容,以便该提单的持有人联系提货。

当然,提单还会有提单的编号(提单号,B/L No.)等内容。

2. 提单正面栏目的缮制

以集装箱运输提单为例,各栏目的缮制要求如下:

1)提单编号(B/L)

提单编号位于提单右上角,此编号的结构由承运人自定。

2)托运人(Shipper)

此栏用于填写托运人的名称、地址、电话、传真等。

3)收货人(Consignee)

此栏用于填写收货人的名称、地址、电话、传真等。

收货人可以是"TO ORDER"或"TO ORDER OF ×××"。如果是"TO ORDER",通常作为"凭托运人指示"理解。

4)通知方(Notify Party)

此栏用于填写通知方的名称、地址、电话、传真等。当提单上收货人已有详细地址和名称,通知方一栏可以是在任何一国的名称和地址。

在签发收货人为“TO ORDER”提单时,此栏必须填写通知方的全称和电话号码。如果托运人信用证有要求,此栏可再填写位于任何国家的第二通知方的名称、地址。

关于托运人对通知方一栏的申报应符合卸货港或交货地点的习惯要求,否则一切后果概由托运人负责。有些国家、地区要求通知方必须为当地,否则不允许货物进口,如巴基斯坦、沙特、印度等。

5)前程运输方(Pre Carriage by)

此栏仅在货物被转运时填写,通常填写第一程船的船名。

6)接货地(Place of Receipt)

此栏仅在货物被转运时填写,代表承运人开始对货物承担责任的地点,例如:× × CY, BANGKOK,代表曼谷某堆场。

7)海运船(Ocean Vessel)

此栏用于填写海运船的船名和航次号,但在货物被转运时填写此栏需注意:当二程海运船的船名不能确定,仅凭推算时应填写“To be Named”或“ × × ×(二程船名)or Substitute”。

8)装港(Port of Loading)

此栏用于填写货物实际装船港口,当货物被转运时,应填写货物装上干线海运船的港口;同时此栏的港口名称应与 Ocean Vessel 一栏的船名相对应。

9)卸港(Port of Discharge)

此栏用于填写货物卸船的港口名称。

10)交货地(Place of Delivery)

此栏仅在货物被转运时填写,表示承运人最终交货的地点。

11)货物栏

(1)标志和序号、箱号和铅封号(Marks & Nos. Containers / Seal No.)。在通常情况下,托运人会提供货物的识别标志和序号以填入此栏,同时此栏需填写装载货物的集装箱号和铅封号;如果托运人未能提供铅封号,建议加注“SEAL NUMBER NOT NOTED BY SHIPPER”;如果有海关铅封号,还需要在此栏加注。

(2)集装箱数量和件数(NO. of Containers or Packages)。在整箱货运输中此栏通常填写集装箱数量和型号,如果信用证中有要求,可在 Description of Goods 项下加注托运人提供的件数;在拼箱货运输中此栏填写货物件数。

例如,一个内装 6 箱机械的 20ft 干货箱可被表示为 1 ×20ft DC。如果托运人坚持要求表明件数,通常会在 Description of Goods 一栏中加注“STC 6 CASES MACHINERY”或“6 CASES MACHINERY, SLCAS”,以保护承运人的利益。

(3)货物情况(Description of Goods)。此栏用于填写货物的具体情况,如果内容过多,空间不够,可以添加附件,在这种情况下应注明“QUANTITY AND DESCRIPTION OF GOODS AS PER ATTACHED SCHEDULE”。

(4)总重(Gross Weight kgs)。此栏用于填写装入集装箱内货物的毛重(公斤)。

(5)体积(Measurement)。此栏用于填写装入集装箱内货物的总体积(立方米)。

(6)集装箱总数或件数总数(Total No. of Packages)。在拼箱货的情况下,此栏会填写收到货物的总数,例如“Six Packages Only”。在整箱货运输的情况下,此栏通常填写收到集装箱的箱数总数，例如“Twenty-five Containers Only”。

12）运费（Freight）

（1）运费和其他费用（Freight & Charges）。此栏注明各种费收的类别，例如：海运费、内陆拖箱费、燃油附加费等。其中申报货价附加费（Declared Value Charges）专指托运人要求在提单此栏中表明货物价值后应支付的附加运费。

（2）计费吨（Revenue Tons）。此栏标明运费计收的计算依据，通常有重量单位 MT 重量吨、体积单位 CBM 立方米、件数单位 PC 件和整箱单位 TEU/FEU 20ft/40ft 标箱，其中 TEU/FEU 也可以用 20FT/40FT 表示，例如 25×20FT DC 代表应收取 25 个 20ft 干货箱的运费。

（3）费率（Rate）。此栏标明各种费用的费率，包括 Ocean Freight 海运费、BAF 燃油费、CAF 货币附加费、THC 码头操作费、Inland Haulage 内陆拖运费等等。

（4）每（PER）。此栏标明各种费用的计算单位，例如“箱 UNIT、重量吨 MT、立方米 CBM”。

（5）预付和到付（Prepaid / Collect）。此栏标明运费支付的支付方式，分别用“PREPAID”表示预付、“COLLECT”表示到付。

（6）预付地点（Prepaid At）。此栏填入提单缮制和运费支付地点（仅在运费预付情况下填写）。

（7）付费地点（Payable At）。此栏填入到付运费付费地点。

（8）总计预付（Total Prepaid）。此栏填入以美元为单位的所有预付运费和所有按当地货币支付的其他预付费用。

13）签发地点和日期（Place and date of Issue）

此栏填入提单缮制和签发的地点和日期。

14）正本提单的份数（No. of Original B/L）

此栏填入根据托运人要求签发的正本提单的数量，通常为三份。

15）代表承运人签发（Signed for the Carrier）

此栏按船公司的要求加盖签单章。

货代只有在经过申请、同意之后，才能获得船公司的签单权、订舱权，并且签单章、订舱章均由船公司或船代统一制作（编号），然后配备给有关货代。

16）装船日期

此栏通常填写承运船舶离开提单项下装港的日期并在日期上签章，在特殊情况下也可填写货物实际装船日期。

3. 内陆签发提单的缮制

实践中，各船公司、无船承运人的集装箱运输提单既可以应用于传统的港到港运输，也可以作为多式联运提单应用于多式联运业务。

在提单签发地和换装海运船的口岸为非直通关的情况下，鉴于内陆网点制作的铅封、舱单都未经出口海关确认，货物不能作为离境处理，到口岸后无法直接装船，尚需经过口岸转关，由口岸统一制作舱单后才能装船，且装船前存在被抽检或退关的可能。如果承运人在内陆网点签发联运/多式联运提单存在较大风险。因此，这种情况一般按“异地签单”的情况来处理，待货物实际装船后签发直达提单，提单签发时间为货物实际装船时间。

在提单签发地和换装海运船口岸为直通关的情况下，联运/多式联运提单的缮制有以下两种情况：

1)一程运输为内河驳船

(1)提单正面 Pre-carriage by：填写驳船船名；

(2)提单正面 Place of Receipt：填写接货地名，代表承运人开始对货物承担责任的地点；

(3)提单正面 Ocean Vessel：填写海运船船名和航次，当海运船船名不能确定则填写"TO BE NAMED"或者"XXX(预计二程船船名)OR SUBSTITUTE"；

(4)提单正面 Port of Loading：填写同 Ocean Vessel 对应的装货港名称；

(5)提单正面 Port of Discharge：填写同 Ocean Vessel 对应的卸货港名称；

(6)提单正面 Place of Delivery：填写最后交货地名；

(7)提单签发时间：填写货物装上一程驳船的时间；

(8)提单其他栏目的缮制：同直达提单。

2)一程运输为铁路或公路拖车

(1)提单正面 Pre-carriage by：填写"TRAIN"或"TRUCK"或空白；

(2)提单正面 Place of Receipt：填写接货地名，代表承运人开始对货物承担责任的地点；

(3)提单正面 Ocean Vessel：填写海运船船名和航次，当海运船船名不能确定则填写"TO BE NAMED"或者"XXX(预计二程船船名)OR SUBSTITUTE"；

(4)提单正面 Port of Loading：填写同 Ocean Vessel 对应的装货港名称；

(5)提单正面 Port of Discharge：填写同 Ocean Vessel 对应的卸货港名称；

(6)提单正面 Place of Delivery：填写最后交货地名；

(7)提单签发时间：填写货物装上一程火车或公路拖车的时间；

(8)提单其他栏目的缮制：同直达提单。

在签发联运/多式联运提单的情况下，承运人在提单项下就全程运输对货方承担责任。承运人同内陆区段承运人之间的责任将根据网状责任制划分。通常情况下，如果是由内陆网点安排内陆区段运输且收取相应的内陆运费，则由内陆网点承担相应区段的责任。

二、提单的签发

所谓提单的签发是指提单的签署手续。

提单必须经过签署手续才能生效。它是根据承运船舶大副签署的收货单，或其他收货单位所签署的收据(如集装箱堆场、货运站签署的场站收据)签发的。

提单的签发是一项义务，同时也是一项权利，只要提单签发为事实，托运人一定要接受。

1. 提单由谁签发，代表谁签发

1)提单的签发人

有权签发提单的人是承运人或船长，或经承运人授权的代理人。

承运人有权签发提单是理所当然的。

各国的海商法普遍承认，船长是承运人的当然代理人，船长签署提单的效力，直接等于承运人本人，不必经过承运人的特别委托。除非船东给予特别指示，否定船东签发提单的权利，但是这种指示应该让有关当事人知道。

在当今的国际航运中，特别是班轮运输，提单大都由承运人的代理人签发，但必须经承运人的委托授权。未经授权,代理人是无权签发提单的。

2)货代提单

根据国际习惯,货代可以以无船承运人(Non-Vessel Operating Common Carrier,NVOCC)的身份签发提单,此时的身份不再是货运代理人,而是承运人。根据UCP500,这种NVOCC签发的提单是可以结汇的。

但是,由于货代的经济实力有限,一旦破产,受损的是货方、实际承运人等。各国都通过立法形式对NVOCC的资质进行规范,例如我国《海运条例》规定,经营无船承运业务必须缴纳80万元人民币的保证金。

货运代理人在签发提单时,往往尽可能避免自己作为承运人,所签发的提单往往是没有抬头的,对承运人的识别造成困难,所以一些买卖合同和信用证都规定:不接受货代提单。

3)提单的签署

提单必须经签署才产生效力,通常的方式有:

(1)承运人(ABC)本人签发提单显示:ABC AS CARRIER。

(2)代理人(XYZ)代签提单显示:XYZ AS AGENT FOR ABC AS CARRIER。

(3)载货船船长(OPQ)签发提单显示:CAPTAIN OPQ AS MASTER。

提单签署的方法除了有传统的手签方法外,只要没有特殊的规定,如信用证不规定必须手签提单,则就可以采用印摹、打孔、盖章,符合或如不违反提单签发地所在国国家的法律,可用任何其他机械的或电子的方法。

2. 提单签发给谁

谁是有权取得B/L的人?可能有权取得提单的人有:①货物所有人;②实际交付货物的人;③订立货物运输合同的人;④持有M/R的人;⑤订舱人(有时订舱单上写托运人,盖章的却是货代)。

《海商法》第72条规定:"货物由承运人接受或者装船后,应托运人的要求,承运人应当签发提单。"第42条规定:"托运人",是指:①本人或委托他人以本人名义或者委托他人为本人与承运人订立海上货物运输合同的人;②本人或者委托他人以本人名义或者委托他人为本人将货物交给与海上货物运输合同有关的承运人的人。

如果两种人,即订立运输合同的人和实际交付货物的人都是托运人,在CIF价格条款下,这两种人往往是同一个人。然而,在FOB买卖下,这两种人却不是同一个人,那么,承运人究竟应该把B/L签发给谁?如果把B/L签发给订舱托运的买方,则买方已可凭B/L提取货物,卖方取得货款的利益得不到保护。

3. 提单的签发日期

提单的签发日期应该是提单上所列货物实际装船完毕的日期,并且必须与收货单的签发日期相一致。这是因为:

(1)在国际贸易中,买卖双方对货物的装运期限事先都有约定,并且都把签发提单的日期看作货物装船的日期,如果提单签发日期与货物实际装船日期不符,将会导致买方提出索赔,甚至按贸易合同约定,撤销信用证或解除贸易合同。

(2)只有将货物装入船舱后,才能判别所装货物外表状况是否良好,或件数是否与申报数字相一致,如果货物未装船完毕即签发提单,或签发提单日期提前于实际装船完毕时间,不仅可能扩大承运人的赔偿责任，而且也可能被看作对第三者的欺诈行为。

若货主要求凭 CY、CFS 签发的 D/R 换发“收货待运提单”或者是内陆地点签发联运/多式联运提单，提单的签发日期仅反映承运人接管货物的时间。

在集装箱板运输实践中，通常以船舶开航日期而非货物实际装船日期为准签发已装船提单。

4. 提单的份数

提单有正本提单和副本提单之分。副本提单只用于日常业务，不具有法律效力。

为了预防提单遗失、被窃或在转递过程中发生意外事故造成灭失，各国海商法和航运习惯都允许签发数份正本提单，并且所有正本提单都具有同等效力，但以其中一份提货后，其他各份自动失效。

签发正本提单的份数，都应分别记载于所签发的各份提单上。比如通常都在提单上列有“承运人或其代理人已签署本提单一式×份，其中一份经完成提货手续后，其余各份失效”的字句。

要在提单上注明签发正本提单份数的原因是，使提单的合法受让人了解全套正本提单的份数，防止遗留在外而引起纠纷，同时也因为信用证规定必须以全套正本提单向银行结汇，和在变更卸货港提取货物时必须提交全套正本提单。在提单上注明正本提单的份数后，就可使银行在办理结汇时和承运人或其代理人在变更卸货港交付货物时，了解全套正本提单是否齐全。

5. 提单的签发地点

提单一般是在装货港签发的。联运/多式联运提单一般是在内陆地点签发的。当然，法律也没有限制“异地签单”。

为了满足或往来贸易上的需要，异地签单已是实务中越来越普遍的一种操作。

1）有权签发提单的代理在接到货主订舱单后，如发现装货港不是本港但又需在本港签发提单时，可以在本港为货主签发提单。但应注意：

（1）与装货港联系以确认货物能否在该港装船；

（2）向装货港代理订舱同时告知提单在本港签发，以避免装货港重复签发提单；

（3）与装货港代理落实运费及港杂费等的收取；

（4）在得到货物已装船的确认后签发提单；

（5）签单时间应以实际装船时间为准，不得预借或倒签提单。

2）装货港代理在接到货主订舱后，如货主要求在另一港签发提单，装货港代理应注意：

（1）与另一港代理联系并委托其签单；

（2）将货主订舱单传真给另一港，以便其缮制提单；

（3）与另一港代理落实运费及港杂费等的收取；

（4）货物装船后通知另一港代理签发提单；

（5）另一港代理签发提单之前应将样单经装货港代理确认。

三、提单的缴还和注销

收货人提货时必须以提单为凭，而承运人交付货物时则必须收回提单并在提单上做作废的批注。这是公认的国际惯例,也是国际公约和各国法律的规定。

有些国家(如:美国)对记名提单无需注销,签发不可流通的提单的承运人因将货物交给记名收货人而解脱责任。收货人不需出示提单,不需缴还提单,甚至不必占有提单,就可以提取货物。写有运输合同的内容的提单本身并无重要意义。但是,在我国即使是记名提单,收货人也应向承运人缴还提单,因为"提单中载明的向记名人交付货物的条款,构成承运人据以交付货物的保证。"

但是,签发了可流通的或者指示提单的承运人的地位则完全不同。承运人只有向提单持有人交付货物才能解脱责任。这时提单本身变为不可缺少的单证,货物被"锁"进到提单中。

提单的缴还和注销表明承运人已完成交货义务,运输合同已完成,提单下的债权债务也因而得以解除。但是,提单缴还和注销并不必然表明提单可能代表的物权的终止,因为缴还和注销的提单可能是全套提单中未经授权转让的一份。

提单没有缴还给承运人时,承运人就必须继续承担运输合同和提单下的义务。如果承运人无提单放货,他就必须为此而承担赔偿责任,即使是在实际提货的人原本是有权提货的人时也不例外。

四、提单的更改和遗失

1. 提单的更改

在实际业务中,提单可能是在托运人办妥托运手续后,货物装船前,在缮制有关货运单证的同时缮制的。在货物装船后,这种事先缮制的提单可能与实际装载情况不符而需要更改或者重新缮制。此外,货物装船后,因托运货物时申报材料有误,或者信用证要求的条件有所变化,或者其他原因,而由托运人提出更正提单内容的要求。在这种情况下,承运人通常都会同意托运人提出的更正提单内容的合理要求,重新缮制提单。

如果货物已经装船,而且已经签署了提单后托运人才提出更改的要求,承运人就要考虑各方面的关系后,才能决定是否同意更改。如果更该的内容不涉及主要问题时,在不妨碍其他提单利害关系人利益的前提下,承运人就会同意更改。但是,如果更改的内容会涉及其他提单利害关系人的利益,或者影响承运人的交货条件,则承运人会要征得有关方的同意,才能更改并收回原来所签发的提单。

托运人、订舱人提出的更改通常会涉及已签发的正本提单上的发货人、收货人和通知方;卸货港;唛头;货名;件数、重量和尺码;包装形式;运费支付形式;交货条款等内容。船公司一般都会要求提供正式的书面申请和船公司固定格式的保函和银行担保,并填写提单更改单,经船公司或其代理公司书面确认后,方可办理。

托运人、订舱人提出更改已签发的正本提单时,应尽量赶在船舶开航之前办理,以减少因更改提单产生的费用和手续,同时也可以避免与相应的舱单等单证文件的内容发生不符。在船舶开航后发生的变更,应将修改后的提单内容及时通知船公司和中转港代理、卸货港代理。

提单在缮制过程中出现的个别字母的差错,可以加盖代理更正章予以更正,但该字母的差错必须是不影响该词、或该语句的涵义的。

提单的更改必须在全套正本提单上进行,每一份提单的更改不得超过三处,否则必须重新签发提单。

因提单的更改而需要重新签发提单的，必须要求托运人、订舱人交还原来已签发的全套正本提单。

因更改提单内容而引起的损失和费用，都应由提出更改要求的托运人负担。

2. 提单的遗失

提单签发后，在流转过程中可能会由于种种原因发生遗失。对此，货方可能会要求不凭正本提单交付货物，或者可能因为提单丢失无法结汇而要求重新签发提单。因为提单是承运人保证据以交付货物的凭证，无单放货或重新签发提单对承运人的风险很大，而且承运人是没有义务无单放货或重新签发提单的，因此都比较慎重。

如果提单签发后遗失，托运人提出补发提单，承运人会根据不同情况进行处理。一般是要求提供担保或者保证金，而且还要依照一定的法定程序将提单声明作废。中华人民共和国海事诉讼特别程序法第100条规定："提单等提货凭证持有人，因提货凭证失控或者灭失，可以向货物所在地海事法院申请公示催告。"

五、提单的转让

提单是"物权凭证"，不论是记名提单、不记名提单，还是指示提单，在凭提单提货或者换取提货单时，收货人都应在提单上记载提货的意思表示。通常是由收货人在提单的背面盖章、签字。

关于提单转让的规定为：记名提单，不得转让；不记名提单，无需背书，即可转让；指示提单，经过记名背书或者空白背书转让。所以，背书与转让是不相同的。

通常所说的"背书"是指"指示提单"在转让时所需要进行的背书。背书是指转让人（背书人）在提单的背面写明或者不写明受让人，并签名的手续。实践中，按照背书的方式区分，背书有完全背书（记名背书）、指示背书、选择不记名背书和空白背书（不记名背书）4种。

完全背书是背书人（转让人）在提单背面写明被背书人（受让人）的姓名，并由背书人签名的背书形式；指示背书是背书人在提单背面并不写明特定受让人，而仅写上"指示"或"×××指示"字样，并由背书人签名的背书形式；选择不记名背书是指背书人在提单背面既特指某一受让人，同时又指明可以以提单持有人作为受让人，即以"×××或持有人"形式表示受让人，并由背书人签名的背书形式；空白背书则指在提单背面不记载任何受让人，只有背书人签名的背书形式。

凡是承运人签发的提单是指示提单，只要通过背书，都能转让，十分方便。如果所签发的提单是托运人指示提单，则应以托运人作为第一背书人；如果是记名指示提单或选择指示人提单，则第一背书人应是提单中指明的指示人，即"×××指示"或"×××或指示"中的"×××"应为第一背书人。

不记名提单不需要背书即可转让。

虽然记名提单一般是不能转让的，但是如果经过一定的法律手续，允许转让时，应以提单正面指明的收货人为第一背书人。

采用完全背书（或记名背书）的背书形式时，必须连续背书，才能连续转让。但采用空白背书形式时，从提单的转让作为有权的转让这一点来看，实质上与不记名提单相似，因此不需连续背书便可连续转让。

第三节 提 单 法

一、《海牙规则》

1.《海牙规则》的历史背景

航运实务中,提单由各船公司自行印制,最初的提单只是表明货物在装货港已经装船的收据,并且是在目的港交付货物的凭证,并不涉及当事人的责任,也没有关于提单记载事项及其法律效力的规定。至于承运人的责任,如上所述,只是按照英美普通法中的一些默示规定的原则来处理,如绝对适航、不发生不合理绕航和保证船舶合理速遣。但是,到 18 世纪,因货损和赔偿日益增多,承运人为保护自己的利益,利用"合同自由"(freedom of contract)原则在提单上加入许多免责条款,到 19 世纪,提单上免责条款多达六七十项,在当时的货方来看,承运人除了收取运费以外,已经没有任何义务可言,货方利益得不到保证,这引起了货方的强烈不满。在国际贸易中,提单的流通性大大降低,银行不肯汇兑,保险人不愿承保。为此,要求统一提单承运人的权利和义务的呼声日益高涨。

最先采取立法行动限制承运人在提单上任意增加免责条款的是美国。美国传统上是一个货主国家,对外贸易一直以来在该国的经济中占有极为重要的地位,但美国的船队并不发达,不得不依赖于当时的英国和及其他海运发达国家船队。为保护本国货主,美国于 1893 年颁布了哈特法。该法规定:

(1)在美国国内港口间,或美国港口与外国港口之间承运货物的船东应在提单上加注条款,表明可以使他免除对装船、积载、保管、照料货物的疏忽所负责任的条款均属非法,所订条款也属无效;

(2)在提单上加注的任何减少、减轻或避免船东在谨慎处理使船舶适航方面所负责任的条款,均属无效;

(3)如果船东尽到谨慎处理使船舶适航和配备适当船员、装备和供应船舶的责任,那么,对在驾驶或管理船舶中的过失所导致的货物灭失或损坏,船东或他的代理也无须负责;

(4)因天灾、海上救助等方面的原因所引起的货物灭失或损坏,船东或他的代理人也无须负责;

(5)船东或船长或代理人有义务签发提单,并注明货物的主要标志、包数或件数或数量或重量,以及外表状况,而这个提单应作为收到提单上所载明货物的初步证据。

哈特法对管货过失免责的否定,对驾船管船过失免责的肯定,对此后的各国海运立法和国际公约产生很大的影响。1904 年澳大利亚制定了《海上货物运输法》,1910 年加拿大通过了《水上货物运输法》,1924 年国际上通过了《海牙规则》,这些国内法和国际公约基本上都接受了哈特法的上述原则。

1921 年,国际法协会在荷兰海牙召开会议,制定了《海牙规则》,当时仅属于民间规则,在当事人自愿采用时有效,后几经修改,于 1924 年 8 月在比利时布鲁塞尔举行的外交会议上审议通过,正式定名为《统一提单的若干法律规定的国际公约》,简称《海牙规则》(Hague Rules),自 1931 年起生效。《海牙规则》结束了承运人在提单上任意加注免责条款的状况,确定了承运人依据《海牙规则》应承担的最低限度的义务，以及最大限度的权利。但对此不感兴趣的英国，为了维持其海运大国的地位，增强其船队在国际市场上的竞争力，也一反常态地在《海牙规则》通过后不久，即通过了英国的1924年《海上货物运输法》，将《海牙规则》作为该法的附件，直接适用于本国。嗣后，有的国家效仿英国的做法，直接把《海牙规则》作为国内法的一部分，有的国家则依据《海牙规则》的基本精神，另行制定相应的国内法。《海牙规则》成了海上货物运输方面最重要的一个国际公约，在世界上得到了广泛的承认与接受。

2.《海牙规则》的主要内容

《海牙规则》全文共16条，其中第1条至第10条是实质性条款，主要内容如下。

1）定义条款

《海牙规则》将承运人定义为包括与托运人订有运输合同的船舶所有人或租船人。而我国《海商法》第42条中承运人的定义是："承运人"，是指本人或者委托他人以本人名义与托运人订立海上货物运输合同的人，没有明确规定还包括租船人，但同时我国《海商法》援用1978年《联合国海上货物运输公约》（以下称《汉堡规则》）中的规定，还有实际承运人的定义："实际承运人"，是指接受承运人委托，从事货物运输或者部分运输的人，包括接受转委托从事此项运输的其他人。因此可以认为，我国《海商法》中的实际承运人即包括《海牙规则》中所指的租船人。《海牙规则》适用的海运提单，是在将提单作为一种物权凭证所进行的海上货物运输时适用，如果是根据租约签发的提单，则在提单成为制约承运人和提单持有人时，亦得适用。"货物"不包括活动物和舱面货。所谓舱面货，是指在运输合同中载明，并实际装于舱面上。关于责任期间，《海牙规则》并未规定，但在定义条款中将"货物运输"定义为"自货物装上船时起，至卸下船时止的一段期间。"

2）关于承运人的责任

《海牙规则》规定，承运人必须承担在开航前和开航当时谨慎处理使船舶适航，妥善地配备船员、装备船舶和配备供应品，使货舱、冷藏舱、冷气舱和其他载货处所适宜于并能安全收受、载运和保管货物。在货物运输过程中，承运人对于货物的装载、搬运、配载、运送、保管、照料和卸载，要承担责任和义务，并享受权利和豁免。除承运人可以免责的原因外，承运人应当妥善和谨慎地（properly and carefully）处理好管货的上述7个环节。

《海牙规则》规定，承运人对每件或每单位货物的赔偿限额为100英镑，如果货方已申报了货物的价值，并在提单上注明，则不在此列。但是，如果货方故意谎报货物性质或价值，则承运人在任何时候都不对货物的灭失或损坏负责。此外，承运人、船长或承运人的代理人还可与货方协议，承运人对于货物的最高赔偿限额，但不得低于公约规定的数额。值得一提的是，公约所指的货币单位是100英镑所能购买的金价，同时允许不以英镑作为货币单位的缔约国将公约规定的英镑数额以四舍五入的方式折算成本国货币。因此，许多缔约国在加入公约时纷纷将100英镑折合成本国货币。但是，考虑到各国货币的贬值情况，现在再看《海牙规则》规定的100英镑，明显太低了，这也是货方对《海牙规则》表示不满的原因之一。

3）关于承运人的免责

《海牙规则》第4条规定，承运人和船舶对凡是因船舶不适航引起的灭失和损坏不负责任，但承运人须对开航前和开航当时谨慎处理使船舶适航负举证责任。除此而外，该条同时规定了承运人和船舶的17项免责：

(1)船长、船员、引水员或承运人的雇佣人员,在驾驶或管理船舶中的行为、疏忽或不履行义务。

(2)火灾,但由于承运人的实际过失或私谋所引起的除外。

(3)海上或其他能航水域的灾难、危险和意外事故。

(4)天灾。

(5)战争行为。

(6)公敌行为。

(7)君主、当权者或人民的扣留或管制,或依法扣押。

(8)检疫限制。

(9)托运人或货主、其代理人或代表的行为或不行为。

(10)不论由于任何原因所引起的局部或全面罢工、关厂停止或限制工作。

(11)暴动和骚乱。

(12)救助或企图救助海上人命或财产。

(13)由于货物的固有瑕疵(inherent vice)、性质或缺陷引起的体积或重量亏损,或任何其他灭失或损坏。

(14)包装不善。

(15)唛头不清或不当。

(16)虽恪尽职责亦不能发现的潜在缺陷(latent defect)。

(17)非由于承运人的实际过失或私谋(privity),或者承运人的代理人,或雇佣人员的过失或疏忽所引起的其他任何原因;但是要求引用这条免责利益的人应负责举证,证明有关的灭失或损坏既非由于承运人的实际过失或私谋,亦非承运人的代理人或雇佣人员的过失或疏忽所造成。

上述免责事项中争议最多的就是驾船管船过失免责,货方对此表示强烈不满。以发展中国家为代表的货方认为,现在已是21世纪,船舶技术条件在各方面与一个世纪前相比已有了很大进步,船东在经营管理船舶方面也应严格按照相关国际公约的要求办事,不应再免除船长、船员、引航员在驾船管船方面的过失。而反对的意见认为,海上风险毕竟不同于陆上风险,也是陆上风险不可比拟的,尽管船舶技术条件和船舶管理水平有所提高,但仍然不能克服海上所遇到风险。

英国法的判例表明,船舶被依法扣押,不包括因商务纠纷船舶被扣押。如果船舶因其本身或承运人债务原因被扣押,承运人应尽快提供担保,以便使船舶早日解除扣押。

关于包装不善、唛头不清或不当,承运人欲援引该项免责权利,须在提单上加批注。如果承运人未在提单上批注,没有说明包装不良或不善等,则不能援引该项免责事项。我国《海商法》亦有类似规定。我国《海商法》第76条规定,承运人或者代其签发提单的人未在提单上批注货物表面状况的,视为货物的表面状况良好。

还有值得注意的是,《海牙规则》没有规定承运人享受免责的举证责任,而我国《海商法》规定的12项免责中,除火灾外,承运人要享受免责须负举证责任,证明损失是其可以免责的原因造成的。

4)《海牙规则》存在的主要问题

《海牙规则》生效以来，有关提单的法律在全球范围内得以统一，对促进国际贸易和航运的发展起到了积极作用。因《海牙规则》出台当时的国际政治、经济和技术条件所限，《海牙规则》难免有不完善的地方。

(1)《海牙规则》倾向于保护承运人的利益，更多地维护了航运发达国家的利益，同时在风险分担上也不均衡，特别是承运人仅承担谨慎处理使船舶适航和管货义务，且有如此之多的免责事项，对货方来说明显不公平，也不合理。

(2)《海牙规则》中船方可以免责的"管船过失"极易与承运人不能免责的"管货义务"混淆，到目前为止尚没有权威解释，在实务中很难准确把握。作为赔偿责任限制的计算单位"每件或每单位"也没有权威或统一的解释，有的按货运单位，有的按运费单位，但《海牙规则》并没有运费单位的规定。

(3)《海牙规则》出台之际，尚没有集装箱运输方式，由此带来了一系列法律问题，即集装箱运输方式下，集装箱本身和货物的件数或单位数如何计算。除此而外，《海牙规则》规定的单位责任限额为100英镑，但该公约同时允许缔约国将其换算为本国货币，而不是按公约规定的100英镑能买到黄金的价值，只是简单地将英镑换算成本国货币，而不是始终以100英镑当时所能购买的黄金为限额。因此，随着包括英镑在内的各国货币的贬值，各缔约国在加入公约时折算的责任限额在后来的几十年中，早已明显过低，与货物的价值不成比例，这也是《海牙规则》遭到抨击的原因之一。

《海牙规则》出台的初期起到了积极作用，但它已明显落后于时代，修改也就在所难免了。

二、《维斯比规则》

1.《维斯比规则》的修订过程

修改《海牙规则》是从20世纪60年代开始的，对于如何修改《海牙规则》当时主要有二种意见。以发展中国家为代表的货主国家认为《海牙规则》过多的维护了承运人的利益，危害了发展中国家的贸易和航运的发展，修改《海牙规则》也应在改变旧的经济秩序，建立新的经济秩序的原则基础上进行，主张彻底修改《海牙规则》，取消不合理、不明确的条款，真正公平地平衡海上运输中船方与货方分别应承担的风险，以促进发展中国家的贸易和航运的发展。以航运发达国家为代表的船东国家则认为，虽然有关提单的法律修订不能墨守成规，但是，如果不顾现实情况，急于求成，也不易为各方所接受。不顾现实地修订，还有可能冲击已经形成的国际航运习惯和现行的各种航运制度，不仅不能促进国际贸易和航运的发展，反而会造成新的混乱。他们主张折中各方面的意见，只对《海牙规则》中明显不合理或不明确的条款作局部修改和补充。

以探讨提高发展中国家的经济地位为目的，国际海事委员会于1963年6月草拟了修订《海牙规则》的议定书草案，并提交给1967年和1968年召开的海事法会议审议。经会议寓言通过后，于1968年2月23日在比利时的布鲁塞尔召开的外交会议上通过，定名为《关于修订统一提单若干法律规定的国际公约的议定书》，并简称为"1968年布鲁塞尔议定书"。在这次会议期间，与会代表前往参观过曾是15世纪有名的海法《维斯比海法》编纂地的维斯比城。所以这个议定书也就被称为《维斯比规则》。

《维斯比规则》于1977年6月23日生效，目前有英国、比利时、丹麦、希腊、意大利、荷兰、挪威、波兰、俄罗斯、新加坡、瑞典、瑞士等27个国家或地区批准了该议定书。

2.《维斯比规则》的主要内容

1)关于提单的证据效力

《海牙规则》第3条第3款及第4款规定,承运人收到货物之后,应托运人的请求应签发提单给托运人,这种提单即作为承运人依照规定所载内容"收到该提单中所载货物的初步证据",《维斯比规则》第1条第1款为此作了补充,明确规定:"但是,当该提单已被转让至善意行事的第三者时,与此相反的证据便不予接受"。因此,提单上有关货物的记载在承运人与托运人之间构成初步证据,而当提单转至善意的第三人手中,即在承运人与收货人或提单持有人之间构成最终证据。所谓善意(in good faith),是指不知情,即收货人拿到提单或提单持有人持有提单时不知道提单记载的货物状况与货物的实际情况不符。

2)关于承运人的赔偿责任限制

《维斯比规则》大幅度地提高了单位责任限额,并采用双重计算办法。该规则将《海牙规则》规定承运人对货物灭失或损坏的赔偿限额,从按每件或每单位计算的单一办法,改为按每件或每单位或按毛重每公斤的双重计算办法,该规则第2条规定,承运人的责任限额为每件或每单位10 000金法郎或毛重每公斤30金法郎,以高者为准。《维斯比规则》的1979年议定书又将计算单位金法郎改为国际货币基金组织(IMF)的计算单位—特别提款权(Special Drawing Right, SDR),责任限额分别为666.67计算单位或毛重每公斤2计算单位。这样规定对索赔方是有利的。因为在现代运输中,作为单件货物运输的汽车、机车、机器,其货价远远超过10 000金法郎,如果能按公斤计算赔偿额,则很有可能接近于货价。

为了解决集装箱运输出现后的损害赔偿问题,《维斯比规则》第2条规定,如果货物是以集装箱、货盘或类似的运输工具集装,则提单中载明的装在此种运输工具中的件数或单位数,应视为本条所述件数或单位数。除上述情况之外,此种运输工具应视为一个包/件或单位。

关于承运人享受责任限制的条件,《维斯比规则》也就此作出了规定:如经证明,损害系承运人故意或明知可能造成损害而轻率地采取的作为或不作为所引起,则无论是承运人或船舶,都无权享有责任限制的利益。

3)关于受雇人、代理人法律地位

承运人的受雇人、代理人不是运输合同的当事方,本来不能享有承运人的权利,英国法院1953年在著名的Alder诉Dikson一案中明确了这一点。在此案中,英国半岛及东方(P&O)公司所属的"喜马拉雅"(Himalaya)号客轮在一次靠港时,由于舷梯没有放好,致使一名叫Alder的女乘客摔伤。承运人依据客票上印有的免责条款不负赔偿责任,该乘客便以侵权行为为由对该船水手长Dikson提起诉讼。起初水手长认为,自己作为船公司的雇员可以同样享受承运人的权利,既然作为承运人的船公司可以免责,自己也可以免责。但是法庭认为,水手长作为承运人的受雇人,不是运输合同的当事方,无权援引客票上关于承运人的免责事项,判决水手长应负赔偿责任,最终该乘客得到全部损害赔偿。基于合同相对性原理,当事人在合同中设立的权利和义务仅及于合同的当事方,与他人无涉。为使受雇人、代理人都能获得运输合同的保护,船东们后来都在提单中加入"喜马拉雅条款",将其代理人、受雇人作为合同的当事一方,从而达到使他们能和承运人一样享有抗辩和责任限制的权利。

《维斯比规则》将喜马拉雅条款法定化了,该规则第3条第2款规定,不论基于违约还是侵权对承运人的受雇人或代理人(该受雇人或代理人并非独立合同人)提起的诉讼,该受雇人或代理人有权援引承运人的各项抗辩和责任限制。值得注意的是,《维斯比规则》没有将独立合同人(independent contractor)包括在内受雇人或代理人的范围之内。一般认为,受雇人、代理人的行为直接受承运人的控制,而独立合同人的行为并不受承运人的约束,他们有自身的行为准则,理应自行承担责任。应当注意的是,《维斯比规则》中的喜马拉雅条款与提单中的喜马拉雅条款还是有区别的。提单中的喜马拉雅条款本无存在的必要,但由于《维斯比规则》中喜马拉雅条款并不包括独立合同人,因此,在提单中加入喜马拉雅条款,承运人通常是为了将独立合同人列于其中,但这与《海牙—维斯比规则》的立法原意相去甚远,独立合同人完全可以通过投保责任风险,减少自己可能承担的风险,而作为承运人受雇人或代理人的船长、船员不会自己去投保责任险,因此,需要法律保护,以减少他们的责任。

4)关于侵权之诉

《海牙规则》中没有关于侵权行为的规定。《维斯比规则》规定,对承运人提起的任何有关货物灭失或损坏的诉讼,不论该诉讼是根据合同还是侵权行为,均适用本规则的有关规定。即无论是基于合同还是侵权,向承运人提起的诉讼,都不影响承运人依据规则所应享有的免责、抗辩和责任限制的权利。这样规定,使得合同之诉和侵权之诉处于相同的地位,都适用《海牙 - 维斯比规则》,维护了承运人的利益。我国《海商法》也接受了这一规定。《海商法》第 58 条规定,就海上货物运输合同所涉及的货物灭失、损坏或者迟延交付对承运人提起的任何诉讼,不论海事请求人是否合同的一方,也不论是根据合同或者是根据侵权行为提起的,均适用第四章关于承运人的抗辩理由和限制赔偿责任的规定。

5)关于诉讼时效

《维斯比规则》第 1 条第 3 款规定,即使向承运人索赔的 1 年时效期限届满之后,只要在受案法院所在地法律允许期间内,仍可以向第三方提起追偿诉讼。但是,允许的时间自提起此种诉讼之人已经解决向其索赔的案件,或在对其本人的诉讼中收到送达的传票之日起算,不得少于 3 个月。承运人追偿的对象可以是码头装卸公司、受损货物之外的其他货物的托运人或发货人或其他第三者。

三、《汉堡规则》

1.《汉堡规则》的出台背景

时至 20 世纪 60 年代末,《海牙规则》不能适应国际政治、经济发展的要求,广大发展中国家并不满足于《维斯比规则》对《海牙规则》的修改和补充,要求彻底修改《海牙规则》的呼声日益高涨,联合国贸易和发展会议(UNCITRAL)在 1969 年 4 月的第三届会议上建立了国际航运立法工作组,以提单及有关问题作为工作组的优先工作项目。此后,联合国贸易和发展会议秘书处编写了以提单为题的研究报告,该报告分析了《海牙规则》及与提单有关的问题。国际航运立法工作组研究了这个报告,决定对《海牙规则》和《维斯比规则》进行修改,需要时可以制定一项新的国际公约;在审议修改上述规则时,应消除其含糊不明确之处,同时应建立船、货双方均衡地分担货运风险的责任制度。

按照国际组织的分工,联合国贸易和发展会议将继续研究《海牙规则》和《维斯比规则》,并将制定新公约的工作交给联合国国际贸易法律委员会办理。经过多年的艰苦工作,于 1976

年5月，这个委员会草拟了《联合国海上货物运输公约草案》。1978年3月6日至31日，联合国在汉堡召开的联合国海上货物运输外交会议对该草案进审议，有78个国家派出了代表出席这次会议。与会代表对该草案逐条进行认真的审议后通过了该草案，并正式定名为《联合国海上货物运输公约》，由于这次会议是在汉堡召开的，所以这个公约被称为《汉堡规则》。

《汉堡规则》于1992年11月1日生效，到2005年7月共有30个成员国，主要是一些发展中国家，特别是航运不发达的国家。美国、德国、法国、瑞典、丹麦、葡萄牙、挪威和新加坡等国虽然签署了该公约，但该公约至今并未在这些国家生效①。我国没有加入《汉堡规则》，但我国《海商法》第四章采纳了《汉堡规则》中的一些规定，例如承运人的责任期间、迟延交付、实际承运人等。

《汉堡规则》全文共7章34条。与《海牙规则》和《维斯比规则》，《汉堡规则》作出了根本性修改，不仅扩大了承运人在海上运输中的责任，而且对与国际航运有关的业务和法规，例如共同海损、海上保险等业务和制度，产生了重要的影响，如果被全面接受，必将引起带有根本性的变革②。

2.《汉堡规则》的主要内容

1）关于承运人的责任期间

《汉堡规则》第4条第1款规定，承运人对货物的责任期间包括在装货港，在运输途中以及在卸货港，货物在承运人掌管的全部期间。即从承运人在装货港接收货物时起至卸货港交付货物时止，与《海牙规则》规定的“钩到钩”相比，明显地延长了承运人的责任期间。

2）关于承运人的责任基础

《汉堡规则》第5条第1款规定，除非承运人证明他本人、其雇佣人或代理人为避免该事故及其后果已采取了一切所能合理要求的措施，否则承运人应对因货物灭失或损坏或迟延交货所造成的损失负赔偿责任，如果引起该项灭失、损坏或迟延交付的事故，如同第4条所述，是在承运人掌管期间发生的。由此可见，《汉堡规则》是以“完全过失责任制”为基础来规定承运人的责任的。这是《汉堡规则》对《海牙规则》的重大修改。按照《汉堡规则》的规定，只要货物的灭失、损坏或迟延交付所造成的损失，发生在承运人的掌管期间，首先推定承运人有过失，承运人因此要承担赔偿责任。如果承运人要免除责任，他应承担举证责任，证明他本人、其受雇人或代理人没有过失，而且为避免事故的发生及其后果采取了一切所能合理的措施，否则承运人就不能免责。按照《汉堡规则》，承运人不再享有《海牙规则》规定的诸如驾船管船过失为主的17项免责权利。

《汉堡规则》的这项规定，对共同海损理算制度提出了挑战。众所周知，共同海损与过失的关系是，发生共同海损，不问过失的责任，首先要进行共同海损理算，也不影响过失方向非过失方提出分摊的请求。但是，非过失方有权向造成共同海损事故的过失方提出抗辩，如果过失方不能免责，则共同海损的受益方最终要分摊共同海损牺牲和费用。然而，按照《汉堡规则》的规定，承运人不再享有诸如驾船管船等过失免责，由于承运人或其受雇人或代理人在驾船管船方面的过失造成共同海损事故，导致船舶或货物损失，则无需共同海损理算，也无需向非过

① http://www.uncitral.org/uncitral/zh/uncitral_texts/transport_goods/Hamburg_status.html

② 胡美芬，王义源. 远洋运输业务. 北京：人民交通出版社，2006年第四版第137页。

失方请求分摊了，承运人直接承担自己的损失并赔偿货方的损失即可。这样一来，极有可能动摇百年来形成的共同海损制度，也会对海上保险业产生影响。

关于火灾免责，《汉堡规则》有限制地保留下来。该公约规定，如果货方能够证明火灾引起货物的灭失、损害或延迟交付，是由于承运人、其受雇人或代理人的过失或疏忽引起的，承运人须承担赔偿责任。但众所周知，索赔方要举证证明承运人对火灾的发生有过失或疏忽，并且还要证明承运人、其受雇人或代理人在采取可以合理要求的扑灭火灾和避免或减轻其后果的一切措施中有过失或疏忽，难度极大。所以，一般认为，《汉堡规则》相当于保留了《海牙规则》中承运人因火灾造成的货物灭失或损害可以免责。

3）关于迟延交付

发展中国家认为，绕航的后果就是货物迟延交付。因此，《汉堡规则》没有关于承运人绕航的规定，但增加了承运人迟延交付货物的规定。该公约第5条第2款规定，如果货物未能在明确约定的时间内，或虽无此项约定，但未能在考虑到实际情况对一个勤勉的承运人所能合理要求的时间内，在海上运输合同所规定的卸货港交货，即为迟延交付。另外还规定了，如果货物在规定的交付日期没有交付货物满60天，对货物拥有请求权的索赔人可以认为货物已经灭失。关于迟延交付的赔偿责任，该公约规定，承运人对迟延交付的赔偿责任，以相当于迟延交付货物应支付运费的2.5倍的数额为限，但不得超过海上货物运输合同规定的应付运费总额。

这样规定避免了由于迟延交付，承运人须承担的可能是巨额的直接或间接经济损失。例如，由于迟延交付，很可能影响到了货方的下一个合同的履行。由于迟延，货方为此可能承担重大的违约责任。承运人不承担的话，对货方来说不公平，如果全由承运人亦非公正，《汉堡规则》如此规定只能是一种折中的办法。

4）关于赔偿责任限额

与《维斯比规则》一样，《汉堡规则》也采用了双重计算赔偿责任限额的办法。该公约规定，承运人对货物灭失或损坏造成的损失所负的赔偿责任，为每件或每单位835计算单位或按货物的毛重每公斤2.5计算单位，以二者中较高的为准。这个数额较《维斯比规则》的规定又提高了25%，这与货主国家的呼声相吻合，明显加重了承运人的赔偿责任。

5）关于保函的效力

关于保函的规定也是《汉堡规则》新增加的。该公约第17条第2至第4款对保函及其效力作出了具体规定：

"（2）任何保函或协议，据此托运人保证赔偿承运人由于承运人或其代表未就托运人提供列入提单的项目或货物的外表状况批注保留，而签发提单所引起的损失，对包括收货人在内的受让提单的任何第三方，均属无效。

（3）这种保函或协议对托运人有效，除非承运人或其代表不批注本条第2款所指的保留是有意欺诈，相信提单上对货物的描述而行事的包括收货人在内的第三方，在后面这种情况下，如未批注的保留与由托运人提供列入提单的项目有关，承运人就无权按照本条第1款规定，要求托运人给予赔偿。

（4）如属本条第3款所指的有意诈骗，承运人不得享受本公约所规定的责任限额的利益，并且对由于相信提单上所载货物的描述而行事的包括收货人在内的第三方所遭受的损失负赔偿责任。"

从以上规定可以看出，其一，保函对包括收货人在内的第三人无效；其二，出具保函分两种情况。第一种是善意的保函，即托运人与承运人之间就货物的件数、数量或重量或包装等问题上有分歧，承运人接受保函，未在提单上加以批注。例如承运人怀疑托运人提供的情况有问题，但又没有合适的方法予以核对，或者承运人认为货物不适合运输，而托运人此时已不可能另换包装，承运人会要求托运人出具保函，以保证承运人的利益，否则承运人就在提单上记入不利于托运人的批注。再如，不清洁提单对托运人（卖方）是很不利的。在国际货物买卖中，买方一般拒绝接受不清洁提单，银行对这种提单也拒绝付款。因此，卖方总是设法取得清洁提单。要取得清洁提单，托运人就务必使其货物的表面状况处于良好状态，这是最明智的做法。但是，如果货物外表状态的确有争议且大副已将货物的外表状况在收货单上作了批注的情况下，托运人为了不影响向银行结汇，通常向承运人提供保函，声明承运人因签发清洁提单引起的损失由托运人承担，以此换取承运人不要将大副在收货单上的批注转移到提单上，而由承运人签发不带任何批注的提单，从而使托运人能以清洁提单向银行顺利结汇。实践证明，为了不致因一些经常发生而数量或金额又比较小的有关货物短缺或损坏责任的争议影响货运程序的正常进行，由托运人出具保函，承担可能发生的责任，将争议留待日后解决的做法是有积极意义的。

第二种是恶意的保函，即托运人为了某种目的，要求承运人在提单上记入与实际货物情况不一致的内容（包括要求承运人签发倒签提单和预借提单），承运人为了保护自己的利益而要求托运人出具保函。《汉堡规则》虽然使保函合法化，但不是规定，如构成欺诈，承运人不能凭保函向托运人索赔，亦不能享受公约规定的责任限制。

不论善意还是恶意，接受保函换发清洁提单、倒签提单、预借提单，对承运人来说风险很大。这种做法违反了单证不得虚假的原则。承运人与收货人之间凭提单而不是凭保函交接货物。承运人不能凭保函对收货人拒赔，保函不能约束收货人。而且，如前所述，保函在承运人与托运人之间的效力也是不稳定的。

6）关于承运人和实际承运人

《汉堡规则》第 10 条规定了承运人和实际承运人的赔偿责任。其内容如下：

（1）如果将运输或部分运输委托给实际承运人执行时，不管根据海上运输合同是否有权这样做，承运人仍须按照本公约的规定对全部运输负责。关于实际承运人所履行的运输，承运人应对实际承运人及其受雇人和代理人在他们的受雇范围内行事的行为或不行为负责；

（2）本公约对承运人责任的所有规定也适用于实际承运人对其所履行的运输的责任。如果对实际承运人的受雇人或代理人提起诉讼，应适用第 7 条第 2 款、第 3 款和第 8 条第 2 款的规定；

（3）承运人据以承担本公约所未规定的义务或放弃本公约所赋予的权利的任何特别协议，只有在实际承运人书面明确表示同意时，才能对他发生影响。不论实际承运人是否已经同意，承运人仍受这种特别协议所导致的义务或弃权的约束；

（4）如果承运人和实际承运人都有责任，则在此责任范围内，他们应负连带责任；

（5）从承运人、实际承运人和他们的受雇人和代理人取得的赔偿金额总数，不得超过本公约所规定的责任限额；

（6）本条规定不妨碍承运人和实际承运人之间的任何追索权。

上述规定的主要精神是，一是在将货物运输的全部或部分委托给实际承运人时，承运人须对全程负责，承运人还必须对实际承运人及其受雇人和代理人在他们的受雇范围内的行为负责；二是实际承运人与承运人一样享有免责、抗辩和责任限制；实际承运人书面同意承担公约规定以外的义务或放弃公约规定的权利的，对他发生效力，未同意的不发生效力，但承运人如果作出此种承诺，则承运人要受约束；三是如果承运人和实际承运人对货物的灭失或损坏都负有责任，则他们应当承担连带责任，一方承担全部责任后，有权向另一方追偿不属于其承担的部分。我国《海商法》第 60 条至第 65 条即是关于承运人与实际承运人的规定，与《汉堡规则》的规定类似。

承运人和实际承运人的情况经常出现于租船运输，即承租人与托运人签订运输合同，而将运输或部分运输交由实际承运人，承租人签发提单，承租人是“承运人”，出租人是“实际承运人”。如果按照《海牙规则》，后者与托运人并没有合同关系，但按照《汉堡规则》，承运人要负责全程运输，在货物发生灭失或损坏时，承运人与实际承运人要对货方承担连带责任（joint and several liability）。

7）关于活动物和舱面货

《汉堡规则》把活动物和舱面货也都包括在货物的范围内。关于活动物该公约第 5 条第 5 款规定，“承运人对运输此类货物固有的任何特殊风险所造成的灭失、损害或延迟交付不负赔偿责任。如果承运人证明他是按照托运人给他的关于动物的任何特别指示行事的，并证明根据实际情况，灭失、损害或延迟交付可以归之于这种风险时，则应推定灭失、损害或延迟交付就是这样引起的，除非证明灭失、损害或延迟交付的全部或部分是由承运人、其受雇人或代理人的过失或疏忽所造成的。”这说明，活动物的收受、装载、运输、保管、照料和卸载均由货方承担风险，承运人对运输活动物造成的灭失和损害不负赔偿责任，但是，承运人要举证证明自己已经按照托运人关于运输活动物的特别要求行事，并证明活动物的灭失和损害是由于此种固有的特殊风险造成的即可。

关于舱面货，《汉堡规则》第 9 条规定：

（1）承运人只有按照同托运人的协议或符合特定的贸易惯例，或依据法规的规章的要求，才有权在舱面上载运货物。

（2）如果承运人和托运人议定，货物应该或可以在舱面上载运，承运人必须在提单或证明海上运输合同的其他单证上载列相应说明。如无此项说明，承运人有责任证明，曾经达成在舱面上载运的协议。但承运人无权援引这种协议对抗包括收货人在内的，相信并持有提单的第三方。

（3）如违反本条第 1 款的规定将货物载运在舱面上，或承运人不能按照本条第 2 款援引在舱面上载运的协议，尽管有第 5 条第 1 款的规定，承运人仍须对仅由于在舱面上载运而造成的货物灭失或损坏以及延迟交付负赔偿责任，而其赔偿责任的限额，视情况分别按照本公约第 6 条或第 8 条的规定确定。

（4）违反将货物装载在舱内的明文协议而将货物装载在舱面，应视为第八条含义内的承运人的一种行为或不行为。

从以上规定可以看出，第一，承运人只有按照同托运人的协议或符合特定的贸易惯例，或依据法规或规章的要求，才有权在舱面上载运货物，并且要在提单上载明货物装载于舱面上。

这样要求，主要是提醒提单受让人，其将接受的货物是舱面货。如果没有在提单上载明，承运人须负举证责任，证明他与托运人曾经有过此类协议，但无论如何，此类协议不能对抗包括收货人在内的善意提单持有人。第二，如果承运人违反与托运人的协议，且既不符合航运习惯，又未按法律法规的规定，将货物装于舱面上，则承运人要对装于舱面上的货物承担灭失、损害或延迟交付的责任，并且根据情况，承运人还有可能丧失责任限制的权利。如果承运人违反与托运人约定的不将货物装于舱面，则承运人无权享受责任限制。我国《海商法》基本上采纳了《汉堡规则》关于活动物或舱面货的规定。

8）其他

关于诉讼时效，《汉堡规则》第20条规定，有关货物运输的任何诉讼，如果在2年内没有提出司法或仲裁程序，即失去时效。这一规定加重了承运人的责任，也是《汉堡规则》不为多数海运国家所接受的原因之一。关于管辖权，与《海牙规则》适用于在缔约国签发的一切提单相比，《汉堡规则》允许货方可以在较多的地点选择起诉承运人，例如缔约国法院、承运人所在地、提单签发地、装货港、卸货港、运输合同订立地等。

关于仲裁，《汉堡规则》允许当事人可以通过协议将他们的争议提交仲裁，但是如果提单并入条款规定将租约中的仲裁条款也并入提单，则提单须特别注明租约中仲裁条款约束提单持有人，否则承运人不得对相信提单的提单持有人援引该仲裁条款。海商法学术界、司法界对并入条款历来争论不休，其中持并入提单的仲裁条款无效的人认为，仲裁条款或协议应是在当事人自愿的基础上达成，而租约中的仲裁条款是出租人和承租人自愿达成，并入提单后并未征得提单受让人的同意，提单持有人没有自愿接受仲裁的意思表示。因此，租约其他条款并入提单可能有效，但并入提单的租约仲裁条款无效。《汉堡规则》正是采取这种观点，因此规定之。

四、《海商法》

我国关于海上货物运输合同的法律规范主要是《中华人民共和国海商法》（Maritime Code of the People's Republic of China）（以下简称《海商法》）第四章"海上货物运输合同"、第六章"船舶租用合同"、第十三章"时效"和第十四章"涉外关系的法律适用"等中的规定。此外，《中华人民共和国合同法》有关合同的原则性的规定和第十七章"运输合同"的有关规定也是海上货物运输合同的法律规范。在海事诉讼方面，有关的法律规范是《中华人民共和国海事诉讼特别程序法》。

中国海商法制定于1992年，1993年7月1日起施行。《海商法》共有15章278条，是我国目前调整海商法律关系的最重要的法律规范。第四章是关于海上货物运输合同的规定，共有八节，第一节"一般规定"，第二节"承运人的责任"，第三节"托运人的责任"，第四节"运输单证"，第五节"货物交付"，第六节"合同的解除"，第七节"航次租船合同的特别规定"和第八节"多式联运合同的特别规定"。另外，在第六章中规定有定期租船合同和光船租船合同的内容，其中第一节是"一般规定"，第二节是"定期租船合同"，第三节是"光船租赁合同"。我国《海商法》是参照了许多国际公约和国际惯例的规定，同时根据我国国情独立制定的。《海商法》中有关海上货物运输合同的规定，基本是以《海牙规则》和《海牙－维斯比》为基础，也适当吸收了《汉堡规则》的先进内容。因此，《海商法》现代气息浓厚、并与国际接轨，但与我国现有的民商法体系和基本理论无法很好地衔接。

《海商法》第2条第2款规定,第四章海上货物运输合同的规定不适用于中华人民共和国港口之间的海上货物运输。因此,《合同法》是调整我国港口之间海上货物运输活动的重要法律规范,也是调整国际海上货物运输合同的重要法律规范。国际海上货物运输合同除受《海商法》调整外,还受《合同法》的调整。就对合同的规定而言,《合同法》是普通法,而《海商法》是特别法。作为特别法,《海商法》对海商合同的规定并不全面,特别是海商合同作为合同共性的一些问题没有规定或者只有有限的规定,这些没有规定或者规定不清楚的地方,都需要依据作为普通法的《合同法》进行补充、解释和完善。《合同法》是一部关于合同的基本法律,其基本原则应该在海商合同的各项制度中得到体现。根据《合同法》第123条的规定,其他法律对合同另有规定的,依照其规定。由于《海商法》对海上货物运输合同这一问题做了特别规定,《合同法》对各类运输合同的共性问题做了规定,所以如果对国际海上货物运输合同中的问题在《海商法》中有规定的,就应该依照《海商法》的规定处理,《海商法》没有规定的,才适用《合同法》的相关规定。

第四节　海　运　单

海运单(Sea Waybill,SWB),是证明海上货物运输合同和货物已经由承运人接管或装船,以及承运人保证将货物交给指点收货人的一种不可转让的单证。

一、海运单概况

1. 海运单的发展

随着各国经济的发展以及经济全球化的趋势,国际贸易的内涵与形式也在不断地变化。为了适应国际贸易的变化,就要求国际海上运输中的承运人在技术和制度方面,其中也包括单据方面作出相应的变化。

一般来说,较为简易的贸易程序,会使得更多的客户愿意来做生意,所以简便的运输程序是决定世界贸易发展速度的重要因素之一。另外,世界上的货物运输不但已从传统的单一运输方式发展到了国际多式联运"门到门"的先进运输组织方式,还溶入了现代物流的理念。国际海上货物运输中是否一定还要使用提单?在某些情况下,能否用其他单证来代替提单以满足实际需要?人们早已熟悉和习惯的航空货物运输、公路货物运输和铁路货物运输中均是在没有"物权凭证"的情况下,凭运单进行的,多年的实践证明这是可行的。因此,在货主不需要转让运输途中货物的情况下,就可以选择使用海运单。

由于采用海运单提货比提单更及时、更安全、更简便,20世纪70年代后期,使用海运单的国家越来越多。目前,在欧洲采用海运单的国家较为普遍,主要有:英国、比利时、丹麦、法国、德国、爱尔兰、意大利、荷兰、西班牙、瑞典和俄罗斯等;北美洲的加拿大将海运单主要用于集装箱货物运输,而美国则采用记名提单,也相当于海运单(根据美国提单法的规定,采用记名提单交付货物时,不必要求收货人提供提单,只需收货人证明自己是提单上所载明的收货人即可);南美洲的巴西亦采用了海运单;亚洲的日本已采用海运单;大洋洲的澳大利亚正准备采用;非洲的尼日利亚对海运单十分感兴趣,正在收集资料,了解情况,并在考虑如何修改有关的法律条文,以使海运单的采用能得到法律上的认可和保护。我国的船公司也在20世纪90年代中期开始使用海运单。

2. 海运单的作用

海运单是发货人和承运人之间订立海上货物运输合同的证明，又是承运人接管货物或者货物已经装船的货物收据。但是，海运单不是一张转让流通的单据，不是货物的“物权凭证”。所以，海运单具有以下两个重要作用：

(1)它是承运人收到货物，或者货物已经装船后，签发给托运人的一份货物收据；

(2)它是承运人与托运人之间订立海上货物运输合同的证明。

3. 海运单与提单的区别

海运单与海运提单的不同在于其作用有很大的不同。

1)海运单不具有提单“物权凭证”的作用

最重要的不同之处在于提单是“物权凭证”，而运单则不是。对于提单持有人而言，拥有提单在法律上就表明拥有提单上所记载的货物，通过转让提单可以达到转让货物的目的。海运单在法律上不具有可转让性，即法律没有赋予海运单“物权凭证”的法律效力。有的海运单上还会有表示其不是“物权凭证”的字样，其英文为：“The waybill should not be construed as Bill of Lading nor any other similar document of title”。

由于海运单不是物权凭证，收货人在卸货港提取货物时并不需要持有和出具正本的海运单，只需要确认自己的收货人身份后就可以取得提货单提货。海运单的这种特征使其能够适应海上货物运输时间缩短后对单证的要求，发货人可以为其客户提供更简易迅速的服务，并使承运人和收货人都能从中获得方便。而使用提单时，如果提单不能及时到达收货人手里，则会使收货人无法及时提货，或者会使承运人冒险接受保函交付货物。

提单具有“物权凭证”的性质，通过提单的转让，能够实现货物的买卖；而海运单却不具有“物权凭证”的性质。所以，海运单还无法替代提单。

2)在作为运输合同证明方面的区别

海运单通常采用简单形式，其正面或者背面如果没有适当的条款或者没有并入有关国际组织(如国际海事委员会 CMI)或者民间团体为海运单制定的规则，则它只能作为托运人与承运人之间订立货物运输合同的证明，收货人是不能依据海运单上记载的条款向承运人提出索赔的，承运人也不能依据海运单上记载的条款进行抗辩。而提单在这方面却与海运单不同，当提单经过转让到了收货人手里时，收货人就享有提单赋予的权利，同时也要承担相应的责任。

为了解决海运单的上述缺陷，就会在海运单的条款中并入有关海运单规则，或者在海运单中列入“对抗合同当事人原则”条款，该条款规定托运人不但自己接受海运单中的条款，同时也代表收货人接受这些条款。托运人还要保证其有权代表收货人接受这些条款(条件)。该条款的英文可以是：“The shipper accepts all said terms and conditions, including but not limited to the per package and other limitations of liability contained therein, on behalf of the Consignee and the Owner of the Goods and warrants that he has authority to do so.”。

3)在作为货物收据证据效力方面的区别

提单运输涉及的贸易是单证贸易，为了保护合法受让提单的第三人，即通过购买提单来购买货物的第三人，就有必要强调提单作为货物收据所记载内容是最终证据。但是，海运单运输涉及的贸易不是单证贸易，海运单不涉及转让问题，海运单中记载的收货人也并不仅仅是依赖海运单对货物的描写（说明）来决定是否购买这批货物，所以没有必要强调海运单作为货物收据所记载内容是最终证据。

为了使海运单的使用得以推广，并在有关当事人之间比较合理地进行权利、义务的分配，就要求海运单在这一方面也与提单的规定一样。国际海事委员会在其《海运单统一规则》中有关"货物说明"一条中规定："如承运人未作保留，海运单或类似的文件中有关货物数量或状态的任何记载：①在承运人与托运人之间，应是收到如此记载的货物的初步证据；②在承运人与收货人之间，应是收到如此记载的货物的绝对证据，并且不得提出相反的证据，但以收货人始终善意行事为条件。"因此，如果海运单并入了国际海事委员会《海运单统一规则》，则海运单在收货人与承运人之间就是绝对证据。

4. 海运单的优点

在一定条件下，海运单具有迅捷、简便、安全的特点。

(1)对发货人而言，在以下方面比较方便：

①海运单不一定寄给收货人；

②节省邮费；

③免除了业务员对提单的检查，同时也免除了对其他配套的物权单证的检查；

④发货人可向客户（收货人）提供更简易、更迅速的服务；

⑤整个单据程序得到了改进，从而提高了市场的竞争力；

⑥当货物尚未放行时，可视需要将海运单交货改为提单交货，海运单可由发货人改签提单发给新的收货人（例如：原市场丧失，另找到了新买主），因为此时货物仍在船公司的控制之下。

(2)对承运人而言，在交货方面减少风险。海运单的交货条件不取决于海运单的呈递，也无须遵守单据手续，承运人只要将货物交给海运单上所列明的收货人或其授权的代理人，就视为已经做到了谨慎处理，相信已将货物交给了合适的有关部门。

(3)对收货人而言，在以下几个方面比较有利：

①可免除因等海运提单而招致的延迟提货；

②可免除为防止交错货物而向承运人出具银行担保，如果使用提单，收货人必须凭正本提单提货，正本提单晚到或丢失时，则不得不求助于银行提供保证金或担保函，同时还必须承担保费或偿付保证金利息；

③免除业务员对延误的提单及转运中丢失的提单的检查；

④不再产生滞期费、仓租费。

(4)在单证本身的风险方面。由于海运单的不可转让性，使得它成为一种安全的凭证，从而减少欺诈，即使第三者得到丢失的运单，也不能提取货物，因此对收货人不存在风险。

而使用提单时，由于提单是物权凭证，如果丢失被第三者得到，他便有权提取货物，故提单的使用具有一定的风险。

(5)在单证的流转程序方面。由于采用海运单不必递交给收货人，因此有关单据，例如保险单和商业发票，可以在装完货后立即发送给有关当事人。

而使用提单时，则必须向收货人递交正本提单，因此上述有关单据，只有在提单签发后才能发送给有关当事人。

二、海运单的使用

海运单使用时应注意以下问题：

1. 签发海运单的要求

在使用海运单而不使用提单时，海运单仍是根据双方一致同意的条件（如运费预付或到付、待运或已装船等）来签发的。

2. 签发海运单份数

通常只签发一份正本海运单。但是，如经请求，也可签发两份或两份以上的正本海运单。如托运人要求更改收货人，承运人应要求托运人交回原来已经签发的海运单，然后再按托运人的要求签发更改了收货人的海运单。

3. 海运单流转程序

(1) 承运人签发海运单给托运人。

(2) 承运人在船舶抵达卸货港前向海运单上记名的收货人发出到货通知书。到货通知书表明这批货物的运输是根据海运单进行的。

(3) 收货人在目的地出示有效身份证件证明他确系海运单上记载的收货人，并将其签署完的到货通知书交给承运人的办事机构或当地代理人，同时出示海运单副本。

(4) 承运人或其代理人签发提货单给收货人。

(5) 一旦这批货物的运费和其他费用结清，同时办好海关等所有按规定应办理的手续，收货人就可以提货。

案例

1. 国内A贸易公司出口货物，并通过B货运代理公司向某国外班轮公司C公司订舱出运货物，货物装船后，C公司向A公司签发一式三份记名提单。货到目的港口，记名提单上的收货人在未取得正本提单的情况下，从C公司手中提走全部货物。A公司以承运人无单放货为由，在国内起诉C公司。（提单上注明适用美国法律）

请根据题意分析并回答：

(1) 本案适用何国法律？为什么？

(2) 承运人是否承担无单放货责任？

2. 一批货物由上海港装船经釜山转船运往洛杉矶，承运人签发了全程运输提单。在釜山转船时，货物在码头等候装二程船时，在露天仓库受雨遭损。货主向承运人索赔损失，船方以货物不在船上而是在陆上受损，不属海上运输为由而拒赔。请分析回答：

(1) 承运人拒赔理由是否充分？为什么？

(2) 如果该批货物的提单是分别由第一程船和第二程船的承运人签发的，那么该批货损应由第一程船还是第二程船或其他方负责赔偿？

思考题

1. 阐述提单的三大作用。
2. 提单的基本种类有哪些?
3. 记名提单、指示提单和不记名提单在使用上有何不同?
4. 倒签提单、预借提单和顺签提单的做法对承运人有何风险?
5. 交换提单的做法对承运人有何风险? 应如何降低风险?
6. 过期提单是不是无效提单? 为什么?
7. 实践中,交换提单也会涉及将原提单的整票货分为几票货,这与分提单有何不同?
8. 简述提单上的确认条款、不知条款、承诺条款和签署条款的涵义。
9. 提单背面通常有哪些主要条款?
10. 提单正面通常有哪些栏目?
11. 有权签发提单的人有哪几类?
12. 在 FOB 买卖情况下,提单应签发给谁?
13. 如何判断提单的签发日期?
14. 阐述异地签单的原因和做法。
15. 提取货物是否必须交还正本提单?
16. 对于提单的更改或遗失的处理,应注意哪些事项?
17. 什么叫背书? 提单的背书有哪些做法?
18. 阐述《海牙规则》的主要内容。
19. 阐述《维斯比规则》对《海牙规则》进行修订的主要内容。
20. 阐述《汉堡规则》的主要内容。
21. 阐述我国《海商法》与《合同法》的关系。
22. 对比提单,阐述海运单的作用。

第四章　租船运输业务

● 知识目标

1. 解释租船市场和租船经纪人的概念；
2. 掌握租船合同磋商订立的程序；
3. 了解租船合同范本的种类；
4. 掌握航次租船合同的主要条款；
5. 了解定期租船合同的主要条款；
6. 了解光船租船合同的主要条款。

● 技能目标

1. 能够看懂并解释 Fixture Note；
2. 能够运用本章知识对有关航次租船合同的案例进行分析。

租船运输(Carriage of Goods by Chartering)是在既没有固定的船舶班期,也没有固定的航线和挂靠港,而是按照货源的要求和货主对货物运输的要求,安排船舶航行计划,组织货物运输的船舶营运方式,是相对于班轮运输的另一种海上运输方式。因此,租船运输又被称为不定期船运输(Tramp Shipping)。

在租船运输过程中,首先货主或托运人通过某些方式将运输需求公开;之后,运力提供者(通常为船舶所有人,Ship Owner)与托运人(通常称为承租人,Charterer)就租船业务涉及到的运输条件及相应的条款进行商定。许多情况下,这种业务谈判是通过租船经纪人(Chartering Broker),并参考某一个标准的租船合同范本(Standard Charter Party Form)进行的。当双方就相关的问题共同认可时,船舶所有人与托运人之间通常要签订包括船期、挂靠港、租金以及双方的责任与义务在内的租约(Charter Party),即租船合同。船舶所有人与承租人所签订的租船合同,具有民事法规所规定的法律约束效力,是双方处理合同执行过程中所出现问题的依据。

第一节　租 船 市 场

一、租船市场的作用

租船业务通过租船市场(Chartering Market)进行。租船市场也称为海运交易市场,是需求船舶的承租人与提供船舶运力的船舶所有人洽谈租船业务,协商租船合同内容并签订合同的场所。这种场所有的处于货主和船东汇集的城市;有的则分散在其方便的办公场所,通过通信手段进行。

租船市场的作用在于:

(1)为船舶所有人和承租人提供开展各种租船业务的交易机会。租船市场是船、租双方进行集中交易的场所,双方都可以根据自己的需求选择洽租人,以取得有利的经济效果,满足各自不同的需要。

(2)租船市场拥有分布在世界各地的船东、承租人、租船经纪人,组成了庞大的业务网络,加强了信息沟通。

(3)调整世界航运市场。世界贸易的绝大部分要通过海运进行,但是分布在世界各地的运力与需求并不平衡,租船市场为整个世界航运市场平衡发挥着调节作用。

(4)为承租人和船舶所有人积累、搜集、整理了大量的租船市场信息,掌握市场的行情动态和发展趋势。

在开展租船业务时必须对租船市场的行情有比较充分的了解。租船业务工作中需要注意的主要问题有:

(1)租船条款应与贸易合同条款相衔接。首先应掌握货物的贸易条件。如是 FOB 条件,还是 CIF 条件等。要清楚货物的名称、性质(易燃、易爆、易腐)、包装状态、尺码及其他情况;如冷冻货所需要的温度;超长、超重货的长度和重量等;交货条件,备货通知期限及其他情况,以便选择合适的船舶和有利的条款。

(2)租船运输的租金受租船市场的供求平衡状态影响较大,运力大于运输需求时,租金水平偏低,反之租金水平变高。而且,这种平衡状态在不停地变化,因此租金水平也因时间和空间上的差异而变化。所以,应及时了解市场行情,果断决策。

(3)租船时,首先应考虑船舶所有人的资信和经营状况,尤其是再租船时。航运市场上经常有海运诈骗和拖付租金案件发生。若对船东的资信等不了解或有怀疑,可以通过经纪人加以了解。

(4)租船时要重视船舶规范,挑选船龄较小、技术状态较好的船舶,一般不租用船龄超过十五年的船舶。租用超龄船舶时,因装运超龄船所产生的货物风险应在租约中注明承担责任。对期租船应特别注意航速和耗油量是否经济合理。

(5)应了解装卸港口的地理位置、自然条件、航道及泊位条件、装卸设备及装卸效率、港口使费、捐税费率、港口习惯做法及其他情况。

(6)熟悉和了解租船市场行情及其动态,了解与自己任务类似航线和货类的成交价,通过对比,对底盘有初步的估计,以便心中有数。对船东的报价要认真研究,还盘时要恰如其分,讲究技巧。对市场运价涨落要有清醒的分析,应随行就市抓住有利机会果断成交。在计算运输成本时,要掌握期租与程租、大船与小船、新船与旧船的比价。

(7)租船一般通过租船代理人或经纪人进行,他们在市场上有广泛的联系渠道和客户关系,可从中挑选合适的对象,对远离租船市场的承租人或船东,要有可靠的代理人或经纪人提供各种情况,发挥其特有的斡旋和调节作用,促进双方达成交易。同时还应充分利用船东之间、代理之间、市场之间的矛盾和差别,争取有利的租船条件。

(8)要严格遵守外交和航运政策的有关规定,并密切注意各种法规的变化。如不能租用我国政府不允许租用的某些国家或地区的船舶;不允许中国籍船和租船停靠某些国家或地区的港口。同时也要尊重国外港口的有关法令。

二、租船经纪人(Chartering Broker)

航运市场中存在着大批专门从事船舶的租赁、订舱、买卖、保险等中介业务的航运经纪人(Shipping Broker)。航运经纪人熟悉租船市场行情,精通租船业务,作为当事双方的桥梁与纽带,在为委托人提供市场信息、资信调查及其他信息咨询服务、促成合同的顺利签订、减少委托人事务上的繁琐手续,以及为当事双方斡旋调解纠纷等方面所起到的积极作用已得到各方面的认同。由于租船经纪人对于租船市场的信息掌握全面、及时;具有租船业务的特殊知识和谈判技能,船舶所有人或承租人通过租船经纪人开展业务的做法已十分普遍,租船经纪业与船舶代理业、货运代理业已成为我国航运市场中不可缺少的重要组成部分。

传统上认为经纪人为商业领域内从事居间活动的居间人。专门从事租船订舱等经纪业务的经纪人,称为租船经纪人。在我国虽没有明确的法律规定,现在也无统一的认识,但从其所从事的业务可以分为:

(1)船东经纪人(The Owner's Broker)。指根据船东的授予权和指示,代表船东利益在租船市场上从事船舶出租或承揽货源的人。

(2)承租人经纪人(The Charterer's Broker)。指根据承租人的授予权和指示,代表承租人利益在租船市场上为承租人洽租合适船舶的人。

(3)双方当事人经纪人(Both Parties' Broker)。指以中间人身份尽力促成船东和承租人双方达成船舶租赁交易,从中赚取佣金的人。

由此可以看出,租船经纪人的身份具有不确定性,有时是作为代理人,有时却可能作为居间人。经纪人的行为不仅限于提供签约机会或充当订约媒介,而且还可以代表委托人订立合同,成为经纪人兼代理人。船舶所有人或承租人指定了租船经纪人后,则处于"本人(Principal)"的地位,拥有对租船经纪人进行任何有关租船业务的指示的权利。对于这些指示,租船经纪人,不管是代理人还是居间人,都必须如实照办,不得损害委托人的任何利益。不过在实践中,"本人"与租船经纪人之间往往没有相互约束的协议或合同,而以业务来往中的文件为委托的依据和确定责任的证据。

租船经纪人进行租船业务洽谈的方式有3种情况。

一种是由船舶所有人和承租人各自指定一个租船经纪人,由其代表各自委托人的利益进行洽谈。这时,双方租船经纪人处于代理人的地位,完全在"本人"的授意下,代表其利益进行谈判,在就租船业务所及的条件共同达成一致意见后,在征得各自"本人"的同意后,代表其"本人"在租船合同上签字。

另一种情况是,船舶所有人和承租人共同指定一个租船经纪人进行洽谈。这时,租船经纪人就是居间人。这种情况下,船舶所有人和承租人一般在居间人在场的条件下进行面谈,而双方不再是"本人",而是"决定当事人(The Deciding Parties)"。租船经纪人不再代表任何一方的利益,而是利用自己的知识,协调洽谈双方的意见,促成谈判达成合约。

再一种情况是,船舶所有人或承租人的一方与他方指定的租船经纪人进行租船业务洽谈。这时,一方的租船经纪人完全在其"本人"的授意下,代表其利益进行谈判,并在征得其"本人"的同意后,代表其"本人"在租船合同上签字。

当租船经纪人以代理人的身份出现，且代表其“本人”在租船合同上签字时，必须在合同上注明其代理人身份，实际的合同当事人仍然是船舶所有人或承租人。租船经纪人超出授权范围或在没有得到授权的情况下，采取了决定，其后果应有租船经纪人承担。因此，在“本人”的授权范围内从事租船业务洽谈是租船经纪人的工作原则。相应的授权文件也就成为了区分责任的依据。同时，租船经纪人对“本人”还具有忠实的义务，不得向“本人”提供错误虚假信息，也不得向任何第三方泄露“本人”的业务机密。

在通过租船经纪人成功地签订了租船合同时，“本人”应向租船经纪人支付“经纪人佣金”。佣金的多少在国际上没有统一的标准，一般在运费或租金的1% ~4%。在签订租船合同的执行过程中，合同发生变化时，按照租船合同中的佣金条款来支付佣金。

(1)如果合同规定“佣金在签订合同时支付(on signing the contract)”，则租船经纪人无论合同的执行情况如何，均可获得佣金。

(2)如果合同规定“佣金在货物装运时支付(on shipment of cargo)”，则当合同于货物装卸前被解除时，租船经纪人不能获得佣金。

(3)如果合同规定“佣金在赚取运费时支付(on freight earned)”，则租船经纪人只能在租船合同得以履行，且船舶所有人获得运费后，方可获得佣金。

当租船业务洽谈没有达成协议时，按照“无效果，无报酬”的原则，租船经纪人不能取得佣金。但在实践中，对租船经纪人在租船业务洽谈过程中的实际开支和相应的劳务费一般可以索取。

三、世界上的主要租船市场

1. 英国伦敦租船市场

英国伦敦的波罗的海商业航运交易所(The Baltic Mercantile and Shipping Exchange)是公认的世界上历史最悠久、租船业务最多的散杂货租船市场。它有一个固定的集中场所，供船东、租船经纪人和租船代理人聚集面谈租船业务，其成交量约占世界租船总成交量的30%以上，是世界上其他租船市场的关注和参考对象。

波罗的海商业航运交易所的业务是以洽谈租船合同为主。船东经纪人和租船代理人在交易大厅内公布的资料中可了解当天的租船行情、货物及船舶的种类及数量，从而寻找合适的对象商洽。这里进行的租船交易一般是通过租船经纪人进行的。交易完全公开，其成交租约最终也将被船东和承租人获悉。只有个别洽谈的业务对外保密。交易所的租船活动可以代表世界各地船货供求状态，也可反映世界航运市场的状况。这里供应的船舶主要是希腊船东的船舶或受其控制的方便旗船。另外，还有美国船东控制的方便旗船。由于希腊是世界上最大的经营不定期船的国家，因而在伦敦市场供应的船舶最多，其租船行情的变化对世界上其他地方的租船市场有着决定性的影响。因此，这里的交易动态受到了世界各地的船东和承租人密切注意。

2. 美国纽约租船市场

纽约租船市场在第二次世界大战前只是一地区性交易市场。战后，美国的经济发展较快，进出口货物增多，美国作为重要的货主国家，对租船及航运市场产生了重要的影响，现已发展成为仅次于伦敦租船市场的世界第二大租船市场。主要地点虽然设在纽约，并命名为航运交易所(N. Y. Maritime Exchange)；但是，它没有专门的场所，而是通过电话、电传、传真、计算机通信等方式进行租船业务洽谈。这个交易所也采用会员制度，以船东、货主、租船经纪人和各种有关人员为会员。

纽约租船市场上的主顾主要是谷物、铁矿石、煤炭进出口商和希腊及挪威的船东。成交的船舶主要是油船、散装粮船和其他干散货船。其中油船成交量约占世界同类船舶成交总量的30%左右。由于时差的关系,通常国际性的租船活动每天先在伦敦进行,然后再转向纽约。

3. 北欧租船市场

北欧租船市场包括:挪威的奥斯陆、瑞典的斯德哥尔摩、德国的汉堡、荷兰的鹿特丹等专业化船舶租船市场,均属于地区性租船市场。该市场是以租赁特殊的高技术船舶为主,如冷藏船、液化石油气船、滚装船和吊装船等。在租船方式上,船东以长期期租为主。

4. 亚洲租船市场

亚洲租船市场包括:日本东京,我国的香港、上海和东南亚的新加坡等租船市场,也属于地区性租船市场。该租船市场上成交的主要是短程近洋运输船舶的租赁,随着亚洲经济的发展和区域性贸易的繁荣,以及亚洲航运业的日益壮大,这些租船市场发展较快,规模不断扩大。

第二节 租船程序

船舶所有人是租船市场上的船舶供给方(Supply Side),而承租人则是船舶的需求方(Demand Side)。借助于当今的通信技术条件,船舶所有人和承租人在展开租船业务时,绝大对数是通过电话、电传、电子邮件、传真等通信手段洽谈的。从发出询盘到签订租船合同的租船业务全过程称为“租船程序(Chartering Procedure or Chartering Process)”。这一程序是租船业务的重要环节,主要包括询盘、发盘、还盘和受盘4个阶段。

一、询盘(Inquiry)

询盘的目的和作用是让对方知道发盘人的意向和需求的概况。承租人发出询盘的目的是以适当的洽租条件,直接或通过租船经纪人寻求合适的船舶来运输货物;船舶所有人发出询盘的目的是承揽货物运输业务。询盘的内容一般包括必须让对方知道的项目,简单扼要。

承租人询盘的主要内容项目一般包括:

(1)承租人的名称即营业地点;

(2)货物种类、名称、数量、包装形式;

(3)装卸港口或地点、装卸费用条件;

(4)受载期及解约期;

(5)租船方式和期限;

(6)船舶类型、载重吨、船龄、船级;

(7)交船和还船地点、航行范围;

(8)希望采用的租船合同范本等。

船舶所有人询盘的主要内容项目一般包括:

(1)出租船舶的类型、船名、船籍、吨位、航行范围;

(2)船舶的各种包装状态下的积载容积;

(3)受载日期、船舶供租方式、供租期限;

(4)适载货物等。

上述内容只是一般情况,询盘人可根据实际需要、不同的租船方式及内容等作出改变。询盘阶段一般不进行具体的租船业务洽谈,主要目的是收集运输市场对询盘内容的反映。所以,询盘又分为一般询盘(General Inquiry)和特别询盘(Special Inquiry)。一般询盘具有了解市场情况的性质,多方发出询盘,以得到更多的报盘,从而获取最佳选择。特别询盘则是看准一个合适对象具体进行洽询,不向市场公开。

询盘可以向船舶经纪人或租船代理人发出,通过他们在租船市场上寻找合适的租船对象,也可直接向船舶所有人或承租人发出。

二、发盘(Offer)

发盘又称报价。承租人或船舶所有人围绕询盘中的内容,就租船涉及到的主要条件答复询盘方即为"发盘"。向对方发盘也就意味着对询盘内容存在兴趣,所以在发盘时,应考虑对方接受发盘内容的可能性。

发盘的内容包括了租船业务的主要条件,也构成了租船合同的基础内容。这些主要内容包括:

(1)对船舶技术规范和船舶状况的要求;

(2)租船洽谈的方式及期限;

(3)受载期及解约日;

(4)滞期和速遣条件;

(5)运费、租金及支付条件;

(6)货物种类、数量、要求的包装形式;

(7)装卸港口及航线;

(8)交还船地点、航行范围;

(9)采用的租船合同范本以及要增添或删减的条款。

由于租船合同项目很多,不可能在发盘中开列很多条款,上述的主要条件也是可变的。为了解决洽租过程中的困难,租船业务中的一方事先拟制好一个租船合同样本,等正式发盘时使用。在租船合同样本中,特定的可变项目,如船东名称、船名、货物名称、数量、装卸港口、受载期和运价等,均留待洽租时具体商定。每次洽租时,首先开列上述主要租船条件,而将次要条件在对主要条件达成协议后,再进行商议。

不同的发盘形式具有不同的约束力和不同的法律效率。现行的发盘形式有绝对发盘和条件发盘,习惯上也分别称之为实盘(Firm Offer)和虚盘(Offer Without Engagement)。

1. 绝对发盘(Absolute Offer)

在一项发盘中写有"Firm"字样的均可视为绝对发盘。例如,"We COSCO offer you firm …"

绝对发盘是指具有绝对成交的意图,主要条款明确肯定、完整而无保留,具有法律效力。发盘方不能撤回或更改发盘中的任何条件,接受发盘的一方也不能试图让发盘方改变条件。

绝对发盘时,发盘人规定了对方接受并答复的期限,即时限(Time Limit for Reply)。发盘人在时限内不得再向第三方作出相同内容发盘;而接受绝对发盘方要在时限结束前,就发盘中的条件给予明确答复，否则无效。时限的长短在租船业务中没有统一标准，是由发盘人决定的，主要取决于发盘方的意愿和市场的行情。长则几天，短则只有十几分钟，乃至立即答复。决定时限时，应当考虑到时限的合理性，就其应注意以下几点：

(1)不同地区的时差：国际上公认的原则是，以答复到达发盘方时的当地时间为准。

(2)船舶的受载期或交船期：受载期较近，则从快；受载期较远，则从慢。

(3)市场因素：若市场运价平稳，时限可长些；运价变化剧烈时，承租人与船舶所有人的想法向背。

(4)洽租进程：在洽租开始阶段，时限可长些，后期阶段则可短些。

绝对发盘的发出意味着租船业务洽谈进入决定时刻。如果接受发盘方认可发盘中的条件，并在时限内予以同意的答复时，该项租船业务即告成交。如果接受发盘方不接受发盘中的条件，或明确表示不接受发盘中的条件，或在时限内不予答复，该项租船业务即告失败。这时，发盘方可向第三方发盘。

2. 条件发盘(Conditional Firm Offer)

条件发盘是指发盘方在发盘中对其内容附带某些“保留条件(Subjects)”，所列各项条件仅供双方进行磋商，接受发盘方可对发盘中的条件提出更改建议的发盘方式。

在条件发盘中，没有“Firm”字样，也不规定答复时限，对发盘中的各项条件达成协议之前，条件发盘对双方不具约束力。因此，内容相同的条件发盘可向几个不同的接受方同时发出，就其内容进行反复的探讨和修改。一般，按照国际航运惯例，发盘方应遵循“先复先交易(First Come, First Service)”的原则，与第一答复方洽谈。

条件报盘中所附的常见“保留条件”有：

1)以船未租出，或货未定船为条件(Subject Open)

在洽租过程中，有时船方为了尽快给船舶寻找合适的货载，可能把同一条船同时报给两家或更多的承租人，但为了避免一条船被多家租用的可能，对其中一家开出一个绝对发盘，而对其他开出以船未租出为条件的条件发盘。如果一个条件发盘被接受时，该船尚未租出，则这个接受是有效的；如果船已租给接受绝对发盘方，则这个接受是无效的。租船方使用这种条件报盘时，用意也是如此，但含义是以货未定船为条件。

2)以发货人接受船舶的受载期为条件(Subject Stem)

这是租船方使用的条件。有时租船方不能肯定船舶的受载期是否能被发货人接受，而开出这个条件。租船方等待各种其他租船条款谈妥后，将船和受载期通知发货人。发货人认为受载期合适并确认接受后，租船方才与船舶所有人签订租船合同。船舶所有人一般不愿接受这种发盘，因为在运价下跌时，租船方常以发货人不接受受载期为由，撤回发盘。

3)以再确认为条件(Subject Reconfirmation)

这个保留条件没有说明条件的具体内容，是一个含糊不清的条件。发盘人可以不说明任何理由确认或不确认已经作出的发盘。

4)其他条件

如：以细节内容为条件(Subject to details)、以董事会批准为条件(Subject to board's approval)、以收货人同意为条件(Subject to receiver's approval)、以足够商品为条件(Subject to enough merchandise)、以取得信用证为条件(Subject to L/C obtainable)、以政府批准为条件(Subject to government approval)等。

任何一个带有上述条件的发盘均可视为条件发盘。任何一种条件都是当事人出于某种需要或策略而提出的;或由于发盘时受保留条件限制;或认为成交时机不成熟,需要进一步观察市场变化,从而获得更大利益;或为了在洽谈中掌握主动等等。条件发盘往往具有一定的投机性,接受发盘时应予以注意。例如船舶所有人开出船尚未租出的发盘,可能是企图利用几个承租人之间的竞争来达到待价而沽的目的。因此,承租人一般不宜作出积极反应。

条件发盘中的保留条件的有无以及放弃与否决定了发盘的法律效力。在放弃保留条件之前,条件发盘不构成一项具有约束力的合同,对于租船业务洽谈双方不具备限制力。

三、还盘(Counter Offer)

还盘是指接受发盘的一方对发盘中的一些条件提出修改,或提出自己的新条件,并向发盘人提出的工作过程。

还盘的目的在于要求对方更改对自己不利的,或合同执行上不可行的洽租条件。这时,要仔细审查对方发盘的内容,决定哪些可以接受,哪些不能接受,要进行修改和补充并逐一提出。还盘中没有涉及到的对方发盘中的条件,都被认为是可以接受的条件。

还盘也有虚实之分,还实盘时,对方一经接受,合同及告成立。还虚盘时,必有附带条件,这时还盘反复多次,直到双方达成协议或终止洽谈。

在租船过程中,并非对所有的发盘予以还盘。如果对方的发盘完全不能接受或者可以接受的条件很少,另一方也可以采用发盘形式要求对方还盘。这表明接受最初发盘的一方不予接受对方的绝大多数条件,但仍有继续洽谈的意愿。

四、受盘(Acceptance)

受盘即为明确接受或确认对方所报的各项租船条件。这时租船程序的最后阶段。

最后一次还实盘的全部内容被双方接受,就是租船业务成交的标志,各种洽租条件对双方都具有法律约束力。

有效的受盘必须在发盘或还盘规定的时限内,且不能有保留条件,若时限已过,则欲接受的一方必须要求另一方再次确认才能生效。当发盘方放弃"保留条件"而要求对方受盘时,受盘方应确认收到的是一项不附带任何保留条件的实盘(Clean Fixture);而在发盘方要求对方先予以受盘,尔后再取消保留条件情况下,受盘方为保护自己的利益,避免不必要的法律纠纷,必须规定发盘方在接受受盘后取消保留条件的时间限制(all subjects to be waived xx hours after confirmation of fixture)。如果发盘方没有在该时间限制内正式放弃保留条件,受盘方的受盘仍不具备任何约束力。

五、签约(Conclusion of a Charter Party)

正式的租船合同是在合同主要条款被双方接受后开始拟制的。受盘后,双方共同承诺的实盘中的条款已产生约束双方的效力。按照国际惯例,在条件允许的情况下,双方应签署一份"确认备忘书(Fixture Note)",作为简式的租船合同。

确认备忘书没有固定统一的格式,一般包括以下内容:

(1)确认备忘书签订日期;
(2)船名,或可替代船舶;
(3)签约双方的名称和地址;
(4)货物名称和数量;
(5)装卸港名称及受载期;
(6)装卸费用负担责任;
(7)运费或租金率、支付方法;
(8)有关费用的分担(港口使费、税收等);
(9)所采用标准租船合同的名称;
(10)其他约定特殊事项;
(11)双方当事人或其代表的签字。

以下是"订租确认书"的英文样本,供参考:

FIXTURE NOTE

31st Jan. 2005

M /V: "…………"

(or Suitable Substitute Vessel)

It is mutually agreed between Messrs 船舶所有人的名称及详细地 as owners and Messrs 承租人的名称及详细地址 as charterers that:

1. Cargo 20,000t wheat in bags 5% more or less at owner's option (owners to declare quantity to be shipped 2 days before vessel arriving at loading port).

2. Loading at one safe port Shanghai.

3. Discharging at one safe port Oakland.

4. Lay days and Canceling Date: 15th to 30th March 2005.

5. Freight rate USD 10.00 per Metric ton F. I. O. S CQD both ends.

6. 100% Freight prepaid by T/T to owner's account in US Dollar at Shanghai after completion of loading before releasing Bill of Loading.

7. Any dues/taxes on vessel and/or freight to be for Owners' account. Any dues/taxes on cargo to be for Charterers' account.

8. If charterers fail to ship as agreed quantity, they are liable to pay the deadfreight at the freight rate as agreed.

9. Otherwise details as per '94 GENCON C/P

For and on Behalf Of (Owners)

For and On Behalf Of (Charterers)

签约可由承租人或船舶所有人自己签约;也可以授权租船代理人签约。租船代理人签约时要说明:由谁授权代表当事人(承租人或船舶所有人)签约以及代理人的身份。若代理人不表明自己的身份，在发生法律问题时，则被认为是当事人，从而负有履行租船合同的法律责任。

租船合同通常制作正本两份，签署后由船舶所有人和承租人双方各持一份存档备用。

第三节　租船合同范本

租船是通过船舶所有人与承租人签订租船合同来实现和约定法律责任的。租船合同又称租船契约，是船舶出租人以一定的条件，向承租人提供一定的船舶或一定的舱位，就运输货物或旅客时相互间承担的权利和义务作出明确约定的协议。

租船合同的签订是一项非常细致和严密的工作，没有统一的格式条款而逐项商定时，会需要较长的时间。为了简化签订租船合同的手续，节约签订租船合同所需费用，同时为了利用在合同中列入对自己有利的一些条款，维护自己的利益，国际上的一些航运协会、大型船舶公司、货主垄断组织，根据各自的特点，并结合货物种类、航线等，预先编制了供承租人和船舶所有人双方选用的租船合同范本，其中列出了合同的主要条款作为洽谈合同的基本意向。

租船合同范本的大多数是船舶所有人或代表船舶所有人利益的航运协会单方面拟定的，与承租人的利益会有一些冲突。因此，承租人与船舶所有人之间要对租船合同范本的条款进行删减、修改和补充。为了便于进行此工作，每一租船合同范本都为其规定了代码，并为每一条款规定了代号，且在每一行文字前给出了行次编号。使用这些代码和编号即可方便地进行合同条款的商定。

租船合同范本的种类很多，实际数字有百种以上。随运载货物、航线不同，有着各种不同的范本。如英国航运公会认可，并得到公认的用于煤炭运输的合同范本有 16 种，用于木材运输的合同范本有 7 种，用于谷物运输的合同范本有 11 种。同时随着租船方式的不同，合同范本也不同。

无论航次、定期或光船租船方式都有适用于该种租船方式的租船合同范本。这些范本根据是否得到公认和是否得到广泛采用而分为标准租船合同格式（Standard C/P form）、非标准租船合同格式（Non-standard C/P form）和厂商租船合同范本（Private C/P form）。

标准租船合同通常是指由英国航运工会、波罗的海国际航运公会、纽约土产交易所和日本海运集会所等公共机构所制定或认可，并被公认和广泛采用的合同格式。非标准租船合同通常是指不属于标准租船合同范围，但其格式有一定的规律，并常被采用的合同格式。厂商租船合同则是一些大宗货主为租赁船舶而制定的特殊合同格式。

目前，在国际航运市场中，以下是被采用的比较有影响的标准租船合同格式。

一、标准航次租船合同格式

1. 杂货租船合同

1）统一杂货租船合同

统一杂货租船合同（Uniform General Charter），简称为“金康（GENCON）”，是波罗的海国际航运公会的前身“波罗的海白海航运公会”于 1922 年制定，经英国航运公会采用的。合同几经修订，当前租船市场上选用的就是 1994 年修订后的。1994 年最近一次修订时，在合同条款上作了较大的修订，将原来的 17 项条款，增列为 19 项。

这个租船合同范本是20世纪20年代适应当时国际贸易急骤发展,货物种类大量增加的需要而制定的。它是一个不分货种和航线,适用范围比较广泛的航次租船合同的标准格式。

2)斯堪的纳维亚航次租船合同

斯堪的纳维亚航次租船合同(Scandinavian Voyage Charter)简称为斯堪康(SCANCON)是波罗的海国际航运公会于1956年制定,1962年修订,适用于斯堪的纳维亚地区的杂货航次租船合同。

2. 煤炭运输租船合同

1)威尔士煤炭租船合同(Chamber of Shipping Walsh Coal Charter Party)

该合同格式是波罗的海白海航运公会于1896年采用,1924年最后一次修订,专用于煤炭运输的租船合同标准格式。该格式中,以连续小时(Running Hours)表示装卸时间,且对滞期费规定了特定的算法。

2)美国威尔士煤炭合同(Americanized Walsh Coal Charter)

该合同格式是美国船舶经纪人和代理人协会于1953年制定,专用于煤炭运输的航次租船合同标准格式。

3)普尔煤炭航次租船合同(Coal Voyage Charter)

该合同格式简称为"普尔(POLCOALVOY)",是波罗的海国际航运公会于1971年制定,1978年4月修订,用于煤炭运输航次租船合同的标准格式。

3. 谷物运输租船合同

1)谷物泊位租船合同(Berth Grain Charter Party)

该合同格式简称为"巴尔的摩C式(BALTIMORE Form C)",由北美粮食出口协会、北美托运人协会以及纽约土产交易联合会制定,1974年修改,被广泛使用于从北美和加拿大出口谷物的海上运输租船业务中。

2)北美谷物航次租船合同,1989(North American Grain Charter Party, 1973 [Amended 1989])

该合同格式简称为"NORGRAIN",由北美粮食出口协会、波罗的海国际航运公会、英联合王国航运委员会、英国船舶经纪人和代理人全国联盟制定,专用于从美国和加拿大出口谷物的海上运输航次租船,内容新颖、全面。

3)澳大利亚谷物租船合同(Australia Grain Charter Party,AUSTWHEAT)

4)太平洋沿岸谷物租船合同(Pacific Coast Grain Charter Party)

4. 矿石运输租船合同

1)C(矿石)7租船合同(C[Core]7 Mediterranean Iron Ore)

该合同格式由英国政府制定,用于进口铁矿石的航次租船合同的标准格式。

2)铁矿石租船合同,1962(SCANORECON,1962)

5. 液体货物运输租船合同

1)油船航次租船合同,1977(Tanker Voyage Charter Party, 1977)

该合同格式由美国船舶经纪人和代理人协会于1977年制定,专门适用于油船航次租船。

2)油船航次租船合同,1976(INTERTANKVOY,1976)

该合同格式由波罗的海国际航运公会、船舶经纪人和代理人全国联盟和日本海运集会所联合采用。也被称为国际独立油船船东协会油船航次租船合同。

3)气体航次租船合同,1972(GASVOY, 1972)

该合同格式由波罗的海国际航运公会为液化天然气以外的其他气体的运输租船,而制定的航次租船合同标准格式。

4)化学品船航次租船合同(For Transportation of Chemicals in Tank Vessels)

该合同格式简称为"BIMOHEMVOY",由波罗的海国际航运公会为化学品船航次租船合同而制定的标准格式。

除此之外,常用的还有"古巴食糖租船合同(Cuba Sugar Charter Party)"、"北美化肥航次租船合同(North American Fertilizer Charter Party, 1978)"、"波罗的海木材船租船合同(NVBALTWOOD,1973)。

二、定期租船合同的标准格式

1. 定期租船合同(Time Charter Party)

定期租船合同又称为"土产格式"(NYPE Form),是美国纽约土产交易所(New York Produce Exchange)制定的定期租船合同的标准格式。这一标准格式得到波罗的海国际航运公会和船舶经纪人和代理人联合会推荐,现行使用的是1993年修订版,代码为"NYPE 93"。由于它的内容较全面,而且一般都认为它的规定比较公平,所以得到了较广泛的使用。

2. 标准期租船合同 (Uniform Time Charter Party)

标准期租船合同又简称为"BALTIME"。该标准定期租船合同格式由波罗的海国际航运协会于1909年制定,并由英国航运公会认可。现行使用的是1974年修订版。

"波尔的姆(BALTIME)"格式和"土产格式(NYPE Form)"的主要区别在于两者的条款内容各有侧重。一般地说,"波尔的姆"侧重于船舶所有人的利益,这是国际航运界所公认的。至于"土产格式",虽然有人认为侧重于承租人的利益,但是也有不少人认为它的内容较"波尔的姆"格式更公平一些,并没有过于偏袒承租人的利益。因此,在航运市场不够景气的时候,使用的较多的反而是"土产格式"。

3. 中租期租船合同,1980

该合同格式又简称为"SINO TIME,1980",由中国租船公司制定,专门用于中国租船公司从国外期租船使用的租船合同标准格式。

根据我国《海商法》第127条的规定,我国法律关于定期租船合同的规定属于任意性规定,租船业务当事人在不违反法律的前提下,可以订立其协商认可的内容。

三、光船租船合同的标准格式

1. 光船租船A式合同,1974

简称为"BARECON A,1974",这是波罗的海国际航运公会制定的光船租船合同标准格式。

2. 光船租船B式合同,1974

简称为"BARECON B,1974"。它是由波罗的海国际航运公会制定,专门用于抵押贷款新造船舶的光船租船合同的标准形式。

第四节 航次租船合同

一、航次租船合同的特点

航次租船运输首先要进行航次租船合同的签订。航次租船合同中的条款反映船舶所有人和承租人的意愿,规定了各自的义务,且在开展航次租船运输时必须履行。因此,航次租船合同是一项详细记载双方当事人的权利和义务以及航次租船各项条件和条款的承诺性运输契约。

航次租船合同具有以下主要特点:

(1)与班轮运输相同,提单都具有海上货物运输合同的性质;

(2)运输合同成立后,船舶所有人全面负责船舶营运及管理;

(3)由托运人或承租人负责完成货物的组织,支付按货物装运数量计算的运费及支付相关的费用;

(4)航次租船合同的船舶所有人和承租人"完全"处于同等的谈判地位,根据租船市场行情和其他条件进行讨价还价,商谈条款。无论英美法系的国家,还是大陆法系的国家,都无制约航次租船合同的成文法,即使大陆法系国家制定的有关租船合同的条款,也都属于非强制性条款或弹性条款,也可以用双方协议的其他合同条款予以排除相应的适用条款。

(5)航次租船合同中的货物装卸条款、装卸期限或装卸率、滞期费和速遣费条款成为租船合同的重要条款,由双方商议确定。

(6)航次租船合同中的运费经协议确定,随着市场的供求平衡状态随行就市。运费的计费办法按约定吨位和运费率计算,或者按船舶载货量(重量或体积;或两者一起考虑)规定一个总金额,实行包干运费。不论采用哪一种办法,承租人在租用整船或整舱运货时,不论是否满舱或不满舱,都要按约定的包干运费或约定吨位付费。

(7)航次租船合同的船舶人不是公共承运人,而是专门承运人(Private Carrier),即承运与其签订租船合同的承租人的货物。航次租船合同是确定船舶所有人与承租人的权利、义务和责任的依据。

二、航次租船合同的法律适用

租船合同是一种运输契约,本质上是船舶出租人与承租人双方自愿接受法律约束的协议,双方有义务遵守。如果履行合同发生了纠纷,合同的解释以及有关问题的处理问题,要受法律的约束。

与调整提单运输的法律不同,目前国际上没有制定有关航次租船合同的国际公约。在英美国家,其国内法对航次租船合同未作规定;在大陆法系国家,一般对航次租船合同也没有法律规定,或者不作强制性法律规定。因此,航次租船船舶所有人和承租人依据"合同自由"原则,可以在不违背法律和公共利益的情况下商谈合同内容,订立任何合同条款。

我国《海商法》的第四章"海上货物运输合同"的第七节"航次租船合同的特别规定"的第94条规定,第47条(关于承运人谨慎处理使船舶适航的规定)和第49条(关于承运人按照约定的或者习惯的或者地理上的航线将货物运往卸货港的规定)适用于航次租船合同的船舶所有人以外,第四章中其他有关合同当事人之间的权利、义务的规定,仅在航次租船合同没有约定或者没有不同约定时,才适用于航次租船合同的船舶所有人和承租人。可以看出,我国法律关于航次租船合同的规定属于任意性规定,即当航次租船合同的内容与这一章中其他有关合同当事人之间的权利、义务的规定不一致时,以航次租船合同为准。

为方便事后法律问题的处理,一般在租船合同中应对适用的规则、规定、法律予以明确。当租船合同对适用法律没有明确规定时,可能会适用船籍国、签约地国、合同所用文字国等法律。

如果租船合同的履行不可避免地要违背法律,则该合同不具法律效力,应属无效合同。

若签订合同后,因法律有了变化,使得履行合同成为非法,则该合同不属于违法合同。但该合同的执行应该终止,可以解除当事人履行合同的义务。

三、航次租船合同的主要条款

航次租船合同的内容因具体业务的货类、航线、贸易条件等而不同,使用的标准租船合同格式的条款也不同,可以根据具体情况和对双方有利的原则,对标准合同格式中的若干条款进行删减或增加,对于没有明确规定的事项可以依照法律或商业习惯处理。

我国《海商法》第 93 条规定:“航次租船合同的内容,主要包括船舶所有人和承租人的名称、船名、船籍、载货重量、容积、货名、装货港和目的港、受载期限、运费、滞期费、速遣费以及其他有关事项。”

航次租船合同一般订有下列条款:

(1)船舶说明条款(Description of Vessel Clause);

(2)预备航次条款(Preliminary Voyage Clause);

(3)船舶所有人责任与免责条款(Owner's Liabilities and Exceptions Clause);

(4)运费支付条款(Payment of Freight Clause);

(5)装卸条款(Loading and Discharging Clause);

(6)滞期费与速遣费条款(Demurrage and Dispatch Money Clause);

(7)合同解除条款(Canceling Clause);

(8)留置权条款(Lien Clause);

(9)绕航条款(Deviation Clause);

(10)承租人条款责任终止条款(Sesser Clause);

(11)互有责任碰撞条款(Both-to-blame Collision Clause);

(12)新杰森条款(New Jason Clause);

(13)共同海损条款(General Average Clause);

(14)提单条款(Bill of Lading Clause);

(15)罢工与战争条款(Strike and War Clause);

(16)冰冻条款(Ice Clause);

(17)仲裁条款(Arbitration Clause);

(18)佣金条款等(Commission Clause etc.);

(19)法律适用条款(Law Clause)。

这里就上述条款以1994年金康(GENCON)合同格式为例,并结合我国的《海商法》,介绍航次租船合同的主要内容。

1. 船舶说明条款

航次租船合同船舶说明的主要内容如"GENCON"第一部分,包括如下方面:

1)船名(Ship's Name)

选择什么样的船舶完成航次租船合同所规定的运输任务,是双方当事人,特别是承租人极其关心的问题。目前,对于一般具体船舶的确定,通常有三种办法可供当事人选择:

(1)指定船舶(Named Vessel)。所谓"指定船舶",实际上就是在航次租船合同中,指定一艘特定的船舶(Special Ship),如:"M/V Gloria"。一旦在合同中确定了船舶,就必须由该艘船舶执行合同规定的航次运输任务,船舶所有人无权擅自以其他船舶替代。这是船舶所有人的一项合同义务,否则被认为是违约行为(Breach of Contract)。如果原来指定的船舶沉没或者由于某种原因不能履行合同,则承租人有权解除合同,并要求赔偿可能产生的一切损失。而另一方面,如果当合同中原指定的船舶因发生意外事故而无法执行运输任务时,承租人因种种原因急需船舶,而要求船舶所有人另派其他船舶的情况下,船舶所有人没有义务为承租人提供合同以外的船舶。当然,这要视"意外事故"发生的原因是否属合同规定的船舶所有人免责范围。

(2)替代船条款。在实际中,为能顺利地履行合同以及避免因原指定船舶一旦发生意外事故而解除合同,通常在指定船名的情况下,在航次租船合同中加入"替代船条款"(Substitute Clause),如:"M/V Gloria or substitute at owner's option",赋予船舶所有人"选择权"。由于在签订合同时,船舶所有人还不能预料在调配船舶方面可能发生变化的情况,所以船舶所有人往往采用这种条款。在合同中没有明确的相反规定时,该项"替代船条款"有利于船舶所有人。但是,船舶所有人在指定替代船时,必须在船级、船型、位置等方面与原定船舶相符。替代船一经选定,必须立即通知承租人。并且这种替代船一经指定,就不能再做更改,即不能进行二次替代。如果指定的替代船,由于某种原因不能履行合同,则承租人可以解除合同。

(3)船舶待指定(Vessel to be Named)。通常,在缔结航次租船合同时,通常以指定船舶为主。当因某些原因致使无法在航次租船合同中确定船舶时,经双方当事人约定在开始履行航次租船合同前的适当时间内,由船舶所有人指定具体船舶,并将船名通知承租人,这就是所谓的"船舶待指定"。这也是船舶所有人的一种"选择船舶的权利(The owner's option to choose the vessel)"。为防止船舶所有人利用这种权利任意地选择和派遣不符合承租人的运输任务所要求的船舶,双方当事人在合同中一般明确约定"待指定船舶"的具体技术条件、性能及规范。如果船舶所有人日后指定的船舶不符合租船合同的要求,承租人有权拒绝接受,并因船舶所有人违约而解除合同和要求赔偿。

在这种情况下,航次租船合同中不再订立"替代船条款"。这是因为法律所承认的给予船舶所有人的选择权只有一次。只要船舶所有人在开始执行合同时指定了船舶并将船名通知承租人,则被认为该船舶所有人已行使了"选择船舶的权利"。因而,船舶所有人在实践中要确保指定船舶的适航性,以免无法执行合同,从而造成赔偿。

2)船籍(Nationality of Vessel)

船籍是指船舶所属的国籍,或船旗(Vessel Flag)。在租船合同中常指定船籍,或者声明不得悬挂某国国旗。因此,除非合同另有约定,船舶所有人不得在合同履行期间擅自变更船舶国籍或更换船旗,否则对于承租人构成违约行为。

船舶的国籍或船旗代表了船舶和船旗国的隶属关系,它是船舶是否在战时保持中立的重要标志,直接关系到船舶是否会被交战国扣押、没收、征用、充公等。在和平时代船籍涉及到法律适用、货物保险、港口使费等方面的问题。一般来说,船舶在海上航行时不得同时悬挂两个国家的国旗,也不能不悬挂任何国旗,否则会被视为海盗船处理。根据《中华人民共和国香港特别行政区基本法》及有关法律规定,现在,在香港登记注册的船舶,同时悬挂中华人民共和国国旗和香港特别行政区区旗,以区别于在内地登记,悬挂中华人民共和国国旗的船舶。

3)船级(Classification of Vessel)

船级是船舶检验机关认定的船舶技术状态的指标。租船合同中的船级是指双方在订立合同时,船舶应实际达到的技术状态的指标,并不意味着船舶所有人有义务在整个合同履行期间保持这一船级。除合同中另有约定,否则即使在合同履行期内丧失船级,也不视为违约。合同中记载所要求的船级主要意味着保证船舶的适航性能。英国有些案例表明船级是合同的条件条款,如果违反的话,承租人可解除合同。我国认为船级是通过船级证书表现出来的,而船级证书只不过是船舶技术状况的说明,是表面证据。

4)船舶吨位(Tonnage)

船舶吨位是船舶规范资料之一,除表示船舶的大小与装载货物的数量关系外,也是港口费用、运河通行费、代理费、吨税等征收的基本参数,所以租船合同中要记明船舶的登记吨(Registered Tonnage)和载重吨(Deadweight Tonnage)。登记吨是按船舶容积折算的吨位,故又称容积吨,有总登记吨(Gross Registered Tonnage,GRT)和净登记吨(Net Registered Tonnage,NRT)之分,简称总吨和净吨。通常是按照《1969年国际吨位丈量公约》的规定进行测量的。

载重吨(Deadweight Tonnage),又称载货能力(Deadweight Capacity),表明船舶实际装载货物的能力。合同中载明的数字是指实际可装载的最大货物数量,不包括船舶燃料、物料、淡水、备用品、船舶常数(Constant)等。这个载重量是航次租船中计算运费的基础。

由于在洽谈租船业务或缔结航次租船合同时,船舶所有人对航次中所需的燃料、物料、备品、淡水、食品等的消耗难以估计准确,所以对本航次实际可以装载货物的数量难以定出确切的数字。为此,国际上,通常航次租船合同中只规定一个装载货物的大概数字和可增减的百分比。记为"大约XXX吨货物,X%的增减数量(about ××× tons of deadweight of cargo ×% more or less,at the masters of owner's option)"。这是航次租船合同中有关船舶装载货物的"数量增减条款(More or Less Clause)"。可增减的百分比由双方当事人根据不同种类的货物在合同中予以确定。在具体装货之前,船长根据本船的实际装货能力及港口吃水限制等,在该百分比范围内选择船舶能够装载货物的实际数量,并以书面的形式向承租人"宣载(Declaration of Cargo)"。宣载书一般包括:船舶名称、船舶的载重吨、货物载重量、燃料数量、淡水数量、船舶常数、船长签名、宣载日期。

如果船长未在船舶正式开始装货之前进行"宣载",则被认为自动放弃了合同中"数量增减条款"所赋予船舶所有人的货物数量选择权。对此,如果届时承租人提供装船的货物实际数量没有达到船舶载货能力,船舶所有人不能向承租人主张由此而造成的亏舱损失赔偿,而只能按货物装船的实际数量计收运费。

而如果宣载后，货主不能提供合同中约定的货物数量，除非合同另有明文规定或属于承租人免责范围，承租人必须承担亏舱损失。

如果船长的"宣载"不在航次租船合同中规定的装载货物的数字范围内，船东应承担由此给货主造成的损失，例如短装损失、额外的仓储费等。

在英美法国家，认为数量增减条款是中间性条款。

5）船舶动态（Vessel's Position）

船舶动态是指订立合同时船舶所处的位置或状态。因为它直接影响船舶能否按期抵达预定的装货港；而承租人也要按照有关船舶位置或状态的说明，在船舶到港前备货和安排货物装运的准备，所以必须在租船合同中正确地记载船舶的位置。

提供船舶位置的准确情况是船舶所有人的一项义务。如果船舶所有人所提供的船舶位置不准确，致使船舶不能在合同规定的预期抵港时间内抵达装货港装货，不论是故意行为还是过失，都构成船舶所有人的违约。对此，承租人有权要求船舶所有人赔偿由此造成的损失，甚至解除合同。因此，关于船舶动态的说明应持慎重态度。英国许多判例表明这是一种条件条款，足以看出该条款的重要性。实践中，船舶所有人为了避免麻烦，往往不具体注明准确的经纬度，而是以"now trading"、"now under repair"、"expected ready to open at XXX port at XXX date"进行说明。

2．预备航次（Preliminary Voyage）

所谓预备航次是指相对于为完成航次租船合同约定的货物运输的航次，船舶前往装货港准备装货的航次。

航次租船运输合同在"预备航次"阶段就开始执行了，即预备航次是租船合同规定的船舶出租航次的一部分，合同中关于船舶所有人权利和义务的规定，同样适用于预备航次。船舶所有人有义务将船舶驶往装货港或船舶所能安全抵达并始终保持浮泊的邻近地点。有的合同规定船舶开始预备航次日期，但更多的是规定船舶应以合理的速度尽快完成预备航次，即船舶所有人应"尽速派遣船舶"，指示船长将船舶开往租船合同指定或承租人选择的装货港。对于船舶所有人应"尽速派遣船舶"的义务，在航次租船合同中通常都有明确的规定，如："船舶必须尽速航行开往装货港（The vessel must proceed with due dispatch to the Loading port）"。如"金康"格式规定船舶完成前一租船合同后，应立即驶往装货港。因此，除非合同中另有明确规定或属于船舶所有人免责的范围（例如：船舶在开往装货港的预备航次途中发生碰撞，或因驾驶疏忽造成船舶搁浅等），否则因船舶所有人没有尽速派遣船舶（如：为节省燃油，指示船长减速航行），致使船舶发生延误不能在租船合同规定的时间抵达装货港，该船舶所有人则被认为是违反了合同中承诺的保证性义务。据此，承租人有权提出损失赔偿。

预备航次根据航次租船合同的具体规定不同，其履行义务也不同。如果合同规定船舶必须在某一个固定日期之前抵达装货港或开始预备航次，则船东有绝对的义务履行合同，不得有任何延误。在英国，这是一种条件条款。如果合同规定船舶应以合理的速遣，或以适当的谨慎履行预备航次，则船东应以尽可能快的速度完成这一航次。在英国，这则是一种保证条款。

因为预备航次是航次租船合同的一部分，所以在预备航次中，由于航次租船合同免责条款规定的事由发生，致使船舶延迟到达装货港，给承租人造成的损失，船舶所有人可以提出免责的抗辩。但是如果延误超过了解约日，则承租人仍可解除合同。即解除合同的权利，不受免责条款的影响。

实践中，船舶不能如期抵达装货港受载，往往是因为前一合同的延误造成的。船东不能以此为理由，对抗本航次的承租人。而金康'94 的规定对船舶所有人来说，有很强的保护作用。如"As soon as her prior commitments have been completed…"明确规定先前的约定（即前一租船合同）完成以后，才有履行本航次的义务。也就是说，根据这一条款，即使船舶延迟抵达装货港是由于前一合同延误造成的，只要在履行本次预备航次过程中没有任何延误，仍不能视船舶所有人违约，船舶所有人无需对此承担任何赔偿责任。

3. 受载期与解约日条款（Laydays and Canceling Date Clause）

受载期是在租船合同中约定的船舶预计到港并做好装货准备时间，它是船舶在租船合同规定的日期内到达约定的装货港，并做好装货准备的期限。

如果船舶未能严守受载期约定，即视为违约。除了船舶所有人的可免责原因造成的延误外，承租人有权索赔因船舶延误而造成的损失，如仓储费、预期利润损失等。合同中一般订有解约条款，即船舶未能遵守受载期约定，承租人有权解除合同，解约条款规定的日期称为解约日（Canceling Date）。如果受载期是一段时间，解约日通常就是受载期的最后一天。如果受载期是具体的某一天，则解约日是在这一天之后的某一日。这种情况下，如果船舶抵达装货港并做好装货准备的日期，在受载期限与解约日之间，虽然船舶所有人违约，但承租人只可以请求损害赔偿，而不能解除合同。如果合同中未明确规定解约日的具体日期，则受载期的最后一天解释为解约日。

即使船舶所有人或船长明知船舶不能在解约日之前到达装货港，并做好装货准备，只要承租人不提出解除合同，船舶仍应驶往装货港。有时当船舶抵达装货港后，承租人才宣布解除合同，致使船舶无意义航行。为了减少船期损失，合同中往往订有"质询条款（Interpellation Clause）"。其含义是，当承租人收到船长关于船舶不能如期到达装货港，并询问是否解约或同意新的解约的通知后，应在一定时间内作出是否解除合同的答复；否则视承租人放弃解除合同的权利。例如，金康'94 合同第 9 条（b）即有如此规定。我国《海商法》第 97 条也规定："船舶所有人在约定的受载期限内，未能提供船舶的，承租人有权解除合同。但是，船舶所有人将船舶延误情况和船舶预期抵达装货港的日期通知承租人的，承租人应当自收到通知时起 48h 内，将是否解除合同的决定通知船舶所有人"。这样的条款会改变原有合同中关于解约日的规定，即限制了承租人单方面享有的解约权利。另外，需要注意的是我国《海商法》和金康合同关于 48h 的起算时间的规定是不同的。

如果船舶在规定的受载期之前到达装货港，同样也会产生某些问题。因此，租船合同中关于受载期的约定还有"不得早于某年某月某日（Not earlier the …）"，或"即使承租人要求，装船不得早于某年某月某日开始。（Time for Loading if required by charterer, not to commence before…）"的叙述。这就是即使船舶提前到达装货港，承租人也不承担提前装货义务的"不得提前条款"。

4. 装卸条款

装卸条款主要内容包括装卸费用的分担、吊货机械的使用及风险划分、装卸工人造成损害的责任承担等方面内容。

1）装卸港口或地点（Loading/Discharging Ports or Places）

在航次租船运输中，装卸港通常由承租人指定或选择，航次租船合同中也将具体港口名称予以记载。目前，国际上约定装卸港的方有以下几种：

（1）明确指定具体的装货港和卸货港。这种方法是在合同中只记载装货港和卸货港的港口名称，而没有确定该港的具体泊位。装卸作业的具体泊位按该港的习惯决定。单航次租船运输时，往往采用这种规定方法。

（2）规定某个特定的装卸泊位或地点。这种方法是在租船合同中，除指定港名外，还要指明港内的装卸泊位或地点；如注明某港某泊位，这是承租人为了装卸方便而在租船合同中作出的规定。

（3）由承租人选择装货港和卸货港。这种方法通常在合同中注明两个或两个以上装货港，或卸货港名，或某个区域，并规定承租人在其范围内选择其中的一个或两个。这个范围必须是在一条连续的海岸线上。对于卸货港而言，这种选择权，必须在船东签发提单之前或者抵达第一个被选港之前若干小时内行使，否则，因为承租人未及时"宣港"，而给出租人造成的延误损失，承租人应负责赔偿。

当卸货港是两个或两个以上时，承租人应将准备在第一卸货港卸下的货物情况准确告知船长，否则出租人为保持船舶在适航平衡（Seaworthy Trim）状态下驶往第二卸货港，而支付的倒舱、起卸和重装货物的费用，由承租人偿付。不论承租人是否已将上述情况告知船长，为使船舶处于适航平衡而花费的时间均计入卸货时间。这种条款通常被称为"适航平衡条款"。

我国《海商法》第101条规定："出租人应当在合同约定的卸货港卸货。合同订有承租人选择卸货港条款的，在承租人未按照合同约定及时通知确定卸货港时，船长可以从约定的选卸港中自行选定一港卸货。承租人未按照合同约定及时通知确定的卸货港，致使出租人遭受损失的，应当负赔偿责任。出租人未按合同约定，擅自选定港口卸货致使承租人遭受损失的，应当负赔偿责任。"

2）安全港及安全泊位的条款（Safe Port/Berth Clause）

为了保证船舶进、出港口和在港内装卸作业的安全，承租人所指定的港口或泊位都必须是能使船舶安全进出，并进行装卸货物的"安全港（Safe p orts）"和"安全泊位（Safe Berth）"。波罗的海国际航运公会（BIMCO）、国际海事委员会（CMI）、英国船舶经纪人和代理人协会联盟（FONASBA）以及英国航运总会（GCBS）共同推荐采用的《1980年租船合同装卸时间定义》（Charter Party Laytime Definition 1980），对"安全港或安全泊位"的定义是："安全港或安全泊位是指一个港口或泊位能使船舶在抵达、进港、在港停泊和离港的整个相关期内，在未出现某些非常事件的情况下，不会处于运用了良好的航海技术和船艺仍不能避免的危险中。"

具体地说，"安全港"和"安全泊位"可从以下几方面理解：

（1）自然条件方面的安全，是指该港口应具有能够使船舶避免恶劣气候等自然现象的危险的必要设施；

（2）港口设施方面的安全，是指港口应能提供夜间照明、拖轮、引航员、导航灯标、港口航道水深以及必要的锚地等；

（3）装卸货物方面的安全，是指能保证船舶在港装卸作业期间，使船舶始终处于安全浮泊状态；

(4)政治局势方面的安全,是指港口没有战争或战争危险,或暴动或骚乱等危及船舶安全的政治因素。

按照这一条款规定,船舶需要在港外过驳装卸时,通常都在合同中约定"货主负担风险和费用"。承租人承担的提供安全港义务视不同情况而定。

装/卸港口或泊位已在合同中明确规定条件下,除非合同另有约定,否则承租人没有保证港口的安全性的义务。这意味着船舶所有人没有对所指定港口的安全性提出任何异议,即被认为船舶所有人默认所指定的港口是安全的。

如果承租人在两个或两个以上的港口中选择,则港口的安全性由出租人、承租人双方共同保证。这是因为,如果船舶所有人事先掌握港口情况,并证明承租人指定的港口对船舶是不安全的,在确定装卸港口时,可要求承租人更改装卸港,或要求承租人对港口的安全性提供必要的保证。

如果装/卸港口或泊位由承租人选择或待指定,则承租人一般有保证港口安全的义务。承租人在某一个范围内选择一个港口时,负有保证港口安全的义务。这是因为,采用第三种约定方法时,承租人有权在合同确定的某个区域范围内选择装货港、卸货港和泊位。一般地,双方当事人往往在租船合同中约定,当船舶经过某个地点或在某个时间,由承租人进行"宣港(Declaration of Port)"。由于选择权仅对享有该项权利的当事人有利,所以在承租人选择装卸港的情况下,"安全港"的责任就由承租人承担。船舶在抵达承租人所选择的港口时,一旦因港口不安全导致船舶所有人损失,承租人必须承担赔偿责任。

但下列情况之一可使承租人减轻或免除"安全港"的保证义务:

(1)承租人能举证说明船舶的损坏是由于船舶所有人的原因,而不是所选择的港口不安全所造成。

(2)船舶的损坏是由于承租人预先无法知道或港口当局事先不知道的某些障碍所致。

(3)属于合同中明确规定的承租人免责范围,或非承租人所能控制的"异常事件(Abnormal Occurrences)"。"异常事件"是指不属于港口特性的,并且不由承租人控制的非正常事件,并不要求是该港有史以来发生的不同寻常的事件。异常事件既可能是一场突如其来的风暴,也可能是其他船舶在驾驶、操纵上的过错,搁浅在主航道上,致使别的船舶无法正常驶入或驶出等。

(4)合同中明确地限制了承租人选择港口时提供"安全港"的责任。

船次租船合同对"装卸港"的规定中,一般还有"附近港条款(Near Port Clause)"。该条款包括两方面的含义:

(1)当原定港口变得不安全时,承租人应当指定或重新指定临近的港口;

(2)若承租人不指定或不重新指定时,出租人有权且只能将货物卸于这种临近地点。当港口不安全仅仅是因为暂时的障碍造成时,船东不能依此条款将货物卸掉,必须等待至障碍消除,当然以合理等待时间为准。

在航次租船合同中确定了装卸港口,或由承租人指定装卸港,则该港口被认为是"契约港口(Contractual Port)",船舶所有人有义务将船舶开往"契约港口"。但当第一条的原因成立时,船舶所有人有权根据合同中"附近港条款",将船舶开到"附近的港口或地点"进行装卸货物。如果航次因此而延长,则承租人应支付额外的运费;反之,航次因此而缩短,承租人仍应支付原合同规定的运费。

对于“临近”(Near)的解释,应依据具体情况和行业的知识和经验确定,距离的长短并非是绝对的。“附近港口或地点”在法律上同样被解释为“契约港口”。对此,承租人不能以船舶未开到合同中所确定的或其选择的港口为理由,向船舶所有人提出损害赔偿。只有当出现了船舶的正常航行时,这项“附近港条款”得以有效。而且,这种“阻碍或延误”必须是:

(1)事先无法预料或预见的(unexpected or unforeseeable);

(2)估计会持续很长时间(expected to last for a long period);

(3)发生在港口或港口的周围(occurred in the port or vicinity of the port)。

3)装卸费用

关于装卸费用及风险如何分担的问题,完全依据合同条款的具体约定。常见的约定方法有:

(1)班轮条款(Liner Terms)。又称“泊位条款(Berth Terms)”,根据这一条款,装货时,承租人把货物交到船边船舶的吊钩下,船方负责把货物装进舱内,并整理好;卸货时,船方负责把货物从舱内卸到船边,由承租人或收货人提货。所以,责任和费用的划分以船边为界,是船舶所有人负责雇佣装卸工人,并负担货物的装卸费用的条款。

(2)舱内收货条款(Free In,FI)。简称为FI条款,或船舶所有人不负担装货费条款。根据这一条款,在装货港由承租人负担装货费用。如果船舶所有人仅就装货费不负责其他费用,如卸货港的卸货费用等仍由船舶所有人承担的话,可用“FILO(free in,liner out)”条款,这是FI条款的变形。

(3)舱内交货条款(Free Out,FO)。简称为FO条款,或出租人不负担卸货费条款。根据这一条款,装货港由船舶出租人负担装货费,在卸货港由承租人负担卸货费。如果船舶所有人仅就卸货费不负责,其他费用仍承担的话,可用“LIFO(liner in,free out)”条款,这是FO条款的变形。

(4)舱内收交货条款(Free In and Out,FIO)。简称为FIO条款,或称船舶出租人不负担装卸费条款。根据这一条款,在装、卸两港由承租人雇用装卸工人,并负担装卸费用。

(5)舱内收交货和堆舱、平舱条款(Free In and Out,Stowed and Trimmed,FIOST)。舱内收交货和堆舱、平舱费条款与班轮条款相反,船舶所有人不负担有关装卸的所有费用,装卸费、平舱费和堆舱费全部由承租人负担。按此含义,装运重大件货物时,绑扎所需的绑扎材料费用也应由承租人负担,为明确起见,在合同中注明“FIOS,Lashed”。若船舶所有人还不承担垫舱费用,则加注“FIOS,Dunnages”。

上述条款中的装卸费用是指在装货港产生的装货费,和在卸货港产生的卸货费。如果是在避难港产生的,或者是因为过运河需要过驳而产生的装卸费及其他非原来约定的装卸港产生的装卸费,则仍由船舶所有人负担。

(6)总装卸费,或总装货费,或总卸货费条款(Gross Load and Discharge or Gross Load or Gross Discharge)。根据总装卸费,或总装货费,或总卸货费条款,船舶所有人应负责与装卸,或装货,或卸货有关的全部费用。与班轮条款不同,这种条款是指船舶所有人除了要负担装卸费以外,还要承担货物积载、平舱等费用。

(7)限额条款(Scale Load and Discharge)。在限额条款下,船舶所有人应负责一定限额的装卸费,超出部分由承租人自行负担。

装卸费用条款应与货物买卖合同的价格术语相衔接。例如:CIF ex ship's hold(CIF,舱底交货)是指买方应在舱底接受货物,并负担卸货费。如果航次租船合同中约定了"Liner Terms"条款,则卸货费已计入承租人支付的运费中。为了避免运费、货款的支付上容易产生的麻烦,载租船合同中最好约定"FO"或"FIO"条款等。

另外,在合同中还需对谁雇佣装卸工人并承担装卸风险及责任作出明确规定。金康'94合同第5条的规定,不仅表明了装卸费用划分,同时表明了风险及责任的划分。

4)装卸时间条款

(1)装卸时间的概念。1993年波罗的海国际航运公会、国际海事委员会、伦敦全国船舶经纪人和代理人协会联合会、国际干货船船东协会联合颁布的《1993年航次租船合同装卸时间解释规则》(Voyage Charter Party Laytime Interpretation Rules,1993)定义装卸时间为:

合同双方当事人协议的、出租人应使船舶并保证船舶适于装卸,承租人在运费之外不支付任何费用的一段时间。

在合同规定的装卸时间内,出租人具有使船舶等待装卸的义务。因为船东在考虑运费时,已将正常的船舶在港停泊期间的营运成本及在港的港口使费作为成本包括在运费之内。因此,如果承租人按约定时间装卸完毕,使船舶如期开航,如期结束,则出租人不能再向承租人要求支付任何报酬。

装卸时间业经在合同中确定,对双方当事人均有约束。如果实际使用的装卸时间超出了合同所确定的允许使用时间,超出部分的时间风险由承租人承担。即,由承租人支付给船舶所有人一定数额的船舶"滞期费(Demurrage)"。如果实际使用的装卸时间少于合同所确定的允许使用时间,对节省的时间部分,由船舶所有人支付给承租人一定数额的船舶"速遣费(Dispatch Money)"。装卸过程中,由于非正常原因装卸工作可能被中断,其时间风险的承担责任也由租船合同的条款约定。

(2)装卸时间的规定方法。租船双方当事人确定装卸时间长短的主要因素,是货物种类、货物数量以及装卸港口的日常装卸率等。一般在合同中,直接规定装卸日数为多少天,或者通过规定装卸率的方式间接规定装卸时间。规定装卸时间的方法有:

①规定装卸日数。即规定装卸时间具体为几日。

②根据船舶装卸效率定额,确定装卸时间。可取以下4个指标之一。

A. 每日装卸吨(Per Day ×× tons):

装卸时间=货物数量/装卸效率(每日吨)

B. 每日每舱口装卸吨(Per Hatch Per Day ×× tons):

装卸时间=货物数量/舱口日装卸效率(每日吨)×舱口数

C. 每日每作业舱口装卸吨(Per Working Hatch Per Day ×× tons):

装卸时间=货物数量/舱口日装卸效率(每日吨)×装卸工作舱口数

D. 每日可作业舱口装卸吨(Per Workable Hatch Per Day ×× tons):

装卸时间=货物数量/舱口日装卸效率(每日吨)×可工作舱口数

③按习惯尽快装卸(Customary Quick Dispatch,CQD)。该方法没有指定固定的装卸时间,

而是按照港口情况,尽可能快地进行装卸。如果船东对某一港口的装卸情况及装卸效率不甚了解的话,使用该术语可能不利。在《1993 年航次租船合同装卸时间解释规则》中已无此项。

④以船舶能够收货或交货的速度(as fast as the vessel can receive and/or deliver)。以船舶能够收货或交货的速度是指船舶处于完全工作状态下,能够最大限度进行装卸货的情况下,所计算出的装卸时间。即只从船舶单方面考虑,而不管港口实际装卸效率如何的一种规定方法。《1993 年航次租船合同装卸时间解释规则》中也无此项规定。

(3)装卸日的确定。不论使用以上的哪一种规定装卸时间的方法,最终都是为了要明确装完或卸完全部货物的日数,但由于对装卸"日"的不同理解,会得出完全不同的计算装卸时间,最终会影响到速遣和滞期时间的计算。所以航次租船合同中要以一个具有一定涵义的"日"来表示并计算装卸时间。以下是关于装卸"日"的几种表述方法。

①连续日(Running Days or Consecutive Days)。连续日又称"净日(Clear Day)"和"日历日(calendar day)"。即按自然日计算,即从午夜的零点至午夜的零点,其中没有任何扣除。以这种日表示装卸时间时,从装货或卸货开始至装货或卸货完毕时止所经过的日数就是总的装货或卸货时间。在此期间内,不论是实际不可能进行装卸作业的时间(如雨天、罢工或其他情况),也不论是星期日或节假日,都应计为装卸时间。因此,无论是星期日或节假日均包括在"连续日"中,日历上有一日算一日。

②工作日(Working Days)。所谓工作日是指没有被租船合同明确地排除于装卸时间之外,且不属于节假日的日数或部分时间。即不包括星期日和法定节假日在内的,港口可以进行装卸工作的日数。

工作日的正常工作时间,依各港具体情况不同而不同。分别有 8h,16h,24h。我国法律规定"中华人民共和国法定假日和星期日,及例假日前一日上午 6 时以后,例假日次日上午 8 时以前的时间,均不作为装卸时间"。依《1980 年航次租船合同装卸时间解释规则》定义,所谓假日是指本可以用来装卸工作,但根据当地法律或习惯中止工作的时间。即,即使在非正常工作时间内进行了装卸作业,所用时间也不计为装卸时间,除非合同另有约定。

③晴天工作日(Weather Working Days)。晴天工作日是指工作日或部分工作日中,不受天气影响,可以进行装货或卸货作业的时间。也就是说,除星期日和法定节假日外,因天气不良而不能进行装卸作业的工作日不能计入装卸时间。

这里所说的晴天,并不是指的晴朗天气,而应该理解为气象条件适于特定航次下的特定货物装卸作业的天气。不同的货物有着不同的适于装卸天气。

虽然晴天工作日中已经包含了星期日和节假日除外的涵义,但为了防止争议,使装卸时间的计算更加明确,一般航次租船合同中都习惯地注明"良好天气工作日,星期日和节假日除外"(Weather Working days, Sunday and Holiday excepted, W. W. D, SHEX.)这一用语。关于"除外(Excepted)",《1980 年航次租船合同装卸时间解释规则》解释为对于特定的天数不计为装卸时间,即使在这些日子里进行装货或卸货,也不计为装卸时间。所以"星期日和节假日除外"是指,即使在星期日和节假日进行了装卸工作,也不计入装卸时间。有时为了明确这一点,在"星期日和节假日除外"之后,再加上"即使已使用"(Even If Used, EIU)的用语,表明不论是否实际使用了星期日和节假日,都不计为装卸时间,文件中表示为 SHEX EIU。

有时在"晴天工作日,星期日和节假日除外"这一用语后面再附加"除非已使用(Unless

Used,UU)”一词。“除非已使用”可理解为:第一,如果在星期日、节假日实际进行了装卸工作,则应计为装卸时间;第二,如果在星期日和节假日进行了装卸工作,也仅将实际进行装卸工作的时间计为装卸时间。在实际业务中,为了使这种涵义得以明确,往往用如下用语表述:“WWD SHEX UU,but only time actually used to count”。根据中国目前的法律规定,星期六也不是工作日,因此,合同中应订明“晴天工作日,星期六、星期日和节假日除外”。

④24h 晴天工作日(Weather Working Days of 24 Hours)。这是不考虑港口规定的工作时间是多少小时,也不论工作小时数是跨及几天时间,以累计晴天工作 24h 作为一晴天工作日的表示装卸时间的方法。如果港口的工作时间规定为每天 8h,那么,一个 24h 晴天工作日就相当于三个正常工作日,这种规定对出租人是极为不利的。

⑤连续 24h 晴天工作日(Weather Working Days of 24 Consecutive Hours)。这是指除去星期日、节假日和天气不良影响作业的工作日或工作小时后,其余所有时间从午夜至午夜连续计算,以 24h 为一日的表示装卸时间的办法。在使用这个用语时,不论港口规定的正常工作日是几个小时,均按 24h 计算。采用这种表示装卸时间的方法,就可以避免上述“24h 良好天气工作日”可能跨及几个正常工作日的情况。由于这种规定比较合理,双方都愿接受,所以这是目前在租船市场上采用较多的表示装卸时间的方法。

根据《1993 年航次租船合同装卸时间解释规则》,上述晴天工作日、24h 工作日和连续 24h 晴天工作日的涵义是一致的,即除去星期日、节假日、天气不良影响装卸作业的工作日或工作小时后,以真正的连续 24h 为一日的表示装卸时间的方法。也就是说上述三种用语的涵义已经没有区别。因此,洽谈航次租船合同中约定装卸时间时,应明确选用《1993 年航次租船合同装卸时间解释规则》中的用语,或注明按哪个规则解释。

5. 滞期与速遣

1)装卸时间的起算

航次租船合同中,滞期时间与速遣时间是通过实际使用的装卸时间(Laytime Used)与合同允许可用的装卸时间(Laytime Allowed)相比较而计算出来的。如果实际使用的装卸时间减去可用的装卸时间,计算出来为正值,则是滞期时间;如果为负值,即为速遣时间。因此,为了计算实际使用的装卸时间,合同中必须对装卸时间的起算和止算作出明确规定。

关于装卸时间的起算时间,各国法律规定或习惯并不完全一致,通常要按租船合同的约定办理。一般在租船合同中都规定自船长,或出租人,或其代理人向承租人或其代理人递交《装卸准备就绪通知书》(Notice of Readiness,N/R)以后,经过一定的时间后才开始计算。

装卸准备就绪通知书递交以后,只有被有效接受,装卸时间才能正常起算。因此,装卸准备就绪必须具备如下条件。

(1)船舶必须已抵达租船合同中指定的港口或指定的泊位。船舶必须已抵达租船合同中指定的港口或指定的泊位也就是说,船舶必须是一艘“已到达船舶(Arrived Vessel)”。成为“已到达船舶”的条件,根据航次租船合同是“港口合同”(Port Charter Party),还是“泊位合同(Berth Charter Party)”而定。

为“港口合同”时,即租船合同规定承租人指定船舶必须到达指定的港口时,船舶一经到达该指定港口,不论是否已经靠泊,都应认为船舶已经到达合同要求的地点。一般为“港口合同”时,认为船舶到达港口通常等泊、待泊的锚地,或被指定的系泊位置,或所谓的港口的“商业区域”,即视为到达船。关于“商业区域”的理解,航运界有着不同的观点。通常认为不是为行政目的而划分的区域,而是航运贸易的关系方公认的可展开海上运输业务手续的区域。以“里德标准”的观点,“到达船”需具备如下两个条件:首先,船舶必须处在港内;第二,船舶必须在承租人立即而有效的控制之下。

(2)船舶已在各方面做好装货或卸货准备。船舶已在各方面做好装货或卸货准备是指在船舶为立即进行装货或卸货工作准备就绪。如配备船员、使装卸机械处于可使用状态、货舱已扫清洁,适于装载货物、冷藏舱的冷却温度符合装货要求、油舱的加热设施正常运转等。如果需要熏舱,熏舱后需经过检验并取得证书等。

由于在租船合同的范本中,关于“各方面做好装/卸货准备”并没有一个明确的标准,因而有时承租人就在合同中增加诸如“货舱的状况必须使承租人满意才可被认为做好了装/卸货准备”的条款。由于“使承租人满意”的定义模糊,没有准确的内容和上限,为了维护自己的利益,出租人不宜接受这样的条款。承租人在没有备妥货物的情况下更会利用这种约定,拖延时间,而出租人要想证明承租人的要求不合理也是比较困难的。

已完成相应的法律准备工作。如,船舶已通过了检疫、船舶已履行了海关手续等。不过船舶是否已办妥检疫报关等手续,在许多国家已不将其视为装卸准备就绪的必备条件,而仅仅是“例行手续”(Idle Formality)。特别是合同中订有“不论清关与否、不论是否通过检疫”时,是否清关及通过检疫,不影响装卸准备就绪通知书的递交,除非是合同中明确规定上述这些例行手续是递交装卸准备就绪通知书的先决条件。

(3)装卸准备就绪通知书已递交并被接受。装卸准备就绪通知书是一份由船长或船方代理人在船舶抵港并做好一切准备工作后,向承租人或其代表递交的声明本船已准备就绪以待装卸货物的书面通知。装卸准备就绪通知书不能提前递交,只有船舶在各方面做好装/卸货准备的情况下才能递交,而且不能在装卸准备就绪通知书中说明“船舶将于未来的某某时间准备妥当”。

从递交和接受 N/R 到起算装卸时间如何确定,目前国际上对此无统一规定,完全由双方当事人在合同中约定。金康’94 合同第 6 条规定:“如果装卸准备就绪通知书是在 1200 时(包括 1200 时)以前递交,则装卸时间从 1300 时起算;如果装卸准备就绪通知书是在 1200 时以后递交,则装卸时间从次一个工作日的上午 0600 时起算”。概括而言,目前经常采用的方法有:①递交和接受 N/R 24h 后起算装卸时间;②上午递交 N/R,于当日下午 2 时起算装卸时间;③不论在上午或下午递交 N/R,从次日上午 8 时起算装卸时间。

船舶抵港后,应在当地的办公时间内递交 N/R。因此,星期日或法定节假日不能递交 N/R。各港办公的具体时间,应港口习惯而定。但是,如果合同中已明确规定了递交 N/R 的具体时间,船方则必须在合同规定的时间内递交 N/R。原则上船舶一旦具备上述条件,不论是否实际进行装卸货物,即可起算装卸时间。

如果船舶已到港,因港内拥挤不能进港或不能停靠指定的泊位,这时装/卸时间应从什么时候起算,常常是承租人与出租人发生争议的所在。因此,租船合同中常常订有将等泊损失的时间计入装卸时间的条款。常见的条款有“等泊损失的时间计入装卸时间(time loss in waiting for berth to count as loading/discharging time, or as laytime)”、“不论靠泊与否(whether in berth or not, WIBON)”、“到达即可靠泊(reachable on her arrival or always accessible)”等。

2)装卸时间的计算和止算

航次租船合同中,一般并没有规定装/卸时间的止算时间。但是,习惯上都以货物装完或卸完的时间作为装/卸时间的止算时间。

对于租船业务的双方而言,是计算实际装/卸时间,和速遣或滞期时间的重要依据。在船舶进行装卸过程中,通常由船舶所有人和承租人各自委托的代理详细地记录。包括实际使用的装卸时间以及装卸作业过程、中断时间和原因等。当装卸货物完毕后,在船长、承租人或其代理相互核对的基础上,签署装卸时间事实记录表。具体进行计算装卸时间所依据的主要要素有:装卸时间事实记录、合同规定的允许使用时间、装卸作业实际使用时间、合同规定的装卸时间例外条款、合同规定的装卸时间计算方法。

与速遣或滞期时间计算有关的经常使用的术语主要有:

(1)允许使用时间(Laytime Allowed),即合同中规定的可用于装/卸货物的具体时间。

(2)实际使用时间(Laytime Used),即船舶在装货港或卸货港用于货物装/卸的实际时间。

(3)节省时间(Time Saved),即合同规定的允许使用时间内完成货物装/卸后所剩余的时间。

(4)节省全部时间(All Time Saved),即从装货或卸货完毕时起,至合同规定的允许使用装/卸时间终止时止,包括所有除外时间在内的时间。即包括节假日、星期日、天气不良等停止工作时间在内的全部节省时间。有1日算1日,不到1日按比例计算。

(5)节省全部工作时间(All Working Time Saved),即从装货或卸货完毕时起,至合同规定的允许使用装/卸时间终止时止的期间中,不包括除外时间在内的时间。不包括星期日、节假日和坏天气日,有一日算一日,不到1日按比例计算。

(6)滞期时间(Time on Demurrage),即在合同规定的允许使用时间内未完成装/卸作业,所用装/卸货物的实际时间超过允许使用时间,使船舶发生滞期直至货物装/卸完毕的时间。

(7)滞期时间连续计算(Demurrage Runs Continuously),该术语又称之"一旦滞期,永远滞期(once on demurrage,always on demurrage)",指发生滞期后,连续计算的滞期时间,包括星期日、节假日和坏天气,有1日算1日,不到1日按比例。

(8)滞期时间非连续计算(Demurrage Runs Uncontinuously),又称"按同样日(per like day)"。是指计算滞期的"日"的涵义与计算装/卸时间的"日"的涵义相同。如果计算装/卸时间使用的是晴天工作日,即不包括星期日、节假日和天气不良等原因停止工作的时间,则计算滞期时间的"日"中也不包括上述时间。滞期时间是断续计算的。

除了前述的如"WWD SHEX"的除外条款外,国际上经常使用的与装卸时间计算有关的装卸时间例外条款主要还有:

(1)天气许可条款(The Weather Permitting Clause)。该条款是指装卸货物期间,由于坏天气原因使得装卸作业中断的时间,根据本条款应在计算装卸时间时予以扣除。

(2)星期日和节假日除外条款(Sundays and Holidays Excluded)。该条款简称"SHEX"条款。对装卸货期间的星期日及港口所在地法定节假日,应在计算装卸时间时予以扣除。

(3)晴天工作日,星期日和节假日除外条款(Weather Working days,Sundays and Holidays Excluded)。该条款实际上综合了前述两项条款的概念,对装卸货期间的坏天气、星期日和港口所在地法定节假日,应在计算装卸时间时予以扣除。

(4)星期日和节假日即使使用也予除外条款(SHEX,Even Used)。如果在星期日和港口所在地的法定节假日进行了货物装卸,在计算所用实际装卸时间时,也应以扣除。

(5)星期日和节假日应予以计算条款(Sundays and Holidays Included)。简称"SHINC"条款。对装卸货期间的星期日及港口所在地法定节假日,在计算装卸时间时,应作为装卸实际使用时间来计算。

(6)星期日和节假日除外,除非使用应予以计算条款(SHEX,Unless Used)。该条款是指货物装卸期间,如果确实使用了星期日和港口所在地法定节假日进行装卸货物,该星期日或节假日应作为装卸时间来计算。但是,如果没有使用的话,则不予计算。

(7)星期日和节假日除外,除非使用,实际使用的时间作为装卸时间计算条款(SHEX,unless used actual time used to count as laytime)。该条款是指对装卸货期间本不予计算的星期日和港口所在地法定节假日,由于确实用于装卸而作为装卸时间来计算,但必须按该日的实际使用时间予以计算。因此,这项条款较"SHINC"条款更具体明确、更完善。

在航次租船合同中,装卸时间有分别计算和统算这两大类方法。在英美法下,对于装卸时间是装货港和卸货港分开计算的(laytime for loading and laytime for discharge),用满之后进入滞期时间,单独核算。而对于装货和卸货时间的统算,则有3种主要的约定方法,作为滞期费或速遣费的核算基础。

(1)装卸共用时间(All Purposes Laytime)。装卸共用时间是一种表明装货港和卸货港的装/卸时间可以统算的一种用语。以这种用语表明的装卸时间,只要装/卸两港实际使用的装/卸总时间未超过合同规定的合计时间,可不算滞期时间。但如果在装货港已将装/卸两港合计的允许使用时间用完,则在装货港已进入滞期,按照"一旦滞期,永远滞期"的原则,当船舶抵达卸货港后,立即连续计算滞期时间。

(2)可调剂使用装卸时间(Reversible Laytime)。可调剂使用装卸时间又称"装卸时间抵算",是指承租人有权选择将约定的装货时间和卸货时间加在一起计算。是一种可以用卸货港的允许使用时间调剂,或抵算发生在装货港的速遣或滞期时间的一种装卸时间统算方法。

按照这种约定,承租人可将装货港的速遣时间计入卸货港的允许使用时间,而使卸货港的允许使用时间增加,或将装货港的滞期时间在卸货港的允许使用时间中扣除,而使卸货港的允许使用时间减少。如果承租人不做如此选择,则如同装卸两港单独计算一样进行滞期费/速遣费的计算。

采用这种方法时,应分别规定装货时间和卸货时间,并单独编制装/卸时间表,而在卸货港卸货完毕后算出装/卸两港总的滞期时间或速遣时间。即,将装货港装货所节省的时间或滞期时间,计入卸货港的允许使用时间,然后再用卸货港实际使用的时间,与经过调整后的允许使用时间相比较,从而最终计算出滞期时间或速遣时间。这时,必须将已在装货港用于装货的时间记录于根据租船合同签发的提单上,使收货人能明确知道还有多少卸货允许使用时间。

如果装货港的实际使用时间超过了包括卸货允许使用时间在内的装/卸货的全部允许使用时间,即在装货港已经进入滞期,则船舶抵达卸货港时,并不立即连续计算滞期时间,而是在递交装卸准备就绪通知书后,经过一段通知时间,才开始继续计算滞期时间。即在这种情况下,承租人仍享有将正常的通知时间排除于装/卸时间之外的权利。

(3)装卸时间平均计算(Average Laytime)。装卸时间平均计算又称"装卸时间均算",是指分别计算装货时间和卸货时间,用一个作业中节省的时间抵消另一作业中超用的时间。它与“可调剂使用装卸时间”不同,虽然也分别单独编制装货时间计算表和卸货时间计算表,但并不以装货港的节省时间和滞期时间来调整原规定的卸货港的可用时间,而是单独根据卸货港的时间表,计算出卸货港产生的滞期时间或节省时间,再以装货港的节省时间或滞期时间来抵补卸货港的滞期时间或节省时间。所以,这一方法旨在以装货港节省的时间抵补卸货港的滞期时间,或以卸货港节省的时间抵补装货港的滞期时间,从而减少通常需以速遣费的加倍费率支付滞期费的情况。

“装卸时间平均计算”与“可调剂使用装卸时间”的区别主要在于两者在卸货港进入滞期的时间可能不同。按前者计算卸货港的卸货时间时,允许使用时间不受装货港实际使用装货时间长短的影响。而按后者计算卸货时间时,允许使用时间的长短取决于装货港的实用时间的长短,如果装货港的实用装货时间过长,相应地就会减少卸货港的允许使用时间。在这种情况下,按“可调剂使用的装卸时间”计算的卸货时间就会比按“装卸时间平均计算”计算出的卸货时间提前进入滞期。

3)滞期费(Demurrage)

按《1993 年航次租船合同装卸时间解释规则》解释,滞期费是指“因不是出租人的责任所造成的,超过装/卸时间的船舶迟延而付给出租人的约定金额。滞期不适用装卸时间的除外规定”。如果承租人所用的实际装/卸时间超过了合同规定的允许使用时间,超过部分的时间为“滞期时间”(Demurrage Time),进入滞期的船舶称之“滞期船舶”(Vessel on Demurrage)。对此,承租人必须向船舶所有人支付“滞期费”,以补偿船舶所有人因船舶发生滞期而遭受的损失。对于滞期又可分为限定滞期期间(Limited Demurrage Period)和非限定滞期期间(Unlimited Demurrage Period)。

限定滞期期间,是在合同中经双方当事人约定的船舶滞期限定时间。在该限定期内,如果船舶发生滞期,承租人按合同规定的滞期费率支付给船舶所有人滞期费。但是,如果在“限定滞期期间”届满时仍未完成货物装卸,或由于承租人的原因使船舶继续停留在港内,该船舶称之“延滞船舶(vessel under detention)”。对此,船舶所有人可向承租人提出“延滞损害”赔偿。有关延滞损害赔偿的计算基础,一般在合同中是没有明确规定的,而是依据发生延滞这一事实和当时租船市场的运费水平予以计算。

非限定滞期期间,是在合同中没有明确规定船舶发生滞期时的时间长短,而只是确定了滞期费率。因此,原则上船舶的滞期时间可以是无限止的,也不存在船舶滞留损害的问题,船舶所有人只能按合同中确定的滞期费率要求承租人支付滞期费。

然而,有时虽然在合同中没有明确滞期的限定期间,但是如果合同当事人所在国家的有关法律或海商法中,或合同仲裁条款限定的仲裁地点的适用法中,对船舶的滞期期间有明确规定,船舶所有人同样可以向承租人提出船舶延滞损害赔偿。

滞期费等于滞期时间和约定的滞期费率的乘积。

滞期时间是通过实际装/卸作业使用的时间与合同允许使用的装/卸时间相比较得出的。在滞期期间的星期日、节假日,乃至天气或其他原因停止工作的时间是否也作为滞期时间计算滞期费,常常是争议之处。为了避免争议,租船合同中常使用一些具有明确涵义的术语来表明滞期时间的计算,如:“滞期时间连续计算”和“滞期时间非连续计算”。

合同中如果没有明确约定采用哪一种术语计算滞期时间，则通常解释是按照“滞期时间连续计算”的方式计算。但根据《1993年航次租船合同装卸时间解释规则》对滞期费的定义，可以看出“滞期费”含义本身已表明滞期时间是连续计算的，因此合同中无需再订明“滞期时间连续计算”的术语。但是如果合同双方同意按“滞期时间非连续计算”的话，则必须在合同中订明，否则只能按“一旦滞期，永远滞期”的方式连续计算。

4）延滞损害（Damage for Detention）

延滞损失又称为“滞留损失”、“滞期损失”、“超滞期”等。是指船舶滞留在港口而应赔偿给出租人的一种非补偿性损失（Unliquidated Loss）。

延滞损失不同于滞期费。滞期费的发生往往与装/卸时间紧密相关，是一种约定违约金，即当承租人未能在合同约定的装卸时间内完成装/卸货作业，不管出租人是否有实际损失，也不管出租人的实际损失额是否高于约定的滞期费，承租人都必须按合同约定的数额予以赔偿。

延滞损失不是当事双方事先约定的，或者不能完全预见到，而是由于承租人的过失，或者是承租人的过失之外的其他原因，造成船舶延误而产生的损失，应按船舶的实际损失赔偿。延滞可能是承租人未及时指定卸货港产生的船舶延误，也可能是承租人未及时提供货物产生的延误。一般来说，它与装卸作业无关。所以延滞损失是一种具有补偿性质的违约赔偿金。包括因延误而产生的燃料费、港口使费等营运费用、延滞造成的出租人可能丧失的期得利益等。

延滞损失产生的可能情况有：①当合同规定的装卸时间届满，而装/卸作业尚未完成，如果合同中没有约定滞期费率，而且事后双方也未达成协议，则延滞期间的损失按实际损失计算。②合同中有关于滞期时间的约定。如1976年“金康合同”第7条明确规定“滞期时间为10个连续日”。当10个连续日过后，装/卸作业仍未完成的，则进入延滞损失期间。③在CQD等条款下产生的延滞。CQD条款及“As fast as the vessel can receive/deliver”条款未规定固定的装卸时间，一旦合理的装卸时间用完，即进人延滞损失的计算。因此这种条款之下，不产生任何滞期费、速遣费的计算问题。④承租人未按时提供货物产生的延滞。实践中因为承租人未备好货，或未做好有关文件的准备工作，或因贸易纠纷等原因，致使船舶抵港之后不能靠泊装卸货。如果装/卸时间尚未起算，则因此产生的损失为延滞损失，而不能是滞期费。⑤其他几种产生延滞损失的情况。诸如因无正本提单拒绝交货所产生的延误，或承租人未及时宣港产生的延误，或承租人违反吃水保证，致使船舶不得不等高潮或者在港外停留过驳减载而产生的延误等。

5）速遣费（Dispatch Money）

速遣费等于速遣时间与约定的速遣费率的乘积。

承租人所用的实际装卸时间少于合同规定的允许使用时间，节省部分的时间即为“速遣时间（Dispatch Time）”。对此，承租人有权向船舶所有人主张“速遣费”。根据国际航运惯例，“速遣费”通常是“滞期费”的一半，除非合同另有明确规定。

在计算速遣时间的问题上，出租人和承租人容易发生争议的问题是在节省的时间中是否扣除星期日、节假日及不良天气停止工作的时间。为了防止争议，租船合同也常常采用一些涵义明确的用语，表明速遣时间的计算，即“节省全部时间”和“节省全部工作时间”。

当合同中没有明确约定采用哪一种用语来计算速遣时间时，通常解释是按“节省全部工作时间”计算，因为按这种用语计算，比较合理，实践中采用得也比较多。

6. 货物

货物的航次运输需求是由承租人提出的，所以，承租人在享有货物选择权。对合同的货物条款所确定的"货物的种类及数量"，承租人则又必须按合同约定提供货物。即，必须承担合同规定的提供货物义务。

1)货物的种类

货物的种类与运费率、舱容或吨位的利用，以及船舶的适航能力等有密切相关。承租人为完成某种特定货物的运输，以航次租船的形式，签订租船合同。租船合同中记载的特定货物则称为"契约货物(Contractual Cargo)"。而之外的其他任何货物均为"非契约货物(Non-contractual Cargo)"。

船舶抵达装货港后，承租人只能提供"契约货物"，而不能提供其他，否则，船长有权拒绝装船，船舶所有人还可因承租人的违约行为而要求赔偿损失。

我国《海商法》第100条规定："承租人应当提供约定的货物；经出租人同意，可以更换货物。但是，更换的货物对出租人不利的，出租人有权拒绝或者解除合同。因未提供约定的货物致使出租人遭受损失的，承租人应当负赔偿责任。"

在实践中，为了承租人贸易上的便利，合同中规定若干种货物，或规定某一类货物作为"契约货物"，由承租人选择。如果由于：①签约时不可预见的因素，使之不能供货，如出口国突然禁止出口契约货物，停发出口许可证，承租人无法供货；②契约货物在装货港有效期内遭受自然灾害全部灭失，无法装运；③出现了合同中规定的免责事项，而非由于承租人过失，等免责原因而不能装船时，承租人根据合同约定可以免除提供货物的义务。除此之外，除非合同另有明确规定，在规定的货物种类中只要有其他货物可以装船，承租人仍有提供货物的义务。

如果承租人在船舶所有人不知情的情况下，提供"非契约货物"(例如某些包装货物)装船，一旦由于装运此类货物致使船舶发生损坏，或造成其他事件(如海关扣船)，承租人必须承担一切赔偿责任，任何抗辩或企图免责的理由均无效。

2)货物的数量

在船舶吨位的有关内容阐述中，已经论述了在航次租船运输的情况下，船舶装运货物的数量确定原则。一般确定"大约数量"或"最多最少数量"。承租人有义务按合同确定的数量范围，对船舶提供"满载货物(full and complete cargo)"。所谓"满载货物"是指，船长宣载以后船舶所能实际装运的最大限度货物数量，而不是物理意义上的船舶满载。因此，如果承租人不能提供船方所要求的"满载货物"，被认为是违约行为。视不同情况，承租人承担的这种违约责任也是不同的：

(1)不能提供全部数量货物，造成船舶整船亏舱。这种情况在实际中较少发生。当船舶已开始预备航次或抵达装货港时，承租人因某种原因(免责原因除外)不能提供全部数量的装船货物，船舶所有人有权解除合同，并要求承租人按全额运费赔偿所造成的整船亏舱损失。如果船舶能够承揽装运其他货物而取得运费，在计算承租人承担的亏舱损失赔偿时，应扣除装运其他货物所取得的这部分运费。

(2)不能提供部分数量货物，造成船舶部分亏舱。这种情况往往是由于承租人提供的货物不足，使船舶的舱位达不到满载要求而产生部分亏舱。对此，船舶所有人不能解除合同，但有权要求承租人承担亏舱损失赔偿,支付"亏舱费(Dead Freight)"。

亏舱费实际上就是"未装船货物的运费(freight on non-delivered quantity)"。在具体计算这种部分亏舱费时,应减去船舶所有人方面节省的费用(less expenses saved on the part of the ship owner),如,船舶所有人可能负担的货物装船费、税金、港口使费等。

显然,承租人必须按合同规定提供货物数量。但是,如果承租人事先有充分的理由证明,不能按合同规定提供货物是由于免责原因造成的,承租人可以免除责任。这些免责原因除货物种类一段内容中列举的以外,还有船舶不符合合同规定的条件,或合同中原指定的船舶已灭失、承租人破产致使无能力履行合同。

7. 运费(Freight)

航次租船的运费按所装运货物的数量计收时,租船合同中标明运费率(Rate of Freight)。包干运输时,按包干运费(Lump-Sum Freight)支付。包干运输是指按提供的船舶,商订一笔整船运费,不论实际装货多少,一律照付。但出租方必须保证船舶的载重量和装货容积。

当按运费率计算运费时,在合同中应确定计算运费的货物运费吨标准。特别是以重量为标准时,既可约定为装货数量(Intaken Quantity),也可为卸货数量(Delivery Quantity)。装货数量是指由发货人在装货港提供并记入提单,经船长核定后签字,即提单货量(B/L Weight),通常租船合同规定的载货量多为提单货量。卸货数量是由收货人在卸货港对货物称重后确定的货量。由于这种计量方式由收货人或承租人负担称重费用,因此租船合同一般规定承租方选择按卸货量计付运费。"金康"合同订为"按货物的卸货量(On the Delivery Quantity of Cargo)"计算运费。

按运费的支付时间分,运费的支付方法有预付和到付两种。

在实际租船业务中,预付运费已形成习惯的做法,但是,合同当事人在洽订租船合同时仍需就此约定,并在合同中写明。预付运费的预付时间有:

(1)装货完毕时支付(Payable on Completion of Loading);

(2)签发提单时支付(Payable on Signing of B/L);

(3)装货完毕后若干天后支付(Payable Certain Days after Shipment)。

运费支付时间一般是指船东收到运费的日期,而不是承租人付出的日期。预付运费有全部预付和部分预付。预付运费的方法对船舶所有人有利,特别是在合同中具有"不论船货是否灭失,运费概不退还(Freight to be discount less and non-returnable, ship and/or cargo lost or not lost)"的条款情况下。对承租人而言,则存在着一定的风险和利息损失。

运费到付时,一般也有3种情况:

(1)船舶到达卸货港时支付(Payable on Arrival to Destination);

(2)卸货完毕时支付(Payable on Completion of Discharging);

(3)交付货物后支付(Payable after Delivery of Cargo)。

运费到付时,船舶所有人必须将货物运送到合同规定或承租人选择的卸货港,才有权取得该项运费,如果在运输途中货物灭失;或因发生海损事故在中途卸下货物,除非由船舶所有人安排将货物继续运抵目的港,否则,船舶所有人就丧失了取得该项运费的权利。如果在承运过程中部分货物发生灭失,运费应按比例扣除(freight is reduced in proportion)。鉴于这些原因,"到付运费"对船舶所有人不利,运费的风险始终是由船舶所有人承担。

为了支付一些经常的费用,如港口费、燃料费、船员给养费用等,通常船舶出租人可以要求承租人预付一部分费用，这部分费用究竟应该算做是承租人预付运费还是算作承租人对船舶出租人的贷款，在实际业务中引起争议。"金康"合同中"以2%补偿保险费和其他费用"来暗示所收到的是运费。

到付运费时，若货物有损坏，通常还是要支付运费，属于船方责任的，收货人可以索赔。

航次租船合同中，除要订明运费的支付方式外，还要订明支付的币种、方法以及收益人和银行账户。

8. 出租人的责任与免责条款

金康'94第2条为："出租人对货物灭失或损坏或迟延交付的责任限于造成灭失、损坏或延迟的原因是由于出租人或其经理人本人未尽谨慎处理使船舶各方面适航，并保证适当配备船员、装备船舶和配备供应品，或由于出租人或其经理人本人的行为或不履行职责。

出租人对由于其他任何原因造成的货物灭失、损坏或延迟，即使是由于船长或船员或出租人雇佣的其他船上或岸上的人员的疏忽或不履行职责（如无本条规定，出租人应对他们的行为负责），或是由于船舶在装货或开航当时或其他任何时候不适航所造成的，亦概不负责。"

完全可以看出，金康'94中规定的出租人的责任是非常低的，名副其实是"船舶出租人的格式"。航次租船合同是一种海上货物运输合同，但并不受提单国际公约的约束。在洽订租船合同时，承租人一般很难接受金康'94中规定。因此，对船舶出租人责任条款的拟定往往采取：

（1）在合同中订入首要条款，全部或部分删改此条款，规定出租人对货物的运输安全，适用《海牙规则》、《海牙-维斯比规则》或其他相应的国内法。

（2）合同直接拟订责任条款，主要包括：①提供适航的船舶；船舶在开航前和开航时应恪尽职责使船舶适航，配备适当船员，妥善装备及供应船舶。②使所有货舱适于装载约定货物，以达到适货的要求。③对货物安全负责，对装卸不善、管货失职所造成的货物灭失和损坏负责。④及时把货物运到目的港交付收货人。

例如合同约定"装卸工人由承租人雇佣，但在船长的合理监督之下……"。这时，只要出租人能够举出充分证据表明船长已经尽到合理监督的义务，则由于装卸工人造成的货损，责任由承租人承担；否则，出租人仍无法解脱责任。又如，"装卸工作由承租人雇佣，但由出租人承担责任"或"装卸工人由承租人雇佣，但视为出租人的雇佣人员"。这时，出租人仍需对装卸工人造成的货物灭失或损害承担责任。

根据我国《海商法》第94条的规定，只有关于承运人提供适航船舶的义务和不得进行不合理绕航的义务的规定，强制适用于航次租船合同，而其他权利、义务的规定允许当事双方协商。这样金康合同关于"出租人对装货或开航时或任何其他情况下产生的不适航不负责……"的规定，与《海商法》第94条和第47条相抵触，因而是无效条款。

9. 绕航条款

金康'94合同第3条的是："船舶有权为任何目的以任何顺序挂靠任何港口，有无引航员在船均可航行，在任何情况下拖带和/或救助他船，亦可为拯救人命和/或财产而绕航。"因此又称为"自由条款"（Liberty clause）或"绕航自由条款（Liberty to Deviate Clause）。

实际上，各国通常对此做限制性解释，认为船舶只能挂靠合同规定的或通常习惯航线上通常挂靠的港口，并且一般只能以地理顺序挂靠，除合理绕航外，不允许擅自偏离航线。

在"船舶必须尽速航行开往装货港(The vessel must proceed with due dispatch to the loading port)"的前提下,船舶所有人必须从"预备航次"开始时,将船舶直接开往装货港。任何情况下,船舶所有人不可安排船舶从事"一个中间航次",即在开往装货港途中改道航行或偏离正常航线去从事非合同中规定的运输任务或其他业务。从预备航次的起始地点到合同中指定的装货港是"合同航线(Contractual Route)",船舶必须按其直接开往装货港,任何偏离该航线的行为都是"非法的绕航行为(Unlawful Deviation)",构成了"根本性违约(Fundamental Breach)"。由于不合理绕航的法律后果是比较严重的,出租人不但要丧失单位责任限制的权利,还会丧失种种免责和抗辩的权利,甚至在某些国家会丧失诉讼时效的保护,因此出租人不可以因为合同中存在"自由条款"而采取擅自偏离航线的行为。

而"合理绕航(Lawful Deviation)"是允许的。合理绕航的含义,随各国法律规定的不同有所变化。根据国际上普遍接受的原则,船舶因下列原因进行绕航被认为是"合理绕航"。

(1)救助海上人命(包括船员旅客);

(2)为避开海上危险(如:风暴、冰山、战争、海盗等);

(3)为躲避天灾(如:海啸、地震、雷击等);

(4)发生火灾;

(5)政府或当局的命令;

(6)因承租人的过错(如擅装危险货)等而产生的必要绕航。

我国《海商法》规定,只有为了救助海上人命和/或财产;为了航行安全的需要以及其他合理需要的前提下产生的绕航,才视为合理绕航。我国《海商法》第49条强制适用于航次租船合同的出租人,所以金康合同的绕航条款,因与我国《海商法》相抵触而无效。

有时船舶为了添加燃油的方便而偏离航线,对这种偏离是否属于合理绕航是有争议的。因此,船东应尽量在合同中增加"P&I Bunkering Clause",只要船舶是按地理顺序,在一个通常的或合同规定的加油港添加燃油,即使事后承租人以"不合理绕航"为由,提出赔偿,也可通过此条款,事后向保赔协会追偿。

10. 代理人条款

代理人的条款主要是约定由船舶出租人委托船舶代理人,还是由承租人委托船舶代理人,代办船舶在港业务。

船舶出租人和承租人为了维护各自的利益,都争取自己取得指定船舶代理人的权利。比如金康'94就规定:在任何情况下,由船舶所有人指定自己在装货港和卸货港的代理人。

由于一些大的国际贸易商在装货港或卸货港有自己的分支机构或相对稳定的代理人,或出租人因对装货/卸货港不了解等,而在租船合同中约定由承租人指定船舶代理人。

11. 责任终止及留置权条款(Cesser Clause and Lien Clause)

该条款的主要含义是:出租人有权因运费、亏舱费、滞期费的未支付、共同海损分摊、货物的安全等原因,拥有对货物的扣留乃至拍卖的权利。

留置权对"延滞损害"的赔偿无效。这是因为"延滞损害"赔偿的性质决定的。而根据英国普通法,出租人仅有权为收取运费、共同海损分摊及为货物垫付的特别费用对货物行使留置权;如果出租人还想针对其他费用如亏舱费、滞期费等享有留置权,则必须在合同中明确约定下来,使之成为约定留置权。

在租船合同中,承租人为了限制自己的责任,往往要求将该条款订入合同中。该条款包含有出租人对货物享有留置权和承租人被免除履行合同的责任两层含义,因而又称"留置权与免责条款(Lien and Exception Clause)"。

承租人要求在合同中订入这一条款的原因在于:在CIF或CFR等贸易条件下,承租人对船舶在卸货港的卸货作业无法控制,因而试图通过订入这一条款,对船舶卸货作业不予以负责。但是,除提单订有并入条款外,非租船合同当事人的提单受让人或收货人,不受租船合同中此种条款的约束。因此,如果根据提单或卸货港所适用的法律,出租人无权就应由承租人负担的运费、亏舱费、滞期费和共同海损分摊费用等,而对非租船合同当事人的提单受让人或收货人的货物实行留置权;或者出租人虽有留置权,但不能有效行使,则承租人履行租船合同的责任,并不因此而终止。

所以,对于装货港产生的滞期费,出租人一般是不能在卸货港留置承租人以外的收货人的货物,除非是提单中有一个有效的并入条款,使租约中的留置权条款并入到提单中去,以此约束提单持有人。在有效并入条款存在的情况下,对是否必须在B/L上注明装货港所欠费用留置权才有效,不同法系国家有不同的法律规定。

而对于卸货港产生的滞期费等,原则上出租人只能向收货人收取,除非他在无法有效地行使留置权的情况下,出租人才可以向承租人收取。但如果由于出租人的疏忽,未能及时在卸货港行使留置权保护自己的权利,则承租人有权拒绝出租人要求支付上述费用的请求。但是,再如根据卸货港当地的法律不能留置该批货物,或者没有适合的仓库而货物又是易腐烂货,或者该货物属于赈灾物质、军用物资等情况下,出租人根本无法有效地行使留置权,则承租人仍需承担支付上述费用的义务。

金康'94合同中,留置权条款的范围就比较广泛。规定"出租人可因运费、亏舱费、滞期费、损失赔偿(Claims for Damages)及依本租约应付的任何其他费用,包括追偿上述费用的花费可对货物及所有转租运费(Sub-freight)行使留置权。"因此出租人可以订立类似的条款,充分保护自己的利益。

12. 共同海损和新杰森条款(General Average and New Jason Clause)

该条款约定的是共同海损应在什么地方,选用什么规则进行理算。

金康'94合同第12条规定:除非另有约定,否则共同海损应按照1994年"约克·安特卫普规则"或其随后的修订规则,在伦敦进行理算。即使海损事故是由于船舶出租人的雇佣人员(如船员)的疏忽或不履行产生的,货主仍需参加共同海损分摊。

租船合同中,一般都规定选用"约克·安特卫普规则"处理共同海损。在我国,中国国际贸易促进委员会订有共同海损理算规则(简称"北京理算规则"),我国的当事方也可选用该规则。

13. 赔偿条款(Indemnity Clause)

赔偿条款是指合同中,除免责事项外,因未履行或部分履行合同,违约一方对另一方的损失,给予赔偿限额的规定。在租船合同中一般都规定,不论开航前或开航后,对受损一方所蒙受损害的赔偿额以运费额为其最高限额。

如果承租人提出解约,船舶出租人将会与其他货主签订新的租船合同。这时,船舶出租人向提出解约的承租人所提出的赔偿要求,大都只是前后两个租船合同的运费差额、滞期损失以及其他损害的赔偿,其差额一般不会超过原来估算的运费总额。

如果船舶出租人不履行合同,由于货物价值与运费的差额往往很悬殊,此限额就会远远不够,所以法院在衡量合同引起的损害时,一般采用补偿理论,而不考虑这一赔偿条款。

14. 免责条款(Exemption Clause)

在班轮运输中,提单条款所规定的免责事项要受有关提单国际公约约束。但是这些公约不适用于租船运输合同。因此,在签订租船合同时,必须将免责条款列入租船合同中。航次租船合同中的免责条款主要有以下几种:

1)战争条款(War Clause)

订立这种条款的目的是明确规定发生战争时,如何处理合同当事人之间的关系。金康'94合同对战争条款作了新的修订,既对"船舶出租人"和"战争风险"作了新的解释,又对船舶出租人的权利进行了补充。

2)罢工条款(Strike Clause)

罢工条款是船舶出租人为了在港口爆发罢工或停工时免于对罢工或停工所造成的后果承担责任,而在租船合同中列明的条款。其基本内容一般都包括罢工期间的装卸时间和滞期费的计算方法;解除合同选择权的归属,和因罢工、停工而使装货或卸货受阻时,对已装或未卸的部分货物处理等。

3)冰冻条款

所有租船合同几乎都规定,船舶进入的港口必须是安全的港口。如果遇有港口冰冻的情况,港口就不能算是安全港口了。这时船舶出租人和承租人的关系也就需要调整,调整这种关系的依据就是在租船合同中双方约定冰冻条款。

4)仲裁和法律适用条款

该条款规定,在租期内双方发生的一切纠纷应交仲裁机构仲裁解决。在此条款中要明确解决此种争议所适用的法律,规定仲裁地点、机构和仲裁规则。

15. 航次租船合同下签发的提单

1)航次租船合同下的提单的特性

(1)提单的收货人往往是承租人。这时,提单是该租船合同的证明,同时也是出租人收到货物的收据和交付货物的凭证,若有提单条款,也应从属于租船合同。但是,船舶所有人与承租人的权利和义务关系以租船合同为约束。

(2)船舶所有人为保护自己的权益,往往在提单上批注"一切按合同"。

(3)为满足租船合同需要,一般使用没有背面条款的短式提单或特殊格式的提单。

(4)有时提单的关系人可能比较复杂。承租人可能不是货主;提单也可能转与第三人;船长签发的提单可能是承租人的提单,也可能是船舶所有人的提单。

2)关于航次租船合同下的提单的规定

为了避免可能发生的争议,除了上述的提单上加注"一切按合同",以租船合同约束提单持有人外;一般又要在合同中约定船长只能在不违反租船合同规定的条件下签发提单。金康'94 中就约定:"在不违反本合同规定的条件下,船长可以签发提单(Bill of Lading shall be presented and signed by Master, ……without prejudice to this Charter Party)"。

我国《海商法》第 95 条规定:"对航次租船合同运输的货物签发的提单,提单持有人不是承租人的，承运人与该提单持有人之间的权利、义务关系适用提单的约定。但是，提单中载明适用航次租船合同条款的，适用该航次租船合同的条款。”

按此规定，当船方签发船舶所有人的提单给承租人，而承租人又是提单持有人，则解决纠纷的依据是租船合同；而承租人又将提单转让第三者，发生纠纷时，提单持有人可依据提单条款直接与船舶所有人交涉。这时，如果提单上规定的承运人的责任高于租船合同规定的责任，船舶所有人可以在赔付后，再向承租人追赔。当船方签发承租人的提单，且提单已转让第三人的情况下，处理纠纷的依据是提单条款。提单持有人有权向船舶所有人索赔，但船舶所有人的责任仅限于租船合同规定的范围。

为了在处理纠纷时有利，船舶所有人为使提单对货物运输承担的义务与租船合同的规定一致，常常在提单上打入援引租船合同某些规定的条款，称为“并入条款(Incorporation Clause)”。例如，“租船合同中的所有条款、条件和免责事项，均适用本提单。并视为并入本提单(All the terms, conditions, clauses and exception contained in the said charter party shall apply to this Bill of Lading and are deemed to be incorporated therein)”，使非租船合同当事人的发货人或收货人，实际上受租船合同的约束，各国普遍承认这种条款的效力。

一般认为，如提单中订有上述并入条款，则租船合同中与货物运输直接有关的条款，包括运费支付方式、货物留置权的规定，均并入提单之中。但就租船合同中装卸时间与滞期费的规定而言，在FOB价格条件下，发货人仅对装货港产生的滞期费，按租船合同规定负责。同样，在CIF或CFR价格条件下，收货人仅对卸货港产生的滞期费负责，除非提单中另有明确规定。在实践中争议较多的是租船合同中的仲裁条款是否并入提单。一般认为，只有并入条款明文规定作特别批注，或仲裁条款本身规定适用于根据租船合同签发的提单时，才能并入提单。根据《汉堡规则》第22条第二款的规定：“如果租船合同载有该合同引起的争议提交仲裁的条款，而根据租船合同签发的提单并未注明此条款对提单持有人具有约束力，则承运人不得对信赖提单持有人援引该条款。”

第五节　定期租船合同

定期租船运输是通过签订定期租船合同(Time Charter party)来实现的。定期租船合同是一项以租船期限为基础，详细记载租船双方当事人的权利和义务及各项洽租条件的运输契约。一般定期租船标准合同的主要内容包括：

(1)船舶说明条款(Description of Vessel Clause)；

(2)船速与燃油条款(Vessel's Speed and Fuel Consumption Clause)；

(3)船舶所有人责任与免责条款(Owner's Liabilities and Exceptions Clause)；

(4)交船条款(Delivery of Vessel Clause)；

(5)还船条款(Redelivery of Vessel Clause)；

(6)租期条款(Period of Hire Clause)；

(7)租金支付条款(Payment of Hire Clause)；

(8)合法货物条款(Lawful Merchandise Clause)；

(9)合同解除条款(Canceling Clause)；

(10)航行区域条款(Trading Limits Clause);

(11)互有责任碰撞条款(Both-to-blame Collision Clause);

(12)新杰森条款(New Jason Clause);

(13)共同海损条款(General Average Clause);

(14)船舶所有人提供事项条款(Owners to Provide Clause);

(15)承租人提供事项条款(Charterers to Provide Clause);

(16)使用及赔偿条款(Employment and Indemnity Clause);

(17)战争条款(War Clause);

(18)转租条款(Sub-let Clause);

(19)停租条款(Off-hire Clause);

(20)仲裁条款(Arbitration Clause);

(21)佣金条款(Commission Clause)等。

定期租船合同的主要条款如下:

1. 船舶状况的陈述

1)船速及燃油消耗定额的条款

1974 年 BALTIME 格式规定:"…Which contain about…tons, and fully loaded capable of steaming about… knots in good weather and smooth water on a consumption of about…tons best Welsh coal, or about…tons fuel-oil, …"。

1946 年 NYPE 格式规定:"…Which are of the capacity about…tons of fuel, and capable of steaming, fully laden, under good weather conditions about…knots on a consumption of about…tons of best Welsh coal, best grade fuel oil-best grade Diesel oil, …"。

上述规定的大概含义是"……满载、良好天气、平静海况下,能够达到船速大约××节,消耗大约××吨最佳等级燃油、大约××吨最佳等级的威尔士煤……"。以下对该条款的有关内容进行分析和说明。

2)能够航行(Capable of steaming)

该条款主要包括两方面的问题:一是指合同规定的航速应准确到多少;二是指船舶在什么期间应达到合同规定的船速。

如果船舶的实际航速没有达到合同中规定的航速,原则上承租人可以向船舶所有人提出损害赔偿。但是,由于合同一般仅规定了船舶的"大约航速(about X knots)",因此,从法律的角度解释,对船舶所有人在合同中所承诺的航速,有一定范围的伸缩。一种观点认为应在合同中所承诺的航速上下浮动半节;另一种观点认为应从船舶的构造、船型、吃水及平舱等诸多因素综合考虑。国际航运惯例对此限定在 ±5%,只要船舶的实际航速在允许伸缩的范围内,不能视船舶所有人违约。

在定期租船实务中,对船舶航速在时间上的要求主要有:

(1)船舶在交给承租人使用之前的几个航次或交船当时,必须达到合同规定的大约航速。如果不能达到合同所规定的航速,船舶所有人承担违约责任。

(2)船舶从交船之后的整个租船期内,航速减慢而不能达到合同规定的大约航速,船舶所有人不承担违约责任。但是,如果合同中明确:"在整个租船期内约×节的航速航行(about ×

knots throughout the duration of the charter)”,船舶必须始终保持合同所要求的航速,否则,船舶所有人应承担违约责任。另外,如果租期内船舶航速的减慢,是由于船舶所有人对船舶没有合理保养(Reasonable Maintenance)或尽速航行(Utmost Dispatch)所致,承租人同样有权提出损害赔偿。

因此,航速的问题主要是依据合同的具体条款确定。在合同没有明确规定的情况下,美国判例认为只要船舶在交付时达到合同规定的船速即可,而不必在整个租期内都保持这一船速,除非合同中另有明确规定。这样的条款被视为保证条款。英国的判例则表明,有时被认为应在合同订立之时;而有时又被认为应在交船时达到船速的规定;目前,后者的观点居多。在英国,这一条款属于中间义务条款。

如果船舶在订立期租合同之后、交船之前的一段时间内,因发生了意外事故或合同免责条款约定的事项致使船速不能在交付时满足合同约定的,船舶所有人没有义务提供合同规定的船速并满足燃油消耗的规定,也就是说,即使船舶出租人提供的船舶在船速及燃油消耗量方面与合同规定不符,也不视为出租人违约,但因此错过了解约日的话,承租人可以选择解除合同。

一般而言,船舶所有人没有义务在整个租期内的航行营运中,始终维持合同规定的船速和燃油消耗量,因为它们与船舶行驶的水域、当时的天气、季节、风、流等诸多因素有关。

3)满载(Fully Laden)

船舶载重量是表明船舶载货能力的指标。在整个租期内,无论承租人如何经营租赁船舶,其经济利益直接与船舶的载重量有关。如果船舶的实际载重量小于合同中船舶所有人提供的载重量,致使承租人的经济利益遭受损失,船舶所有人必须承担违约的责任,赔偿承租人因船舶载重量不符合合同规定而遭受的一切损失,任何企图免责的抗辩或解释均无效。通常定期租船合同中所规定的船舶载重量是根据造船或买船时船级社,或船舶检验机构测定和丈量的总载重吨,扣除船舶的燃料、备品、食品、淡水等重量和减量常数估算的。

理论上说,从船舶的总载重吨扣除船舶的燃料、备品、食品、淡水等的重量即可得出可以装载货物的重量,但是在估算这个重量时,容易忽略对减数常数的扣除。当船舶经过修理或改装后,或更换了设备,都可能使原来测定的总载重吨有所变化。除此之外,舱底污水沟中积存的污油、污水,乃至附着于船体外的海藻、贝壳等一些无法估算的物体也会使船舶原来的载重量有所降低。因此,在精确计算船舶的载重量时,必须将这些无法计量的因素估计一个数值,并从原来的总载重吨中扣除。这个估计的数值就是通常所说的减量常数。这个常数与船龄有关,船龄越高,这个常数越大。

在洽订定期租船合同时,特别是所租用的船舶是一艘船龄较高的船舶时,船舶所有人与承租人之间常常要就这个减量常数的数值进行磋商。虽然通常都是在船舶载重量的1% ~2%的范围内商定一个数值。如果有必要,承租人也可能要求对船舶的载重量予以重新测定。对于承租人的这种合理要求,船舶所有人要予以考虑。

满载还是合同中规定的航速和燃油消耗量的基本条件。但实践中很多航次并非都能做到满载,如空载、半载、压载等,因此实践中常常为此产生争议。如果实际速度达不到根据各种资料和事实记录推算出的船舶在各种营运状态下的航速和燃油消耗量,承租人可提出索赔,除非是由于出租人可免责的原因造成的。为避免争议,一些合同直接列明各种状态下的船速及燃油消耗量。例如 SINOTIME1980 及 FONASBATIME 格式就规定了船舶在满载、空载、在港 3 种情况下船舶的速度及耗油量。

4)良好天气和平静海况(Good Weather and Smooth Water)

所谓的良好天气和平静海况,并没有一个统一的标准。通常被认为以航海气象"浦氏 4 级(Beaufort Scale 4,风速最高不超过 16kn)"和"道格拉斯浪级(Douglas Scale 3 级,浪高不超过 3 ~ 5ft)"为标准。所以很多合同中约定良好天气应达到的标准。如 1993 年 NYPE 格式就规定风力不得超过蒲福氏风级 × × 级为良好天气。

5)燃料消耗(Fuel Consumption)

对于船舶每天航行所需的燃料消耗,虽然合同也有明确规定,但因整个租期内由承租人负责安排船舶的燃料,所以在双方当事人之间同样会发生争执。当船舶每天的实际消耗量超过了合同规定的数量,直接会给承租人造成经济损失,承租人可能因此而要求船舶所有人赔偿。然而,船舶的燃料是由承租人安排的,如果燃料的品质低劣,势必导致船舶实际消耗量的增加,船舶所有人以此为理由进行抗辩通常奏效。另外,如果船舶出租人仅在合同中约定燃油的浓度,而没有质量、成分的约定,即使燃油内含大量杂质,造成船舶机器受损,承租人也无需承担赔偿责任。因此,最好在合同中订立一项"燃料品质条款(the bunker quality clause)",明确规定燃料的品质。如果船舶在使用高品质燃料的情况下,实际消耗量超过合同规定的数量,船舶所有人必须承担违约赔偿责任。相反,如果事实证明,船舶燃料消耗量的增加是由于承租人安排不符合"燃料品质条款"所规定的燃料,船舶所有人不承担违约赔偿责任。

2. 出租人/承租人提供的条件

1)出租人提供的事项

1974 年 BALTIME 第 3 条规定:"The Owners to provide and pay for all provisions and wages, for insurance of the vessel, for all deck and engine-room stores and maintain her in a thoroughly efficient state in hull and machinery during service. The Owners to provide one winchman per hatch. If further winchman are required, or If the stevedores refuse or are not permitted to work with the Crew, the Charterers to provide and pay qualified shore winchman"。

1946 年 NYPE 第 1 条规定:"That the owners shall provide and pay for all provisions, wages and consular shipping and discharging fees of the Crew; shall pay for the insurance of the vessel, also for all the cabin, deck, engine room and other necessary stores, including boiler water and maintain her class and keep the vessel in a thoroughly efficient state in hull, machinery and equipment for and during the service"。

上述两个条款内容的核心意思是:由出租人负责船上的供应品、船员工资、船舶及其他备件的保险费……,并使船舶和设备处于充分有效(使用)状态……。

"Wages(工资)"是指对雇用船员的劳务所支付的合法报酬。船东应接受 ITF(International Transport Workers Federation)的条件,按照其蓝卡(blue card)的要求雇用船员,提高船员待遇并付较高的工资,避免产生不必要的麻烦。如果违反 ITF 规定的话,会受到 ITF 的联合抵制。不过判例表明,没有证据表明船东遵守 ITF 的蓝卡规定是一种航运习惯。

船舶保险费要由出租人支付,如同航次租船一样。除了本条款规定的一般船壳险外,实践中,如有要求,还应支付战争险。有时合同中以明确条款或附加条款的方式要求某些保险费由承租人按实际保费补偿给船东。例如,承租人指定船舶去往一个危险地区,需支付额外的保费,则这笔费用将由承租人承担。

"……维持船舶和设备在整个租期内处于充分有效状态……",是出租人维持船舶适航的义务,又称之为"维持条款(Maintenance Clause)",维持义务贯穿在整个租期内,是对交船时最初保证的补充,出租人应尽到合理谨慎提供,并维持船舶处于适航状态,但这不是绝对义务。英国普通法认为这一条款属于中间义务条款,除非承租人能证明他的利益已严重受到了损害,否则不能解除合同,只能请求损害赔偿。美国普通法则认为,维持条款不仅明示保证在交船时船舶处于适航状态,而且出租人有义务在整个租期内保证船舶处于适航状态,且这一适航状态属于事实问题,不能说拥有了船级社签发的船级证书就表明出租人尽了适当谨慎提供适航状态的义务。不适航的举证义务由承租人负担。

在船旗国或航行区域限制内某一国家的法律,对船舶或其设备提出新的要求时,为了保持船舶处于充分有效状态,需要更新、更换或改造船舶设备。而这时又处于租期中,则费用及风险的负担责任应依据具体情况确定。根据英美法的做法,一般有两种方式。第一,当双方当事人都没有事先预计或分配这种法律上的新要求会带来的风险,并且继续履行合同所需要的费用变得商业上不可行时,遵循"合同受阻"的有关原则处理。第二,不属合同受阻的情形时,应当考虑:①这种法律上的要求是否属于基础设备的改进;②这种法律上的要求是否是通常租约中正常的,并需要出租人维护的项目。满足这两项的,则出租人有义务负责更新并负担风险,否则由承租人承担。为了避免争议,当租期较长时,最好在合同中订明有关的条款,以分清双方的责任。我国《海商法》对此没有明确规定。

NYPE'46 格式第 8 条规定:"船长应尽快速遣完成航次并提供习惯性的帮助。船长(尽管由出租人雇佣)应视为承租人的雇佣人员和代理人,听从承租人的一切命令和指示。承租人在船长的监督之下负责装载、积载和平舱作业,并负担相应的费用,船长有权按照大副收据或理货单的内容对所递呈的提单进行签发。……"

期租合同下,船长是由出租人雇佣并任命的,但依据该条款,船长视为承租人的雇佣人员或代理人,有义务听从承租人关于营运方面的命令和指示。关于船舶航行安全方面及船舶管理方面,仍应听从出租人的命令和指示。如果是船长或船员擅自拒绝承租人的合理指示,承租人有权要求出租人予以更换。BALTIME 格式中规定:"如果承租人提出理由,对船长、高级驾驶人员及轮机管理人员的行为不满时,船舶所有人接到意见书后,应立即调查事实,在必要与可能时予以更换"。也即,在定期租船合同下,船员受双重领导。租船双方均对其负有责任。例如,在停租条件中,人员不足时的船员配备应有船舶所有人负责。

承租人作出的命令或指示也应该是合理的,不应包括如下 3 个方面的内容:①涉及船舶安全航行及船舶管理方面。②与租船合同无关的。如在还船前加满廉价燃油的命令。③任何不合理的命令。如要求船长签发倒签提单、要求无正本提单放货、擅自装运甲板货或者非法签清洁提单等。另外船长、船员应提供习惯性的帮助,如同船舶仍在出租人支配之下。

2)承租人提供的条件

1946 年 NYPE 格式第 2 条规定:"That the Charterers shall provide and pay for all the fuel except as otherwise agreed, Port Charges, Pilotages, Agencies, Commissions, Consular Charges (except those pertaining to the Crew) and all other usual expenses except those before stated, but when the vessel puts into a port for causes for which vessel is responsible, then all such charges incurred shall be paid by the owners. Fumigations ordered because of illness of the crew to be for Owners account. Fumigations ordered because of cargoes carried or ports visited while vessel is employed under this charter to be for Charterer's account. All other fumigations to be for Charterers account after vessel has been on charter for a continuous period of six months or more."

承租人提供上述条件并支付相关费用的义务是一项绝对的义务。例如必须进行引航时，承租人应支付引水费用，但引航员并不是承租人的雇佣人员，所以对于引水员的疏忽造成的船舶损害或产生的责任，仍由出租人自己承担。有些业务是船长应该自己做的，也没有授权给代理，而船长却误以为该项业务应由承租人委托的代理进行，则此时承租人无需对代理的这种不履行负责。一般情况下，代理费应有承租人负责。世界上有些港口，如南非港规定代理费由承、出租双方按其委托代理的工作量分摊。

提供燃油并支付费用，是承租人的一项基本义务。在实践中也是最容易产生争议的地方。主要表现为：

(1)燃油数量。承租人有责任提供符合合同规定的正确数量的燃油。尽管承租人在期租合同下有提供燃油并支付费用的义务，但出租人也具有为了使船舶适航，进行燃油提供的相关工作的义务。即出租人或船长应当将船舶以前及现在燃油消耗量的情况，以及为保证船舶安全地完成承租人指示的下一个或几个航次，船舶所需燃油数量情况告知承租人。如果承租人完全合理地相信出租人提供的上述信息是真实的，即使事后发现有误，承租人对因未提供适当数量燃油产生的损失也不负责任。

(2)燃油的品质。承租人有义务提供符合期租合同中规定的被租船舶机器型号的燃油。但在出租人没有通知的情况下，承租人也没有义务提供任何机器所需的不同寻常的燃油类型。实践中，通常在合同中明确写明船舶所需燃料的种类、等级、含水量等。承租人有义务遵守，否则必须就提供的不符合要求的燃油对船舶产生的损害及由此而产生的其他损失等负责。此外，期租合同通常都对交、还船时，船上剩余的燃油量的多少作出明确规定，并由接受船舶的一方按当时当地的市场价格购买船上剩有的燃油。

3. 租期(Charter Period)

定期租船的租期从交船时开始到还船时结束，即这之间的时间构成了租期(The time between delivery and redelivery constitutes the period of the charter)。

定期租船合同中有许多关于租期的约定方法，大致可归纳为：

(1)租期为××个月。例如，12个月，24个月等；

(2)租期大约××个月。例如，大约12个月等；

(3)租期为××个月，或多或少××天，由承租人选择。例如，6 months, 10 days more or less at the charterers' option；

(4)租期不超过××个月，不低于××月，例如，not more than 18 months, not less than 12 months；

(5)租期为××月到××月的必要时间以便完成航次，例如，the period necessary to Perform the voyage such as ×× to ×× months。

上述约定中表示的月份(或年份)，均为日历月(或日历年)。实践中，关于租期经常产生纠纷。对于第(1)、(2)、(5)种方法,在法律解释上都通常默认应包括一个合理的宽限期(Reasonable Margin),而不仅仅是规定的日期。但这个宽限期究竟是多长,要依据每一个具体合同而定,可能是几天、几个星期,也可能是1个月。第(3)种方法已经明确规定了宽限期,只要在合同规定的上下幅度范围内,还船都不被视为违约,但不允许超限。第(4)种方法因同时规定了上、下限,这本身就是一个明示的宽限,因此不允许有任何延误,即使超出租期一天还船,也是违约行为。

近年来较多采用的"3+3"方式是指承、出租双方签订的期租合同为3个月,但在这3个月届满时,由合同规定的一方选择是否续约3个月,在续约期内原合同的条款基本不变。而且这种方式对出、承租双方也有约束力。如果合同规定由承租人选择是否续约,则第一次3个月租用结束时,出租人不得擅自将船舶出租给其他第三人,需等候承租人选择;同样如果合同规定由出租人选择是否续约,则承租人在得到出租人否定的答复之前,仍受原合同的约束。

4. 交船(Delivery)

船舶所有人在合同约定的时间及地点,将合同中指定的船舶交给承租人使用的行为称"交船"。在实际交船之前,船舶所有人应事先通知承租人预期交船日期及确切交船日期,以便让承租人作好接船准备和安排船舶货运任务。如果船舶所有人没有在合同约定的时间内进行交船,承租人有权取消合同并提出损害赔偿。

1)交船日期

交船日期的规定通常有几种方式:①特定日期;②从××日至××日;③不早于××日或不晚于××日。

船舶调配受到的制约因素和随机因素较多,船期保证往往比较困难,所以,固定的交船日期对船东约束太大。因此,出租人常常在特定日期之前加上"大约"一词。除因合同规定的免责事项造成延迟到达外,如果出租人未按照合同约定的日期到达交船港交付船舶,只要超过了解约日,承租人就可以解除合同,并可索赔因船舶晚到而给承租人造成的损失。多数情况下,交船日期的最后一天为解约日。为了更好地做好交接船舶的准备,有的合同明确规定,出租人应在预计交船日期之前的若干天内向承租人递交书面通知。

2)交船地点

交付船舶的地点主要根据合同来确定。BALTIME格式规定是某港内一个能安全停泊并永远处于漂浮状态的泊位(in such available berth where she can safely lie always afloat…)。这里,即使是属于可以安全搁浅的泊位,仍然不被视为安全泊位。

NYPE'46格式则规定,"交船地点是在承租人控制之下,并由其指定的某一码头、泊位或地点(该码头、泊位或地点应使船舶在任何潮汐下安全停泊并永远处于漂浮状态,除非另有第6条的规定)"。而第6条的内容大致是:如果根据当地习惯,某一种类型的船舶能在这种停泊地点安全搁浅,则该停泊地点仍满足"安全停靠并永远漂浮"的条件,即不被视为不安全泊位。

通常实践中交船地点订得较具体,常用的交船地点条款有:

(1)在可抵达的泊位交船(at the Reachable Berth)。又称为"泊位交船"。承租人指定的交船泊位必须能使船舶到港后安全靠泊。如果承租人未提供泊位,船舶到港后因不能及时靠泊履行交船手续所产生的等泊时间损失,由承租人承担。

这时,船舶所有人须自付支付船舶进港的引航费和拖轮费,船舶的港口使费等。船长还须熟悉港口情况,如进出港航道是否很长,是否拥挤,有无罢工存在等。为避免港口拥挤造成的损失,可争取在条款的“泊位”一字前加上“可靠泊的”(reachable),从而将等泊时间转嫁给承租人。

(2)到达引航站交船(on Arrival Pilot Station)。英文简称“APS”的情况下,只要船舶在合同约定的时间内抵达交船港的引航站,不论是否履行实际交船手续,该被认为已经依约交船。承租人负责船舶的引航。另外,要确认是交船港口的哪一个引航站,为此要求签订合同的人必须具备丰富的地理知识,否则会产生必要的费用和麻烦。

(3)引航员登轮交船(on Taking Inward Pilot)。英文简称“TIPU”的情况下,即使船舶已到达交船港或交船港的引航站,但只要引航员没有登轮,就不能认为船舶所有人已履行了合同规定的交船义务。在很多场合下,船舶由于种种原因不得不在锚地等待,这对船舶所有人造成时间损失。对此,国际航运惯例认为,由于恶劣天气致使引航员无法登轮,造成船舶等待的时间损失由船舶所有人承担;而由于港口拥挤等其他原因导致船舶不能进港和引航员不能登轮,船舶等待的时间损失则应由承租人承担。船舶的引航费、拖轮费及港口使费也由承租人负责。

3)交船条件

交付的船舶应具备的条件、是否符合合同规定、是否需要检验等是承租人尤为关注的问题,也是期租合同中的一个主要条款。

(1)交船时的最初适航(Initial Seaworthy)。NYPE'46 格式规定,交付的船舶应该是“紧密、坚固结实,并在各方面适于运输(being tight, staunch, strong and in everyway fitted for the service)。

BALTIME 格式的规定是“在各方面适于普通货物运输(being in everyway fitted for the ordinary cargo service)。

在这里出租人提供适航船舶的义务是明示的。即使合同中没有明确的关于交船船舶状态的规定,出租人也有默示义务提供适航船舶。适航的含义不像条款内容字面含义所言,不仅仅限于船舶本身的适航,还应包括提供正确的海图、相关的船舶证书,船员不论在质量上还是数量上都满足船舶需要,货舱及设备适于货物运输等,因此应该是广义上的适航含义。

为如实记载交船时船舶的状况和避免租期届满时可能引起的有关船舶状况的纠纷,合同中常常规定对交付的船舶,由船舶验船师对交付的船舶进行检验,出具相应的检验报告(Survey Report),并拟制一份“交船证书(Certificate of delivery)”。由双方当事人或其代表签署的“交船证书”上应载明交船日期和时间、交船时船上的剩油数量和机舱用淡水数量、船舶各方面的实际状况等。一般来说,交船时的船舶检验费及所花时间,由承租人负担。

根据 BALTIME 格式,因更强调了“Ordinary Cargo”,所以作为出租人,提供的船舶应适合于一般的普通货物运输,不必满足任何一种货物的特殊要求。这样一旦合同允许承运某种特定货物的话,为了更好地承运此货所需要的特别设施,即使出租人不提供,也不被视为违反船舶适航义务。对于这点,NYPE'46 的规定并不明确。一般认为在 NYPE'46 格式下,如果合同规定允许承运某些特别货物,或允许承租人选择特殊贸易或货物的话,则出租人有义务提供符合上述货物运输所需的特别设备,否则视为违反适航义务。当这种设备花费较大,出租人又不肯承担费用时,就容易产生纠纷。所以,NYPE'93 格式已经注意到了这个问题,进行了修改,增加“Ordinary Cargo”一词,以使条款更加明确。

(2)交船时的燃油问题。作为交船条件之一,合同中还往往订有一项"燃料条款(bunker Clause)"。在条款中规定,承租人应在交船地点接受船上剩余燃油,并按当地的市场价格进行结算后支付给船舶所有人。为保证船舶所有人在接受船舶时能充分利用船舶的载重量,以及防止船舶所有人利用不同地区的差额油价从中获利,NYPE'46 第 3 条规定了交、还船时,船上应剩余燃油的最高限和最低限,合同一般都对其予以限制。

关于交、还船燃油价格如何确定的问题,除了常见的按当时当地的市场价格计算之外,还有:①按合同双方约定的价格计算。但如果期租合同的期限较长,会因通贸膨胀的原因,使双方在合同中约定的价格与实际价格相差甚远。因而这种方法比较适合于短期期租合同。②按最近的主要加油港的价格计算。但最近的主要加油港的含义很难界定。③按最后几次船舶实际加油的发票价格平均计算。这种方法比较理想。作为出、承租双方可以根据实际情况选择其中的一种方法。

5. 还船(Redelivery)

租船人在合同约定的租期届满时,将船舶还给船舶所有人的行为称"还船"。在实际还船之前,承租人应事先向船舶所有人发出通知。

1)还船日期

还船与交船一样,通常合同中都对还船的日期、地点、条件等加以明确规定。原则上,承租人应在租期届满时还船。但是,如前所述,合同中对租期通常只确定一个大约期限,因此,承租人可以在合同约定的租期届满前或后进行还船。这主要取决于租船人使用船舶进行最后一个航次(Final Voyage)的结束时间。

通常合同都规定,还船前承租人应提交一份还船通知(Notice of Redelivery),以便出租人做好交接准备,并安排还船后的营运工作。BALTIME 格式规定"应在还船前 10 天将具体还船的港口及大约时间通知出租人",未要求还船通知必须是书面的。但,最好采用书面形式。NYPE'46 第 4 条规定"应在还船前 × × 天,将可能的还船港口(Probable Port)及预计还船日期,通知出租人,……"。实践中,往往将"Probable Port"删掉,修改为明确具体的还船港。

尽管合同中都有关于租期的规定,但是在实践中,很少有船舶最后航次的结束日恰好与租期届满之日相吻合,常常出现延迟还船或提前还船。

(1)延迟还船(Redelivery after the Expiration of Hire)。又称"超期还船(Overlap)"。根据最后一个航次是合法履行,还是非法履行,其法律后果是不同的。

①合法的最后航次(Legitimate Last Voyage)。根据英国法律,如果承租人在指定最后一个航次时,能够合理地预计到船舶可在租期届满之前完成的航次,尽管实际上构成了延迟还船,仍是合法的最后航次。根据美国法律,如果船舶履行最后航次,将超出租期,则超期称为 Overlap;如果船舶不履行最后航次,将提前还船,则提前的日期称为 Underlap。如果 Overlap 不超过 Underlap,则该航次为合法的最后航次,反之则为非法的最后航次(Illegitimate Last Voyage)。

如果是合法的最后航次,则对于承租人所作出的航行指示,船长有义务听从。且如果船舶不是由于合同双方负责的原因被延迟,则租船合同将延续至航次终了,租金按合同约定的费率支付,直至航次终止,而不管此时航运市场的租金率是上升还是下降。如果是承租人违约造成船舶延迟还船,则对任何超期时间的租金计算,在市场租金率(Market Rate)高于合同中的租金率时,按当时的市场租金率计算租金;如果当时市场租金率低于合同中的租金率,则按合同租金率计算租金。

②非法最后航次(Illegitimate Last Voyage)。当承租人指定最后一个航次时,不是经过合理估算,而是故意,明知履行该航次会导致延迟还船,而仍然履行该航次的,则为非法的最后航次。

对于非法的最后航次的指示,船长有权拒绝,并请求承租人重新指定一个合法的最后航次。如果承租人不重新指定的话,则出租人有权视合同已经终止,并请求损害赔偿。如果船长听从了承租人关于非法最后航次的指示,而出租人并不知晓,则事后出租人仍有权拒绝继续履行航次,并请求违约赔偿。即出租人有权要求租船人支付租金直至还船。且当航运市场的租金率上升时,应当支付的是较高的市场租金率。而实际上,市场租金率却难以确定。

我国《海商法》第143条规定:“经合理计算,完成最后航次的日期约为合同约定的还船日期,但可能超过合同约定的还船日期的,承租人有权超期用船以完成该航次。超期期间,承租人应当按照合同约定的租金率支付租金;市场的租金率高于合同约定的租金率的,承租人应当按照市场租金率支付租金。”

上述规定没有明确定义什么是合法的、或非法的最后航次,但其规定与英美法中的“合法最后航次”的含义相似。不过,关于合法的最后航次下产生的法律后果,我国《海商法》的规定与英美法的规定是不同的。至于非法的最后航次的法律后果,《海商法》没有作出明确规定。

NYPE’46第13条规定:“只要承租人在规定期限内向出租人提交了书面通知,即可选择延长租期,且不止一次地延长……”。这样的条款造成了承租人选择合同延期与否的随意性。如果到租期结束时航运市场的租金率上升,则承租人会选择延长租期;如果航运市场的租金率下降,则承租人会毫不犹豫地解除合同,以便寻找租金水平更便宜的船舶。而无论哪种情况都对船舶所有人不利,所以一般不要在合同中约定这样的条款。使用NYPE格式时,应对此条款予以适当的修正。

(2)提前还船(Early Redelivery)。当实际还船日期早于合同规定的应还船日期时,会构成提前还船(under lap)。根据英美法,一方面出租人必须接受提前交还的船舶,并采取合理措施安排船舶继续营运,以便减少损失。另一方面,出租人可对承租人提前还船而产生的净营运损失提出赔偿请求。

2)还船地点

与交付船舶相似,还船地点一般规定为某一特定港口或地点,例如“引航员离船地点(Drop Off Pilot,DOP)”,或者规定某一范围内的某一港口或地点由承租人选择。为便于调配船舶的方便,实践中采用后者的比较常见。“引航员离船”的时间为还船时间,这是指还船地点的当地时间(Local Time)。

BALTIME第7条规定“在××范围内,由承租人选择一个非冰冻的港口还船,还船应在上午9点至下午6点之间进行,如果是星期六,则在下午2点以前交付,但不允许在星期日或任何法定假日内还船……”。NYPE’46没有这样的限制,通常解释为合同中关于航区限制内任何一个地点,由承租人选择。

3)还船条件

与交船的情况相同,租船人还船时,作为还船条件之一,船舶所有人必须接受船上的剩油,并按当地的市场油价结算后支付给租船人。

BALTIME 格式第 5 条对承租人按当时当地的市场价格购买船上剩有燃油的范围作出规定。此规定基于以下考虑:①期租合同下燃油费由承租人支付,并提供燃油。所以,如果船上剩余燃油过少,会使承租人不得不支付一定费用,并付出精力来添加燃油,以保证适航的需要,也可能会因交船港或其附近港口没有合适的燃油提供,致使承租人在安排营运上带来麻烦;②如果船上剩余燃油过多,一方面会影响承租人安排货载,使载货能力下降;另一方面,如果交付船舶的当地燃油价格很低,出租人恐怕会在交船港之前某一燃油价格较高的港口加油,从而增加承租人的额外经济负担。因此,租船合同里通常同时规定一个剩油数量的上、下限。

作为还船条件之二,是要求所还船舶应处于与交船时同样的良好状态,正常磨损除外(in like good order and condition, ordinary wear and tear excepted, as on delivery …)。因此,如果船舶有损坏,租船人应在还船之前将其修复。否则,租船人不但要负责船舶的修理费,而且还必须赔偿船舶所有人在修船期间所遭受的一切经济损失。

还船时,船舶是否处于与交船时同样的良好状态,需要进行与交船时的验船相同的检查。为了履行还船手续和分清责任,可请验船师对还船时的船舶进行检验,并根据验船师所出具的检验报告拟制"还船证书(Certificate of Redelivery)"。经双方当事人或其代表签署的"还船证书"作为还船的凭证,其记载的内容大致与"交船证书"相同。还船时的船舶检验费由出租人承担。通过比较交、还船的检验报告,可以得出船舶是否处于同样良好状态的结论。

我国《海商法》第 142 条对此交船条件作出了明确规定,其中第二款规定"船舶未能保持与交船时相同的良好状态的,承租人应当负责修复或者给予赔偿。"这意味着不论船舶遭受损害程度如何,出租人都有权选择接受船舶,同时要求承租人赔偿和拒绝接受,等承租人修复完毕后再接受还船。出租人掌握主动权和选择权。而英美法规定只有遭受严重损害使船舶处于不适航状态时,出租人才可拒绝接受交付。另外,根据我国《海商法》,如果要求承租人修复船舶,那么修复期间,出租人的损失是否可向承租人索赔,法律规定得不明确。

6. 租金支付(Payment of Hire)

NYPE'46 和 BALTIME 合同格式均对租船人支付租金的方式进行了规定,核心内容是:"按期准时以现金方式预付租金、不做扣减"。NYPE'93 和 BALTIME 合同格式均以 30 天为一个月。

近年来在定期租船合同中又出现了一项"按比例调整条款(Escalation Clause)",目的就是保证船舶所有人能有稳定的租金收入。该条款通常规定:"如果船舶所有人应负担的各项费用在合同缔结后逐渐增加,所增加的部分应由租船人负责"。有的合同规定:"所增加的费用应在双方当事人之间按适当的比例进行分摊"。提出这些条款的原因是:租金在整个租期内基本不变,然而,当今的世界基本处于通货膨胀状态,造成船舶所有人的船舶营运费用的增加。而租金水平的不变,在很大程度上就使船舶所有人的收入减少。所以,出现了这样的条款,尤其是租期较长的租船合同。

1)现金支付(Payment by Cash)

这里所指的现金不单纯包括现钞,还包括与现金方式相类似的其他支付方式。这种支付方式必须满足的条件是:①一旦支付,不能撤回或收回(Being Irrevocable);②使出租人无条件地立即使用租金(Unconditional and Immediate Use of the Hire),像银行转账单(Inter bank Transfers)、银行汇票(Banker's Drafts)、银行支付单(Payment Slips)等都可视为现金方式支付。

如果承租人是以类似现金的上述方式支付租金的话,其支付时间的确定是以出租人的银行收到这些票据的时间作为承租人支付租金的时间,而不是以承租人的银行发出上述票据时间为准。

2)不做扣减(Without Discount)

"不做扣减"并不意味着不做任何扣减,根据法律或合同的规定,允许承租人在支付下一期租金时扣除可以扣减的部分,但是,合同中必须有明确的规定。除此之外,承租人不得随意扣减。NYPE'46 及 BALTIME 规定的可允许扣减的事项就不尽相同,以 NYPE'46 为例,常见的可允许进行扣减的项目有:

(1)预先停租(Previous Off-hire)。指在约定支付租金日之前,已经出现了停租事实,可在支付下一期租金时扣减。例如,合同规定在 4 月 30 日支付下一月的租金,但在 4 月 15 日 ~20 日曾经发生过停租的事项,而这部分租金已在上次支付的 4 月份租金时预付了,所以对于这样的停租事由,允许在支付 5 月份的租金时进行扣减。

(2)预垫款(Advances)。指应船长的请求,承租人为出租人预垫的应由出租人承担的营运费用。

(3)船速及燃油索赔。因船体、船机、设备的缺陷、损坏而造成的船速索赔及燃料消耗量索赔。根据英美法,当合同没有明确规定可以进行租金扣减的,可以依照法律的规定,遵循公平原则(equitable Principle)进行抵消,即允许在租金中扣减因出租人违约造成承租人无法全部或部分使用船舶而产生的损害。基于该原则,通常认为像船速索赔及船舶短装(Short Lift)给承租人造成的损失,是可以从预付的租金中扣减下来的。

(4)船上生活用燃油。期租合同中承租人有义务支付全部燃油费。但如果合同中明确规定生活用燃油的费用由出租人支付(如 NYPE'46 第 20 条的规定),则承租人有权在提供了全部燃油之后,在租金中扣除应由出租人负担的部分。

不论是基于合同条款的明确规定,还是根据上述公平原则,如果承租人有权扣减租金的话,应遵守诚实信用的原则(on bona fide),扣减一个合理数额。即使可能实际上多扣除一些,出租人也不能以此为理由撤船,除非能证明承租人违反了诚实信用原则。在我国,在合同双方未有明确规定的情况下,一般认为租金不能随意扣减,否则视为承租人违约。因为支付租金是承租人的一项基本义务,扣减租金是另外一个诉因,不能二者混淆。

3)预付(In Advance)

预付是指租金应在支付日之前或当天支付,不得晚于支付日(on or before but not after than the due date)支付的行为。支付日必须是银行工作日,除非另有明示规定,否则承租人只要在支付日午夜之前支付租金即可满足"预付"的含义。如果支付日恰好是非银行工作日时,则承租人应在前一银行工作日当天或之前支付,才能满足"预付"的要求。所以对于承租人而言,在应付日当天或之前支付租金是其一项绝对义务。

对于每期租金支付的方式上,NYPE'46 规定为每半月(Semimonthly)支付,BALTIME 规定为每 30 天支付。实践中,常按月支付(Monthly)。对于最后半个月或一个月租金应如何支付的问题,两种格式的规定也略有不同。BALTIME 格式规定,如果合同中没有明确条款表示相反意见的话,对于最后半个月或一个月的租金应全额支付,尽管当时的情况已经明确表明船舶会在这半个月或一个月届满之前还船。对于多付的租金,应在还船后,由出租人退还给承租人。NYPE'46 格式规定,如果承租人能够合理预计将提前还船,则承租人可以预付估计的租金额,而不是全额支付。如果预计到将延迟还船,则承租人应全额支付租金直至原定租期届满,并对超期部分每天支付租金(Day by Day Payment)。

7. 撤船(Withdrawal of Vessel)

对租船人而言,其首要的义务是在整个租期内根据合同的规定按期准时预付租金。除非租船人事先提供银行担保或担保金(Bank Guarantee or Deposit)。如果租船人未按期准时预付租金,船舶所有人可在事先不给租船人任何抗议(Protest)的情况下,将船舶从租船人那里撤出,但这并不损害船舶所人对租船人可能提出的任何其他索赔(without prejudice to any claim the owner may otherwise have on the charterer)。这就是有利于船舶所有人的"撤船选择权(Owner's Option of Withdrawal)"。因此,船舶所有人一旦决定撤回船舶,就意味着船舶所有人因租船人没有履行准时支付租金的绝对义务而解除合同,从通知租船人撤船时起,合同即告终止。

1)撤船的条件

如上所述,撤船的条件是:在租船人未按期准时预付租金时,船舶所有人又可在事先不给租船人任何警告的情况下,从租船人那里撤船。NYPE'46 规定:"未能按时、定期地支付租金即可撤船(fail to punctual and regular payment of hire…)",而 BALTIME 规定"……支付上的不履行…(in default of payment…)"。所谓的"支付上的不履行"是指:"支付上的不履行,且这种不履行仍在持续(in default of payment and so long as default continues)"。如果承租人在出租人尚未决定撤船之前,已经将晚付的租金付出或提交给出租人,则出租人丧失撤船权。

这种严格的义务是看似出于保护船舶所有人利益的观点出发的,但在现实中有其不尽合理之处。如果因为租金晚付几天而轻易撤船,一般出租人很难在近期以较高的租金水平将船舶率租出;而有时造成租金晚付的许多情况并非是承租人本身的过错,而是由于银行、通信等其他方面的原因造成的;再是有些情况下,短日的租金晚付,并不给出租人带来真正的重大损失,而一旦撤船,承租人将丧失合同利益,甚至面临货主的索赔,损失较大,船舶所有人有时也难以脱离干系。

为避免出租人擅用撤船权而带来的不应有的损失,现在,在一些期租合同中出现了"反技巧性条款"来限制出租人的撤船权。如果合同中没有类似条款的话,则承租人或其代理人就应谨慎保证租金的正确支付。

反技巧性条款(Anti-technicality Clause),又称"抵御市场波动条款",其通常含义大致为:"当承租人没有按时、定期地支付租金时,出租人应书面通知承租人可以在××银行工作日内改正其过错。(when there is any failure to make punctual and regular payment of hire, the Charterers shall be given by the Owners ×× bank's working day written notice to rectify any failure.)"。

尽管 NYPE '46 及 BALTIME 格式中没有这种条款,但实践中,合同当事方往往订有这一条款。NYPE '93 在第 11 条中将上述内容包含其中。尽管撤船权是出租人的一项权利,但当航运市场不太景气的情况下,出租人往往不会轻易撤船;而当租船市场行情看好时,出租人为获取更大利益,会轻易地撤船。如果有了反技巧性条款,可以在某种程度上抵御市场波动而带来的风险。

如果出租人决定撤船,应当向承租人发出书面的撤船通知(Notice of Withdrawal)。撤船通知应当送达给承租人,如果出租人只是将该通知下达给船长是不够的。自承租人收到撤船通知时起开始实施撤船。出租人作出的撤船决定应当具有终局性(Final),不能只是借撤船通知威胁或恐吓承租人。

出租人作出撤船决定并明确指示给承租人的情况下,并不因为航次已经开始而受到影响。但是,船舶所有人在行使撤船选择权时,必须掌握撤船时机,注意以下不同情况:

(1)如果撤船时船舶正在装货港装货,应先将已装船的货物卸下后才能撤回船舶,卸货费应由租船人承担。

(2)如果撤船时船舶正在航行途中且船上装有货物,船舶所有人应指示船舶开往货物目的港,而不能任意将货物卸在其他港口以致损害善意的第三方(指收货人)。以免返回原装货港将货物卸下或驶往其他港口卸下时,面临来自承租人以外的第三人(货方)的压力或扣船的危险。

(3)如果撤船时船舶正在卸货港卸货,必须待船舶卸完货后,方可撤回船舶。

(4)把握时机,在船舶空载时撤船。

2)撤船的法律后果

出租人通过撤船来减少损失,也使期租合同归于终止。关于撤船后,出租人是否有权向承租人索赔,我国《海商法》第140条规定:"承租人应当按照合同约定支付租金。承租人未按照合同约定支付租金的,出租人有权解除合同,并有权要求赔偿因此遭受的损失。"虽然条文中并看不出来撤船的字样,但有权解除合同的含义与撤船是一致的。而且,《海商法》明确了出租人因撤船而产生损失的索赔权限。

在英国,倾向于要视具体情况而定。如果在一般情况下,承租人纯粹是在时间上存在延误,本身没有疏忽或过错,则出租人不能向承租人索赔所受损失;如果承租人的晚付明显构成"毁约行为"(repudiation),如承租人明确表示将不再付租金,则承租人应当赔偿船东因此遭受的损失。在美国,则认为只要承租人晚付租金,就构成"毁约行为",出租人不仅有充分的理由终止合同,还可以就因此产生的损失向承租人索赔。

3)撤船权的放弃(Waiver of the Right of Withdrawal)

撤船的决定应在合理时间内作出,否则将被视为放弃撤船权利。下面几种情况会构成弃权。

(1)接受晚支付的租金。如果出租人在作出撤船决定之前,接受了晚支付的租金,则出租人不能再针对此次晚付租金的行为提出撤船。当然,是否已经接受了晚付的租金,是一个事实问题。要注意的是出租人银行的接收汇款的行为,不等于代表出租人本人接受了租金。在出租人银行收到承租人晚付的银行汇票或支付单之后,立即将钱款转至出租人账号上,但出租人明确表示拒绝接受的情况下,尽管事实上钱款已到银行,但不被视为出租人接受了租金,所以不能构成弃权,出租人仍有撤船的权利。

(2)接受了及时付出的不足额的租金。如果出租人接受了不足额的,但及时付出租金的话,就不意味着放弃了撤船的权利。出租人应当给承租人一个合理的时间予以补正或说明短付的理由,如果在规定时间内补正或者短付理由存在,船东可放弃撤船权;如果规定日期届满,承租人仍未采取任何措施,则出租人仍然有权撤船。

(3)出租人确认继续履行合同。当出租人致使承租人相信合同将继续履行时,则表明出租人放弃撤船的权利。

8．停租(Off-hire)

停租是指在租期内,因约定的原因,船舶在租期的某段时间不能有效地供租船人使用时,承租人可以在停止使用期间,中断支付租金的行为。

1)停租的条件

不同的合同对停租的规定是不同的。BALTIME 第 11 条规定的停租条件:

(1)船舶入干坞;

(2)为了维持船舶的有效性而采取的其他合理措施;

(3)人员或物料的不足;

(4)机器损坏;

(5)船壳损坏;

(6)其他事故等,防止或阻碍了船舶的工作并持续 24h 以上时;

(7)清洗锅炉工作将超过 48h 时则在船舶无法从事营运,并因此而损失的时间内停付租金,直到完毕恢复营运为止。

NYPE’46 第 15 条规定的停租条件:

(1)人员或物料不足;

(2)火灾;

(3)船壳、机器或设备的损害或故障;

(4)搁浅;

(5)船货产生的海损事故而引起的延误;

(6)为检查或油漆船底而进入干坞;

(7)任何其他阻止船舶处于充分工作状态。

在因此而造成时间损失期间,租金停付。

凡对合同没有订明的停租原因,租船人必须继续履行支付租金的义务。在实际中,如果租船人准备停租,必须事先向船舶所有人发出“停租声明(Off-hire Statement)”。由于租金一般都是预付的,因此,对停租期间的租金应从下次支付的租金中予以扣除。

有关停租时间的计算问题,要视合同的具体规定。有的合同规定:从船舶不能正常使用时开始停租直至恢复正常工作状态才重新起租。有的合同则规定,如果船舶在连续 24h 内不能有效地供租船人使用,停租时间从宽限的 24h 结束时开始起算直至重新起租。

如果租船人租用的船舶发生灭失,从船舶发生灭失时开始停租。在不能具体确定船舶灭失时间的情况下,习惯上从最后与船舶的联系日起停付租金。

(1)“人员不足”的含义包括船舶配备的船员数低于能够完成航次运输工作的人员数量;以及在船人员中没有能够使船舶处于充分有效工作状态的足够人数两种情况。国际上,对于核定在船人员数的规定因国家而异。所以,在船人员数不是停租的依据,而要看是否能够使船舶处于充分有效工作状态。

(2)“造成船壳、机器或设备的故障或损坏”,通常认为不论是由于船舶、机器或设备的潜在缺陷造成的,还是由于其他原因造成的故障或损坏,都可以以此为由停租。“其他原因”通常是指船舶发生碰撞、搁浅等海损事故。只有上述原因实际造成承租人时间损失时,才可停租。

(3)"造成船舶或货物的海损事故而产生的延误(detention by average accidents to ship or cargo)"可以停租是NYPE'46格式中的规定。是指因发生海损事故而需在港口额外停留或者维修或者出现其他滞留情况时,可以进行停租。但许多合同将"cargo"删掉,因为如果发生的某一次海损事故仅仅影响到货物,而不影响船舶营运时,损失的时间应由承租人自行负担,不能以此为由停租,而将风险转嫁到船东。另外,如果海损事故的发生是由于承租人的过错造成的,即使有滞留情况发生,一般也不能停租。

船舶在营运中为了保证船舶安全,满足船级证书要求,或由于航行中的某些事故,入坞进行检查,是必要的,所以,通常合同都规定允许停租。但如果是由于承租人违约的原因致使船舶入干坞的,一般不可停租。除非合同另有约定。

上述停租事项,依BAILTIME格式只有超过连续24h的情况下才可以停租。而NYPE'46则没有24h的限制。可以看出,NYPE格式下,承租人更容易停租,因而对承租人比较有利。

(4)"阻止船舶处于充分工作状态下的任何其他原因"的"任何其他原因"(any other cause),一般适用"同类原则(Ejusdem Generis)",只能是类似于合同规定的其他原因,不能像"any"字面意思所表示的可以扩大至更广的任何范围。如果在其后加上"无论如何"(Whatsoever),则可以使其含义变宽。但仍然不能宽得足以将任何什么原因均包括进去。

2)停租的恢复

关于何时开始重新支付租金,即恢复停租,存在两种不同观点:即净时间损失原则和期间停租原则。

"净时间损失原则"又称"纯时间损失原则"。即仅对停租原因造成的净时间损失期间停租。"期间停租原则",则是指只要船舶一旦恢复充分有效的工作状态,就应恢复支付租金。

BALTIME格式明确规定采用"期间停租原则",对出租人较有利。NYPE'46格式对此规定得不明确,英美法院的解释,一般认为采用"净时间损失"原则。

3)停租期间承租人的义务及赔偿

在停租期间,承租人有不支付租金的义务,但仍有其他的合同义务,除非合同另有明确规定。这些义务包括提供并支付燃油、负责安排货运等。

如果承租人能够证明引起停租的事由是由于出租人的违约造成的,可就预先支付的停租阶段期间的租金、提供的燃油或其他利益损失向出租人索赔,即停租并不影响承租人的索赔权。

另外,停租期间是否应从租船合同的租期中扣除的问题尚没有一致的结论。一般认为租船合同的租期照常计算,即不得因停租事项发生而使还船期限相应顺延,除非合同另有明确的规定。

9. 义务、责任及免责

出租人及承租人应提供的事项已在本章前面论述,除此之外,通常还有:

1)出租人的义务与责任

(1)提供适航船舶的义务。期租合同下,出租人有责任和义务提供一艘适航的船舶,包括交船时的最初适航和维持适航义务,不同阶段的义务标准同。

关于最初适航(Initial Seaworthiness)已在交船的内容中阐述。出租人应承担绝对适航的义务,该义务的严格程度要比1924年“海牙规则”规定的适航义务严格得多。因此,在实践中,合同当事人常常会在合同中订立附加条款或首要条款,将“海牙规则”或“海牙—维斯比规则”中关于承运人提供适航船舶的规定并入到期租合同下,从而降低其义务的程度。

维持适航(Maintenance of Seaworthiness)义务是指船东在整个租期内,都有维持船舶处于适航状态的义务,并保证在租期内每一航次开航前、开航当时船舶必须处于适航状态。根据各国普遍解释认为,维持船舶适航的程度为“尽到合理的谨慎、小心”,即使是开航后,船舶没有处于适航状态,只要出租人在合理时间内采取合理措施予以弥补,就不算违反维持船舶适航的义务。

我国《海商法》第132条、第133条分别对上述两项义务作出明确规定。但《海商法》规定,不论是交船时的适航,还是维持义务下的适航,其程度都规定为“应当做到谨慎处理”(Due Diligence)。

关于船舶适航的条件,与班轮运输和航次租船运输中的条件没有不同之处。有所区别的是,保证适航的责任与某些费用的分担责任分离。例如,定期租船合同中规定,燃料由承租人负担,但一个航次中所补充的燃油是否满足需要检查责任在船长,船舶所有人也负有监督责任。

(2)不得进行不合理绕航和尽快速遣的义务。出租人有在租期内每一航次下尽快速遣、尽快航行的义务,不得进行任何不合理的绕航。合理绕航的含义与航次租船合同绕航相同,除此之外均属于不合理绕航。出租人应不中断地,尽当时可能情况及安全允许的情况下,尽快完成航次。如果船舶进入不合理的避难港或进行不合理的停留;或拒绝驶往承租人指示的合理港口;或错误地拒绝装卸货,致使未能及时完成航次的,都属于未尽到合理速遣的义务。

关于这一义务的法律和合同规定均无,通常实践中需要增加附加条款来加以明确。如将“海牙规则”或“汉堡规则”中关于合理绕航的并入进来,从而使之明确并扩大其范围。

2)承租人的义务与责任

(1)承租人保证港口(或泊位)的安全性。在航次租船合同中,有时由承租人指定港口并保证港口的安全性,而在期租合同中,承租人有义务在整个租期内保证所指定的港口的安全性。根据英美普通法的规定,即使合同中无明确的规定,承租人也有默示义务保证港口的安全性。实践中,当事人通常在合同中予以明确规定。

港口的安全性与每一艘船舶及当时的特定情况有关。所谓安全港口是指某一特定船舶在没有异常事件(Abnormal Occurrence)发生的情况下,能够安全地抵达、停留并离开港口,而不会遇到任何使用良好船艺也无法避免危险的港口。港口的安全性体现在:①自然或地理条件上的安全;②政治意义上的安全。前者的内涵与航次租船时的相同。后者是指船舶在驶进、驶出时不会遭受战争、捕获、扣押等风险,船员也不会因政治因素禁止出、入港口。

尽管承租人有义务保证港口的安全性,并不能要求港口每时每刻都是安全的。如果仅仅是临时性的危险,不能视为不安全港口。港口的安全性的时间性采用“可望安全”原则(Prospectively Safe Theory),并要求承租人选定港口时应尽:

①首要义务(Primary Obligation)。即在指定港口(或泊位)当时,该港口(或泊位)可望是安全的,不要求港口实际上必须是安全的,但船舶将来某一时间低达、停留或离开该港时,应该是安全的。

②继发义务(Secondary Obligation)。当承租人指定某一安全港后,由于异常事件发生,致使该港变得不安全时,承租人有义务取消指定。在双方愿意继续履行合同时,承租人有义务重新指示一个可望安全的港口。当船舶已到达指定港口,而由于异常事件使港口变得不安全,并且船舶可以通过离开港口而避险时,承租人仍具有继发义务重新指定一个港口。

(2)限制使用船舶的责任。在租期内,承租人有权使用船舶。然而,合同往往对租船人的此项权利在某些方面加以了限制。主要体现在:

①对船舶航行区域的限制。承租人指示船舶所从事的航次,必须在合同规定的"航行区域内(within the trading area)",即使对船舶的航行区域规定为"世界范围",也应符合英国保险协会保证限制条款(Institute Warranties Limits,IWL)的规定。

原则上,船长应听从承租人的命令和指示,但如果承租人指示船舶开往合同限制以外的其他航行区域,船长可以拒绝接受租船人的指示。

在合同中对船舶的航行区域进行限制的主要原因有:

A. 由于受船舶保险的保单限制。定期租船的很多情况下,对船舶所有人对其船舶的投保,保险公司根据船舶的实际状况和技术性能接受保险,并在保单中对船舶的航行区域范围进行了限制。因此,船舶所有人可不同意承租人将船舶开往合同和保单限制范围以外的其他航行区域,除非在合同中订明由承租人负责船舶的保险,并在上述情况下对船舶进行加保。

B. 由于受某些政治原因的限制。

C. 由于受地理条件的限制。

②对船舶装载货物的限制。承租人在租用船舶进行运输货物过程中,不能任意装载货物。对此,合同通常对承租人可以在船上装载什么样的货物加以限制。首先,承租人所装载的货物必须是"合法商品(Lawful Merchandise)",即:不能装运船旗国,或货物起运国或运抵国所禁止的货物(The carriage of the cargo shall not be prohibited by the country of the flag of the vessel, or by the countries from, or to which the cargo is transported)。其次,承租人不能装载合同规定不允许装载的货物。当然,双方当事人应在合同中明确规定所限制装运的具体货物。如果承租人执意装载合同限制装运的货物,致使船舶遭受损坏或发生意外事故,承租人必须承担违约责任,赔偿船舶所有人由此而产生的一切损失。

3)免责事项

BALTIME 第 13 条规定:出租人对交付船舶时的延误,或租期内产生的延误及船上货物产生的灭失或损害负责,仅限于是由于出租人或其经理人在使船舶适于每航次时未谨慎处理或任何个人行为或不为或不履行造成的。即,出于其他原因的,出租人不负责。相对而言,承租人应负责赔偿因下列原因,使船舶或出租人产生的灭失或损害:承租人或其雇佣人员因违反规定擅装货物造成的,或在提供燃油,或装、卸、积载货物方面的不当或疏忽,或者任何其他的不当行为或疏忽行为。

NYPE'46 第 16 条第 1 款规定:"因天灾、敌对行为、火灾、君主、统治者及人民的限制以及所有因海上、河流、机器、锅炉及航行中的所有危险和事故,以及任何航海错误而产生的灭失或损害,双方互相免责……"。英美法院对该条款作严格解释,认为上述事项不应包括人的疏忽(Negligence)因素。根据英美法解释,"error"是客观状态下的错误,"Negligence"是主观状态下的过失。一般驾驶船舶和管理船舶都含有主观因素,所以很难通过这一条款免责。由于这一严格解释,一般很难通过此条款免责,所以实践中往往是通过对 NYPE'46 格式第 24 条的解释,将上述免责事项扩大。

我国《海商法》》对此未作规定。

10. 转租条款(Sub-let Clause)

NYPE'46 格式规定:"……承租人有权在本租船合同的整个或部分租期内转租船舶,但承租人仍负有履行本租船合同的责任。"

BALTIME 格式第 20 条规定:"承租人有权转租船舶,但应给予船舶所有人预期通知。并且最初的承租人始终对本租船合同的适当履行向船舶所有人负责。"

期租合同中大多规定承租人有权转租船舶。但转租合同(Sub - let Charter Party)对原合同(Head Charter Party)中的出租人不发生任何合同效力,即转租承租人(Sub-Charterer)不能依据原合同或转租合同向原出租人索赔,反之,原出租人也不能依据原合同或转租合同向转租承租人主张权利。即合同不能赋予权利或强加义务给一个非合同当事人。即,原出租人与转租承租人之间没有直接的租船合同关系。

在转租情况下,如果原出租人签发了提单,且原出租人和转租承租人均为提单的当事方时,二者之间即存在提单的合同关系,相互之间可以依据提单进行索赔。

另外,虽然承租人有权转租,也应在转租时及时通知出租人有关转租事宜,但转租之前不必征得出租人的书面同意,除非合同另有约定。我国《海商法》第 137 条也有类似的规定。

11. 佣金条款

期租合同很多情况下是通过租船经纪人(Chartering Broker)进行的,所以合同中也常常规定佣金条款,明确经纪人应得到的报酬。

NYPE'46 格式规定:依本租船合同获取并支付的租金的 2.5%,作为回扣佣金应向租船经纪人支付。其中,"获取并支付(on hire earned and paid)"表明出租人只有在获取全部租金的情况下,才有支付佣金的义务。如果由于某种原因,承租人未向出租人支付租金,依据 NYPE 的规定,出租人无义务支付佣金,而不管经纪人是否已经有实际费用发生,是否遭受实际损失。

BALTIME 格式规定:出租人根据租船合同,在获取租金的基础上,向租船经纪人支付佣金。但在任何情况下,佣金不得少于补偿经纪人的实际开支和其工作的合理报酬。若由于任何当事一方违约而全部租金未付,则对此负责的一方应赔偿经纪人的佣金损失。若当事双方协议解除本租船合同,则船舶所有人应赔偿经纪人的佣金损失。但在此种情况下,佣金不超过按一年的租金计算的经纪人费用。

BALTIME 格式对佣金内容规定得比较详尽,规定了佣金的下限,上限则由合同约定。作为租船经纪人,如果出租人擅自不支付佣金,经纪人是不能直接以出租人违约为由去向出租人索赔的。因为租船经纪人不是期租合同的当事人。根据英美法,经纪人在未收到佣金时,可以委托承租人,代为向出租人索赔并主张权利。如果承租人拒绝,则经纪人可以将承租人、出租人列为共同被告起诉。

作为租船经纪人,为了更好地保护自己的利益,最好像 BALTIME 格式那样,在合同中以明确的具体的词语表明自己所能享有的权利。

12. 仲裁条款(Arbitration Clause)

NYPE'46 格式第 17 条规定:"若出租人与承租人之间发生争议,争议事宜应提交纽约三名仲裁员仲裁,其中当事方各指定一名仲裁员,第三名仲裁员由当事方指定的两名仲裁员指定。他们或其中两人所作的裁决是终局的。为执行裁决,按本协议当事方可申请法院作出裁定。仲裁员应为商人。”

BALTIME 格式第 23 条规定:“本租船合同引起的任何争议应在伦敦(或第 24 栏约定的其他地点)提交仲裁。船舶所有人指定一名仲裁员,另一名仲裁员由承租人指定。如该两名仲裁员不能达成一致意见,则以由其指定的裁判长的决定为准。仲裁员或者裁判长的裁决是终局的,对双方均有约束力。”

对于仲裁条款,多数国家的仲裁法规定,只要明确了请求仲裁的意思表示、仲裁事项和仲裁地,仲裁机构即可受理仲裁案件。《中华人民共和国仲裁法》规定仲裁条款除了要明确上述事项外,还要写明选定的仲裁委员会。这一点不同于航运惯例,也导致一些仲裁条款依我国《仲裁法》被认定无效而无法进行仲裁的状态。如“在伦敦仲裁”的规定,依英国仲裁法认定有效,而“在北京仲裁”的条款在我国就认定为无效规定,从而影响我国仲裁机构的受案率。所以,如果合同当事双方愿意选择在中国由海事仲裁委员会或各地仲裁委员会进行仲裁的话,必须明确所选择的仲裁机构。

13. 首要条款(Paramount Clause)

在期租合同中,如 NYPE’46 格式第 24 条订有首要条款,常见的是并入《海牙规则》、《哈特法》或者美国《海上货物运输合同法》,从而使出租人、承租人之间的权利、义务因首要条款而有所改变。如果合同中仅写明“Paramount Clause”而未写明具体并入的法规,依据英美法解释为并入的是《海牙规则》。

首要条款对租船合同起多大的作用以及影响如何,要依赖于被并入的法规内容及首要条款本身的规定综合考虑,一般认为租船合同下出租人的责任及免责事项将会受到影响。首要条款对租船合同的影响有:

(1)使交船时最初的绝对适航义务,成为尽谨慎处理义务。

(2)作为出租人必须保证在租期内每一航次开航前和开航当时,谨慎处理维持船舶处于适航状态。

(3)被并入的法律对于调整承租人、出租人之间的权利、义务发生效力,尤其是那些除外责任的适用。但并不影响租船合同中已经明确规定好的双方责任的划分。被并入的法律只不过是提供了一个标准,衡量承租人在履行这些义务时是否符合法律的要求。

(4)当并入条款的内容与其他条款发生冲突时,并入的首要条款优先适用。

除前述条款外,针对不同的航线,装运的不同货物等,承租人、出租人还可以在标准的合同格式条款之外,增加一些附加条款(Rider Clause)来解决具体问题。

第六节　光船租船合同

光船租船合同属于财产租赁合同,与一般的财产租赁合同没有不同,但其标的是船舶的使用,且船舶是比较特殊的财产,所以放在了海商法的调整范围之内。光船租船合同又分为光船租赁合同和光船租购合同。在内容上,与定期租船合同有许多相同或相似之处其主要条款有:

(1)船舶说明条款(Description of Vessel Clause);
(2)交船条款(Delivery of Vessel Clause);
(3)还船条款(Redelivery of Vessel Clause);
(4)租金支付条款(Payment of hire Clause);
(5)船舶的使用及保养条款(Maintenance and Operation Clause);
(6)船舶检查条款(Inspection Clause);
(7)船舶抵押条款(Mortgage limits);
(8)船舶保险条款(Insurance and Repair Clause);
(9)合同的转让与转租条款(Assignment and Sub-demise Clause);
(10)共同海损条款(General Average Clause);
(11)无担保物权保证条款(Non-lien Clause);
(12)战争条款(War Clause);
(13)仲裁条款(Arbitration Clause);
(14)佣金条款等(Commission Clause)。

光船租船合同的主要内容如下:

1. 光船租船合同的含义

根据我国《海商法》第144条的规定,"光船租赁合同是指出租人向承租人提供不配备船员的船舶,在约定的期间内,由承租人占有、使用和营运,并向出租人支付租金的合同"。光船租赁合同的主要内容包括:出租人和承租人的名称、船名、船籍、吨位、容积、航区、用途、租船期间、交船和还船的时间和地点以及条件、船舶检验、船舶的保养维修、租金及其支付、船舶保险、合同解除的时间和条件等。

由于光船租赁情况下,船舶的占有、使用、收益权都转移给了承租人,只是船舶的处分权和部分收益权尚保留在出租人手中,所以光船租赁合同是一个完全的财产租赁合同。

2. 光船租赁合同的主要条款

1)交船

出租人应在约定期限内,在约定的港口或地点,将船舶交于承租人。

出租人应在交船前和交船当时,谨慎处理使船舶适航,包括船体、船机和设备等各方面适合于约定的用途。交船时,船上的各种文件与证书应齐全。

当船舶交付给承租人并由承租人接管时,视为出租人已经完全履行了合同义务,此后承租人不得再就出租人关于船舶作出的说明或任何明示的或默示的保证向出租人提出任何索赔事项。但应对交船后18个月内明显发现的那些属于船舶、机器或附属设备的潜在缺陷进行修理或更换,除非合同另有明确约定。

我国《海商法》第146条规定,出租人违反前述义务的,承租人有权解除合同,并有权要求赔偿因此遭受的损失。

通常合同还约定交船日期,并约定出租人至少在交船前30日内向承租人发出交付通知,以便做好交船准备。如果船舶动态发生变化,应尽快通知承租人。通常合同还规定解约日。如果合同中订有"质询条款",则承租人必须在规定日期内作出答复是否解除合同,否则无权解约。交船时,双方当事人还应对船上的各种设备、备用品、器具和船上用于消耗的物料,列出清单。承租人应按交船当时当地的市场价格，购买交船时船上所剩有的燃油、润滑油、淡水、食品、油漆、缆索和其他用于消耗的物料。

2）船舶检验（Surveys）

通常合同规定交、还船时都要进行船舶检验，出租人和承租人各自指定一名验船师，他们将对交、还船时船舶的实际状态出具书面检验报告。由出租人支付交船时的检验费并承担因此损失的时间，而承租人支付还船时的检验费并承担因此损失的时间。如果需入坞检查的，还需承担入坞、出坞费。

3）船舶检查（Inspection）

在租期间，出租人有权随时检查船舶的状况，或指定验船师对船舶进行检查，以确定承租人是否对船舶进行适当地维修保养。如果承租人未能按船级社要求按期入干坞检查船舶，则出租人有权要求船舶入坞检查。用作船舶维修保养方面的入坞检查费由出租人负担，因需要修理或维持应有的状态而产生的入坞检查费由承租人负担。出租人还有权检查船舶各种日志，如航海日志，轮机日志等，并要求承租人提供船舶发生海损事故的情况报告，以及通报船舶的使用情况。

4）船舶的维修和保养（Maintenance and Operation）

船舶在租期内，完全由承租人占有，并为其自己的目的对船舶进行控制和支配。承租人还应保持船舶、船机、锅炉、属具和备件处于良好状态，应保持船舶具有交船时的船级以及各种所要求的船舶证书。如果船舶在使用中发生损坏，承租人应立即采取措施，在合理时间内进行必要的修理，否则出租人可以将船舶从承租人手中撤回，且不妨碍其向承租人索赔的权利。我国《海商法》第 147 条明确规定："在光船租赁期间，承租人负责船舶的保养、维修。"其规定与光租合同的此条规定是一致的。

由于光船租赁的时间往往比较长，在租期内，可能由于新的船级要求或强制法规的新规定，需要对船舶的结构设备进行改造或更新，以便船舶能继续营运。对此合同中通常规定，如改造或更新的费用超过一定数额（如船舶保险价值的 5%），由双方当事人指定仲裁员，确定各自应承担的份额。

合同中通常还规定，承租人应按有关国家的政府或当局的要求，设立并维持承担污染损害赔偿责任的财务保证，以便使船舶能合法地进出和停靠任何港口和地点，航行于他国领海以及其他有关国家管辖的水域。否则承租人应赔偿因其违约而使出租人遭受的损失，包括时间损失。如是油船光船租赁，合同中通常要求承租人在接船时，应参加某一有关油污责任的国际条约或民间协定（如 TOVALOP），并在租期内保持这种状态。

在租期内，承租人负责配备船员、供应伙食，负责船舶的航行与管理，提供燃料，修理船舶并承担与船舶的使用和经营有关的各种税、费。即使由于某种原因，船长、船员是由出租人指定的，也视为承租人的雇佣人员。承租人应遵守船舶登记国及其本国关于雇佣船员的一切强制性法律规定。

在租期内，承租人不得擅自变更船名和船舶悬挂的旗帜，但承租人可将船舶油漆成自己选择的颜色，展示其自己的烟囱标记，并悬挂其公司旗帜。但因此产生的费用，由承租人承担，花费的时间计入租期。

承租人在未征得出租人同意之前，不得对船舶、机器、锅炉、属具或备件进行结构性改造。

如果已征得出租人同意并进行改造，则应出租人请求，承租人应在本合同终止前将船舶恢复原有状态。

承租人可以使用交船时船上的一切设备与用品，但除自然损耗之外，不得给设备与用品造成损坏。当船上设备或用品发生损坏或不能再供使用时，承租人应负责修理或更换，且不得因此降低船舶的价值。承租人应在交船后至少每 18 个月将船舶入干坞进行清洗和油漆船底，除非合同另有约定。

5）租金（Hire）

自船舶交付给承租人之日起，承租人应按合同约定每月支付租金，直至船舶还给出租人之日止。除第一个月和最后一个月的租金外，承租人应按合同规定的方式、时间、地点和费率，无折扣地预付每一期租金。对于第一个月和最后一个月的租金，不足整月的情况下，租金应相应地按比例地按日支付。

如果船舶灭失或失踪，则租金应自船舶灭失或最后一次得知船舶情况之日起停付。任何预付的租金应相应扣减。

如果租金在应付日之后连续 7 日内仍未按时、足额支付，则出租人在无需提出任何抗议及不受任何法院的干预或不需履行任何手续的情况下，有权将船舶撤回，并且不影响出租人基于本租船合同可能向承租人提出的任何索赔请求。

对于任何迟付的租金，出租人有权收取该应付租金的 10% 的利息。对此我国《海商法》第 152 条明确规定；“承租人应当按照合同约定支付租金。承租人未按照合同约定的时间支付租金连续超过 7 日的，出租人有权解除合同，并有权要求赔偿因此遭受的损失。船舶发生灭失或者失踪的，租金应当自船舶灭失或者得知其最后消息之日起停止支付，预付租金应当按照比例退还。”

6）船舶抵押（Mortgage）

合同中通常都规定，出租人应保证船舶未经抵押，除非合同另有约定。而且保证在租期内，在未征得承租人同意之前，出租人不得将船舶进行抵押。对此，我国《海商法》第 151 条规定，未经承租人事先书面同意，出租人不得在光船租赁期间对船舶设定抵押权。如果出租人违反上述规定，致使承租人遭受损失的，应当负赔偿责任。

7）船舶保险与修理（Insurance and Repairs）

该条款通常都约定由谁负责投保，投保哪些险别以及如何负担保险费用等问题。我国《海商法》第 148 条明确规定：“在光船租赁期间，承租人应当按照合同约定的船舶价值，以出租人同意的保险方式为船舶进行保险，并负担保险费用。”光船租赁合同中通常规定，允许当事人协议约定由谁负责投保。但是不论是谁投保并负担保险费，保险单中都应载明被保险人是以出租人和承租人的共同名义进行的保险。除了海上风险、战争险通常视合同规定应由谁投保外，合同中常约定，对于保赔保险（P&I risks），应由承租人负责，并采用出租人同意认可的格式。如果承租人未按合同约定进行投保时，承租人应在接到出租人通知后的一定时间内（如 7 个连续日）予以弥补，否则出租人有权撤回船舶，并不影响其向承租人索赔的权利。如果船舶遭受承保范围内的风险而造成实际全损或推定全损，保险赔款应付与出租人。然后在出租人和承租人之间，按各自利益受到的损害程度进行分配。

在征得出租人和保险人同意的前提下，承租人应负责所有保险范围内保险标的的修理，并负担相应的费用和责任。对于不在保险范围内的修理工作,也应由承租人负责进行并负担相应的费用。因上述修理所花费的时间及因修理船舶潜在缺陷而花费的时间都计入租期。

8)还船(Redelivery)

承租人应在租期届满时,在合同规定的安全港口,将船舶还给出租人。承租人应在规定时间内,将预计还船日期、还船港口的情况通知给出租人(如在还船日之前不少于30天内通报预计还船情况,不少于14日内通报准确还船日期)。在发出通知之后,如果船舶动态发生变化,承租人应立即通知出租人。

如果承租人在指定最后一个航次时能够合理地预计到船舶将在租期届满之前还船,则承租人有权超期完成该航次。还船时,船舶应处于交船时相同的状态、结构和船级,但不影响船级的自然损耗除外。为确定还船时船舶的状态和结构,出租人和承租人各自指定验船师,对船舶进行检验,其费用和因此造成的时间损失,一般由承租人承担。与交船时一样,还船时出租人和承租人需对船舶的各种设备、备用品、器具和船上所有用于消耗的物料,列出清单。出租人应按还船时当地的市场价格,购买船上所剩的燃料、润滑油、淡水、食品及用于消耗的物料。

9)船舶无债务担保(Non-lien)

承租人在租期内,不得因为对船舶的占有、使用和营运而使出租人的利益受到影响。有时合同中还规定,租期内承租人应在船上明显处张贴告示,写明船舶系出租人的财产,由承租人租用,根据租船合同的规定,承租人、船长均无权使船舶遭受或继续遭受任何由担保物权保证清偿的债务。

如果在租期内,船舶遭受各种由担保物权清偿的债务,承租人应对出租人受到的损失负责赔偿。对由于承租人使用船舶而产生第三者向出租人提出的索赔,应由承租人负责赔付。当船舶由于上述原因被扣押时,承租人应提供担保,或采取其他合理措施,使船舶获释,并承担因此产生的费用。

我国《海商法》第149条明确规定:"在光船租赁期间,因承租人对船舶占有、使用和营运的原因使出租人的利益受到影响或者遭受损失的,承租人应当负责消除影响或者赔偿损失。"其第二款还规定:"因船舶所有权争议或者出租人所负的债务致使船舶被扣押的,出租人应当保证承租人的利益不受影响;致使承租人遭受损失的,出租人应当负赔偿责任。"

10)留置权(Lien)

通常合同规定出租人有权对属于承租人所有的货物和转租运费(Sub-freight)及因本合同产生的任何提单运费行使留置权,承租人有权对于为船舶预付的任何费用,在未能索取回来时,对船舶行使留置权。

11)合同的转让与船舶光船转租(Assignment and Subdemise)

通常规定,除非事先征得出租人书面同意,否则承租人不得转让合同或将船舶光船转租。我国《海商法》第150条也作出此种规定。这里的规定比期租合同中的转租规定要严格。主要是由于光船租赁合同的特性决定的。因为光船租赁合同下,除船舶处分权以外,其占有权、营运权、收益权及雇佣船员的用人权都转移给承租人,出租人对船舶的实际控制是很有限的,所以出租人在选择光租承租人时,往往比较慎重,要考虑承租人是否有相应的经营能力,是否有良好的信誉及雄厚的实力等。而承租人若未征得出租人的书面同意之前,擅自转让合同或将船舶光船转租,可能因转租承租人的经营不善及信誉不良而损害出租人的利益,所以出租人必须要对转租承租人的情况进行适当了解之后,才可以同意转租船舶。当然出租人也不能以此为由,提出任何不合理的理由限制承租人转让合同。

以上规定仅限于光船转租的情况。如果承租人只是以定期租船或航次租船的方式转租,是否也应事先征得出租人同意,我国《海商法》并没有明确规定。参照定期租船合同的若干法律规定,似乎这种情况下,承租人不必事先征得出租人书面同意,只要转租后通知一下出租人即可。

除上述内容外,光船租赁合同,通常还订有救助报酬、共同海损、清除残骸、提单、船舶征用、战争、佣金、法律适用和仲裁等条款。

我国《海商法》第153条规定,该法关于定期租船合同的部分内容适用于光船租赁合同。它们分别是第134条关于承租人保证船舶在约定航区内安全港口之间运输约定货物,第135条第1款关于承租人保证运输约定的合法货物,第142条关于还船时船舶的状态,以及第143条关于最后航次的规定。

3. 船舶租购合同

1)船舶租购合同的概念与性质

船舶租购合同(Bareboat Charter with Hire Purchase),又称光船租购合同,是光船租赁合同的一种特殊形式,指出租人向承租人提供一艘不配备船员的船舶,在约定的期间内由承租人占有、使用和营运,并在约定期间届满时将船舶所有权转移给承租人,而由承租人支付租购费的合同。

船舶租购合同产生的原因主要是,试图购买船舶的人一下子拿不出巨额资金。通过与船舶所有人订立这种合同,承租人在获得船舶所有权之前便具有占有和使用船舶的权利,并将巨额的船舶购买价款,分成若干小份,随同每一期租金同时支付,从而在租期届满时获得船舶所有权,以解决资金困难。实际上这是现代船舶融资的一种方式。对船舶所有人而言,通过这种办法出卖船舶,也可以减少一定的风险。例如,在租期届满之前,仍享有对船舶的所有权,一旦承租人不按时支付例如每一期租金和每一期购船价款,船舶所有人就有权将船舶撤回,从而保证其得到出卖的价款。这种合同所要达到的最终目的是船舶买卖,只不过采用了光船租赁的方式。因此船舶租购合同具有光船租赁合同和船舶买卖合同的双重属性。船舶出租人又是出卖人;承租人同时又是船舶买受人。

2)船舶租购合同的特别规定

船舶租购合同通常是在光船租赁合同基础上,设立租购条款而达成的。因此船舶租购合同的大部分内容与光船租赁合同相同或相似,但仍订有关于船舶买卖的如下特别规定:

(1)船舶所有权与风险的转移。租期届满时,如果承租人履行了全部合同规定的义务,则在其支付最后一期租金并付清全部购买船舶价款后,船舶连同属于船上的一切财产的所有权,立即转移至承租人。对此,我国《海商法》第154条明确规定:"订有租购条款的光船租赁合同,承租人按照合同约定向出租人付清租购费时,船舶所有权即归于承租人。"在船舶租期届满交付给承租人之前,船舶连同属于船舶的一切财产的风险和费用,由出租人承担。但是一经进行船舶买卖交接,这种风险便转移至承租人。有的合同规定,在船舶交接后,出租人对船舶可能存在的缺陷,不再负责。

(2)出租人(卖方)的保证。出租人(卖方)应保证在船舶买卖交接时,除由于承租人(买方)的行为产生的债务和已告知承租人的船舶抵押权外,船舶没有依附由船舶优先权或其他担保物权保证清偿的任何债务和其他债务。如果船舶在买卖交接后,因此前产生的债务,债权人对船舶行使债权，出租人(卖方)应赔偿承租人因此遭受的损失，但以出租人(卖方)对这种债务负有清偿责任为限。

(3)船舶文书。在承租人(买方)支付最后一期租金时，出租人(卖方)应当向承租人(买方)提供一份经过适当公证的船舶合法卖据(bill of sale)。在船舶买卖交接时，出租人(卖方)应向承租人(买方)提供船舶已经注销登记的证明，以及出租人(卖方)持有的船级证书及各种其他船舶文件和图表等。

(4)其他事项。因注销船舶国籍登记而产生的一切税费，由出租人(卖方)承担，因购买船舶和承租人(买方)重新进行船舶国籍登记而产生一切税费，由承租人(买方)负担。

买卖交接船舶时，应包括船上无线电设备和航海设施，承租人(买方)无需对此额外支付购买价款。

如果船长、船员及其他人员有出租人(买方)任命(Appointed)，则承租人(买方)应负责上述人员的遣返费或相应的旅差费。

思考题

1. 简述租船经纪人的作用。
2. 简述租船工作的程序。
3. 简述航次租船合同和定期租船合同的范本。
4. 简述航次租船合同的特点。
5. 航次租船合同中，船舶的确定有哪几种方法？
6. 什么叫宣载？为什么要宣载？
7. 什么叫预备航次？
8. 什么叫受载期？什么叫解约日？航次租船合同对这两点通常是如何规定的？
9. 航次租船合同中约定装卸港的方法有哪几种？
10. 阐述安全港、安全泊位的涵义。
11. 航次租船合同中，船东和租船人之间关于装卸费用的划分通常采用哪些条款？
12. 航次租船合同中对装卸时间的规定方法有哪几种？
13. 阐述晴天工作日的概念及变形方式。
14. 装卸时间的起算应具备哪几个条件？
15. 什么叫滞期费？其计算方法有哪几种？
16. 什么叫速遣费？其计算方法有哪几种？
17. 什么叫延滞损失？其与滞期费的概述有何不同？
18. 什么叫亏舱费？
19. 航次租船合同中运费的支付方式通常有哪几种？
20. 航次租船合同下签发的提单与航次租船合同本身的关系是什么？
21. 简述定期租船合同的主要条款。
22. 简述光船租船合同的主要条款。

第五章 货运代理业务

● **知识目标**

1. 解释国际货运代理人的概念和作用;
2. 了解 FIATA、CIFA 的作用;
3. 掌握国际货运代理人的法律地位;
4. 了解国际货运代理业务范围。

● **技能目标**

能够明确国际货运代理人的法律地位,并用本章知识对相关案例进行分析。

第一节 国际货运代理概述

一、国际货运代理人的概念

1. 国际货运代理人名称之由来

"货运代理"是由英文"Freight Forwarding"翻译而得。"货运代理人"则是由英文的"Freight Forwarder"或"Forwarding agent"翻译而得,由于最初是由"Forwarding agent"翻译而来,因此选择使用了"代理人"一词。"国际货运代理"或"国际货运代理人"则只要加上国际"International"即可:"International Freight Forwarding"就是"国际货运代理","International Freight Forwarder"或"International Forwarding Agent"就是"国际货运代理人"。

随着国家的建立和社会进步及专业分工,最早有了为进出国境代办有关手续的报关行(Customs Broker),然后又有了为进出国境代办货物运输业务的货运代理人(Forwarding Agent)。货运代理人从仅仅从事代理业务发展到以自己的名义从事相关活动,并开始使用(Freight Forwarder)一词。目前,对"Freight Forwarder"一词的理解在使用英语的国家也有不同的含义,而在非英语国家和地区也有不同的译法,在法国译为"Transitaire",在德国译为"Spediteur",在日本则使用片假名フォワ-ダ-表示。我国的普遍译法是"货运代理人",但是,也有"运输代理人"、"货物运输行"、"承揽运送人"、"运输承揽人"、"货运承揽人"等多种译法。

2. 国际货运代理人的定义

在我国,由于普遍被接受的是"货运代理人"这一专用词汇,所以本书亦沿用"货运代理人”一词。但是,“货运代理人”实际上并不仅仅从事代理业务,因此也就不仅仅是代理人的身份。

在我国,对“国际货运代理行业”比较有权威的定义是:国际货运代理业是指接受进出口货物收货人、发货人的委托,以委托人的名义或者以自己的名义,为委托人办理国际货物运输及相关业务并收取服务报酬的行业。因此,国际货运代理人就是指接受进出口货物收货人、发货人的委托,以委托人的名义或者自己的名义,为委托人办理国际货物运输及相关业务并收取报酬的人。“国际货运代理企业”这一名词只要将以上的“人”改为“企业”即可。

尽管世界各国因货运代理业的历史发展、管理体制和法律文化等的不同,对于货运代理人的称谓、定义有所不同。但是,基本上都认为货运代理人是受货物运输关系人的委托,为了货物运输关系人的利益,安排货物的运输,提供货物的交运、拼装、接卸、交付服务及其他相关服务,并收取相应报酬的人。货运代理人通常不是货物运输关系的实际当事人,而是货物运输关系实际当事人的代理人。但是,根据货运代理人的行为,有时也将其视为货物运输关系的实际当事人。

3. 国际货运代理人的作用

国际货运代理人通晓国际贸易环节,精通各种运输业务,熟悉有关法律、法规,业务关系广泛,信息来源准确、及时,与各种承运人、仓储经营人、保险人、港口、机场、车站、堆场、银行等相关企业、海关、检验检疫、进出口管制等有关政府部门存在着密切的业务关系,不论对于进出口货物的收、发货人,还是对于承运人和港口、机场、车站、仓库经营人都有重要的桥梁和纽带作用。不仅可以促进国际贸易和国际运输事业发展,而且可以为国家创造外汇来源,对于本国国民经济发展和世界经济的全球化都有重要的推动作用。仅对委托人而言,至少可以发挥以下作用:

1)组织协调作用

国际货运代理人历来被称为“运输的设计师”,“门到门”运输的组织者和协调者。凭借其拥有的运输知识及其他相关知识,组织运输活动,设计运输路线,选择运输方式和承运人,协调货主、承运人及其与仓储保管人、保险人、银行、港口、机场、车站、堆场经营人和海关、检验检疫、进出口管制等有关当局的关系,可以节省委托人时间,减少许多不必要的麻烦。

2)专业服务作用

国际货运代理人的本职工作是利用自身专业知识和经验,为委托人提供货物的承揽、交运、拼装、集运、接卸、交付服务,接受委托人的委托,办理货物的保险、海关、检验检疫、进出口管制等手续,甚至有时要代理委托人支付运费,垫付税金和政府规费。国际货运代理人通过向委托人提供各种专业服务,可以使委托人不必在自己不够熟悉的业务领域花费更多的心思和精力,使不便或难以依靠自己力量办理的事宜得到恰当、有效的处理,有助于提高委托人的工作效率。

3)沟通控制作用

国际货运代理人拥有广泛的业务关系,发达的服务网络,先进的信息技术手段,可以随时保持货物运输关系人之间、货物运输关系人与其他有关企业、部门的有效沟通,对货物进行运输的全过程进行准确跟踪和控制,保证货物安全、及时运抵目的地,顺利办理相关手续,准确送达收货人,并应委托人的要求提供全过程的信息服务及其他相关服务。

4)咨询顾问作用

国际货运代理人通晓国际贸易环节,精通各种运输业务,熟悉有关法律、法规,了解世界各地有关情况,信息来源准确、及时,可以就货物的包装、储存、装卸和照管,货物的运输方式、运输路线和运输费用,货物的保险、进出口单证和价款的结算,领事、海关、检验检疫、进出口管制等有关当局的要求等向委托人提出明确、具体的咨询意见,协助委托人设计、选择适当处理方案,避免、减少不必要风险、周折和浪费。

5)降低成本作用

国际货运代理人掌握货物的运输、仓储、装卸、保险市场行情,与货物的运输关系人、仓储保管人、港口、机场、车站、堆场经营人和保险人有着长期、密切的友好合作关系,拥有丰富的专业知识和业务经验,有利的谈判地位,娴熟的谈判技巧,通过国际货运代理人的努力,可以选择货物的最佳运输路线、运输方式,最佳仓储保管人、装卸作业人和保险人,争取公平、合理的费率,甚至可以通过集运效应使所有相关各方受益,从而降低货物运输关系人的业务成本,提高其主营业务效益。

6)资金融通作用

国际货运代理人与货物的运输关系人、仓储保管人、装卸作业人及银行、海关当局等相互了解,关系密切,长期合作,彼此信任。国际货运代理人可以代替收、发货人支付有关费用、税金,提前与承运人、仓储保管人、装卸作业人结算有关费用,凭借自己的实力和信誉向承运人、仓储保管人、装卸作业人及银行、海关当局提供费用、税金担保或风险担保,可以帮助委托人融通资金,减少资金占压,提高资金利用效率。

二、国际货运代理行业组织

1. 国际货运代理人协会联合会

国际货运代理人协会联合会的法文名称为“Fédération Internationale des Associations de transitaires et assimilés”,英文名称为“International federation of freight forwarders Associations”,德文名称为“Internationale Foderation der Spediteur organisationen”。“FIATA”是国际货运代理人协会联合会的法文缩写,并被用作该组织的标识。国际货运代理人协会联合会是一个非政府组织,是一个非营利的世界性国际货运代理行业组织。她代表了由大约40000家货运代理企业,1000万左右从业人员组成的国际货运代理行业,具有广泛的国际影响。

1)FIATA的组织机构

为了保障和提高货运代理行业的全球利益,1926年5月31日16个国家的货运代理人协会根据《瑞士民法典》第60条在奥地利的维也纳成立了国际货运代理人协会联合会。该会总部设在瑞士的苏黎世,并分别在欧洲、美洲、亚洲和太平洋、非洲和中东四个区域设立了地区办事处,任命有地区主席。其中,亚洲和太平洋地区秘书处设在印度孟买。该联合会现有来自86个国家和地区的96个一般会员,分布于150个国家和地区的2700多家联系会员。在中国,国际货运代理人协会联合会拥有中国国际货运代理协会和台湾省、香港特别行政区的货运代理人协会3个一般会员,并在大陆拥有13个,在台湾拥有48个,在香港拥有105个联系会员。

根据1999年10月26日会员代表大会修改的章程,国际货运代理人协会联合会的宗旨是保障和提高国际货运代理行业在全球的利益,工作目标是团结全世界的货运代理人;以顾问或专家身份参加国际性组织,处理运输业务,代表、促进和保护运输业的利益;通过发布信息,分发出版物等方式,使贸易界、工业界和公众熟悉货运代理人提供的服务;通过制定和推广统一货运代理行业单据、标准交易条件,改进和提高货运代理服务质量;协助货运代理行业进行职业培训,处理责任保险问题,提供电子商务工具。

国际货运代理人协会联合会的最高权力机构是会员代表大会。会员代表大会每年召开一次,由主席负责召集,主要职责是修改章程,批准会员入会和退会;审定年度工作报告、财务报告、财务预算和审计长的报告;增加或修改大会议程,批准解除主席团,选举或罢免主席团成员、主席、秘书长和司库;选举或罢免已入选的主席团扩大会议成员、审计人员;选举或罢免各机构主席、各常设委员会负责人及其副职人员;授予或取消名誉会员资格;决定会员等级类型和摊派的费用数额;审定有关商业交易规则和条件;决定机构的建立、清算及合并;决定该联合会的解散和解散后财产的分配。

会员代表大会下设主席团,对外代表 FIATA,对内负责 FIATA 的管理,根据 FIATA 章程和会员代表大会决议完成有关工作。为了研究国际货物运输动向,主席团还决定下设若干研究机构、常设委员会和临时工作组。目前,FIATA 设有航空货运、海关事务、多式联运 3 个研究机构,危险货物咨询委员会、信息技术咨询委员会、法律事务咨询委员会、公共关系咨询委员会、职业培训咨询委员会 5 个常设委员会。每个研究机构还根据研究的题目分别成立了若干常设工作组。其中,航空货运研究机构下设国际航空运输协会事务工作组,海关事务研究机构下设进口税工作组和海关简化工作组,多式联运研究机构下设海上运输工作组、铁路运输工作组和公路运输工作组。

2)FIATA 的活动

国际货运代理人协会联合会每年召开一次会员代表大会,大会由主席负责召集,主要职责是修改章程,批准会员入会和退会;审定年度工作报告、财务报告、财务预算和审计长的报告;增加或修改大会议程,批准解除主席团,选举或罢免主席团成员、主席、秘书长和司库;选举或罢免已入选的主席团扩大会议成员、审计人员;选举或罢免各机构主席、各常设委员会负责人及其副职人员;授予或取消名誉会员资格;决定会员等级类型和摊派的费用数额;审定有关商业交易规则和条件;决定机构的建立、清算及合并;决定该联合会的解散和解散后财产的分配。

国际货运代理人协会联合会 2006 年年会已在我国的上海市召开,这标志着我国的国际货运代理行业已经在世界范围内得到了高度重视。

除了在第二次世界大战期间被迫中断了活动以外,国际货运代理人协会联合会自从成立以来一直比较活跃,不仅起草了提供各国立法时参考的《国际货运代理示范规则》,还制定了 FIATA 运送指示、FIATA 货运代理运输凭证、FIATA 货运代理收货凭证、FIATA 托运人危险品运输证明、FIATA 仓库收据、FIATA 可转让联运提单、FIATA 不可转让联运运单、FIATA 发货人联运重量证明 8 种货运代理单证格式,培训了数万名学员,取得了举世瞩目的成就。

国际货运代理人协会联合会被国际商会、国际航空运输协会、国际铁路联盟、国际公路运输联盟、世界海关组织、世界贸易组织等一致确认为是国际货运代理行业的代表,并在联合国经济及社会理事会、联合国贸易与发展大会、联合国欧洲经济委员会、联合国亚洲及太平洋经济和社会理事会、联合国国际贸易法委员会中拥有咨询顾问的地位。

目前,国际货运代理人协会联合会与联运保赔协会、国际航空运输协会一起每年对全世界从事国际货运代理业务的年轻人进行一次评奖活动，其名称为："Young International Freight Forwarder Award"。该项评奖的规则要求是：由国家级的货运代理人协会提名候选人，参加评奖的候选人必须在国际货运代理行业工作至少2年，年龄不超过30岁。

2. 中国国际货运代理协会

中国国际货运代理协会英文名称为"China International Freight Forwarders Association"，简称"CIFA"。为了维护国际货运代理行业经营秩序、保护国际货运代理企业合法权益、促进我国国际货运代理行业的健康发展，2000年9月6日，中国国际货运代理协会在北京正式成立，2000年11月1日在民政部获准登记。中国国际货运代理协会是经国家主管部门批准从事国际货运代理业务、在中华人民共和国境内注册的国际货运代理企业，以及从事与国际货运代理业务有关的业务的单位、团体、个人自愿结成的非营利性的具有法人资格的全国性行业组织。中国国际货运代理协会是在民政部登记的全国性行业协会，属于非营利性的社团法人。CIFA是FIATA的国家会员。

1）中国国际货运代理协会的宗旨和任务

中国国际货运代理协会的宗旨是配合政府部门加强对我国国际货运代理行业及相关行业的管理；维护国际货运代理业正常经营秩序；推动会员企业间的交流与合作；依法代表国际货运代理行业的利益；保护会员企业合法权益；促进进出口贸易和国际货运代理业的发展。

中国国际货运代理协会的主要任务是：

（1）贯彻、执行国家有关的法律、法规和政策，协助政府部门对国际货运代理业的管理。

（2）对国内外市场情况进行调查、研究、统计、分析，为会员提供信息咨询服务，为政府制定行业发展规划和管理政策提供建议。

（3）了解会员开展业务的情况和问题，向政府部门和有关部门团体反映会员的要求和建议，积极协助解决问题，保护会员合法权益。

（4）负责制定行业自律准则，监督检查在中国境内注册的国际货运代理企业的经营行为，制止非法经营和不公平或不正当竞争，维护国际货运代理业正常经营秩序。

（5）制订和推行行业操作及服务标准，如制订和推行行业统一单证和标准交易条款，建立货运代理责任保险制度等。根据制定的标准积极推行和进行监督指导，提高行业服务水平。

（6）代表本行业协调与国内外相关政府部门、货主、承运人及其国外代理等组织的关系，保护行业利益，维护行业信誉。

（7）代表本行业参加国际性同行业组织，出席有关国际会议，与各国和地区的同行业组织建立业务联系，促进国际间的合作和交流。

（8）组织相关的学术研究，依据国家规定出版会刊和出版物。

（9）开办服务性实体，从事有偿服务，为本会开展工作和发展提供必要的经济来源。

（10）负责组织本行业业务人员资格培训，代本行业主管部门颁发上岗资格证书，并举办其他形式的业务培训，以提高本行业的人员素质和经营管理水平。

（11）完成商务部委托的对国际货运代理企业的初审、年审、发证及换证工作。

（12）承担政府部门、有关团体和会员委托的其他工作。

2）中国国际货运代理协会的会员与机构

从中国国际货运代理协会2000年成立到2004年，中国国际货运代理协会已有近600家会员。其中有团体会员、单位会员和个人会员。协会有常务理事单位 27 家,理事单位 81 家。2001 年初,中国国际货运代理协会代表中国国际货运代理行业加入国际货运代理人协会联合会。

中国国际货运代理协会会员分团体会员、单位会员和个人会员 3 类。所有申请加入该协会的单位或个人都必须符合承认并拥护协会章程,有加入协会的意愿两个条件。此外,团体会员必须是省、市、自治区的国际货运代理协会;单位会员必须是在工商行政管理机关注册,从事中国国际货运代理协会业务的企业;个人会员必须是具有丰富国际货运代理专业知识或在本行业具有较高威望和影响或具有高级职称的人。

中国国际货运代理协会的最高权力机构是会员代表大会,会员代表大会的执行机构是理事会,常务理事会在理事会闭会期间行使其部分职权。会员代表大会每届 4 年,理事会每 4 年改选一次,每年至少召开一次会议,常务理事会每半年至少召开一次会议。为了贯彻、执行会员代表大会、理事会、常务理事会的决议,向广大国际货运代理企业提供行业服务,做好协会日常工作,中国国际货运代理协会设会长一人,副会长若干人,主持协会日常工作。设秘书长一人,主持协会办事机构开展日常工作。为了研究、解决国际货运代理企业经营过程中涉及的有关专业问题,协会设立了法律工作委员会、国际搬运工作委员会、国际快递工作委员会、展品运输工作委员会、危险品运输工作委员会、无船承运人工作委员会等专业委员会。此外,还设有办公室、财务部、行业管理部、信息管理部、对外联络部、业务协调部、会员部、培训部、编辑部、综合部等具体办事部室,并在西安设立了陕西办事处。

3)中国国际货运代理协会的活动

中国国际货运代理协会成立以来,为了规范国际货运代理行业经营秩序,维护国际货运代理企业合法权益做了大量工作。通过向有关主管部门反映情况,转达国际货运代理企业的意见和呼声,积极交涉,努力争取,有效维护了国际货运代理企业的国际快递业务经营权。积极配合政府部门加强行业管理,维护国际货运代理行业经营秩序,促进了有关法规和规章的修改。有效地与有关政府部门进行沟通,圆满解决了国际货运代理企业对外付汇问题。制定了《中国国际货运代理协会标准交易条件》,规范了国际代理业务当事人的权利、义务关系。组织了全国国际货运代理行业从业人员资格考试,取得了良好效果。召开了国际货运代理责任险研讨会、国际货运代理法律问题研讨会、WTO 与国际货运代理企业关系研讨会、2002 年海峡两岸暨港澳地区货运代理咨询洽谈研讨会等会议,普及了国际货运代理业务和法律知识,增强了国际货运代理企业的忧患意识,提高了国际货运代理企业的竞争意识,加强了国际货运代理企业的业务交流。

2004 年,中国国际货运代理协会进行了首次中国国际货运代理企业 100 强的评比活动。

第二节　国际货运代理人的法律地位

一、我国法律法规的规定

1995 年 6 月 6 日国务院批准的《中华人民共和国国际货物运输代理业管理规定》规定,国际货物运输代理业,是指接受进出口货物收货人、发货人的委托,以委托人的名义或者以自己的名义，为委托人办理国际货物运输及相关业务并收取服务报酬的行业。1998 年 1 月 26 日公布执行的《中华人民共和国国际国际货物运输代理业管理规定实施细则》将该定义进行具体化，规定："国际货物运输代理企业可以作为进出口货物收货人、发货人的代理人，也可以作为独立经营人，从事国际货运代理业务。国际货运代理企业作为代理人从事国际货运代理业务，是指国际货运代理企业接受进出口货物收货人、发货人或其代理人的委托，以委托人的名义或者以自己的名义办理有关业务收取代理费或佣金的行为。国际货运代理企业作为独立经营人，从事国际货运代理业务，是指国际货运代理企业接受进出口货物收货人、发货人或其代理人的委托，签发运输单证、履行运输合同并收取运费以及服务费的行为。"

这是《国际海运条例》颁布之前我国传统上对国际货运代理人的定义及法律地位的界定。据此，国际货运代理人的法律地位有两种；一是作为代理人。作为代理人的国际货运代理人既可以委托人的名义，即国际货运代理人作为进出口货物收货人、发货人的代理人，以收货人或发货人的名义从事代理活动；也可以自己的名义办理有关业务。这相当于大陆法系中的间接代理和英美法系中的隐名代理。二是作为独立经营人。作为独立经营人主要是作为承运人从事活动，国际货运代理人签发运输单证，享有承运人的权利，承担承运人的义务和责任。

我国《国际海运条例》及其《实施细则》将国际货运代理人在国际海上货物运输时以独立经营人身份从事业务的为无船承运人。无船承运业务，是指无船承运业务经营者以承运人身份接受托运人的货载，签发自己的提单或者其他运输单证，向托运人收取运费，通过国际船舶运输经营者完成国际海上货物运输，承担承运人责任的远洋运输经营活动。从事无船承运业务的企业应该取得相应的资格。

因此，在《国际海运条例》实施以后，我国国际货运代理人的业务将主要包括传统的代理业务和无船承运业务，另外还包括仓储业务、物流业务、多式联运业务等。在作为传统意义上的代理人和无船承运人从事活动时，受不同的法律规范，承担不同的义务和责任。当然，一个企业可以同时从事这两种业务。在具体业务上，要么是作为发货人、收货人的代理人，要么是无船承运人，不能既是代理人又是无船承运人。

二、国际组织的有关规定

1. 国际商会

目前，相当多的国家通过国内法对国际货运代理人的业务范围和法律地位进行了规定，但是，由于不同国家法律规定存在的差异，国际货物运输中关于国际货运代理人的法律地位的冲突在所难免，因此，在国际层面上也需要解决国际货运代理人的法律地位问题。国际商会、国际统一私法协会、联合国、菲亚塔等国际组织对国际货运代理人法律地位的统一问题进行了努力，但至今尚未通过一个有约束力的国际公约。

《跟单信用证统一惯例》(UCP500)对国际货运代理人的地位有间接的规定，其基本含义是国际货运代理人应该明确表明其身份，或者是代理人，或者是承运人，在这样两种不同身份下签发的单证应该是不同的，如果符合《跟单信用证统一惯例》规定的条件，则银行可以接受国际货运代理人签发的单证。

我国国内在翻译《跟单信用证统一惯例》时通常将"Freight Forwarder"译成运输行。《跟单信用证统一惯例》第 30 条的标题是"运输行出具的运输单据"。该条规定，除非信用证另有授权,否则银行仅接受运输行出具的具有注明下列内容的运输单据:①注明作为承运人或多式运输营运人的运输行的名称,并由作为承运人或多式运输营运人的运输行签字或以其他方式证实;或②注明承运人或多式运输营运人的名称并由作为承运人或多式运输营运人的具名代理或代表的运输行签字或以其他方式证实。

根据该规定,货运代理人签发的运输单据可以成为银行议付的凭证。如此规定符合国际货物运输实务操作,货运代理人可以在集装箱装船之前便签发其运输单据,使卖方节约时间和费用。《跟单信用证统一惯例》在接受货代签发的单据时是有附加条件的,即由货代作为承运人或作为一个具名承运人的代理人签发单据。国际商会这样做的目的是为了让出口商或其他利益方明确谁应最终负责。尤其是把货代作为具名的承运人的代理人来出货代单据,是想让承运人作为揽货协议的一方,直接对出口负责,一旦在运输途中出现了货损之类的情况,由承运人承担责任。

如果国际货运代理人从事多式联运业务,作为多式联运经营人可适用《国际商会联运单证规则》。该规则是最早的关于联运单证的国际民间协议。由国际商会于 1973 年制定,1975 年进行了修改。作为民间规则,其适用不具有强制性,但被国际货物多式联运合同双方当事人经常协议采用。根据该规则,多式联运经营人承担网状责任制。对于发生在多式联运经营人责任期间内的货物灭失或损坏,如果知道这种灭失或损坏发生的运输区段,多式联运经营人的赔偿责任,依据适用于该区段的国际公约或国内法予以确定;在不能确定货物发生灭失或损坏的区段时,即对于隐藏的货物损失,其赔偿责任按过错责任原则予以确定。另外对赔偿责任限额、责任期间、延迟责任、诉讼时效等进行了规定。

2. 国际统一私法协会

经过 13 年的努力,国际统一私法协会(the International Institute for the Unification of Private Law,UNIDROIT)在 1967 年完成了《关于国际货物运输中的国际货运代理合同公约草案》,以求实现货运代理法律制度的统一,克服不同法律,尤其是德国和法国之间有关国际货运代理人两种法律制度的差异。

在草案中,公约在承认传统的代理人身份外,还确立其作为承运人的法律地位,条件是货运代理人收取全程统一运费(Flat Rate),从事集运业务,而且签发单证。公约将货运代理人签发的单证称为国际货代运单(International Forwarding Note)。国际货运代理人承担的承运人责任在性质上类似于法国法的规定,即货运代理人是作为实际履约承运人(performing carriers)的责任。在责任制度上采取网状责任制,如果货物的灭失或损坏是发生于特定的运输区段的,货运代理人享有向该段承担实际运输的人追偿的权利。货运代理人在自己承担责任时,应根据过错推定原则确定。

在货运代理人作为纯粹代理人时,只要在选择雇员和订约人时尽了谨慎义务(due diligence),即可免除责任。

国际统一私法协会的公约草案后来没有提交外交会议,主要的原因是遭到国际货运代理人的国际组织——菲亚塔的抵制。其中的理由是,根据公约草案,货运代理人的责任将会加重,而且如果货运代理人只负责其中部分运输时,签发国际货代运单可能在操作上行不通。另外一个原因也可能是与当时集装箱运输刚刚兴起,货运代理人从事集装箱拼箱业务的不是很多,从事多式联运、物流经营的更少见。可以说,国际统一私法协会的公约草案的失败是由于其不合时宜的早熟。

3. 联合国

联合国没有就国际货运代理人的法律地位制定专门的公约，但是，《联合国国际货物多式联运公约》和《联合国国际贸易和发展会议/国际商会多式联运单证规则》，对从事多式联运业务的国际货运代理人确立了基本的法律制度。

《联合国国际货物多式联运公约》是关于国际货物多式联运中的管理、经营人的赔偿责任及期间、法律管辖等的国际协议。它于1980年在联合国贸易和发展会议全权代表会上通过，但至今未能生效。

国际货物多式联运是在集装箱运输基础上发展起来的，以实现货物整体运输的最优化效益为目的的一种国际货物运输组织形式。由于集装箱运输的飞速发展，使多式联运成为国际货物运输业的主要方式之一。货代可以是国际多式联运经营人。但是，当货代担当国际多式联运经营人的角色，其法律地位、权利义务、承担责任的范围和大小以及索赔的诉讼时效等与纯粹代理人相比都会发生本质变化。但是，货运代理人在国际多式联运中，既可以担任国际多式联运经营人，即以本人身份出现，又可以货主、托运人或承运人等的代理人身份出现。二者之间的界限有时模糊难分。代理关系中的隐名代理、间接代理的复杂代理关系与多式联运的业务范围也有重合，这些原因使得国际货运代理人在多式联运业务中的地位需要一个识别的问题。基本的办法是根据《联合国国际货物多式联运公约》的规定，货运代理人是否符合公约规定的多式联运经营人的条件。国际多式联运经营人是指“其本人或通过其代表订立多式联运合同的任何人，他是当事人，而不是发货人的代理人或代表或参加多式联运的承运人的代理人或代表，并且负有履行合同的义务”。国际多式联运经营人既可以由参与某一运输区段的实际承运人担任，也可由不参加实际运输的经营人来充当。一般地，凡是与货物托运人订立了多式联运合同，并对全程运输负有责任的人均可被视为国际多式联运经营人。实务中，可能担任国际多式联运经营人的主要有以下类型：货运代理人，无船承运人及船舶所有人等。

《联合国国际贸易和发展会议/国际商会多式联运单证规则》是1991年由联合国国际贸易和发展会议与国际商会共同制定，是一项民间规则，供当事人自愿采纳。规则共13条，主要内容有：

(1)规则经当事人选择后适用，一经适用就超越当事人订立的条款，除非这些条款增加多式联运经营人的义务。

(2)多式联运单证是多式联运经营人接管货物的初步证据，多式联运经营人不得以相反的证据对抗善意的单据持有人。

(3)多式联运经营人责任期间自接管货物时起到交付货物时止。多式联运经营人为其受雇人、代理人和其他人的作为或不作为承担一切责任。

(4)多式联运经营人的赔偿责任基础是完全责任制，并且对延迟交付应当承担责任。

(5)多式联运经营人的责任限制为每件或每单位666.67特别提款权，或者毛重每公斤2特别提款权。

(6)如果货物的损坏或灭失的原因是多式联运经营人的作为或不作为造成的，则不得享受责任限制。

(7)如果货物的损坏或者灭失是由托运人的原因造成的，则多式联运经营人应先向单据的善意持有人负责，而后向托运人追偿。

(8)货物损坏明显，则收货人立即向多式联运经营人索赔，如不明显，则在6日内索赔。

(9)诉讼时效为9个月。

4. 菲亚塔

菲亚塔对国际货运代理人的定位主要通过其制定的各种单据和《国际货运代理服务示范规则》体现出来的。

国际货运代理人签发不同的运输单据，其地位和责任不同。如果在货主出示运送指示，货运代理人签发的是FIATA的运输凭证(FIATA FCT)时，货运代理人的地位一般来说是纯粹代理人，当然，根据各国法律规定的不同，其承担代理人的责任会有所差异。如果货运代理人签发的是可转让多式联运提单(FIATA FBL)或者是多式联运运单(FIATA FWB)，则是作为承运人角色参与运输活动。如果货运代理人签发的是仓库收据(FIATA FWR)，则是作为仓储服务的经营人。

根据货运代理人从事的业务范围广，性质不同，责任也不同等特点，菲亚塔制定的《国际货运代理服务示范规则》将国际货运代理人的地位分为两种：当事人与非当事人。国际货运代理人作为承运人、仓储经营人、第三方物流经营人等属于当事人，而非当事人的主要职责是作为货主的委托代理人。

第三节　国际货运代理业务范围

一、国际货运代理企业的经营范围

1. 国际货运代理企业的经营活动

我国的国际货运代理企业可以接受委托，作为代理人或者独立经营人从事下列全部或部分经营活动：

(1)揽货、订舱(含租船、包机、包舱)、托运、仓储、包装；

(2)货物的监装、监卸、集装箱拆箱、分拨、中转及相关的短途运输服务；

(3)报关、报检、报验、保险；

(4)缮制签发有关单证、交付运费、结算及交付杂费；

(5)国际展品、私人物品及过境货物运输代理；

(6)国际多式联运、集运(含集装箱拼箱)；

(7)国际快递(不含私人信函)；

(8)咨询及其他国际货运代理业务。

除以上各项业务外，现在的国际货运代理企业还可以从事第三方国际物流、无船承运等业务。但是，这里所介绍的业务并不是每个国际货运代理企业都能具有的经营活动范围。

2. 国际货运代理企业经营活动的限制

1)需要办理相关手续

由于各个国际货运代理企业的具体情况有所不同，所以各个国际货运代理企业的业务经营范围也有所不同。我国在国际货运代理行业以及其他与国际货运代理相关的行业，实行的管理体制并不完全相同，因此国际货运代理企业实际从事上述范围内的某些业务，可能还需到相关主管部门办理审批、登记、注册手续。

2)《营业执照》列明的经营范围

国际货运代理企业实际经营的国际货运代理业务范围，应当以在工商行政管理机关登记的经营范围为准。当国际货运代理企业根据实际需要，扩大经营范围，兼营其他业务时，应当依照有关法律、法规和规章，需要有关主管部门审查、批准的，应当向相关主管部门办理审批手续，并在工商行政管理机关登记。兼营的其他业务不需相关主管部门审批的，亦应向工商行政管理机关申请登记。工商行政管理机关颁发的《企业法人营业执照》通常则将国际货运代理企业的经营范围规定为"承办海运、陆运、空运进出口货物的国际运输代理业务。（未取得专项许可的项目除外）"。如果国际货运代理企业兼营其他业务，其《企业法人营业执照》也会根据有关主管部门的批准、许可文件或该企业的直接申请登记，加以相应记载。所以，各个国际货运代理企业的具体业务经营范围，最终应以工商行政管理机关颁发的《企业法人营业执照》列明的经营范围为准。

二、作为货运代理人的业务范围

国际货物运输代理企业的经营范围，是其依法可以从事的业务活动的原则概括，在遵守有关法律、法规和规章，遵循有关主管部门批准，工商行政管理机关登记的经营范围前提下，国际货物运输代理企业还可以根据服务对象、服务类别、服务方式等的不同，将其经营范围内的业务活动具体化，体现为具体的服务内容，以便明确具体业务活动过程中国际货物运输代理企业与其他各方当事人的权利、义务关系。实践中，国际货物运输代理企业作为代理人为货主提供的业务内容，可以分为为出口货物发货人和为进口货物收货人提供代理服务两个方面。

1. 作为出口货物发货人的代理人

国际货物运输代理企业作为出口货物发货人的代理人，其业务内容通常可以有以下具体项目：

1)提供有关出口货运要求的信息

国际货运代理人通过查询有关承运人及主管部门关于对出口货物的规定后，可以向货主提供车次、船期、航班、运价信息，还可以向货主提供有关出口货物的报关、报检报验、装运港、中转港、目的港的装卸、运输规定。

2)为货主选择运输路线和承运人

根据发货人对货物运输的要求，国际货运代理人根据自己的专业知识和经验可以为货主选择适当的运输路线和运输方式，同时选择适当的承运人。另外，国际货运代理人还可以为货主安排货物运输和转运，同时为货主争取优惠运价，确认运费及其他相关费用。

3)审核单证的正确完整性

国际货运代理人在接受了发货人提供的货物运输资料、单证后，会认真地进行审核，发现问题时又能及时告知发货人，并提醒发货人准备货物进出口地所属国家或地区要求的货物运输文件、单证。

4)缮制出口货运单证

由于国际货运的复杂性，所以对有关的运输单证的填写有较高要求。货运人比较精通专业知识,可以高效、正确地缮制有关货物运输单据,并为办理出口报关、报检报验等出口手续做好准备。

5)办理洽订车辆、租船、订舱等手续

国际货运代理人代表发货人向选定的承运人及时办理租赁运输工具、洽订车辆、租船、订舱等事宜。

6)安排出口货物运至口岸

根据发货人的要求,国际货运代理人安排货物从发货人处或发货人指定的其他处所到货物起运车站、港口或机场的短途运输。

7)代办仓储、包装、检量、刷唛、交接

按照货主要求,国际货运代理人代为办理出运货物的仓储、包装、称重、计量、检尺、标记、刷唛等工作,并可代为办理将货物交付给承运人或其代理人的、进站、进港、进场等手续。

8)办理理货、监装等工作

在集装箱运输中,国际货运代理人还可以按照发货人的要求,办理出运货物的装箱、拼箱、理货、监装事宜。

9)代办保险手续

为了使出口货物在运输过程中一旦发生事故而遭受损失时能够得到赔偿,国际货运代理人可以为货主提供办理货物运输保险的建议,并代为办理货物运输保险手续。

10)代办货物的出口手续

出口货物必须在办妥有关出口手续后方能出运。国际货运代理人精通相关业务,并可以为货主代办货物出口的通关、报检报验等手续,甚至可以代为支付有关费用。

11)提供货物出运实际情况的信息

在办妥货物出运工作后,国际货运代理人还会查询和掌握货物装载情况及运输工具离开车站、港口、机场的时间,并及时向发货人报告货物出运实际情况的信息。

12)将运输单证交发货人

出口货物装运出口后,国际货运代理人从承运人或其代理人处取得有关货物运输单证,如运单、提单及其他收货凭证,并及时将其交给发货人或按发货人的指示处理。

13)代办结算、交付费用事宜

根据发货人的委托,国际货运代理人可以代为办理向承运人、承运人的代理人,或者其他有关各方,或者有关当局交付、结算运费、杂费、税金、政府规费等款项。

14)通报货物运输过程中的有关信息

国际货运代理人会跟踪货物出运后的情况,联系承运人或其在货物起运地、目的地的代理人,掌握货物运输情况,监管运输过程,并及时向发货人通报有关信息。

15)协助办理索赔事宜

当出口货物发生货损货差等货运事故时,国际货运代理人就要记录货物的残损、短缺、灭失情况,收集有关证据,并协助发货人向有关责任方、保险公司等索赔。

16)发货人委托办理的其他事项

2. 作为进口货物收货人的代理人

国际货运代理企业作为进口货物收货人的代理人,其业务内容通常可以有以下具体项目:

1)掌握货运信息并及时通报收货人

国际货运代理人根据收货人委托办理进口货运代理有关事宜的指示及信息资料,保持与承运人或其在货物运输目的地的代理人的联系、随时查询有关信息、及时掌握货物动态和运抵目的地的信息,并及时通报收货人、保持与收货人的联系。

2)备妥有关进口单证、做好接货准备

从收货人处接受了运输单据、贸易单据、进口文件等以后,国际货运代理人应审核这些单据的正确性和完整性,同时协助收货人准备提货文件,办妥相关手续,做好提货、接货准备。

3)代为支付运输费用

国际货运代理人根据委托,代为向承运人、承运人的代理人及其他有关各方支付运费、杂费等与运输相关的费用。

4)代办货物进口手续并支付税费

在取得代办有关进口手续经营资格后,按照收货人的委托,代办进口货物的报关、纳税、结关、报检、报验手续,并代为支付有关税金和费用。

5)办理提取进口货物的相关手续

国际货运代理人根据委托从承运人处办理进口货物的提取、接收、拆箱、监卸、查验等手续。

6)安排货物提取后的组织工作

提取货物后,国际货运代理人还可以安排货物的仓储、转运、分拨等组织工作。

7)安排货物运往指定地点

根据委托人的要求,国际货运代理人安排货物从进口地到收货人指定的地点的短途运输。

8)向收货人交付货物和单据

在货物运抵收货人指定地点后,向收货人或其指定人交付货物及有关单据,集装箱运输中还要及时安排空箱回运。

9)处理有关货运事故

在发生货运事故的情况下,国际货运代理人可以负责记录货物的残损、短缺、灭失情况,收集有关证据,并协助收货人向有关责任方、保险公司办理索赔事宜。

10)代办收货人委托的其他事项

三、作为货运当事人的业务范围

1. 在提供货物运输服务时

国际货运代理企业在以无船承运人、多式联运经营人等契约承运人的身份提供货物运输服务时,他就是货物运输中的当事人。此时,国际货运代理企业的业务内容通常可以有以下具体项目:

1)接运货物、签发单据

根据与托运人签订的运输合同的规定,国际货运代理企业在货物的起运地或其他地点与托运人或其代理人办理货物的交接手续,签发收货凭证、提单、运单等单据。

2)与实际承运人签订运输合同

国际货运代理企业在确定运输方式、运输路线后,就要与实际承运人、分包承运人签订货物运输合同。

3)将货物交付实际承运人运输

根据与实际承运人签订的运输合同的规定,国际货运代理企业安排货物交付实际承运人运输,并跟踪监管货物运输过程。

4)投保责任险

必要时,国际货运代理企业要对装载货物的集装箱进行保险、对货物运输投保承运人责任险。

5)安排转运事宜

在货物需要转运等情况下,国际货运代理企业通知在货物转运地的代理人,并与分包承运人进行联系,申办货物的过境、换装、转运手续,办理相关事宜。

6)告知货物运输情况

在货物运输过程中,国际货运代理企业及时向发货人、收货人或其代理人告知货物位置、状况等信息。

7)按要求停运货物

在货主提出要求、并能够实施的前提下,国际货运代理企业可以安排货物的中途停运。

8)向收货人发出到货通知

国际货运代理企业根据货物运输情况,及时通知收货人或其代理人货物运抵目的地的时间,安排在货物目的地的提货、交货手续。

9)从实际承运人处提取货物并交付给收货人

货物运抵目的地后,国际货运代理企业可以从实际承运人处提取货物,然后将货物交付给收货人。

10)收取有关运输费用

根据货物运输合同的规定,国际货运代理企业可以向货主或通过其代理人收取、结算运费、杂费等费用。

11)办理货物的索赔、理赔事宜

12)办理货物运输中的其他事宜

2. 在提供仓储服务时

国际货运代理企业以仓储保管人身份提供货物仓储服务,其业务内容通常可以分为以下具体项目:

1)办理货物交接手续

作为仓储保管人,国际货运代理企业根据仓储合同的规定,与货主之间进行清点货物数量、检查货物包装和标志等工作,并与货主一方有关人员办理货物交接手续。另外,根据货主要求,国际货运代理企业还可以代货主检验货物品质。

2)办理入库手续

根据验收结果,办理货物入库手续。国际货运代理企业作为仓储保管人还要签发仓单。

3)存放货物

根据货物的性质、特点、保管要求,国际货运代理企业的工作人员要对存放的货物进行分区、分类按货位编号,并合理存放、堆码、苫垫。

4)编制账卡

对入库存放的货物编制保管账卡,根据需要进行定期或不定期盘点,并做好盘点记录。

5)保管货物

对仓储货物进行妥善保管,并根据货物性质进行保养、维护工作,以保证仓储货物的完好无损。

6)按要求配装货物

根据货主要求,对货物重新进行包装,对零星货物进行组配,对成批货物进行分装。

7)制订货物出库计划

货主要求提取仓储货物时,国际货运代理企业应制订好货物出库计划,并审核货主填制的提货单或调拨单等出库凭证,并登入保管账卡。

8)安排提货

根据货物出库计划,安排配货、包装、刷唛等工作,并将货物集中到理货交接场地等待提货出运。

9)办理货物交付工作

货主提取仓储货物时,复核货物出库凭证,向货主或货主委托的承运人交付货物,并核销储存货量。

四、提供咨询服务

国际货物运输代理企业可以以专业顾问身份提供货物运输咨询服务,此时其身份将根据双方签订的咨询服务合同的条款来确定。在提供咨询服务时,国际货运代理企业的业务内容通常可以有以下具体项目:

1)提供法律规定方面信息

国际货运代理人可以向客户提供有关法律、法规、规章、惯例和有关运输规定等方面的信息及咨询服务。

2)提供有关运输方面的建议

国际货运代理人可以就货物的运输路线、运输方式、运输方案提出意见和建议。

3)提供装运方面的建议

国际货运代理人可以就货物包装、货物装箱、货物装载运输工具等的形式、方式、方法提出意见和建议。

4)提供办理进出口手续的咨询

国际货运代理人可以就货物的进出口通关、清关、领事、检验检疫等要求方面提供咨询。

5)提供运输单证方面的建议

国际货运代理人可以为货主解释有关运输单证的形式、使用等方面的问题,并就银行对运输单证的要求和规定向货主提出意见和建议。

6)提供货物保险方面的咨询

国际货运代理人可以就货物的运输保险险别、保险范围等向货主提供咨询意见。

7)提供索赔、理赔方面的建议

国际货运代理人可以就货物的理赔、索赔向货主提出意见和建议。

8)客户提出的其他事项的咨询

五、国际货运代理企业的专项经营资质

1. 道路运输经营许可证

根据国家的有关规定,凡是在我国境内从事营业性道路运输的单位和个人,都必须取得交通部门颁发的《道路运输经营许可证》和每车一份的《道路运输证》。国际货运代理企业从事与国际货物运输代理业务相关的短途道路货物运输,也必须办理相关手续,领取《道路运输经营许可证》和《道路运输证》。

2. 铁路进出口危险货物代理人资质证书

为了规范铁路危险货物的运输管理工作,2002 年 11 月 19 日铁道部发布《关于对铁路进出口危险货物运输代理人实行资质认证的通知》,决定从 2002 年底开始,对铁路进出口运输危险货物的国际货运代理企业实行资质认证制度。凡是从事铁路危险货物进出口运输业务的代理人,都必须持有铁路局货运部门核发的《铁路进出口危险货物运输资质证书》。

3. 无船承运业务经营资格登记证

为了规范国际海上运输活动,维护国际海运市场秩序,保障国际海上运输各方当事人的合法权益,2001 年 12 月 11 日国务院颁布了《中华人民共和国国际海运条例》。交通部于 2003 年 1 月 20 日发布了《中华人民共和国国际海运条例实施细则》。上述文件规定了无船承运业务的定义、无船承运业务经营资格登记的程序和应当提供的文件、材料。根据《中华人民共和国国际海运条例》第 7 条规定,无船承运业务是指无船承运业务经营者以承运人身份接受托运人的货载,签发自己的提单或者其他运输单证,向托运人收取运费,通过国际船舶运输经营者完成国际海上货物运输,承担承运人责任的国际海上运输经营活动。经营无船承运业务,应当向国务院交通主管部门办理提单登记,并交纳保证金。国际货运代理企业以无船承运业务经营者身份自行签发或代理他人签发运输单据,必须向交通部门办理提单登记手续,取得《无船承运业务经营资格登记证》。

4. 民用航空运输销售代理业务经营批准证书

为了维护民用航空运输市场秩序,保障社会公众、民用航空运输企业和民用航空运输销售代理人的合法权益,1993 年 8 月 3 日中国民用航空总局颁布了《民用航空运输销售代理业管理规定》。根据规定,民用航空运输销售代理业是指受民用航空运输企业委托,在约定的授权范围内,以委托人名义代为处理航空客货运输销售及其相关业务的营利性行业。民用航空运输销售代理人是指从事民用航空运输销售代理业的企业,必须取得企业法人资格,并接受民航行政主管部门或者民航地区行政管理机构,即中国民用航空总局或中国民用航空地区管理局的监督、管理。根据《民用航空运输销售代理业管理规定》,经营国际航线或者中国香港、澳门、台湾地区航线的民用航空运输销售代理业务属于一类空运销售代理业务。

5. 航空快递经营许可

为了加强对航空快递业务活动的管理,促进航空快递业务健康、有序地发展,1998 年 1 月 13 日中国民用航空总局颁布了《中国民用航空快递业管理规定》。根据该规定,航空快递是指航空快递企业利用航空运输,收取发件人托运的快件并按照向发件人承诺的时间将其送交指

定地点或者收件人,掌握运送过程的全部情况并能将即时信息提供给有关人员查询的门对门速递服务。中国民用航空总局对航空快递业务实施行业管理,核发经营许可证。中国民用航空地区管理局根据总局的授权,对所辖地区的航空快递业务实施管理和监督。

6. 邮政委托书

《邮政法》第 8 条规定"信件和其他具有信件性质的物品的寄递业务由邮政企业专营,但是国务院另有规定的除外",《邮政法实施细则》第 4 条也规定"未经邮政企业委托,任何单位或者个人不得经营信函、明信片或者其他具有信件性质的物品的寄递业务,但国务院另有规定的除外"。因此,要求从事进出境信件和具有信件性质的物品寄递业务的国际货运代理企业,到邮政部门办理委托手续。

7. 代理报关企业注册登记证书

为了加强对代理报关企业的监督管理,规范报关行为,1995 年 7 月 6 日海关总署颁布了《中华人民共和国海关对代理报关企业的管理规定》。根据规定,代理报关企业系指经营国际货物运输代理、国际运输工具代理等业务,并接受委托代办进出口货物的报关纳税等事宜,依照本规定履行代理报关注册登记手续的境内法人。中华人民共和国海关是代理报关企业的报关资格审定和报关注册登记的主管机关。

8. 进出境快件运营人登记备案证书

为了加强对进出境快件的海关监管,1998 年 1 月 25 日海关总署颁布《中华人民共和国海关对进出境快件监管办法》。根据规定,经营进出境快件业务应当向中华人民共和国海关提出申请,办理登记备案手续。

9. 代理出入境检验检疫报检登记证书

为了加强对代理报检行为的监督管理,规范代理报检行为,2002 年 11 月 6 日国家质量监督检验检疫总局颁布了《出入境检验检疫代理报检管理规定》。根据规定,代理报检是指经国家质量监督检验检疫总局注册登记的境内企业法人,依法接受进出口货物收发货人的委托,为进出口货物收发货人办理报检手续的行为。国家质量监督检验检疫总局统一管理全国代理报检工作,负责对代理报检单位的注册登记;各直属出入境检验检疫局负责所辖地区代理报检单位的初审和年度考核工作;各地出入境检验检疫机构负责代理报检单位的日常监督管理工作。所有代理报检单位,都应当经国家质量监督检验检疫总局。未经注册登记的单位,不得从事代理报检业务。

六、国际货运代理企业的行为规范

1. 货物运输代理业务行为规范

国际货运代理企业应当按照工商行政管理机关办理的营业执照列明的经营范围和经营地域从事经营活动。按照有关法律、法规规定,需要经过有关主管机关批准、登记、注册的,还应当向有关主管机关办理批准、登记、注册手续。

国际货运代理企业应当依照国家有关规定确定收费标准,并在营业地点公布收费标准。

国际货运代理企业应当遵循安全、迅速、准确、节省、方便的经营方针,为进出口货物的收货人、发货人提供服务。

国际货运代理企业从事国际货运代理业务,必须使用税务机关核准的发票。

国际货运代理企业可以使用中国国际货运代理协会参照国际惯例制定的国际货运代理标准交易条款,也可以自行制定交易条款。国际货运代理企业之间还可以相互委托办理全部或部分国际货运代理业务。

国际货运代理企业不得将规定范围内的注册资本挪作他用;不得转让国际货运代理经营权;不得以发布虚假广告、分享佣金、退返回扣或其他不正当竞争手段从事经营活动。

2. 无船承运业务行为规范

在中国境内经营无船承运业务,应当在中国境内依法设立企业法人,并以该企业法人名义向国务院交通主管部门办理提单登记,交纳保证金,取得《无船承运业务经营资格登记证》。未依照规定办理提单登记并交纳保证金的,不得经营无船承运业务。无船承运业务经营者使用两种或者两种以上提单的,各种提单均应登记。

无船承运业务经营者的运价,应当按照规定的格式向国务院交通主管部门备案。无船承运业务经营者运价本上载明的运价为公布运价,自国务院交通主管部门受理备案之日起满30日生效。国际船舶运输经营者与货主、无船承运业务经营者约定的运价为协议运价,自国务院交通主管部门受理备案之时起满24h生效。无船承运业务经营者应当执行生效的备案运价。

在中国境内没有经营性分支机构的境外无船承运业务经营者,应当委托在当地具有无船承运业务经营资格的经营者代理签发提单业务。中国无船承运业务经营者在没有设立分支机构的地区从事无船承运业务,需要委托代理签发提单的,应当委托具有无船承运经营资格的代理人签发提单。无船承运业务经营者应当在交通部指定的媒体上公布其在中国境内签发提单代理人,并及时将公布代理事项的媒体名称向交通部备案。

中国无船承运业务经营者及其分支机构在中国境内收取运费、代为收取运费以及其他相关费用,应当向付款人出具中国税务机关统一印制的专用发票。在中国境内注册,并依法取得交通部《无船承运业务经营资格登记证》的企业,可以向税务机关申请办理领购、使用《国际海运业运输专用发票》事宜。

经营无船承运业务,不得有下列行为:

(1)以低于正常、合理水平的运价提供服务,妨碍公平竞争;

(2)在会计账簿之外暗中给予托运人回扣,承揽货物;

(3)滥用优势地位,以歧视性价格或者其他限制性条件给交易对方造成损害;

(4)其他损害交易对方或者国际海上运输市场秩序的行为。

没有取得无船承运业务经营资格者,不得接受其他无船承运业务经营者委托,为其代理签发提单。任何单位和个人不得擅自使用无船承运业务经营者已经登记的提单。

3. 航空货物运输销售代理行为规范

民用航空运输销售代理人应当在获准的代理业务类别范围内经营民用航空运输销售代理业务,在其营业地点公布各项营业收费标准,并将此标准报核发空运销售代理业经营批准证书的民航行政主管部门或者民航地区行政管理机构备案。

民用航空运输销售代理人可以在获准的代理业务类别范围内与中华人民共和国境内有经营权的任何民用航空运输企业签订空运销售代理合同,从事民用航空运输销售代理经营活动,与民用航空运输企业按照平等互利原则,协商确定空运销售代理手续费标准,但是民航行政主管部门和物价主管部门规定法定标准的除外。民用航空运输销售代理人签订空运销售代理合同后,应当严格履行空运销售代理合同规定,及时将空运销售代理合同报核发空运销售代理业经营批准证书的民航行政主管部门,或者民航地区行政管理机构备案。

民用航空运输销售代理人在委托代理经营活动中,必须遵守国家关于航空运输价格和运输销售代理服务费用的规定,应当遵守民航行政主管部门的规章,防止业务差错和人为原因造成的运输等级事故,维护公众利益。不得实施不正当竞争行为,不得将航空运输票证转让他人代售或者在未登记注册的营业地点填开航空运输票证。

4. 航空快递业务行为规范

经中国民用航空总局批准,航空快递企业可以在机场设立航空快件专门接收站点,集中办理托运或者提取航空快件的手续。但是,航空快件专门接收站点所需作业通道以及作业、海关监管和安检场所的安排和建设,应当按照规定的程序报请有关部门批准。进港、出港的航空快件,应当通过该专门接收站点统一向航空承运人托运或者提取。

航空快件发件人向航空快递企业交运航空快件时,航空快递企业可以要求发件人出具单位介绍信或其他有效证件,要求国际航空快件的发件人提供商业发票、品质说明、装箱单等报关所需的有关文件。航空快递企业和发件人可以约定航空快件在递送过程中毁灭、遗失、损坏或者延误时的损害赔偿责任,但是不得免除故意或者重大过失情况下的责任。

航空快件的发件人、收件人与航空快递企业应当按照约定办理航空快件的交运、承运和交付手续。航空快递企业收运航空快件以后,应当及时组织运输,及时交付,并负责提供全部地面专递运输和运输过程状况信息服务。

5. 代理报关业务行为规范

代理报关企业应当按海关规定聘用报关员,并对报关员的报关行为承担法律责任。代理报关企业只能接受有权进出口货物单位的委托,办理本企业承揽、承运货物的报关纳税等事宜,并在所在关区各口岸办理报关纳税等事宜。特殊情况,经所在地上级海关商异地海关同意,报海关总署核准,才能在异地办理报关业务。

代理报关企业在报关时,必须向海关出示下列文件:

(1)本企业法定代表人签名的授权办理本次报关纳税等事宜的责任授权书;

(2)承揽、承运进出口货物的协议书;

(3)载明委托人和被委托人双方的名称、海关注册登记编码、地址、法定代表人姓名,以及代理事项、权限和期限,双方责任等内容,并加盖双方公章的委托人报关委托书。

代理报关企业应当按照海关对进出口企业财务账册及营业报表的要求,建立账册和报关营业记录。真实、正确、完整地记录其受托办理报关纳税等事宜的所有活动。在海关规定的年限内完整保留委托单位提供的各种单证、票据、函电,并接受海关稽查。必要时,还应根据海关要求协助海关与委托人联系,提供委托人与报关纳税等有关的文字记录资料。

代理报关企业不得以任何形式出让其名义供他人办理进出口货物报关纳税等事宜。

6. 代理出入境检验检疫报检业务行为规范

代理报检单位应当经国家质量监督检验检疫总局注册登记,未经注册登记不得从事代理报检业务。已经取得《登记证书》的代理报检单位,应当在国家质检总局批准的区域内从事代理报检业务,发生名称、地址、法定代表人、经营范围等重大事项变更的,应当在变更之日起15

日内以书面形式报所在地直属出入境检验检疫局。

代理报检单位在接受委托办理报检等相关事宜时,应当遵守有关出入境检验检疫法律法规规定,并对代理报检各项内容的真实性、合法性负责,承担相应的法律责任。代理报检单位接受收发货人的委托,办理报检事宜,还应当遵守法律、法规对收发货人的各项规定。

无论在报关地或收货地接受进口货物收货人委托的代理报检单位,还是在产地或报关地接受出口货物发货人委托的代理报检单位,在代理报检时都应当向检验检疫机构提交载明委托人的名称、地址、法定代表人姓名(签字)、机构性质及经营范围;代理报检单位的名称、地址、代理事项,以及双方责任、权利和代理期限等内容,加盖双方公章的报检委托书,并完成下列代理报检行为:

(1)办理报检手续;

(2)缴纳检验检疫费;

(3)联系配合检验检疫机构实施检验检疫;

(4)领取检验检疫证单和通关证明;

(5)其他与检验检疫工作有关的事宜。

代理报检单位应当按照有关法律、法规和规章规定规范报检员的报检行为,按照规定代委托人缴纳检验检疫费,如实书面通知委托人检验检疫机构的缴费情况,严格按照有关规定向委托人收取代理报检中介服务费,自觉保守实施代理报检过程中知悉的委托人商业秘密,并对报检员的报检行为承担法律责任。同时,应当建立、健全代理报检业务档案,真实完整地记录其承办的代理报检业务,自觉接受检验检疫机构的日常监督和年度审核。

代理报检单位应当按照检验检疫机构的要求,负责落实检验检疫场地、时间等有关事宜,配合检验检疫机构对其所代理报检的事项进行调查和处理。不得借检验检疫机构名义向委托人收取额外费用,不得以任何形式出让其名义供他人办理代理报检业务。

案例

某国际货运代理企业经营集装箱拼箱业务,此时他是CONSOLIDATOR,由于他签发自己的提单,所以他是无船承运人。2006年9月15日,该无船承运人在KOBE港自己的CFS将分属于6个不同发货人的拼箱货装入1个20ft的集装箱,然后交某班轮公司托运。该集装箱于2006年9月18日装船,班轮公司签发给无船承运人CY to CY交接的FCL条款下的MASTER B/L一套;无船承运人然后向不同的发货人分别签发了CFS to CFS交接的LCL条款下的HOUSE B/L共6套,所有的提单都是清洁提单。2006年9月23日载货船舶抵达提单上记载的卸货港。第二天,无船承运人从班轮公司的CY提取了外表状况良好和铅封完整的集装箱(货物),并在卸货港自己的CFS拆箱,拆箱时发现2件货物损坏。2006年9月25日收货人凭无船承运人签发的提单前来提货,发现货物损坏。请分析回答:

(1)收货人向无船承运人提出货物损坏赔偿的请求时,无船承运人是否要承担责任?为什么?

(2)如果无船承运人向班轮公司提出集装箱货物损坏的赔偿请求时,班轮公司是否要承担责任?为什么?

(3)无船承运人如何防范这种风险?

思考题

1. 阐述国际货运代理人的定义。
2. 国际货运代理人的作用有哪些?
3. 了解FIATA的活动内容。
4. 了解CIFA的宗旨和任务。
5. 阐述国际货运代理人和无船承运人的异同。
6. 阐述国际货运代理企业各方面的经营活动。
7. 国际货运代理企业的专项经营资质证书有哪些?

第六章 船舶代理业务

● 知识目标

1. 解释国际船舶代理人的定义，描述其作用和分类；
2. 了解国际船舶代理业务的范围；
3. 了解国际船舶代理关系建立的过程；
4. 掌握班轮代理合同的主要内容；
5. 掌握港口使费的种类和备用金制度。

● 技能目标

能够看懂班轮代理合同并对其进行解释。

第一节 国际船舶代理概述

一、国际船舶代理人的定义

国际航行船舶在世界各港口之间进行客货运输时，当船舶停靠于船舶所有人或船舶经营人或船舶承租人自己不能提供船舶服务或办理有关船舶手续的港口（如船公司在其船舶挂靠的港口没有设置自己的机构）的情况下，船舶所有人或船舶经营人或船舶承租人可能无法亲自照管船舶和办理船舶在港口的营运业务，就需要委托当地的国际船舶代理人照管船舶和办理船舶在港口的营运业务。

《国际海运条例》及《国际海运条例实施细则》对我国的国际船舶代理经营者给出了定义：国际船舶代理经营者，是指依照法律设立的中国企业法人，接受船舶所有人或者船舶承租人、船舶经营人的委托，经营下列业务：办理船舶进出港口手续，联系安排引航、靠泊和装卸；代签提单、运输合同，代办接受订舱业务；办理船舶、集装箱以及货物的报关手续；承揽货物、组织货载，办理货物、集装箱的托运和中转；代收运费，代办结算；组织客源，办理有关海上旅客运输业务；其他相关业务。

船舶所有人或者船舶承租人、船舶经营人根据船舶、航次靠港的任务以及船上所存淡水、燃油情况委托国际船舶代理人代办船舶相关业务。因此，对任务不同的船舶和航次，国际船舶代理人所办业务往往是不同的。

因此，可以将国际船舶代理人简洁地表述为：国际船舶代理人是接受船舶所有人或船舶承租人、船舶经营人的授权，在授权范围内代表委托人办理船舶进出港及与船舶有关的其他业务的中国企业法人。

二、UNCTAD 的航运代理人

联合国贸易与发展会议（UNCTAD）1988 年制定了《航运代理最低标准》，该标准也根据航运代理人的业务范围来定义航运代理人。航运代理人是指代表船舶所有人或船舶经营者或承租人或货主从事运输服务的人，提供的服务包括：

（1）谈判和完成船舶的买卖；

（2）谈判和监督船舶的租赁；

（3）在适当的和相关财务的事务方面，收取运费或租金；

（4）安排报关和货物的单证以及安排运送货物；

（5）取得、处理单证，履行关于发送货物所有活动；

（6）组织船舶的到达和离开安排；

（7）安排船舶在港的供应。

根据上述定义中列明的服务范围，对比《国际海运条例》及《国际海运条例实施细则》对我国的国际船舶经营者规定的业务范围，可以知道航运代理人的服务范围更广，它包括了船舶代理人所从事的业务、货运代理人所从事的业务、租船经纪人所从事的业务、船舶买卖经纪人所从事的业务、报关企业所从事的业务等。

三、国际船舶代理人的作用

国际船舶代理行业具有涉外性、专业性强的特征，因此要求国际船舶代理人必须具备各方面的专业知识。国际船舶代理人应该精通海上货物运输业务、了解船舶技术、熟悉有关国际公约和法律、法规，并通晓国际贸易环节。国际船舶代理人还应该与各口岸单位、货主等建立密切的联系，因此可以在货主、船舶所有人或船舶经营人或船舶承租人、港口、海关、检验检疫、海事局等有关力之间发挥重要的桥梁和纽带作用。船舶代理人通过提供船舶代理服务建立了一个对外交流的窗口，促进了国际贸易运输服务事业的发展，而其收取的代理费也是国家的外汇的来源之一，对我国国民经济发展具有积极作用。

1. 桥梁作用

船舶代理人可以在委托人、货方和口岸机构等之间传递信息，起到桥梁作用。

如在船舶到港前，船舶所有人或船舶经营人或船舶承租人等将船舶到港装卸货物的情况和预计船期等信息告知船舶代理人；船舶代理人根据船方提供的信息和口岸管理规定，将相关信息转告海关、边防、检验检疫和海事局、港口装卸公司、理货公司、船舶供应公司等口岸各有关单位；而船方和各相关单位都可以根据船舶代理人提供的信息做好船舶抵港前的准备工作。船舶在港期间，船舶代理人及时将船舶在港的动态，如船舶进港、靠泊、移泊、装卸、修理等情况，告知委托人；在船舶离港后，船舶代理人及时告知委托方船舶离港的情况；使委托方及时掌握船舶动态等信息。

2. 协调作用

在船舶运输的各项工作中，或者当发生争议时，船舶代理人可以协助船方、港方、货方等各方妥善解决问题,起到协调作用。

如在航次租船下,为避免船舶抵港而货物却没有备齐的情况发生,船舶代理人会及时了解货主备货情况,并视具体情况还会催促货主尽快备货。又当船舶在船期、装卸作业以及其他服务上有特殊要求时,船舶代理人能够在委托方和港方及其他相关单位之间进行协调,并尽可能使问题得到圆满解决。如果船方和货方对装卸货物数量或质量存有争议,或者船舶在港期间发生船舶之间的碰撞或者船舶撞坏码头等事故,船舶代理人能够根据经验并运用专业知识,协助船方妥善解决相关事宜。

3. 专业服务作用

船舶代理人能够及时、正确、高效地完成委办事项,起到专业服务作用。

国际船舶代理人的本职工作是利用自身知识、经验和资源,为委托人办理船舶进出港口手续,办理船舶、集装箱以及货物的报关手续,代收运费和代办结算,组织货源等。国际船舶代理人熟悉相关法律和港口惯例,通过代办船舶在港事宜,为委托人提供专业服务。

4. 降低成本作用

在完成委办事项的过程中,船舶代理人能够合理安排各项工作,减少委托人不必要的支出,起到降低成本作用。

如船舶代理人利用其与口岸单位的合作关系和专业知识、业务经验,可使船舶顺利完成船舶在港的装卸、修理等各项工作。船舶代理人还可以通过合理安排船舶的辅助作业,减少船舶在港停泊时间,为委托方节省相关费用并加快船舶周转。

四、国际船舶代理人的分类

1. 根据代理关系延续时间分类

根据船舶代理关系延续时间的长短,船舶代理可分为长期代理和航次代理,因此船舶代理人就可以分为长期代理人和航次代理人。长期代理和航次代理的分类目的是区分双方之间办理手续的简繁程度和代理关系的紧密程度。船方可按船舶到达港口的频繁程度决定与船舶代理人建立航次代理关系还是长期代理关系。

1)长期代理人

船舶经营人根据船舶营运的需要,在船舶经常前往靠泊的港口选择适当的长期代理人,通过一次委托长期有效的委托方法,在规定的一段时期内由船舶代理人负责照管到港的所有船舶,此种关系称为长期代理关系。

建立长期代理关系可以简化委托与财务往来结算手续。对于委托方来说,在长期代理关系下与船舶代理人订立了委托代理合同后,就不需要按船逐航次地委托代理,只要船舶到港前将船舶的预计到港时间和本航次到港需要办理的事项,告知船舶代理人即可。对于长期代理关系下的长期代理人,由于长期代理合同中一般都规定双方之间的费用一段时间结算一次,所以不需要每个航次都向委托方索汇备用金。

在不定期船运输中,船舶挂靠的港口以及挂靠港口的时间间隔不固定,因此,不定期船营运方式下船舶经营人采用长期代理不是很多。在班轮运输中,船舶在固定航线上根据船期表规定的时间往返于固定港口之间,采用长期代理的方式比较合理。除更换船舶、班期调整等情况外,班轮公司不需要每航次给长期代理人发通知,船舶代理人应根据班轮公司的船期表和船长的预计抵港电及时安排好代理工作。

2）航次代理人

航次代理是指对不经常来港的船舶，在每次船舶来港前，委托方逐船逐航次委托办理船舶在港事项的情况。航次代理下的船舶代理人就是航次代理人。

船舶挂靠没有长期代理关系的港口时，委托方就要根据情况选定航次代理人，并按航次办理委托。需要按航次委托代理的船舶，一般有承运航次租船下 FOB 出口货或 CFR 进口货的国外派船；承运 FOB 进口货和 CIF 或 CFR 出口货的本国承租人租用外籍船舶的航次租船；来港办理交接手续的买船或卖船；办理交船和还船交接手续的定期租船；以及专程来港修理、避难、船员就医、加油、加水的船舶等。

委托方按航次委托航次代理时，须在船舶抵港前，以书面向船舶到达港的航次代理人提出委托。通常在委托时，委托方会将船舶规范、装卸货名和货量以及委办事项告知代理人，代理关系建立后，委托方将有关运输合同和货运单证寄交代理人。一般情况下，航次代理关系的建立也都以委托方提出书面委托，经代理人书面确认后，代理关系即告建立。

凡与船舶代理人没有建立长期代理关系的委托人派船抵港装卸货物，或因船员急病就医、船舶避难、添加燃料、修理等原因专程抵港的国际航行船舶，均应逐航次办理委托，与船舶代理人建立航次代理关系。一般情况下，船舶在港作业或所办事项完成离港，航次代理关系即告终止。

2. 根据代理船舶的营运方式分类

远洋运输是随着国际贸易的发展而发展的，船舶的营运方式也应该与贸易对运输的要求相适应。目前，船舶的营运方式通常可分为两大类，即班轮运输和不定期船运输。根据代理人所代理的船舶的营运方式不同，国际船舶代理人可分为班轮运输船舶代理人和不定期船运输代理人。

1）班轮运输船舶代理人

在班轮运输下，班轮运输船舶代理人与班轮公司通常建立长期的代理关系。在我国的船舶代理实践中，班轮公司在某一港口也可能分航线委托多个船舶代理人。班轮公司通常委托班轮代理人代办船舶进出港手续、揽货、订舱、缮制有关单证、代签提单和提货单、代收运费等事项。班轮公司在选定班轮代理人时，班轮代理人能承揽的货量是班轮公司考虑选择代理人的一个重要因素。班轮运输船舶代理人根据其代办的业务主要分为班轮运输船舶总代理人和订舱代理人。

（1）班轮运输船舶总代理人。在班轮运输中，班轮公司在船舶停靠的港口委托总代理人。

总代理人的权利与义务通常由班轮代理合同的条款予以确定。代理人通常应为班轮制作船期广告，为班轮公司开展揽货工作，办理订舱、收取运费工作，制作运输单据、代签提单，管理船务和集装箱工作，代表班轮公司就有关费率及班轮公司营运业务等事宜与政府主管部门接洽。总之，凡班轮公司自行办理的业务都可通过授权，由总代理人代办。

（2）订舱代理人。班轮公司为使自己所经营的班轮运输船舶能在载重和舱容上得到充分利用，力争做到“满舱满载”，除了在班轮船舶挂靠的港口设立分支机构或委托总代理人外，还会委托订舱代理人，以便广泛地争取货源。订舱代理人通常与货主和货运代理人有着广泛和良好的业务联系，因而能为班轮公司创造良好的经营效益，同时能为班轮公司建立起一套有效的货运程序。

2)不定期船运输代理人

不定期船代理人为来港的不定期船办理相关事务。不定期船代理人可以由不定期船船舶所有人、经营人或承租人等委托。通常在维护委托方利益的前提下,代理人照管和办理船舶在港的一切事项。在不定期租船中,为维护自己的利益,承租人和出租人都希望自己有权指定装卸港口的代理人,一般在租船合同中都会明确由谁指定装卸港口代理人。根据委托方的不同,不定期船运输代理人可分为以下几种:

(1)船东代理人。船东代理人受船东的委托,为船东代办与在港船舶有关的诸如清关、检验检疫、安排拖轮、引航员及装卸货物等业务。此时,租约中通常规定船东有权在装卸港口指派代理人。

(2)船舶经营人代理人。根据航次租船合同的规定,由船舶出租人在装卸港口指派代理人,该代理人受船舶经营人的委托,为船舶经营人代办与在港船舶有关的业务。

(3)租船人提名代理人。根据航次租船合同的规定,船舶承租人有权提名代理人,而船舶出租人(船东或船舶经营人)必须委托由租船人所指定的代理人作为自己所属船舶在港口的代理人,并支付代理费及港口的各种费用。此时,代理人除了要保护委托方(船东或船舶经营人)的利益外,还要兼顾租船人的利益。

(4)保护代理人。当根据租约的规定,在船舶代理人由租船人提名的情况下,船东或船舶经营人为了保护自己的利益,会在已经委托由租船人提名的代理人作为在港船舶的代理人以外,再另外委托一个代理人来监督租船人提名代理人的代理行为,该代理人即为保护代理人,或称为监护代理人。这种情况多发生在航次租船合同的时候。

(5)船务管理代理人。船务管理代理人为船舶代办诸如补充燃物料、修船、船员服务等业务。是否委托船务管理代理人,船东视当时情况和需要而定,这种情况多发生在定期租船合同的时候。

在有船务管理代理人的情况下,各方委办业务比较明确,即租船人委办事项主要是安排船舶进出港手续、安排泊位和货物装卸等业务,而船东委办的事项如船员换班/遣返、物料供应、船长借支等业务。如果租船人和船东委托同一个代理人(其中的船东可以按第二委托方处理),则代理人对船舶在港期间的委办业务要明确区分,分别完成租船人和船东委托的代理任务并分开结算。

(6)不定期船总代理人。总代理人是特别代理人的对称,其代理权范围包括代理事项的全部。不定期船总代理人的业务很广,如代表不定期船船东来安排货源、支付费用、选择、指定再代理人并向再代理人发出有关指示等。当然,租船人有时也会指派总代理人,若在租约中规定由租家指派代理人或提名代理人时,则租船人就有权在一定地理区域选定总代理人,当租船人指定甲代理人为总代理人,而船舶不停靠甲地时,则可由甲代理人为其委托方选择、指定再代理人,并由再代理人代办与在港船舶有关的业务。委托人授予代理人代理权是建立在对代理人的知识、技术、才能和信誉等信任的基础之上的,而船东或租船人选用总代理人的最大优点在于,委托方和代理人之间有信任感、业务上具有连续性,一旦委托则船舶在所有港口的代理业务都由总代理人办理或由其选择、指派的再代理人完成。

3. 同一航次委托方的分类

实践中,有时船舶代理人与就同一船舶同一航次的两个以上的委托方建立代理关系。当然,不同的委托方委办不同的代理事项。在这种情况下,将委托方分为第一委托方和第二委托方。第一委托方是指发出委托电并承担港口使费和代理费用的一方,通常就称为委托方。除委托方以外,同一船舶同一航次要求代理人代办有关业务的其他委托者,都称为第二委托方。第二委托方通常也发委托电,指明委办事项,并提供有关资料,汇寄备用金,并支付第二委托方代理费。

在一个航次中,第一委托方只能有一个;而第二委托方可能没有,或者可以有一个或几个。委托方和第二委托方的确定主要依据船舶的港口使费和代理费由谁承担,承担港口使用费和代理费的为第一委托方。

如在定期租船中,租船人向船舶代理人发出委托并结算港口使用费,是委托方;而船东为了办理诸如船员换班/遣返、加油、加水、物料供应、修船、船长借支等业务委托代理人,从而建立第二委托方代理关系;租船人是委托方,具体委办事项主要是安排船舶进港、安排泊位、货物装卸等业务。

五、国际船舶代理业务范围

《国际海运条例》第8条规定,国务院交通主管部门可以根据船舶代理公司的规模、资金、能力、条件和有关规定核定其经营范围。国际船舶代理公司在交通部核定的经营范围内,接受委托,可经营下列部分或全部代理业务:

(1)联系安排船舶进出港口、靠泊和装卸;

(2)办理船舶、货物、集装箱的报关;

(3)办理货物、集装箱的托运、转运和多式联运;

(4)受船东或船长的委托代签提单、运输合同,代签船舶速遣、滞期协议;

(5)办理国际水上旅客运输;

(6)组织货载,为货主洽订舱位;

(7)联系水上救助,洽办海商海事处理;

(8)代收代付款项,代办结算;

(9)办理其他的船舶代理、服务事项。

由于不同船舶、不同航次的运输任务不同,因此在不同航次的具体情况下,国际船舶代理人所办业务不完全相同。我国有些国际船舶代理公司的《业务章程》中所规定的业务范围比《国际海运条例》规定的业务范围更具体,以下是我国某国际船舶代理公司《业务章程》所规定主要业务范围。

1. 船舶及货运业务方面

(1)办理船舶进出口的申报手续;

(2)联系安排船舶引航、泊位及装卸工作;

(3)办理申请货物监装、检验、衡量和验舱、熏舱、洗舱、扫舱;

(4)订舱、揽载、签发提单;

(5)办理国际海上联运货物中转手续;

(6)代售客票,办理旅客上下船舶的手续;

(7)洽办船舶的修理、检验;

(8)代办海损事故的处理,联系海上救助工作,洽办货物理赔;

(9)代算代收运费,办理船舶遣返,延滞费的计算;

(10)代办船舶租赁及买卖船舶的交接工作,代办船舶起租接船、退租还船、临时起租、退租工作。

2. 船舶供应方面

(1)洽购船用燃料、淡水;

(2)洽购船用物料、垫料;

(3)洽购船员伙食。

3. 其他服务性工作

(1)办理船员登岸或出入境手续;

(2)办理船员调换、遣返手续;

(3)安排船员医疗、住院;

(4)联系安排船员参观、游览;

(5)办理船舶备件转运。

六、我国国际船舶代理行业管理

1. 我国国际船舶代理行业管理

在《国际海运条例》及《国际海运条例实施细则》实施之前,交通部和有关的地方政府行政主管部门根据 1990 年 3 月 2 日交通部发布的《国际船舶代理管理规定》对国际船舶代理行业进行管理。

《国际船舶代理管理规定》第 3 条规定,中华人民共和国交通部为国家管理船舶代理业务的上管机关。第 4 条规定,船舶代理业务只准由经交通部批准成立的船舶代理公司经营;船舶代理公司必须是中华人民共和国的国营企业法人;每一港口设置船舶代理公司的数量,由交通部根据港口的实际业务需要决定。因此,国际船舶代理行业的主管机关是中华人民共和国交通部,且国际船舶代理经营者必须是国营企业。根据《国际船舶代理管理规定》的规定,设立船舶代理公司应当向公司所在地的交通主管机关提出书面申请,申请经公司所在地和省(直辖市、自治区)交通主管机关审核后,报交通部审批。

《国际船舶代理管理规定》的第 8 条和第 10 条对船舶代理的业务范围以及开展经营活动的原则进行了规定。根据该规定中第 14 条的规定,船舶代理公司的财务收支损益以及分国别代理的船公司、船舶名单、船舶的艘次数于当年 7 月底前和次年 1 月底前向交通部报告,同时抄报该所在地交通主管机关和省(直辖市、自治区)交通主管机关。

以上规定的很多内容在 2002 年开始已经发生了很大变化。我国现在执行的国际船舶代理行业管理规定是 2002 年 1 月 1 日起施行的《国际海运条例》和 2003 年 3 月 1 日起施行的《国际海运条例实施细则》。有关的管理规定分述如下。

1)主管机关

我国国际船舶代理行业的主管机关,是国务院交通土管部门和有关的地方人民政府交通主管部门。根据《国际海运条例》第4条规定,国务院交通主管部门和有关的地方人民政府交通主管部门依照条例规定,对国际海上运输经营活动实施监督管理,并对与国际海上运输相关的辅助性经营活动实施有关的监督管理。

2)经营资格

在《国际海运条例》实施以前,我国只有国营企业能够经营国际船舶代理业务。现在的国际船舶代理企业已经不只限于国营企业。根据《国际海运条例》第32条规定,经国务院交通主管部门批准,中外合资经营企业或者中外合作经营企业也可经营国际船舶代理业务;经营国际船舶代理业务的中外合资经营企业中,外商的出资比例不得超过49%。

3)设立条件

根据《国际海运条例》第9条的规定,经营国际船舶代理业务应当具备下列条件:

(1)高级业务管理人员中至少2人具有3年以上从事国际海上运输经营活动的经历;

(2)有固定的营业场所和必要的营业设施。

4)设立程序

(1)提出申请。根据《国际海运条例》第9条和《国际海运条例实施细则》第7条的规定,在中国境内设立企业法人经营国际船舶代理业务,或者中国企业申请经营国际船舶代理业务,应当经过交通部审核,报送相关材料,并抄报企业所在地的省、自治区、直辖市人民政府交通主管部门。申请材料应当包括:

①申请书;

②可行性分析报告、投资协议;

③申请人的商业登记文件(拟设立企业的,主要投资人的商业登记文件或者身份证明),固定营业场所的证明文件;

④高级业务管理人员中至少2人具有3年以上从事国际海上运输经营活动的资历证明文件;

⑤关于同港口和海关等口岸部门进行电子数据交换的协议。不具备电子数据交换条件的,应当提供有关港口或者海关的相应证明文件。

另外,根据《国际海运条例实施细则》第9条的规定,国际船舶代理经营者在中国境内的分支机构经营相关业务的,应当符合上述的设立条件外,登记申请材料应当包括:

①申请书;

②可行性分析报告;

③母公司的商业登记文件;

④母公司的《国际船舶代理经营资格登记证》或者《国际海运辅助业经营资格登记证》副本;

⑤母公司确定该分支机构经营范围确认文件;

⑥营业场所的证明文件;

⑦高级业务管理人员中至少2人具有3年以上从事国际海上运输经营活动的资历证明文件;

⑧设立的分支机构同港口和海关等口岸部门进行电子数据交换的协议。不具备电子数据交换条件的,应当提供有关港口或者海关的相应证明文件。

(2)交通部审核。有关省、自治区、直辖市人民政府交通主管部门收到上述抄报材料后,应当就有关材料进行审核,提出意见,并应当自收到有关材料之日起7个工作日内将有关意见报送交通部。交通部收到申请人的申请材料后,应当在申请材料完整齐备之日起15个工作日按照有关规定进行审核。

(3)给予登记和发给经营登记证。交通部审核合格的,予以登记,并发给《国际船舶代理经营资格登记证》;不合格的,应当书面通知当事人并告知理由。

根据《国际海运条例》第44条的规定,未办理登记手续,擅自经营国际船舶代理业务的,由国务院交通主管部门或者其授权的地方人民政府交通主管部门责令停止经营;有违法所得的,没收违法所得;违法所得5万元以上的,处违法所得2倍以上5倍以下的罚款;没有违法所得或者违法所得不足5万元的,处2万元以上10万元以下的罚款。

(4)向企业登记机关办理企业登记。申请人持交通部发给的《国际船舶代理经营资格登记证》向企业登记机关办理企业登记。登记机关对符合规定条件的,予以登记,发给公司营业执照;对不符合规定条件的,不予登记。国际船舶代理企业在营业之前,应向海关、税务、外汇等部门办理相关手续。

2. 中国船舶代理行业协会

我国的中国船舶代理行业协会(China Association of Shipping Agency,CASA)是经交通部批准从事国际海运船舶代理的企业组成的行业组织,于2001年6月8日在北京成立。它是按照中华人民共和国国务院颁布的《社会团体登记管理条例》规定,在中华人民共和国民政部注册登记的全国性社会团体,依法享有社团法人资格,接受交通部的业务指导和民政部的监督管理。

1)中国船舶代理行业协会职能

交通部在2001年658号文件中赋予中国船舶代理行业协会下列职能:

(1)协助交通部对申请设立国际船舶代理企业的资信情况及相关材料进行初步审核,根据行业发展状况及实际需求提出初审意见。

(2)配合交通部开展国际船舶代理企业年检年审的组织工作,整理年检资料,出具年检基本情况报告。

(3)在交通部的指导下,做好国际船舶代理企业从业人员的专业培训、法律服务、信息咨询及经验交流,努力提高国际船舶代理企业管理人员的整体素质和行业服务质量。

(4)协助交通部进行行业重大问题调研,收集国内外有关信息,分析船代市场状况,协助政府做好行业发展战略、发展规划,对行业的发展问题提出建议,为政府制定政策和法律法规提供依据。

(5)承担交通部委托办理的其他事项。

2)中国船舶代理行业协会宗旨

中国船舶代理行业协会的宗旨是在政府与企业间起桥梁、纽带作用,反映会员的愿望,维护会员的正当权益,维护公平竞争的市场环境,受政府委托,协助政府进行行业管理,协调船舶代理人及无船承运人(NVOCC)的经营活动,帮助会员提高管理水平,提供优质服务,促进我国航运事业的发展,以适应国家发展经济和开展对外贸易运输的需要。

3)中国船舶代理行业协会成员与机构

截至2005年12月7日,中国船舶代理行业协会会员381家,其中理事单位72家,常务理事单位42家;协会目前的会员都是单位会员。其会员有国营企业,也有私营企业,还有中外合资企业;会员中既有单一从事船舶代理业务的企业,又有既从事船舶代理业务又从事货运代理业务的企业,还有从事现代物流的企业。

协会的秘书处为日常办公机构,协会另设有办公室、行业事务部、对外联络部和信息资料部四个部门及无船承运业务专业委员会(NVOCC,Committee of China Association Of Shipping Agency),并在上海、山东、广州(筹)设立办事处。

4)中国船舶代理行业协会活动

(1)规范船舶代理费收行为。1994年交通部曾经发布厂《航行国际航线船舶代理费收项目和标准》,当时我国的国际船舶代理行业由国家来确定费收标准。2003年12月2日《航行国际航线船舶代理费收项目和标准》被废止,国际船舶代理行业价格由国家定价改由市场定价。由于船代市场竞争的需要,个别船舶代理公司采用低价进行竞争,船舶代理费率变化很大。2004年6月,为了使国际船舶代理费率在相对稳定的范围内变化,规范船代市场价格行为,保证船舶代理行业的健康有序发展,船舶代理协会公布了《航行国际航线船舶代理费收项目和建议价格》。这一建议价格的推出,为规范我国目前尚不成熟的船舶代理市场价格行为起到了积极作用,建议价格在实践中起着指导性的作用。

(2)换证。换发《国际船舶代理经营资格登记证》(以下简称《登记证》),船舶代理公司必须在有效期截止前换发新的《登记证》。逾期没有换发的,视为自动放弃经营资格,不得继续经营国际船舶代理业务。对不符合《国际海运条例》及其实施细则规定条件的企业将不予换发新的《登记证》,并依法对国际船舶代理经营活动的违规行为进行处罚。

申请换发《登记证》的国际船舶代理企业,将下列申请材料,经所在地省级交通主管部门审核后报交通部:换发《国际船舶代理经营资格登记证》申请书;《国际船舶代理经营资格登记证》复印件;《企业营业执照》复印件(须加盖公司印章确认与原件一致);同港口和海关等口岸部门进行电子数据交换(EDI)的协议复印件:不具备电子数据交换条件的,应当提供有关港口或者海关的相应证明文件;《中华人民共和国海上国际运输业信息表》(国际船舶代理);国际船舶代理企业调查问卷。

中国船舶代理行业协会所做的换证工作是贯彻《国际海运条例》及其实施细则的重要内容,是加强对国际船舶代理企业监督和管理的重要环节,对了解国际海运企业经营现状、评估相关法律制度具有重要意义。

(3)行业咨询。提供行业新闻,如船舶代理行业新闻,也提供航运、经贸新闻。协会还公告相关政策,会员通过协会可了解相关的信息及发展动向。

第二节 国际船舶代理关系

一、国际船舶代理关系的建立

1. 建立国际船舶代理关系

当事人订立合同,采用要约、承诺方式。我同《合同法》第396条规定:委托合同是委托人和受托人约定,由受托人处理委托人事务的合同,委托人可以特别委托受托人处理一项或者数项事务,也可以概括委托受托人处理一切事务,建立船舶代理关系必须通过委托人和代理人的约定,由委托人授权代理人处理船舶在港事务;船舶代理关系必须经过船公司或船舶经营者等的委托和船舶代理人接受委托方告建立。

国际船舶代理人可与委托人通过签订书面代理合同的形式建立国际船舶代理关系。实际工作中,一般由委托方通过函电(包括电报、电传、传真、电子数据交换和电子邮件)将委托事项告知代理人,代理人评审委办事项,双方就委托事项和代理费用等达成一致后就建立了国籍船舶代理关系。

建立国际船舶班轮代理关系通常采用书面订立代理合同的形式。班轮代理一般是长期代理,因此有必要在合同中将双方的责任、义务以及权利等事项明确订明。在班轮运输中,班轮公司在船舶所挂靠港口一般都没有办事处,与船舶代理人通过商淡订立船舶代理合同比较方便。

在航次代理中,通常由船舶所有人或船舶经营人或船舶承租人给船舶代理人发函电委托办理事项,函电委托的示例如下:

TO : xxxx CO. LTD

FM : xxxx CO. LTD

M/V: xxxx

PLS BE ADVD THAT THE SUBJ VSL IS SCHEDULED TO CALL BEILUN FOR DISCHG ABT 165000MTS IRON ORE. WE ARE PLEASED TO APPT YOU AS PORT AGENT TO EFFECT SMOOTH OPERATION. PLS NOTE FLWG DETAILS/INSTRUCTIONS N ACT ACDGLY:

DISCH TERMS: FO

LOADG PORT: PORT HEDLAND

LAST PORT: PORT HEDLAND

VSL PARTICULARS

FLAG: SINGAPORE

DWT: 175773MTS

DRAFT: 17.809M

LOA: 289M BEAM: 45M

-PLS ADV YOUR PORT EXPENSES IN LUMPSUM.

-PLS CHECK WITH MASTER IF YOU NEED FURTHER INFOS.

-PLS BE ADVD THAT WE WILL NOT COVER ANY OWNER'S EXPENSES.

-PLS ADV BTHG PROSPECT N DISCH TIME REQUIRED.

-MASTER WANTS TO SEE O. B/L BEFORE RELEASING CGO THEREFORE PLS FLW UP WITH CONSIGNEES N CFM RECEIPT. PLS BE REMINDED THAT O. B/L MUST BE ENDORSED BY SHIPPER N NTY PARTY.

-PLS SEND THE TONNAGE DUES CERTIFICATE TO US ONCE VSL SAILED BY COURIER.

RE NOR & SOF

PLS ENSURE TO GET RECEIVERS OR THEIR AGENTS SIGNED THE NOR ON VSL' S ARRIVAL AND SOF ON VSL'' S DEPARTURE. IF THEY REFUSE TO SIGN IT, PLS FAX SAME TO THEM AND SEND US THE FAXED RECORD SHOWING TIME/DATE AND THE FAXED NOS.

OUR FULL STYLE：

xxxx CO. LTD

UNIT 208-1612，16/TH FLOOR

TOWER I，JIAN JIN

223 BEI JING ROAD

KWAI CHUNG，N. T.

SINGAPORE

TEL：(0065)2418 0000：RAYMOND WANC

TLX ：63888 JMBMJ SPORE

FAX ：(0065)2828 9798/2628 8989

CABLE ：BIGOCEAN SIGAPORE

委托方在委托电中列明船舶规范、委办事项、船舶来港任务、装卸条款、预计抵港时间和吃水、货物数量/有无过境货和危险品、委托方全称及联系地址和方式、来港和去港等。船舶代理人根据来港船舶和装卸货物等对委托事项进行评审，主要是审核船舶能否满足港口的各种条件和费用要求能否接受等。如果船舶能满足港口的各项要求，船舶代理人也能够完成代理事项时，即给委托方发接受委托确认电。这样船舶所有人或船舶经营人或船舶承租人和船舶代理人之间就建立了船舶代理关系。

船舶代理人收到委托方的委托电需要评审的具体内容主要包括：

(1)船舶预计抵/离港吃水是否符合港口条件，港口当局是否允许其装/卸危险品，超长/重的大件货物是否在港口机械的装卸能力范围内，以及装卸时间要求能否满足等。

(2)对专程来港加油、加水、添加食品的船舶应审核对加油、加水、添加食品的种类和数量，落实供应和费用后，才能接受代理委托。

(3)收到发生海上事故的船舶，应及时了解是否有人员伤亡、事故发生地点和经过以及船舶和货物损坏情况，必要时迅速联系医院、海事局、修船厂等。若需要有关方提供担保，则应及时转告委托方，并协助处理。

2. 国际船舶代理人的义务

根据我国《合同法》第399条、第400条、第401条的规定，船舶代理人应承担以下义务：

(1)国际船舶代理人应当按照委托人的指示办理委托事务。不能完全按照委托人指示办理的事项，需要委托人同意并重新发出指示。因情况紧急，难以和委托人取得联系的，代理人应当妥善处理委托事务，但事后应当将情况及时报告委托人。

(2)国际船舶代理人应当亲自处理委托事项。经委托人同意，代理人可以转委托。转委托经同意的，委托人可以就委托事务直接指示转委托的第三人，国际船舶代理人仅就第三人的选任及其对第二人的指示承担责任。转委托未经同意的，国际船舶代理人应当对转委托的第三人的行为承担责任，但在紧急情况下国际船舶代理人为维护委托人的利益需要转委托的除外。

(3)国际船舶代理人应当按照委托人的要求报告委办事务的处理情况。船舶离港后,国际船舶代理人应当报告委托事务的结果。

二、船舶代理合同

船舶代理合同根据船舶运输营运方式不同,可分为班轮代理合同和不定期船代理合同。班轮代理合同和不定期船代理合同的总体内容基本相同,但在具体事项方面却有较大不同。

1. 不定期船舶代理合同

就某船舶某航次的船舶代理合同而言,只要明确代理关系和委托事项等内容即可,具体事项明确、总体内容相对简单。如果代理关系要持续一段比较长的时间或代理合同为多个航次而定,则代理合同的内容需要更详细和全面。以下是不定期船运输中船舶代理合同的主要内容,其内容比较详细和全面。

1)合同当事人

船舶代理合同的当事人是指船舶代理人和委托方,委托方是船舶所有人或船舶经营人或船舶承租人。在合同中须列名双方当事人的名称、地址、联系方式,现在作为比较方便和低成本的联系方式,E-mail已成为商务活动的主要联系方式,船舶代理人和委托方之间的大量信息沟通很多都是通过E-mail进行,因此在联系方式中须列明双方的E-mail地址(但要注意使用E-mail时,发生对E-mail记载内容有争议的问题)。

2)原则

(1)委托方同意委托另一合同当事人充当他所有/承租/经营的船舶挂靠港口的船舶代理人。

(2)船舶代理人接受委托,并尽力保护委托方的利益。根据代理标准和规则有效地履行协议,并对自己的工作负责。

3)船舶代理人的服务和责任

(1)代理人应采取必要的措施缩短船舶在港停留时间,使船舶最大可能的速遣。代理人应采取必要的措施安排船舶进出港、清关、靠泊、装/卸和办理委托方的其他委办事项,如加油、加水、船舶备件和船舶修理和所有船员服务等。

(2)在委托方授权下,代表船舶/船长以委托方规定的提单格式签发提单,为船舶揽取货物,揽货佣金按总运费的某一百分比计算。

(3)代理人应向委托方提供有关港口状况、船舶动态信息,并尽可能减少费用。在维护委托方权利和利益的前提下,代理人履行职责和义务。如果情况需要,代理人可代表委托方与港口当局协商签订速遣协议(Quick Despatch Agreement,QDA)。

(4)在委托人的指示下,根据收到的运费舱单,代理人应勤勉地收取进口货物的到付运费和出口预付运费货物的运费,放货或签发提单应以支付运费为条件。

(5)代理人应根据委托方的要求调查索赔事项。索赔事项的处理应根据船东保赔协会当地代表或委托方指示进行。

(6)代理人根据委托方的指示安排交船和还船。

(7)船舶离港后,代理人应将所有相关的运输单证寄送给委托方,或通过e-mail等方式发送电子单证。

4)委托方的义务

(1)委托方提供给代理人一份列有所有船舶详细规范的文件作为参考文件和档案,并将船期提供给代理人。同时,委托方应尽早地将每一航次的船名、呼号、国籍、靠港、预抵时间、装/卸货类/名称/数量、吨位、重箱和空箱数量、笨重/超长货物的重量和体积、危险货物名称和国际海运危险货物编号(IMDG CODE No)以及其他特殊要求事项电传给代理人。如果船期有改变,应及时地告知船舶代理人。

(2)委托方应将下列单证尽可能早地寄送给所靠港口的船舶代理人。这些单证包括:运输单证(包括提单副本、货物舱单、积载计划、集装箱载货清单和危险货物载货清单等(如果有)、船员名单(Crew List)以及其他相关的单证。

(3)在船舶抵港前72h、48h、24h和抵港时,委托方或船长应以电传或电报或E-mail方式告知代理人有关船舶前、后吃水以及其他要求事项。如果船舶抵港时间有任何变化,都应及时通知相关港口的船舶代理人。

5)费用结算

(1)为履行合同,委托方应在代理人事先提供的银行、受益人和银行账号中保存不少于约定数额的备用金。在代理期间,委托方在这账号中的金额不少于约定的数额,如果少于约定的金额应及时补充。船舶代理人对因缺少备用金而引起的船舶延迟不负责。

(2)船舶抵港前,代理人应分类地预估港口使费(如果有速遣协议,应明确是否可以包括速遣费),并告知委托方。委托方应在船舶抵港前确认预估的港口使费。如果委托方对告知的预估港口使费没有提出意见,视为确认。代理人在委托方的指定账号的存额中扣除预估的费用。如果有船长借支,也从账号中扣除。

(3)船舶离港后多少天(如45天)内,船舶代理人将附有发票和收据的航次账单核对后邮寄给委托方。如对收费项目有异议的,委托方可直接与代理公司的相关部门联系。

(4)所有的航次账单应一航次一结,代理人应每月给委托方发送一次委托方总账单明细,总账单明细要显示船名、挂靠港口和日期,以及代理人收到的金额和为该航次支付的金额。

(5)根据所代理的船舶情况,委托方每月付给代理人约定的包干费以抵偿代理人为代理船舶发生的通信费、货币转换损失费用以及邮寄费等。

(6)为提高委托方的利益所支付的费用,委托方凭发票或收据支付,但事先必须经委托方同意。

6)报酬

船舶代理人完成该航次的所有委办事项后,代理人的报酬根据约定的费率结算。

7)赔偿

委托方和代理人应适当勤勉地完成合同下的义务。在履行合同中,引起了第三方的索赔,委托方应使代理人无害。由于委托方的委托,使船舶代理人遭受损害,委托方应负责赔偿。

8)撤销合同

在撤销合同前代理人已接受代理工作的,代理人应按照合同的规定履行责任完毕后,才能撤销合同。

9)仲裁

履行合同过程中所引起的任何争议,代理人和委托方都应通过友好协商解决。如果友好协商不能解决的,应提交仲裁,由仲裁委员会根据目前的仲裁规则裁决,仲裁裁定的结果具有最终效力,对双方都有约束力。还应约定仲裁地点,如约定提交中国海事仲裁委员会(CMAC)仲裁、伦敦海事仲裁委员会仲裁等。

10)合同变更

合同双方通过协商取得一致后变更合同。根据实际情况,对于需要增加订明的事项或需要修改的事项,可以附录的形式订立。

11)有效期

合同从双方签字的日期有效,约定有效期限。如果有效期期满前3个月任何一方都没有递交终止的书面通知,合同将自动延期。

2. 班轮代理合同

班轮代理合同的内容相对比较全面,措辞准确、完整。以下用英文的标准班轮总代理合同为例,列出班轮代理合同的内容:

STANDARD LINER AND GENERAL AGENCY AGREEMENT

It is hereby agreed between: ________ of ________ (hereinafter referred to as the Principal) and ________ of ________ (hereinafter referred to as the Agent) on the ________ day of ________ 20 ________ that:

1.0 The Principal hereby appoints the Agent as its Liner Agent for all its owned and/or chartered vessels including any space or slot charter agreement serving the trade between ________ and ________.

1.01 This Agreement shall come into effect on ________ and shall continue until ________. Thereafter it shall continue until terminated by either party giving to the other notice in writing, in which event the Agreement shall terminate upon the expiration of a period of ________ months from the date upon which such notice was given.

1.02 The territory in which the Agent shall perform its duties under the Agreement shall be ________ hereinafter referred to as the "Territory".

1.03 The agreement covers the activities described in section 3 ________.

1.04 The Agent undertakes not to accept the representation of other shipping companies nor to engage in NVOCC or such freight forwarding activities in the Territory, which are in direct competition to any of the Principal's transportation activities, without prior written consent, which shall not unreasonably be withheld.

1.05 The Principal undertakes not to appoint any other party in the Agent's Territory for the services defined in this Agreement.

1.06 The established custom of the trade and/or port shall apply and form part of this Agreement.

1.07 In countries where the position of the agent is in any way legally protected or regulated, the Agent shall have the benefit of such protection or regulation.

1.08 All aspects of the Principal's business are to be treated confidentially and all files and records pertaining to this business are the property of the Principal.

2.0 Duties of the Agent

2.01 To represent the Principal in the Territory, using his best endeavours to comply at all times with any reasonable specific instructions which the Principal may give, including the use of Principal's documentation, terms and conditions.

2.02 In consultation with the Principal to recommend and/or appoint on the Principal's behalf and account, Sub-Agents.

2.03 In consultation with the Principal to recommend and/or to appoint on the Principal's behalf and account, Stevedores, Watchmen, Tallymen, Terminal Operators, Hauliers and all kinds of suppliers.

2.04 The Agent will not be responsible for the negligent acts or defaults of the Sub-Agent or Sub-Contractor unless the Agent fails to exercise due care in the appointment and supervision of such Sub-Agent or Sub-Contractor. Notwithstanding the foregoing the Agent shall be responsible for the acts of his subsidiary companies appointed within the context of this Clause.

2.05 Tile Agent will always strictly observe the shipping laws and regulations of the country and will indemnify the Principal for fines, penalties, expenses or restrictions that may arise due to the failure of the Agent to comply herewith.

3.0 Activities of Agent (Delete those which do not apply).

3.1 Marketing and Sales

3.11 To provide marketing and sales activities in the Territory, in accordance with general guidelines laid down by the Principal, to canvass and book cargo, to publicise the services and to maintain contact with Shippers, Consignees, Forwarding Agents, Port and other Authorities and Trade Organisations.

3.12 To provide statistics and information and to report on cargo bookings and use of space allotments. To announce sailing and/or arrivals, and to quote freight rates and announce freight tariffs and amendments.

3.13 To arrange for public relations work (including advertising, press releases, sailing schedules and general promotional material) in accordance with the budget agreed with the Principal and for his account.

3.14 To attend to conference, consortia and /or alliance matters on behalf of the Principal and for the Principal's account.

3.15 To issue on behalf of the Principal Bills of Landing and Manifests, delivery orders, certificates and such other documents.

3.2 Port Agency

3.21 To arrange for berthing of vessels, loading and discharging of the cargo, in accordance with tile local custom and conditions.

3.22 To arrange and co-ordinate all activities of the Terminal Operators, Stevedores, Tallymen and all other Contractors, in the interest of obtaining the best possible operation and despatch of the Principal's vessel.

3.23 To arrange for calling forward, reception and loading of outward cargo and discharge and release of inward cargo and to attend to the transhipment of through cargo.

3.24 To arrange for bunkering, repairs, husbandry, crew changes, passengers, ship's stores, spare parts, technical and nautical assistance and medical assistance.

3.25 To carry out the Principal's requirements concerning claims handling, P & I matters, General Average and/or insurance, and the appointment of Surveyors.

3.26 To attend to all necessary documentation and consular requirements.

3.27 To arrange for and attend to the clearance of the vessel and to arrange fo all other services appertaining to the vessel's movements through th port.

3.28 To report to the Principal the vessel's position and to prepare a statement of facts of the call and/or a port log.

3.29 To keep the Principal regularly and timely informed on Port and working conditions likely to affect the despatch of the Principal's vessels.

3.3 Container and Ro/Ro Traffic

Where "equipment" is referred to in the following section it shall comprise container, flat racks, trailers or similar cargo carrying devices, owned, leased or otherwise controlled by the Principal.

3.31 To arrange for the hooking of equipment on the vessel.

3.32 To arrange for the stuffing and unstuffing of LCL cargo at the port and to arrange for the provision of inland LCL terminals.

3.33 To provide and administer a proper system, or to comply with the principal's system for the control and registration of equipment. To organise equipment stock within the Territory and make provision for storage, positioning and repositioning of the equipment.

3.34 To comply with Customs requirements and arrange for equipment interchange documents in respect of the movements for which the Agent is responsible and to control the supply and use of locks, seals and labels.

3.35 To make equipment available and to arrange inland haulage.

3.36 To undertake the leasing of equipment into and re-delivery out of the system.

3.37 To operate an adequate equipment damage control system in compliance with the Principal's instructions. To arrange for equipment repairs and maintenance, when and where necessary and to report on the condition of equipment under the Agent's control.

3.4 General Agency

3.41 To supervise, activities and co-ordinate all marketing and sales activities of Port, Inland Agents and/or Sub-agents in the Territory, in accordance with general guidelines laid down by the Principal and to use every effort to obtain business from prospective clients and to consolidate the flow of statistics and information.

3.42　To supervise and co-ordinate all activities of Port, Inland Agents and/or Sub-agents as set forth in the agreement, in order to ensure the proper performance of all customary requirements for the best possible operation of the Principal's vessel in the G. A. 's Territory.

3.43　In consultation with the Principal to recommend and/or appoint on the Principal's behalf and account Port, Inland Agents, and/or Sub-Agents if required.

3.44　To provide Port, Inland Agents and/or Sub-agents with space allocations in accordance with the Principal's requirements.

3.45　To arrange for an efficient rotation of vessels within the Territory, in compliance with the Principal's instructions and to arrange for the most economical despatch in the ports of its area within the scope of the sailing schedule.

3.46　To liaise with Port Agents and/or Sub-agents if and where required, in the Territory in arranging for such matters as bunkering, repairs, crew changes, ship's stores, spare parts, technical, nautical, medical assistance and consular requirements.

3.47　To instruct and supervise Port, Inland Agents and/or Sub-Agents regarding the Principal's requirements concerning claims handling. P&I matters and/or insurance, and the appointment of Surveyors. All expenses involved with claims handling other than routine claims are for Principal's account.

3.5　Accounting and Finance

3.51　To provide for appropriate records of the Principal's financial position to be maintained in the Agent's books, which shall be available for inspection and to prepare periodic financial statements.

3.52　To check all vouchers received for services rendered and to prepare a proper disbursement account in respect of each voyage or accounting period.

3.53　To advise the Principal of all amendments to port tariffs and other charges as they become known.

3.54　To calculate freight and other charges according to Tariffs supplied by the Principal and exercise every care and diligence in applying all terms and conditions of such Tariffs or other freight agreements. If the Principal organizes or employs an organisation for checking freight calculations and documentation the costs for such checking to be entirely for the Principal's account.

3.55　To collect freight and related accounts and remit to the Principal all freights and other monies belonging to the Principal at such periodic intervals as the Principal may require. All bank charges to be for the Principal's account. The Agent shall advise the Principal of the customary credit terms and arrangements. If the Agent is required to grant credit to customers due to commercial reasons, the risk in respect of outstanding collections is for the Principal's account unless the Agent has granted credit without the knowledge and prior consent of the Principal.

3.56　The Agent shall have authority to retain money from the freight collected to cover all past and current disbursements, subject to providing regular cash position statements to the Principal.

3.57 The Agent in carrying out his duties under this Agreement shall not be responsible to the Principal for loss or damage caused by any Banker, Broker or other person, instructed by the Agent in good faith unless the same happens by or through the wilful neglect or default of the Agent. The burden of proving the wilful neglect of the Agent shall be on the Principal.

4.0 Principal's Duties

4.01 To provide all documentation, necessary to fulfil the Agent's task together with any stationery specifically required by the Principal.

4.02 To give full and timely information regarding the vessel's schedules, ports of call and line policy insofar as it affects the port and sales agency activities.

4.03 To provide the Agents immediately upon request with all necessary funds to cover advance disbursements unless the Agent shall have sufficient funds from the freights collected.

4.04 The Principal shall at all times indemnify the Agent against all claims, charges, losses, damages and expenses which the Agent may incur in connection with the fulfilment of his duties under this Agreement. Such indemnity shall extend to all acts, matters and things done, suffered or inclined by the Agent during the duration of this Agreement, notwithstanding any termination thereof, provided always, that this indemnity shall not extend to matters arising by reason of the wilful misconduct or negligence of the Agent.

4.05 Where the Agent provides bonds, guarantees and any other forms of security to Customs or other statutory authorities then the Principal shall indemnify and reimburse the Agent immediately such claims are made, provided they do not arise by reason of the wilful misconduct or the negligence of the Agent.

4.06 If mutually agreed the Principal shall take over Ire conduct of any dispute which may arise between the Agent and any third party as a result of the performance of the Agent's duties.

5.0 Remuneration

5.01 The Principal agrees to pay the agent and the Agent accepts, as consideration for the services rendered, the commissions and fees set forth on the schedule attached to this Agreement. Any fees specified in monetary units in the attached schedule shall be reviewed every 12 months and if necessary adjusted in accordance with such recognised cost of living index as is published in the country of the Agent.

5.02 Should the Principal require the Agent to undertake full processing and settlement of claims, then the Agent is entitled to a separate remuneration as agreed with the Principal and commensurate with the work involved.

5.03 The remuneration specified in the schedule attached is in respect of the ordinary and anticipated duties of the Agent within the scope of this Agreement. Should the Agent be required to perform duties beyond the scope of this Agreement then the terms on which the Agent may agree to perform such duties will be subject to express agreement between the parties. Without prejudice to the generality of the foregoing such duties may include e. g. participating in conference activities on behalf of the Principal, booking fare-paying passengers, sending out general average notices and making collections under average bonds insofar as these duties are not performed by the average adjuster.

5.04　If tile Tariff currency varies in value against the local currency by more than 10% after consideration of any currency adjustment factor existing in the trade the basis for calculation of remuneration shall be adjusted accordingly.

5.05　Any extra expenses occasioned by specific additional requirements of the Principal in the use of computer equipment and systems for the performance of the Agent's duties to the Principal shall be home by the Principal.

5.06　The Principal is responsible for all additional expenses incurred by the Agent in connecting its computers to any national or local port community system.

6.0　Duration

6.01　This agreement shall remain in force as specified in clause 1.01 of this Agreement. Any notice of termination shall be sent by registered or recorded mail.

6.02　If the Agreement for any reason other than negligence or wilful misconduct of the Agent should by cancelled at an earlier date than on the expiry, of the notice given under clause 1.01 hereof, the Principal shall compensate the Agent. The compensation payable by the Principal to the agent shall be determined in accordance with clause 6.04 below.

6.03　If for any reason the Principal withdraws or suspends the service, the Agent may withdraw from this agreement forthwith, without prejudice to its claim for compensation.

6.04　The basis of compensation shall be the monthly average of the commission and fees earned during the previous 12 months or if less than 12 months have passed then a reasonable estimate of the same, multiplied by the number of months from the date of cancellation until the contract would have been terminated in accordance with clause 1.01 above. Furthermore the gross redundancy payments, which the Agent and/or Sub-Agent(s) is compelled to make to employees made redundant by reason of the withdrawal or suspension of the Principal's service, or termination of this Agreement, shall also be taken into account.

6.05　The Agent shall have a general lien on amounts payable to the Principal in respect of any undisputed sums due and owing to the Agent including but not limited to commissions, disbursements and duties.

7.0　Jurisdiction

7.01　a) This Agreement shall be governed by and construed in accordance with the laws of the country in which the Agent has its principle place of business and any dispute arising out of or in connection with this Agreement shall be referred to arbitration in that country subject to the procedures applicable there.

b) This Agreement shall be governed by and construed in accordance with the laws of ________ and any dispute arising out of or in connection with this Agreement shall be referred to arbitration at, subject to the procedures applicable there.

c) Any dispute arising out of this Agreement shall be referred to arbitration at subject to the law and procedures applicable there.

(*subclauses a), b), &, c) are options, if b) or c) are not tilled in then a) shall apply.*)

REMUNERATION SCHEDULE BELONGING TO STANDARD LINER AND GENERAL

AGENCY AGREEMENT

Between ________(As Principal) and ________(As Agent) date ________.

The Agent is entitled to the following remuneration based on all total freight earnings (including any surcharges, (e. g. BAF, CAF) handling charges (e. g. THC) and freight additionals including inland transport which may be agreed) of the Principal's liner service to and from the Territory to be paid in Agent's local currency. The total remuneration per call shall not in any case be lower than the local fee applicable.

1. Where the Agent provides all the services enumerated in this Agreement the Commission shall be:

Services outward ________% [Min ________ per cont or tonne/cbm] {MIN}

Inward ________% [Min ________ per cont or tonne/cbm] {LUMP SUM}

________% for cargo when only booking is involved. [Min ________ per cont] {PER}

________% for cargo when only handling is involved. [Min ________ per cont] {CALL}

("only handling" in the remuneration schedule is so defined that the duties of an Agent are to call forward and otherwise arrange for the cargo to be loaded on board, where the specific booking has been made elsewhere and acknowledged as such by the shipper as nominated for the Principal's service.)

In respect of movements of cargo outside the Agent's Territory ________% of the gross total freight is payable in cases where only collection of freight is involved.

An additional fee for containers and/or units entering or leaving the inventory control system of the Agent a fee of ________ per unit.

2. ________% for cargo loaded on board in bulk. [Min ________ per tonne/cbm]

________% for cargo discharged in bulk. [Min ________ per tonne/cbm]

3. Where the Agent provides only the services as non-port agent the remuneration shall be:

When actually booked/originating from this area:

Services outward ________% [Min ________ per cont or tonne/cbm]

Inward ________% [Min ________ per cont or tonne/cbm]

An additional fee for containers and/or units entering or leaving the inventory control system of the Agent a fee of ________ per unit.

4. Where the Agent provides only the services as non-port agent the remuneration shall be:

________% for cargo loaded on board in bulk. [Min ________ per tonne/cbm]

________% for cargo discharged in bulk. [Min ________ per tonne/cbm]

5. Clearance and ship's husbandry fee shall be as agreed.

6. A Commission of ________% shall be paid on all ancillary charges collected by the Agent on behalf of the Principal such as Depot Charges, Container Demurrage, Container Damage etc.

7. Communications: Tile Principal will either pay actual communication expenses on a cost plus

basis or pay a lump sum monthly on an average cost plus basis, to be review able.

8. Travelling expenses: When the Agent is requested by the Principal to undertake journeys of any significant distance and/or duration, all travel expenses including accommodation and other expenses will be for the Principal's account.

9. Documentary and Administrative Charges: Such charges to be levied as appropriate by the Agent to cargo interests and to remain with the Agent even if related to the trade of the principal.

10. In case of Transhipment Cargo, a transhipment fee of per cont/tonne/cbm is charged by the Agent.

PRINCIPAL AGENT　　　　AGENT

三、港口使费和备用金制度

1. 港口使费

船舶进出港口以及在港停泊期间,因使用港口水域、航道、泊位、码头、浮筒、锚地,装卸和申请港口有关机构提供的各项服务,如引航、拖轮等,按规定要支付的各种费用统称为港口使费。港口使费是运输企业运输成本中的一项重要内容。船舶港口使费通常分为三大类。

1)有关船舶的费用

这类费用是向船方征收的费用,通常以船舶的总吨位或净吨位为计费的主要依据。这类费用包括下列方面:

(1)船舶吨税。是由我国海关向国际航行船舶进入本国港口所征收的一种税,简称吨税。

(2)船舶港务费。是船舶进出港口和在港停泊期间,因使用港口的水域、航道和停泊地点,应按规定向港口交付的费用。船舶港务费属于港口财政收入,用于维持港口航道畅通,以及船舶安全进出港口和停泊所需有效设备状态。

(3)引航费和移泊费。是指船舶由引航员引领进港、出港和在港内移泊,应向港口支付的费用。为维护国家主权,通常各国都规定凡外籍船舶进出本国港口和在港内移泊都实行强制引航。为此船方必须支付按港口引航规定的引航费。各港的引航费计征办法也不一致,有的按船舶吨位计收,有的按船舶吃水和吨位双重因素计收。

(4)系、解缆费。是指船舶在港口靠离码头、浮筒时,港口派出人员 为船舶系缆或解缆,向船舶收取的操作费用。

(5)停泊费。是指船舶在港期间,因使用码头、浮筒或锚地停泊而向港口支付的费用。

(6)拖轮费。使用拖轮协助船舶进出港或在港内移泊、掉头,向船舶所收取的费用称为拖轮费。

(7)代理费。在船舶港期间,船舶代理人为照料船舶和提供服务所收取的费用。

(8)其他费用。除上述费用外,与船舶有关的费用,还包括灯标费、检疫费、结关费、倒垃圾费、交接船检验费、熏舱费、交通费、消防费等。

2)有关货物的费用

有关货物的费用是因货物而发生的费用,其数额与货物的种类及数量有直接关系,主要包括以下几项:

(1)货物港务费。是指经由港口吞吐的国内外进出口货物,依据主管机关的规定,按货物分类和计费吨重量,分别征收一次进口或出口港务费。

(2)理货费。是指委托理货机构进行理货业务所支付的费用。

(3)堆存保管费。是指为国内外进出口货物在港口仓库、堆场堆存保管时,按规定计收的费用。

(4)装卸费。是港口为船舶提供人力、设备进行货物装卸作业而收取的费用。

(5)其他费用。除上述费用外,与货物有关的费用,还包括搬运费、堆装费、平舱费、开关舱费、驳运费等。

上述费用除货物港务费由货方负担外,其余费用均应按提单或租船合同规定,由船方或货方或承租人负担。

3)使用服务费

这类费用是根据船方或货方的申请,由港口提供设备或劳务的机构,按规定的收费办法计收的:它包括租用各种船舶及各种机械设备、索具、工具、供油、供水、扫舱、看舱、拆装隔舱壁和其他杂务的费用。

2. 备用金

船舶在港口发生的费用基本上是通过船舶代理人支付给口岸各有关单位。通常在船舶离港前,委托方将预估的船舶在港发生的费用汇至或预存一笔金额到船舶代理人指定的账号,汇至的金额由船舶代理人用于支付船舶在港发生的费用。实际业务中将事先汇至或预存的金额称为备用金。

备用金(advance disbursement)是指委托方或第二委托方预付给船舶代理人,用于支付船舶在港期间所发生的费用、船员借支、代理费以及处理有关特殊事项的备用款项。在班轮运输代理中,由于船舶代理人与委托方建立的是长期代理关系,而且委托方一般委托船舶代理人代收运费。因此,在班轮船舶代理中,船舶代理人通常不要求委托方预付备用金,双方约定一段时间结算一次,船舶代理人因处理委办事项发生的费用直接从代收的运费中扣除。在不定期船代理中,除另有协议或特殊情况外,代理关系建立后,委托方或第二委托方必须及时将备用金汇至代理人指定账户,否则由此造成船舶延误及其他损失或费用均由提出委托的一方负责。实践中,对第一次建立代理关系或其经营的船舶偶尔来港的委托人委托的航次代理,船舶代理人一般都要求备用金到账后才安排船舶离港;而对经常有船舶到港并且信誉良好的委托人,船舶代理人并不一定严格按照备用金到账后安排船舶离港办理。备用金的索汇工作直接关系到船舶进港作业的安排和离港后的财务结算。

1)备用金索汇的原则

船舶代理人为防止备用金。不足以支付船舶在港发生的各项费用,经常索汇比实际需要更多的备用金。实际上,如果备用金超出船舶在港发生的费用,超出部分还要退还给委托方,由此增加的银行手续费用增加了委托方的费用,而且船舶代理人也增加了自己的工作。实践中,航次代理中的委托方经常会给几家代理公司同时发询问电,船舶代理人索汇的备用金金额就有可能影响到委托方选择代理人的决策。但是备用金的索汇也不能少,否则代理人要再次索汇不足部分。备用金索汇原则是总体考虑船舶吨位、船舶装卸货物的数量、船舶待泊情况以及特殊委办事项,及时和略有宽裕地索汇备用金。

2）索汇步骤

（1）明确委托方和索汇对象。船舶代理人索汇时，首先应明确委托方和索汇对象。委托方负责承担船舶港口使费，船舶抵港前应由委托方委托船舶代理人，而委托方最迟应该在船舶离港前应将备用金汇至代理人指定账户。备用金也可用支票或现金的方式支付。如果代理人对索汇对象不明确，可参照以下办法判定索汇对象：

①定期租船和航次期租情况下，租船人为委托方，则租船人为索汇对象。

②航次租船情况下，船东为委托方，则索汇对象为船东。

③租约规定船舶港口代理人由船东指定，租船人又不负担港口使费，则船东为委托方，索汇对象为船东。如果租船人要求船舶代理人办理有关业务的，则租船人可以成为第二委托方，船舶代理人可索要第二委托方代理费。

④租约规定船舶港口代理人由租船人指定，船东不负担港口使费，则租船人为委托方，索汇对象为租船人。

⑤租约规定船舶港口代理人由租船人提名，但由船东委托并支付港口使费，则船东为委托人，船东为索汇对象，租船人如委办事项按第二委托方代理关系办理。

⑥租约中如无明确规定，负责委托代理及港口使费一方为委托方，即其是索汇对象。

⑦如果租约中规定有关的特殊费用非由委托方承担，则这些特殊费用的索汇对象就是租约中订明的承担方。

（2）估算备用金。船舶代理人根据船舶总吨、净吨等船舶规范和装卸货物的种类、数量以及委办的特殊事项，如船舶加油、加水、供应伙食、船员遣返情况以及船舶吨税执照是否有效等情况估算备用金。对有长期代理关系或经常有业务往来的委托方，由于双方已有较好的业务往来关系，对经营和财务经济状况已有较好了解和信任，而且代理人可以按需要随时提出增汇，所以代理人提出的索汇金额可以按船舶正常在港时间估算。但是，对于初次来港或不经常来港的船舶，应略有宽裕的估算备用金。除非包干港口费用，船舶代理人索汇备用金时必须逐项分列备用金项目，并将开户银行及账号告之对方。我国船舶代理人索汇备用金的主要项目及估算依据如下：

①港口费用。包括港务费（Harbour Dues）、引航费（Pilotage）、拖轮费（Towage）、系解缆费（Mooring/Unmooring）、停泊费（Berthage）、装卸费（Stevedorage）、理货费（Tallying）、检疫费（Quarantine Fee）、围油栏费（Oil Bar）、通信费（Communication）等。

《中华人民共和国交通部港口收费规则》（外贸部分）第四条对计费单位和进整办法进行了规定。船舶以净吨（无净吨按总吨，也无总吨按载重吨）为计费单位的，不满1吨按1吨计；拖轮以马力（1马力=0.735kW）为计费单位的，不满1马力按1马力计。以日为计费单位的，除另有规定的外，按日历日计，不满1日按1日计；以小时为计费单位的，不满1小时按1小时计，超过1小时的尾数，不满半小时按半小时，超过半小时按1小时计：货物的计费吨分重量吨（W）和体积吨（M）。重量吨为货物的毛重，以1 000千克为1计费吨；体积吨为货物“满尺丈量”的体积，以$1m^3$为1计费吨；计费单位为“W/M”的货物，按货物的重量吨和体积吨择大计算。

船舶港务费按船舶净吨（拖轮按马力）征收，船舶每进港一次或出港一次分别计收一次：按现行有关规章规定，凡遇难和避难船舶、非营运的军事、公安、边防、海关、检疫、捕鱼及港内工作船舶，非运载旅客或货物的船舶均免征船舶港务费。进港船舶没有卸货、下客行为，免征进口船舶港务费，出港船舶没有装货，上客行为，免征出口船舶港务费，但进出港口的旅游船舶照征港务费。货物港务费以进口或出口分别征收一次货物港务费。进口或出口船舶的客、货运费收入在船舶港务费两倍以下并执有证明者，免征船舶港务费。

由引航员引领进港或出港的船舶计收引航费，如果引航距离在10n mile以内的港口，引航费根据统一的费率按船舶净吨（拖轮按功率）计收。如果引航距离超过10n mile的港口，除按10n mile以内计收外，其超程部分根据超程距离和船舶净吨（拖轮按功率）计收。超出各港引航锚地以远的引领，其超出部分的引航费按引航距离在10n mile以内标准加收30%。

拖轮费根据船舶靠泊、离泊和移泊时使用拖轮的功率和时间计算。拖轮费按拖轮使用的小时计算。拖轮使用时间为实际作业时间加辅助作业时间。实际作业时间为拖轮抵达作业地点开始作业起，至作业完成时止的时间。辅助作业时间为拖轮驶离拖轮基地至作业地点和驶离作业地点返回拖轮基地时止的时间。实际作业时间由委托方签认，按实计算。辅助作业时间实行包干，由各港务管理部门综合测算确定。

由港口工人进行船舶系、解缆，以每系缆一次或解缆一次计收系、解缆费。船舶停泊费由船舶所停泊码头、浮筒的所属部门按规定征收停泊费。停泊在港口锚地的船舶，由港务管理部门按规定征收停泊费。船舶码头、浮筒、锚地停泊费按船舶净吨和船舶停泊时间计收。船舶在港口码头、浮筒、锚地停泊以24h为1日，不满24h按1日计。根据规定由于港方原因造成船舶在港内留泊，免征停泊费。船舶在同一航次内，多次挂靠我国港口，停泊费在第一港按实征收，以后的挂靠港给予一定的优惠。

装卸费分为装卸船费和装卸车费。装卸费计收根据货类计算，并与是否使用港方机械、动力和工人有关，包装货物在布船上拆包装舱或散装货物在舱内灌包后再出舱。除按包装货物计收装船费用或卸船费外，另按规定计收拆包、倒包、灌包、缝包费。散杂货翻装作业分舱内翻装和出舱翻装。舱内翻装，按其有关的规定计收工时费，并且使用港口机械的，另收机械使用费。出舱翻装，按实际作业所发生的费用计收。港方派装卸技术指导员在船上指导组成车辆、危险货物、超长货物、笨重货物（钢坯、钢锭除外）的装卸作业，按有关规定计收装卸技术指导员工时费。

船舶到港后，在中华人民共和国法定节假日以及夜班进行引航、拖轮、系解缆和装卸作业，引航费、拖轮费、系解缆费和装卸费均向申请方计收附加费。节假日、夜班附加费按基本费率的50%计收，节假日的夜班附加费按照本费率的100%计收。夜班每日以8h计算。

如果船舶所装卸的货物是散货，不发生理货。理货费主要是指件货理货费和集装箱理货费。件货理货费根据货类以及计量标准（M或W）计算。集装箱理货费根据箱型和是否带底盘车计收。除此之外，理货单位根据其提供的服务另外收取费用。集装箱装拆箱理货费、散装货物交接单证手续费、行李包裹理货费、分标志费、翻舱理货费、货物丈量费和货物计重费等。夜班的装卸费，非一般货舱、浮筒、锚地、融化、冻结、凝固粘连货物装卸费，超长、超重货物装卸费，应加收附加费，附加费按照相应费率50%计算，节假日、海事货物附加费为相应费率100%。

检验检疫局根据《出入境检验检疫收费标准》计收船舶检疫费。其收费标准按船舶总吨位大小分等级设置，如10 001t以上、5 001～10 000t、1 001～5 000t、101～1 000t、100t以下。

根据《水上安全监督收费项目及标准》（1992）价费字191号规定，国际航线船舶围油栏费按2元/米·天计收。不足12h按半天计，12h至24h计1天，24h至36h计1.5天，36h至48h计2天，依此类推。

通信费一般按实际发生的费用计收,这与代理人采用的通信方式有很大关系。

②吨税(Tonnage dues)。海关征收的吨税主要用于港口建设维护及海上干线公用航标的建设维护。从某种意义上说,港口征收吨税数额及增长情况从一个侧面反映着该港口吞吐量等一系列经济指标,标志着港口的影响、综合业务能力以及未来的成长趋向。

根据《中华人民共和国船舶吨税暂行办法》规定,船舶吨税以船舶净吨位为计税依据。船舶吨税按船舶净吨位大小分等级设置单位税额,每一等级又都分为一般吨税和优惠吨税。无论是一般吨税还是优惠吨税,又分别按90天期和30天期制定吨税税率。

中华人民共和国海关总署2003年3月28日公布适用船舶吨税优惠税率的国家和地区名单中总共有63个:芬兰、瑞典、丹麦、也门、俄罗斯、突尼斯、德国、阿尔巴尼亚、苏丹共和国、朝鲜、越南、加纳、斯里兰卡、刚果、巴基斯坦、挪威、古巴、智利、缅甸、秘鲁、墨西哥、希腊、塞浦路斯、保加利亚、波兰、日本、菲律宾、新西兰、荷兰、阿尔及利亚、民主刚果(原扎伊尔)、埃塞俄比亚、罗马尼亚、肯尼亚、阿根廷、泰国、新加坡、孟加拉、比利时、卢森堡、南斯拉夫、阿曼苏丹国、巴西、意大利、马来西亚、韩国、克罗地亚、老挝、乌克兰、大不列颠及北爱尔兰(包括泽西岛、百慕大、根西岛、开曼群岛、马恩岛和直布罗陀附属地)、加拿大、马耳他、法国、以色列、格鲁吉亚、土耳其、黎巴嫩、印度、摩洛哥、蒙古、美国、中国香港、中国澳门。

吨税应在海关填发缴款书之日起15日内(法定节假日除外)缴纳,逾期按日征收税款额千分之一的滞纳金。纳税人缴清船舶吨税后,海关填发船舱吨税执照,交纳税人收存。

③隔垫物料及船舶备品费。垫隔材料费是因船舶需要购置分票、垫隔或装运货物需要防止摇动、移位,以及货物通风需要等耗用的木材、隔货网、防摇装置、通风筒等材料所发生的费用。船舶备品费是船舶在港购置了船舶备品所发生的费用。隔垫物料及船舶备品费并不是所有的船舶在港都发生的费用,取决于船舶运输生产需要,视具体航次而定。

④船东费用。包括船员交通费(Crew Transportation)、船员登陆证费(Crew Shorepass)、船员住宿费(Crew Lodging)、船员医疗费(Crew Medical)、船员邮件费(Crew Mail)、船员通信费(Crew Telecommunication)、淡水费(Fresh Water)、燃油费(Bunker Fee)、修船费(Stores Repairs Freight)、检验费(Survey Fee)、伙食费(Provision Fee)、银行手续费(Bank Charge)等。

在租船运输中,船东一般需要承担有关的费用。船员交通费、船员登陆证费、船员住宿费、船员医疗费、船员邮件费、船员通信费、伙食费通常都由船东承担。船舶的燃油费和淡水费,如果是航次租船,由船东承担,如果是定期租船,由承租人承担,船舶的检验费,一般谁申请谁承担,在期租合同中,一般会规定,交船检验由船东安排检验,有关检验费用由船东承担,还船检验由承租人安排检验,有关检验费用由承租人承担。

⑤代理费(Agency Fee)。由于船舶代理服务行业的特殊性,我国船舶代理费收制度在长时间内实行政府定价。1994年,交通部发布了《航行国际航线船舶代理费收项目和标准》(简称《标准》),把船代费收作为港口包干费的组成部分实行政府定价。多年来,《标准》一直是船代企业确定船代服务收费标准的重要依据。在船舶代理行业改革开放的新形势下,政府定价制度也发生了变化,2003年底交通部发布的《关于废止219件交通规章的决定》中废止了《航行国际航线船舶代理费收项目和标准》,船舶代理费收实行市场定价。中国船舶代理行业协会已经制定了《航行国际航线船舶代理费收项目和建议价格》(简称《价格》)。代理费包括船舶代理费、货物代理费及委托代办其他业务的费用。

船舶代理费按船舶净吨或拖轮功率计收,进出口各收取一次,每航次有一最低收费额。科研船、工程船(包括钻井平台)及辅助船舶,除进出口各收一次外,进口一个月后每月加收一定数额。旅游船和不装卸货物、不上下旅客的船舶,进出口合并一次计收。船舶代理费包括以下服务项目:办理船舶进出港和水域的联检、申报手续,联系安排引航、拖轮、泊位;洽办船舶修理、检验、熏舱、洗舱、扫舱;联系安排船用燃料、淡水、伙食、物料等的供应;代缴船舶吨税,办理船员登记;向委托方及其他有关方通报船舶动态;转送船员文件等;港口使费结算。

货物代理费按装卸货类和吨数或箱量计收,每航次也有一最低收费额。货物代理费包括以下服务项目:办理进出口货物的申报手续,联系安排装卸、理货、公估、衡量、熏蒸、监装、监卸及货物与货舱检验;办理货物报关、交接、仓储、中转;缮制单证;代办货物查询、理赔、短装短卸、溢装溢卸的处理;代征代缴出口运费税;危险品申报;联系收发货人,做好交接货准备。

代算、代收运费的代理费按运费总额的0.75%计收。船舶代理人还代办以下事项:组织货载、洽订舱位;办理集装箱管理及租、还箱交接、单证;洽办船舶买卖交接、洽办租船及期租船交接;洽办海事、海上事故处理;签发提单;办理船舶滞期费、速遣费的计算与结算;第二委托方委办的事项等。上述项目的代理费由双方协商议定价格。

(3)索汇。船舶代理人收到委托方的委托电后,向委托方确认接受代理的同时索汇备用金。如果船东或租船人委托代理人同港口签订滞期/速遣协议,除委托方同意外,其有关的速遣费用另外索汇,备用金的索汇项目中一般不包括速遣费用。对于载运出口货物的船舶,如果委托方要求船舶在港口所发生的有关费用从承租人支付的租金或运费中予以扣除时,代理人应立即联系承租人得以确认。

索汇前,船舶代理应查明对方是否在本公司账上有余款或欠款,如有余款,索汇的金额应等于估算的备用金总额扣除余款的金额;如果有欠款,应加上欠款。索汇后要密切注意委托方或其他有关方是否已将备用金汇出以及汇出金额情况。如果船舶到港后,备用金还没有到账,船舶代理人要及时催促委托方汇付。原则上,备用金到账后,才安排离港,一般情况下,委托方为方便船舶代理人查收,在汇出备用金后会将汇付的银行凭证传真给船舶代理人。

3)备用金管理

备用金是按照委托方委办事项以及船舶、货物和港口情况估算的,除非发生意外情况,船舶在港发生的港口使费一般不会超出索汇的备用金。在船舶抵港前,委托方应书面确认有关备用金数额和汇付。要注意有时会发生一些事先没有预见到的情况,这些情况的发生可能会导致索汇的备用金不足以支付船舶在港发生的费用,如件杂货船舶会发生货物混票,或者船舶需要临时加油,或者因发生意外事故导致船舶在港停泊时间延长等。为避免发生欠款,船舶代理人应关注船舶在港的装卸货进度,以及船舶临时提出的委办事项,如发生估计项目以外的费用应得到委托方确认,视情况决定是否增汇。如发现可能超支较大时,应及时向委托方说明情况,要求增补。对于船长借支,一般情况委托方会专项汇付,代理人收到此款项后须将其送上船交给船长,委托方如果汇付时没有支付银行手续费,送上船的金额应等于汇付的总额扣除银行手续费。船舶代理公司内部一般由索汇备用金的人负责管理备用金,如果发生欠款,也由其负责向委托方索汇欠款。

备用金的管理需要船舶代理公司内容各环节之间的相互合作。外勤业务员掌握船舶现场作业情况,如果发现意外事件和发生额外的费用,应及时向备用金管理人员反映,以便备用金管理和视情况做好增汇工作。

4)备用金的结算

船舶离港后,船舶代理人应及时汇总船舶在港期间发生的费用,收齐有关的费用发票和计收代理费,并制成航次账单。船舶代理人还应及时将航次账单连同原始单据寄交委托方。及时寄送账单也体现了代理工作效率和服务质量,船舶代理人通常应在船舶离港后30天内将账单寄送给委托方。

代理人收到各口岸单位送交的所代理船舶在港发生的费用单据时,应根据船舶来港任务和委办事项,按照有关费率、条款或协议,认真核对。对于不应由委托方承担的费用,船舶代理人应说明原因,并予以拒付。另外,船舶代理费、手续费等应按有关的收费标准或协议计收。

不论长期代理还是航次代理,备用金的结算原则是"一航次一结"。在航次代理中,备用金按航次结算,代理人在寄送航次账单及随附船舶在港发生的费用单据的同时,根据委托方的要求应将备用金的余额退还委托方,或将余款结存。在长期代理中,备用金虽不必按航次结算,但在船舶离港后,仍须及时将航次结账及各费用单据寄送委托方,并按月向委托方抄送往来账,核清账目。实践中,为防止账单寄出后,有关口岸单位还没有向船舶代理人收取该船舶的费用,因此一般在账单寄出后若干天,才应将余款退汇给委托方。

在航次代理中,如果船舶已离港,但还有船员因病伤留岸住院治疗时,所有医疗费及病愈后的遣返费用均须在遣返船员后才能结算。在这种情况下,可将其他的费用的票据制成账单寄送给委托方,但暂不退汇余款,留待遣返船员后再作最后结算退汇,如果发现备用金不足,视情况可要求委托方增汇。

为了避免委托方借故拒付,所有随附航次账单的付费票据都应清晰无误,有关的收费依据都应经船舶有关人员(船长、大副、管事、轮机长)签字。原始单据是向委托方进行结算的主要依据,原则上应在费用结清时才能对外寄送。

通常,对于国外委托方汇寄的备用金,船舶代理人对外都按外币记账。对国内则按照收到日银行牌价记入本国货币账户。航次结账,一般按退汇日外汇买入价结算。至于外汇浮动差价,一般可以按照协议办理,如果没有约定,则由代理人负责损益。

思考题

1. 阐述国际船舶代理经营者的定义。
2. 阐述国际船舶代理人的作用。
3. 阐述国际船舶代理人的种类。
4. 我国《海运条例》规定的国际船舶代理企业的经营范围有哪些?
5. 了解CASA的职能。
6. 国际船舶代理人的义务有哪些?
7. 了解班轮代理合同的主要条款。
8. 船舶港口使费通常有哪些种类?
9. 阐述备用金的概念和索汇原则。
10. 了解我国船舶代理人索汇备用金的主要项目。

附　录

附录一　中华人民共和国海商法(节选)

第四章　海上货物运输合同

第一节　一般规定

第四十一条　海上货物运输合同,是指承运人收取运费,负责将托运人托运的货物经海路由一港运至另一港的合同。

第四十二条　本章下列用语的含义:

(一)"承运人",是指本人或者委托他人以本人名义与托运人订立海上货物运输合同的人。

(二)"实际承运人",是指接受承运人委托,从事货物运输或者部分运输的人,包括接受转委托从事此项运输的其他人。

(三)"托运人",是指:

1. 本人或者委托他人以本人名义或者委托他人为本人与承运人订立海上货物运输合同的人;

2. 本人或者委托他人以本人名义或者委托他人为本人将货物交给与海上货物运输合同有关的承运人的人。

(四)"收货人",是指有权提取货物的人。

(五)"货物",包括活动物和由托运人提供的用于集装货物的集装箱、货盘或者类似的装运器具。

第四十三条　承运人或者托运人可以要求书面确认海上货物运输合同的成立。但是,航次租船合同应当书面订立。电报、电传和传真具有书面效力。

第四十四条　海上货物运输合同和作为合同凭证的提单或者其他运输单证中的条款,违反本章规定的,无效。此类条款的无效,不影响该合同和提单或者其他运输单证中其他条款的效力。将货物的保险利益转让给承运人的条款或者类似条款,无效。

第四十五条　本法第四十四条的规定不影响承运人在本章规定的承运人责任和义务之外,增加其责任和义务。

第二节　承运人的责任

第四十六条　承运人对集装箱装运的货物的责任期间，是指从装货港接收货物时起至卸货港交付货物时止，货物处于承运人掌管之下的全部期间。承运人对非集装箱装运的货物的责任期间，是指从货物装上船时起至卸下船时止，货物处于承运人掌管之下的全部期间。在承运人的责任期间，货物发生灭失或者损坏，除本节另有规定外，承运人应当负赔偿责任。

前款规定，不影响承运人就非集装箱装运的货物，在装船前和卸船后所承担的责任，达成任何协议。

第四十七条　承运人在船舶开航前和开航当时，应当谨慎处理，使船舶处于适航状态，妥善配备船员、装备船舶和配备供应品，并使货舱、冷藏舱、冷气舱和其他载货处所适于并能安全收受、载运和保管货物。

第四十八条　承运人应当妥善地、谨慎地装载、搬移、积载、运输、保管、照料和卸载所运货物。

第四十九条　承运人应当按照约定的或者习惯的或者地理上的航线将货物运往卸货港。船舶在海上为救助或者企图救助人命或者财产而发生的绕航或者其他合理绕航，不属于违反款规定的行为。

第五十条　货物未能在明确约定的时间内，在约定的卸货港交付的，为迟延交付。

除依照本章规定承运人不负赔偿责任的情形外，由于承运人的过失，致使货物因迟延交付而灭失或者损坏的，承运人应当负赔偿责任。

除依照本章规定承运人不负赔偿责任的情形外，由于承运人的过失，致使货物因迟延交付而遭受经济损失的，即使货物没有灭失或者损坏，承运人仍然应当负赔偿责任。

承运人未能在本条第一款规定的时间届满六十日内交付货物，有权对货物灭失提出赔偿请求的人可以认为货物已经灭失。

第五十一条　在责任期间货物发生的灭失或者损坏是由于下列原因之一造成 的，承运人不负赔偿责任：

(一)船长、船员、引航员或者承运人的其他受雇人在驾驶船舶或者管理船舶中的过失；

(二)火灾，但是由于承运人本人的过失所造成的除外；

(三)天灾，海上或者其他可航水域的危险或者意外事故；

(四)战争或者武装冲突；

(五)政府或者主管部门的行为、检疫限制或者司法扣押；

(六)罢工、停工或者劳动受到限制；

(七)在海上救助或者企图救助人命或者财产；

(八)托运人、货物所有人或者他们的代理人的行为；

(九)货物的自然特性或者固有缺陷；

(十)货物包装不良或者标志欠缺、不清；

(十一)经谨慎处理仍未发现的船舶潜在缺陷；

(十二)非由于承运人或者承运人的受雇人、代理人的过失造成的其他原因。

承运人依照前款规定免除赔偿责任的，除第(二)项规定的原因外，应当负举证责任。

第五十二条 因运输活动物的固有的特殊风险造成活动物灭失或者损害的，承运人不负赔偿责任。但是，承运人应当证明业已履行托运人关于运输活动物的特别要求，并证明根据实际情况，灭失或者损害是由于此种固有的特殊风险造成的。

第五十三条 承运人在舱面上装载货物，应当同托运人达成协议，或者符合航运惯例，或者符合有关法律、行政法规的规定。

承运人依照前款规定将货物装载在舱面上，对由于此种装载的特殊风险造成的货物灭失或者损坏，不负赔偿责任。

承运人违反本条第一款规定将货物装载在舱面上，致使货物遭受灭失或者损坏的，应当负赔偿责任。

第五十四条 货物的灭失、损坏或者迟延交付是由于承运人或者承运人的受雇人、代理人的不能免除赔偿责任的原因和其他原因共同造成的，承运人仅在其不能免除赔偿责任的范围内负赔偿责任；但是，承运人对其他原因造成的灭失、损坏或者迟延交付应当负举证责任。

第五十五条 货物灭失的赔偿额，按照货物的实际价值计算；货物损坏的赔偿额，按照货物受损前后实际价值的差额或者货物的修复费用计算。

货物的实际价值，按照货物装船时的价值加保险费加运费计算。

前款规定的货物实际价值，赔偿时应当减去因货物灭失或者损坏而少付或者免付的有关费用。

第五十六条 承运人对货物的灭失或者损坏的赔偿限额，按照货物件数或者其他货运单位数计算，每件或者每个其他货运单位为666.67计算单位，或者按照货物毛重计算，每公斤为2计算单位，以二者中赔偿限额较高的为准。但是，托运人在货物装运前已经申报其性质和价值，并在提单中载明的，或者承运人与托运人已经另行约定高于本条规定的赔偿限额的除外。

货物用集装箱、货盘或者类似装运器具集装的，提单中载明装在此类装运器具中的货物件数或者其他货运单位数，视为前款所指的货物件数或者其他货运单位数；未载明的，每一装运器具视为一件或者一个单位。

装运器具不属于承运人所有或者非由承运人提供的，装运器具本身应当视为一件或者一个单位。

第五十七条 承运人对货物因迟延交付造成经济损失的赔偿限额，为所迟延交付的货物的运费数额。货物的灭失或者损坏和迟延交付同时发生的，承运人的赔偿责任限额适用本法第五十六条第一款规定的限额。

第五十八条 就海上货物运输合同所涉及的货物灭失、损坏或者迟延交付对承运人提起的任何诉讼，不论海事请求人是否合同的一方，也不论是根据合同或者是根据侵权行为提起的，均适用本章关于承运人的抗辩理由和限制赔偿责任的规定。

前款诉讼是对承运人的受雇人或者代理人提起的，经承运人的受雇人或者代理人证明，其行为是在受雇或者受委托的范围之内的，适用前款规定。

第五十九条 经证明，货物的灭失、损坏或者迟延交付是由于承运人的故意或者明知可能造成损失而轻率地作为或者不作为造成的，承运人不得援用本法第五十六条或者第五十七条限制赔偿责任的规定。

经证明，货物的灭失、损坏或者迟延交付是由于承运人的受雇人、代理人的故意或者明知可能造成损失而轻率地作为或者不作为造成的，承运人的受雇人或者代理人不得援用本法第五十六条或者第五十七条限制赔偿责任的规定。

第六十条　承运人将货物运输或者部分运输委托给实际承运人履行的，承运人仍然应当依照本章规定对全部运输负责。对实际承运人承担的运输，承运人应当对实际承运人的行为或者实际承运人的受雇人、代理人在受雇或者受委托的范围内的行为负责。

虽有前款规定，在海上运输合同中明确约定合同所包括的特定的部分运输由承运人以外的指定的实际承运人履行的，合同可以同时约定，货物在指定的实际承运人掌管期间发生的灭失、损坏或者迟延交付，承运人不负赔偿责任。

第六十一条　本章对承运人责任的规定，适用于实际承运人。对实际承运人的受雇人、代理人提起诉讼的，适用本法第五十八条第二款和第五十九条第二款的规定。

第六十二条　承运人承担本章未规定的义务或者放弃本章赋予的权利的任何特别协议，经实际承运人书面明确同意的，对实际承运人发生效力；实际承运人是否同意，不影响此项特别协议对承运人的效力。

第六十三条　承运人与实际承运人都负有赔偿责任的，应当在此项责任范围内负连带责任。

第六十四条　就货物的灭失或者损坏分别向承运人、实际承运人以及他们的受雇人、代理人提出赔偿请求的，赔偿总额不超过本法第五十六条规定的限额。

第六十五条　本法第六十条至第六十四条的规定，不影响承运人和实际承运人之间相互追偿。

第三节　托运人的责任

第六十六条　托运人托运货物，应当妥善包装，并向承运人保证，货物装船时所提供的货物的品名、标志、包数或者件数、重量或者体积的正确性；由于包装不良或者上述资料不正确，对承运人造成损失的，托运人应当负赔偿责任。

承运人依照前款规定享有的受偿权利，不影响其根据货物运输合同对托运人以外的人所承担的责任。

第六十七条　托运人应当及时向港口、海关、检疫、检验和其他主管机关办理货物运输所需要的各项手续，并将已办理各项手续的单证送交承运人；因办理各项手续的有关单证送交不及时、不完备或者不正确，使承运人的利益受到损害的，托运人应当负赔偿责任。

第六十八条　托运人托运危险货物，应当依照有关海上危险货物运输的规定，妥善包装，作出危险品标志和标签，并将其正式名称和性质以及应当采取的预防危害措施书面通知承运人；托运人未通知或者通知有误的，承运人可以在任何时间、任何地点根据情况需要将货物卸下、销毁或者使之不能为害，而不负赔偿责任。托运人对承运人因运输此类货物所受到的损害，应当负赔偿责任。

承运人知道危险货物的性质并已同意装运的，仍然可以在该项货物对于船舶、人员或者其他货物构成实际危险时，将货物卸下、销毁或者使之不能为害，而不负赔偿责任。但是，本款规定不影响共同海损的分摊。

第六十九条　托运人应当按照约定向承运人支付运费。

托运人与承运人可以约定运费由收货人支付；但是，此项约定应当在运输单证中载明。

第七十条 托运人对承运人、实际承运人能遭受的损失或者船舶能遭受的损坏，不负赔偿责任；但是，此种损失或者损坏是由于托运人或者托运人受雇人，代理人的过失造成的除外。托运人的受雇人、代理人对承运人、实际承运人能遭受的损失或者船舶所遭受的损坏，不负赔偿责任；但是，这种损失或者损坏是由于托运人的受雇人、代理人的过失造成的除外。

第四节 运输单证

第七十一条 提单，是指用以证明海上货物运输合同和货物已经由承运人接收或者装船，以及承运人保证据以交付货物的单证。提单中载明的向记名人交付货物，或者按照指示人的指示交付货物，或者向提单持有人交付货物的条款，构成承运人据以交付货物的保证。

第七十二条 货物由承运人接收或者装船后，应托运人的要求，承运人应当签发提单。

提单可以由承运人授权的人签发。提单由载货船舶的船长签发的，视为代表承运人签发。

第七十三条 提单内容，包括下列各项：

(一)货物的品名、标志、包数或者件数、重量或者体积，以及运输危险货物时对危险性质的说明；

(二)承运人的名称和主营业所；

(三)船舶名称；

(四)托运人的名称；

(五)收货人的名称；

(六)装货港和在装货港接收货物的日期；

(七)卸货港；

(八)多式联运提单增列接收货物地点和交付货物地点；

(九)提单的签发日期、地点和份数；

(十)运费的支付；

(十一)承运人或者其代表的签字。

提单缺少前款规定的一项或者几项的，不影响提单的性质，但是，提单应当符合本法第七十一条的规定。

第七十四条 货物装船前，承运人已经应托运人的要求签发收货待运提单或者其他单证的，货物装船完毕，托运人可以将收货待运提单或者其他单证退还承运人，以换取已装船提单；承运人也可以在收货待运提单上加注承运船舶的船名和装船日期，加注后的收货待运提单视为已装船提单。

第七十五条 承运人或者代其签发提单的人，知道或者有合理的根据怀疑提单记载的货物的品名、标志、包数或者件数、重量或者体积与实际接收的货物不符，在签发已装船提单的情况下怀疑与已装船的货物不符，或者没有适当的方法核对提单记载的，可以在提单上批注，说明不符之处、怀疑的根据或者说明无法核对。

第七十六条 承运人或者代其签发提单的人未在提单上批注货物表面状况的，视为货物的表面状况良好。

第七十七条 除依照本法第七十五条的规定作出保留外，承运人或者代其签发提单的人签发的提单,是承运人已经按照提单所载状况收到货物或者货物已经装船的初步证据;承运人向善意受让提单的包括收货人在内的第三人提出的与提单所载状况不同的证据,不予承认。

第七十八条　承运人同收货人、提单持有人之间的权利、义务关系,依据提单的规定确定。

收货人、提单持有人不承担在装货港发生的滞期费、亏舱费和其他与装货有关的费用,但是提单中明确载明上述费用由收货人、提单持有人承担的除外。

第七十九条　提单的转让,依照下列规定执行:

(一)记名提单、不得转让;

(二)指示提单:经过记名背书或者空白背书转让;

(三)不记名提单:无需背书,即可转让。

第八十条　承运人签发提单以外的单证用以证明收到待运货物的,此项单证即为订立海上货物运输合同和承运人接收该单证中所列货物的初步证据。

承运人签发的此类单证不得转让。

第五节　货物交付

第八十一条　承运人向收货人交付货物时,收货人未将货物灭失或者损坏的情况书面通知承运人的,此项交付视为承运人已经按照运输单证的记载交付以及货物状况良好的初步证据。

货物灭失或者损坏的情况非显而易见的,在货物交付的次日起连续 7 日内,集装箱货物交付的次日起连续 15 日内,收货人未提交书面通知的,适用前款规定。

货物交付时,收货人已经会同承运人对货物进行联合检查或者检验的,无需就所查明的灭失或者损坏的情况提交书面通知。

第八十二条　承运人自向收货人交付货物的次日起连续 60 日内,未收到收货人就货物因迟延交付造成经济损失而提交的书面通知的,不负赔偿责任。

第八十三条　收货人在目的港提取货物前或者承运人在目的港交付货物前,可以要求检验机构对货物状况进行检验;要求检验的一方应当支付检验费用,但是有权向造成货物损失的责任方追偿。

第八十四条　承运人和收货人对本法第八十一条和第八十三条规定的检验,应当相互提供合理的便利条件。

第八十五条　货物由实际承运人交付的,收货人依照本法第八十一条的规定向实际承运人提交的书面通知,与向承运人提交书面通知具有同等效力;向承运人提交的书面通知,与向实际承运人提交书面通知具有同等效力。

第八十六条　在卸货港无人提取货物或者收货人迟延、拒绝提取货物的,船长可以将货物卸在仓库或者其他适当场所,由此产生的费用和风险由收货人承担。

第八十七条　应当向承运人支付的运费、共同海损分摊、滞期费和承运人为货物垫付的必要费用以及应当向承运人支付的其他费用没有付清,又没有提供适当担保的,承运人可以在合理的限度内留置其货物。

第八十八条　承运人根据本法第八十七条规定留置的货物,自船舶抵达卸货港的次日起满60日无人提取的，承运人可以申请法院裁定拍卖；货物易腐烂变质或者货物的保管费用可能超过其价值的，可以申请提前拍卖。

拍卖所得价款，用于清偿保管、拍卖货物的费用和运费以及应当向承运人支付的其他有关费用；不足的金额，承运人有权向托运人追偿；剩余的金额，退还托运人；无法退还、自拍卖之日起满1年又无人领取的，上缴国库。

第六节　合同的解除

第八十九条　船舶在装货港开航前，托运人可以要求解除合同。但是，除合同另有约定外，托运人应当向承运人支付约定运费的一半；货物已经装船的，并应当负担装货、卸货和其他与此有关的费用。

第九十条　船舶在装货港开航前，因不可抗力或者其他不能归责于承运人和托运人的原因致使合同不能履行的，双方均可以解除合同，并互相不负赔偿责任。除合同另有约定外，运费已经支付的，承运人应当将运费退还给托运人；货物已经装船的，托运人应当承担装卸费用；已经签发提单的，托运人应当将提单退还承运人。

第九十一条　因不可抗力或者其他不能归责于承运人和托运人的原因致使船舶不能在合同约定的目的港卸货的，除合同另有约定外，船长有权将货物在目的港邻近的安全港口或者地点卸载，视为已经履行合同。

船长决定将货物卸载的，应当及时通知托运人或者收货人，并考虑托运人或者收货人的利益。

第七节　航次租船合同的特别规定

第九十二条　航次租船合同，是指船舶出租人向承租人提供船舶或者船舶的部分舱位，装运约定的货物，从一港运至另一港，由承租人支付约定运费的合同。

第九十三条　航次租船合同的内容，主要包括出租人和承租人的名称、船名、船籍、载货重量、容积、货名、装货港和目的港、受载期限、装卸期限、运费、滞期费、速遣费以及其他有关事项。

第九十四条　本法第四十七条和第四十九条的规定，适用于航次租船合同的出租人。

本章其他有关合同当事人之间的权利、义务的规定，仅在航次租船合同没有约定或者没有不同约定时，适用于航次租船合同的出租人和承租人。

第九十五条　对按照航次租船合同运输的货物签发的提单，提单持有人不是承租人的，承运人与该提单持有人之间的权利、义务关系适用提单的约定。但是，提单中载明适用航次租船合同条款的，适用该航次租船合同的条款。

第九十六条　出租人应当提供约定的船舶；经承租人同意，可以更换船舶。

但是，提供的船舶或者更换的船舶不符合合同约定的，承租人有权拒绝或者解除合同。

因出租人过失未提供约定的船舶致使承租人遭受损失的，出租人应当负赔偿责任。

第九十七条　出租人在约定的受载期限内未能提供船舶的，承租人有权解除合同。但是，出租人将船舶延误情况和船舶预期抵达装货港的日期通知承租人的，承租人应当自收到通知时起四十八小时内，将是否解除合同的决定通知出租人。

因出租人过失延误提供船舶致使承租人遭受损失的，出租人应当负赔偿责任。

第九十八条　航次租船合同的装货、卸货期限及其计算办法，超过装货、卸货期限后的滞期费和提前完成装货、卸货的速遣费，由双方约定。

第九十九条　承租人可以将其租用的船舶转租；转租后，原合同约定的权利和义务不受影响。

第一百条　承租人应当提供约定的货物；经出租人同意，可以更换货物。但是，更换的货物对出租人不利的，出租人有权拒绝或者解除合同。

因未提供约定的货物致使出租人遭受损失的，承租人应当负赔偿责任。

第一百零一条　出租人应当在合同约定的卸货港卸货。合同订有承租人选择卸货港条款的，在承租人未按照合同约定及时通知确定的卸货港时，船长可以从约定的选卸港中自行选定一港卸货。承租人未按照合同约定及时通知确定的卸货港，致使出租人遭受损失的，应当负赔偿责任。出租人未按照合同约定，擅自选定港口卸货致使承租人遭受损失的，应当负赔偿责任。

第八节　多式联运合同的特别规定

第一百零二条　本法所称多式联运合同，是指多式联运经营人以两种以上的不同运输方式，其中一种是海上运输方式，负责将货物从接收地运至目的地交付收货人，并收取全程运费的合同。

前款所称多式联运经营人，是指本人或者委托他人以本人名义与托运人订立多式联运合同的人。

第一百零三条　多式联运经营人对多式联运货物的责任期间，自接收货物时起至交付货物时止。

第一百零四条　多式联运经营人负责履行或者组织履行多式联运合同，并对全程运输负责。

多式联运经营人与参加多式联运的各区段承运人，可以就多式联运合同的各区段运输，另以合同约定相互之间的责任。但是，此项合同不得影响多式联运经营人对全程运输所承担的责任。

第一百零五条　货物的灭失或者损坏发生于多式联运的某一运输区段的，多式联运经营人的赔偿责任和责任限额，适用调整该区段运输方式的有关法律规定。

第一百零六条　货物的灭失或者损坏发生的运输区段不能确定的，多式联运经营人应当依照本章关于承运人赔偿责任和责任限额的规定负赔偿责任。

第六章　船舶租用合同

第一节　一般规定

第一百二十七条　本章关于出租人和承租人之间权利、义务的规定，仅在船舶租用合同没有约定或者没有不同约定时适用。

第一百二十八条 船舶租用合同,包括定期租船合同和光船租赁合同,均应当书面订立。

第二节 定期租船合同

第一百二十九条 定期租船合同,是指船舶出租人向承租人提供约定的由出租人配备船员的船舶,由承租人在约定的期间内按照约定的用途使用,并支付租金的合同。

第一百三十条 定期租船合同的内容,主要包括出租人和承租人的名称、船名、船籍、船级、吨位、容积、船速、燃料消耗、航区、用途、租船期间、交船和还船的时间和地点以及条件、租金及其支付,以及其他有关事项。

第一百三十一条 出租人应当按照合同约定的时间交付船舶。

出租人违反前款规定的,承租人有权解除合同,出租人将船舶延误情况和船舶预期抵达交船港的日期通知承租人的,承租人应当自接到通知时起四十八小时内,将解除合同或者继续租用船舶的决定通知出租人。

因出租人过失延误提供船舶致使承租人遭受损失的,出租人应当负赔偿责任。

第一百三十二条 出租人交付船舶时,应当做到谨慎处理,使船舶适航。交付的船舶应当适于约定的用途。

出租人违反前款规定的,承租人有权解除合同,并有权要求赔偿因此遭受的损失。

第一百三十三条 船舶在租期内不符合约定的适航状态或者其他状态,出租人应当采取可能采取的合理措施,使之尽快恢复。

船舶不符合约定的适航状态或者其他状态而不能正常营运连续满二十四小时的,对因此而损失的营运时间,承租人不付租金,但是上述状态是由承租人造成的除外。

第一百三十四条 承租人应当保证船舶在约定航区内的安全港口或者地点之间从事约定的海上运输。

承租人违反前款规定的,出租人有权解除合同,并有权要求赔偿因此遭受的损失。

第一百三十五条 承租人应当保证船舶用于运输约定的合法的货物。

承租人将船舶用于运输活动物或者危险货物的,应当事先征得出租人的同意。

承租人违反本条第一款或者第二款的规定致使出租人遭受损失的,应当负赔偿责任。

第一百三十六条 承租人有权就船舶的营运向船长发出指示,但是不得违反定期租船合同的约定。

第一百三十七条 承租人可以将租用的船舶转租,但是应当将转租的情况及时通知出租人。租用的船舶转租后,原租船合同约定的权利和义务不受影响。

第一百三十八条 船舶所有人转让以及租出的船舶的所有权,定期租船合同约定的当事人的权利和义务不受影响,但是应当及时通知承租人。船舶所有权转让后,原租船合同由受让人和承租人继续履行。

第一百三十九条 在合同期间,船舶进行海难救助的,承租人有权获得扣除救助费用、损失赔偿、船员应得部分以及其他费用后的救助款项的一半。

第一百四十条 承租人应当按照合同约定支付租金。承租人未按照合同约定支付租金的,出租人有权解除合同,并有权要求赔偿因此遭受的损失。

第一百四十一条　承租人未向出租人支付租金或者合同约定的其他款项的,出租人对船上属于承租人的货物和财产以及转租船舶的收入有留置权。

第一百四十二条　承租人向出租人交还船舶时,该船舶当具有与出租人交船时相同的良好状态,但是船舶本身的自然磨损除外。

船舶未能保持与交船时相同的良好状态的,承租人应当负责修复或者给予赔偿。

第一百四十三条　经合理计算,完成最后航次的日期约为合同约定的还船日期,但可能超过合同约定的还船日期的,承租人有权超期用船以完成该航次。超期期间,承租人应当按照合同约定的租金率支付租金;市场的租金率高于合同约定的租金率的,承租人应当按照市场租金率支付租金。

第三节　光船租赁合同

第一百四十四条　光船租赁合同,是指船舶出租人向承租人提供不配备船员的船舶,在约定的期间内由承租人占有、使用和营运,并向出租人支付租金的合同。

第一百四十五条　光船租赁合同的内容,主要包括出租人和承租人的名称、船名、船籍、船级、吨位、容积、航区、用途、租船期间、交船和还船的时间和地点以及条件、船舶检验、船舶的保养维修、租金及其支付、船舶保险、合同解除的时间和条件,以及其他有关事项。

第一百四十六条　出租人应当在合同约定的港口或者地点,按照合同约定的时间,向承租人交付船舶以及船舶证书。交船时,出租人应当做到谨慎处理,使船舶适航。交付的船舶应当适于合同约定的用途。

出租人违反前款规定的,承租人有权解除合同,并有权要求赔偿因此遭受的损失。

第一百四十七条　在光船租赁期间,承租人负责船舶的保养、维修。

第一百四十八条　在光船租赁期间,承租人应当按照合同约定的船舶价值,以出租人同意的保险方式为船舶进行保险,并负担保险费用。

第一百四十九条　在光船租赁期间,因承租人对船舶占有、使用和营运的原因使出租人的利益受到影响或者遭受损失的,承租人应当负责消除影响或者赔偿损失。

因船舶所有权争议或者出租人所负的债务致使船舶被扣押的,出租人应当保证承租人的利益不受影响;致使承租人遭受损失的,出租人应当负赔偿责任。

第一百五十条　在光船租赁期间,未经出租人书面同意,承租人不得转让合同的权利和义务或者以光船租赁的方式将船舶进行转租。

第一百五十一条　未经承租人事先书面同意,出租人不得在光船租赁期间对船舶设定抵押权。

出租人违反前款规定,致使承租人遭受损失的,应当负赔偿责任。

第一百五十二条　承租人应当按照合同约定支付租金。承租人未按照合同约定的时间支付租金连续超过七日的,出租人有权解除合同,并有权要求赔偿因此遭受的损失。

船舶发生灭失或者失踪的,租金应当自船舶灭失或者得知其最后消息之日起停止支付,预付租金应当按照比例退还。

第一百五十三条　本法第一百三十四条、第一百三十五条、第一百四十二条和第一百四十三条的规定，适用于光船租赁合同。

第一百五十四条 订有租购条款的光船租赁合同，承租人按照合同约定向出租人付清租购费时，船舶所有权即归于承租人。

附录二 中华人民共和国国际海运条例

（2001年12月11日国务院第335号令）

第一章 总 则

第一条 为了规范国际海上运输活动，保护公平竞争，维护国际海上运输市场秩序，保障国际海上运输各方当事人的合法权益，制定本条例。

第二条 本条例适用于进出中华人民共和国港口的国际海上运输经营活动以及与国际海上运输相关的辅助性经营活动。

前款所称与国际海上运输相关的辅助性经营活动，包括本条例分别规定的国际船舶代理、国际船舶管理、国际海运货物装卸、国际海运货物仓储、国际海运集装箱站和堆场等业务。

第三条 从事国际海上运输经营活动以及与国际海上运输相关的辅助性经营活动，应当遵循诚实信用的原则，依法经营，公平竞争。

第四条 国务院交通主管部门和有关的地方人民政府交通主管部门依照本条例规定，对国际海上运输经营活动实施监督管理，并对与国际海上运输相关的辅助性经营活动实施有关的监督管理。

第二章 国际海上运输及其辅助性业务的经营者

第五条 经营国际船舶运输业务，应当具备下列条件：

（一）有与经营国际海上运输业务相适应的船舶，其中必须有中国籍船舶；

（二）投入运营的船舶符合国家规定的海上交通安全技术标准；

（三）有提单、客票或者多式联运单证；

（四）有具备国务院交通主管部门规定的从业资格的高级业务管理人员。

第六条 经营国际船舶运输业务，应当向国务院交通主管部门提出申请，并附送符合本条例第五条规定条件的相关材料。国务院交通主管部门应当自受理申请之日起30日内审核完毕，作出许可或者不予许可的决定。予以许可的，向申请人颁发《国际船舶运输经营许可证》；不予许可的，应当书面通知申请人并告知理由。

国务院交通主管部门审核国际船舶运输业务申请时，应当考虑国家关于国际海上运输业发展的政策和国际海上运输市场竞争状况。

申请经营国际船舶运输业务，并同时申请经营国际班轮运输业务的，还应当附送本条例第十七条规定的相关材料，由国务院交通主管部门一并审核、登记。

第七条 经营无船承运业务，应当向国务院交通主管部门办理提单登记，并交纳保证金。

前款所称无船承运业务，是指无船承运业务经营者以承运人身份接受托运人的货载，签发自己的提单或者其他运输单证，向托运人收取运费，通过国际船舶运输经营者完成国际海上货物运输，承担承运人责任的国际海上运输经营活动。

在中国境内经营无船承运业务，应当在中国境内依法设立企业法人。

第八条　无船承运业务经营者应当在向国务院交通主管部门提出办理提单登记申请的同时，附送证明已经按照本条例的规定交纳保证金的相关材料。

前款保证金金额为80万元人民币；每设立一个分支机构，增加保证金20万元人民币。保证金应当向中国境内的银行开立专门账户交存。

保证金用于无船承运业务经营者清偿因其不履行承运人义务或者履行义务不当所产生的债务以及支付罚款。保证金及其利息，归无船承运业务经营者所有。

专门账户由国务院交通主管部门实施监督。

国务院交通主管部门应当自收到无船承运业务经营者提单登记申请并交纳保证金的相关材料之日起15日内审核完毕。申请材料真实、齐备的，予以登记，并通知申请人；申请材料不真实或者不齐备的，不予登记，书面通知申请人并告知理由。已经办理提单登记的无船承运业务经营者，由国务院交通主管部门予以公布。

第九条　经营国际船舶代理业务，应当具备下列条件：

（一）高级业务管理人员中至少2人具有3年以上从事国际海上运输经营活动的经历；

（二）有固定的营业场所和必要的营业设施。

第十条　经营国际船舶代理业务，应当向国务院交通主管部门提出申请，并附送符合本条例第九条规定条件的相关材料。国务院交通主管部门应当自收到申请之日起15日内审核完毕。申请材料真实、齐备的，予以登记，并通知申请人；申请材料不真实或者不齐备的，不予登记，书面通知申请人并告知理由。

第十一条　经营国际船舶管理业务，应当具备下列条件：

（一）高级业务管理人员中至少2人具有3年以上从事国际海上运输经营活动的经历；

（二）有持有与所管理船舶种类和航区相适应的船长、轮机长适任证书的人员；

（三）有与国际船舶管理业务相适应的设备、设施。

第十二条　经营国际船舶管理业务，应当向拟经营业务所在地的省、自治区、直辖市人民政府交通主管部门提出申请，并附送符合本条例第十一条规定条件的相关材料。省、自治区、直辖市人民政府交通主管部门应当自收到申请之日起15日内审核完毕。申请材料真实、齐备的，予以登记，并通知申请人；申请材料不真实或者不齐备的，不予登记，书面通知申请人并告知理由。

第十三条　国际船舶运输经营者、无船承运业务经营者、国际船舶代理经营者和国际船舶管理经营者经依照本条例许可、登记后，应当持有关证明文件，依法向企业登记机关办理企业登记手续。

第十四条　国际船舶运输经营者、无船承运业务经营者、国际船舶代理经营者和国际船舶管理经营者，不得将依法取得的经营资格提供给他人使用。

第十五条　国际船舶运输经营者、无船承运业务经营者、国际船舶代理经营者和国际船舶管理经营者依照本条例的规定取得相应的经营资格后，不再具备本条例规定的条件的，国务院交通主管部门或者省、自治区、直辖市人民政府交通主管部门应当立即取消其经营资格。

第三章 国际海上运输及其辅助性业务经营活动

第十六条 国际船舶运输经营者经营进出中国港口的国际班轮运输业务，应当依照本条例的规定取得国际班轮运输经营资格。

未取得国际班轮运输经营资格的，不得从事国际班轮运输经营活动，不得对外公布班期、接受订舱。

以共同派船、舱位互换、联合经营等方式经营国际班轮运输的，适用本条第一款的规定。

第十七条 经营国际班轮运输业务，应当向国务院交通主管部门提出申请，并附送下列材料：

（一）国际船舶运输经营者的名称、注册地、营业执照副本、主要出资人；

（二）经营者的主要管理人员的姓名及其身份证明；

（三）运营船舶资料；

（四）拟开航的航线、班期及沿途停泊港口；

（五）运价本；

（六）提单、客票或者多式联运单证。

国务院交通主管部门应当自收到经营国际班轮运输业务申请之日起30日内审核完毕。申请材料真实、齐备的，予以登记，并通知申请人；申请材料不真实或者不齐备的，不予登记，书面通知申请人并告知理由。

第十八条 取得国际班轮运输经营资格的国际船舶运输经营者，应当自取得资格之日起180日内开航；因不可抗力并经国务院交通主管部门同意，可以延期90日。逾期未开航的，国际班轮运输经营资格自期满之日起丧失。

第十九条 新开、停开国际班轮运输航线，或者变更国际班轮运输船舶、班期的，应当提前15日予以公告，并应当自行为发生之日起15日内向国务院交通主管部门备案。

第二十条 经营国际班轮运输业务的国际船舶运输经营者的运价和无船承运业务经营者的运价，应当按照规定格式向国务院交通主管部门备案。国务院交通主管部门应当指定专门机构受理运价备案。

备案的运价包括公布运价和协议运价。公布运价，是指国际船舶运输经营者和无船承运业务经营者运价本上载明的运价；协议运价，是指国际船舶运输经营者与货主、无船承运业务经营者约定的运价。

公布运价自国务院交通主管部门受理备案之日起满30日生效；协议运价自国务院交通主管部门受理备案之时起满24小时生效。

国际船舶运输经营者和无船承运业务经营者应当执行生效的备案运价。

第二十一条 国际船舶运输经营者在与无船承运业务经营者订立协议运价时，应当确认无船承运业务经营者已依照本条例规定办理提单登记并交纳保证金。

第二十二条 从事国际班轮运输的国际船舶运输经营者之间订立涉及中国港口的班轮公会协议、运营协议、运价协议等，应当自协议订立之日起15日内将协议副本向国务院交通主管部门备案。

第二十三条　国际船舶运输经营者有下列情形之一的,应当在情形发生之日起15日内,向国务院交通主管部门备案:

(一)终止经营;

(二)减少运营船舶;

(三)变更提单、客票或者多式联运单证;

(四)在境外设立分支机构或者子公司经营国际船舶运输业务;

(五)拥有的船舶在境外注册,悬挂外国旗。

国际船舶运输经营者增加运营船舶的,增加的运营船舶必须符合国家规定的安全技术标准,并应当于投入运营前15日内向国务院交通主管部门备案。国务院交通主管部门应当自收到备案材料之日起3日内出具备案证明文件。

其他中国企业有本条第一款第(四)项、第(五)项所列情形之一的,应当依照本条第一款规定办理备案手续。

第二十四条　国际船舶运输经营者之间的兼并、收购,其兼并、收购协议应当报国务院交通主管部门审核同意。

国务院交通主管部门应当自收到国际船舶运输经营者报送的兼并、收购协议之日起60日内,根据国家关于国际海上运输业发展的政策和国际海上运输市场竞争状况进行审核,作出同意或者不同意的决定,并书面通知有关国际船舶运输经营者。

第二十五条　经营国际船舶运输业务、无船承运业务和国际船舶代理业务,在中国境内收取、代为收取运费以及其他相关费用,应当向付款人出具中国税务机关统一印制的发票。

第二十六条　未依照本条例的规定办理提单登记并交纳保证金的,不得经营无船承运业务。

第二十七条　经营国际船舶运输业务和无船承运业务,不得有下列行为:

(一)以低于正常、合理水平的运价提供服务,妨碍公平竞争;

(二)在会计账簿之外暗中给予托运人回扣,承揽货物;

(三)滥用优势地位,以歧视性价格或者其他限制性条件给交易对方造成损害;

(四)其他损害交易对方或者国际海上运输市场秩序的行为。

第二十八条　外国国际船舶运输经营者从事本章规定的有关国际船舶运输活动,应当遵守本条例有关规定。

外国国际船舶运输经营者不得经营中国港口之间的船舶运输业务,也不得利用租用的中国籍船舶或者舱位,或者以互换舱位等方式变相经营中国港口之间的船舶运输业务。

第二十九条　国际船舶代理经营者接受船舶所有人或者船舶承租人、船舶经营人的委托,可以经营下列业务:

(一)办理船舶进出港口手续,联系安排引航、靠泊和装卸;

(二)代签提单、运输合同,代办接受订舱业务;

(三)办理船舶、集装箱以及货物的报关手续;

(四)承揽货物、组织货载,办理货物、集装箱的托运和中转;

(五)代收运费,代办结算;

（六）组织客源，办理有关海上旅客运输业务；

（七）其他相关业务。

国际船舶代理经营者应当按照国家有关规定代扣代缴其所代理的外国国际船舶运输经营者的税款。

第三十条 国际船舶管理经营者接受船舶所有人或者船舶承租人、船舶经营人的委托，可以经营下列业务：

（一）船舶买卖、租赁以及其他船舶资产管理；

（二）机务、海务和安排维修；

（三）船员招聘、训练和配备；

（四）保证船舶技术状况和正常航行的其他服务。

第四章 外商投资经营国际海上运输及其辅助性业务的特别规定

第三十一条 外商在中国境内投资经营国际海上运输业务以及与国际海上运输相关的辅助性业务，适用本章规定；本章没有规定的，适用本条例其他有关规定。

第三十二条 经国务院交通主管部门批准，外商可以依照有关法律、行政法规以及国家其他有关规定，投资设立中外合资经营企业或者中外合作经营企业，经营国际船舶运输、国际船舶代理、国际船舶管理、国际海运货物装卸、国际海运货物仓储、国际海运集装箱站和堆场业务；并可以投资设立外资企业经营国际海运货物仓储业务。

经营国际船舶运输、国际船舶代理业务的中外合资经营企业，企业中外商的出资比例不得超过49%。

经营国际船舶运输、国际船舶代理业务的中外合作经营企业，企业中外商的投资比例比照适用前款规定。

中外合资国际船舶运输企业和中外合作国际船舶运输企业的董事会主席和总经理，由中外合资、合作双方协商后由中方指定。

第三十三条 经国务院交通主管部门批准，外商可以依照有关法律、行政法规以及国家其他有关规定投资设立中外合资经营企业、中外合作经营企业、外资企业，为其拥有或者经营的船舶提供承揽货物、代签提单、代结运费、代签服务合同等日常业务服务；未在中国境内投资设立中外合资经营企业、中外合作经营企业、外资企业的，上述业务必须委托中国的国际船舶代理经营者办理。

第三十四条 外国国际船舶运输经营者以及外国国际海运辅助企业，经国务院交通主管部门批准，可以依法在中国境内设立常驻代表机构。

外国国际船舶运输经营者以及外国国际海运辅助企业在中国境内设立的常驻代表机构，不得从事经营活动。

第五章 调查与处理

第三十五条 国务院交通主管部门应利害关系人的请求或者自行决定，可以对下列情形实施调查：

（一）经营国际班轮运输业务的国际船舶运输经营者之间订立的涉及中国港口的班轮公会协议、运营协议、运价协议等，可能对公平竞争造成损害的；

（二）经营国际班轮运输业务的国际船舶运输经营者通过协议产生的各类联营体，其服务涉及中国港口某一航线的承运份额，持续 1 年超过该航线总运量的 30%，并可能对公平竞争造成损害的；

（三）有本条例第二十七条规定的行为之一的；

（四）可能损害国际海运市场公平竞争的其他行为。

第三十六条　国务院交通主管部门实施调查，应当会同国务院工商行政管理部门和价格部门（以下统称调查机关）共同进行。

第三十七条　调查机关实施调查，应当成立调查组。调查组成员不少于 3 人。调查组可以根据需要，聘请有关专家参加工作。

调查组进行调查前，应当将调查目的、调查原因、调查期限等事项通知被调查人。调查期限不得超过 1 年；必要时，经调查机关批准，可以延长半年。

第三十八条　调查人员进行调查，可以向被调查人以及与其有业务往来的单位和个人了解有关情况，并可查阅、复制有关单证、协议、合同文本、会计账簿、业务函电、电子数据等有关资料。

调查人员进行调查，应当保守被调查人以及与其有业务往来的单位和个人的商业秘密。

第三十九条　被调查人应当接受调查，如实提供有关情况和资料，不得拒绝调查或者隐匿真实情况、谎报情况。

第四十条　调查结束，调查机关应当作出调查结论，书面通知被调查人、利害关系人。

对公平竞争造成损害的，调查机关可以采取责令修改有关协议、限制班轮航班数量、中止运价本或者暂停受理运价备案、责令定期报送有关资料等禁止性、限制性措施。

第四十一条　调查机关在作出采取禁止性、限制性措施的决定前，应当告知当事人有要求举行听证的权利；当事人要求听证的，应当举行听证。

第六章　法律责任

第四十二条　未取得《国际船舶运输经营许可证》，擅自经营国际船舶运输业务的，由国务院交通主管部门或者其授权的地方人民政府交通主管部门责令停止经营；有违法所得的，没收违法所得；违法所得 50 万元以上的，处违法所得 2 倍以上 5 倍以下的罚款；没有违法所得或者违法所得不足 50 万元的，处 20 万元以上 100 万元以下的罚款。

第四十三条　未办理提单登记、交纳保证金，擅自经营无船承运业务的，由国务院交通主管部门或者其授权的地方人民政府交通主管部门责令停止经营；有违法所得的，没收违法所得；违法所得 10 万元以上的，处违法所得 2 倍以上 5 倍以下的罚款；没有违法所得或者违法所得不足 10 万元的，处 5 万元以上 20 万元以下的罚款。

第四十四条　未办理登记手续，擅自经营国际船舶代理业务或者国际船舶管理业务的，由国务院交通主管部门或者其授权的地方人民政府交通主管部门责令停止经营；有违法所得的，没收违法所得；违法所得5万元以上的，处违法所得2倍以上5倍以下的罚款；没有违法所得或者违法所得不足5万元的，处2万元以上10万元以下的罚款。

第四十五条 外国国际船舶运输经营者经营中国港口之间的船舶运输业务，或者利用租用的中国籍船舶和舱位以及用互换舱位等方式经营中国港口之间的船舶运输业务的，由国务院交通主管部门或者其授权的地方人民政府交通主管部门责令停止经营；有违法所得的，没收违法所得；违法所得50万元以上的，处违法所得2倍以上5倍以下的罚款；没有违法所得或者违法所得不足50万元的，处20万元以上100万元以下的罚款。拒不停止经营的，拒绝进港；情节严重的，撤销其国际班轮运输经营资格。

第四十六条 未取得国际班轮运输经营资格，擅自经营国际班轮运输的，由国务院交通主管部门或者其授权的地方人民政府交通主管部门责令停止经营；有违法所得的，没收违法所得；违法所得50万元以上的，处违法所得2倍以上5倍以下的罚款；没有违法所得或者违法所得不足50万元的，处20万元以上100万元以下的罚款。拒不停止经营的，拒绝进港。

第四十七条 国际船舶运输经营者、无船承运业务经营者、国际船舶代理经营者和国际船舶管理经营者将其依法取得的经营资格提供给他人使用的，由国务院交通主管部门或者其授权的地方人民政府交通主管部门责令限期改正；逾期不改正的，撤销其经营资格。

第四十八条 未履行本条例规定的备案手续的，由国务院交通主管部门或者其授权的地方人民政府交通主管部门责令限期补办备案手续；逾期不补办的，处1万元以上5万元以下的罚款，并可以撤销其相应资格。

第四十九条 未履行本条例规定的运价备案手续或者未执行备案运价的，由国务院交通主管部门或者其授权的地方人民政府交通主管部门责令限期改正，并处2万元以上10万元以下的罚款。

第五十条 依据调查结论应当给予行政处罚或者有本条例第二十七条所列违法情形的，由交通主管部门、价格主管部门或者工商行政管理部门依照有关法律、行政法规的规定给予处罚。

第五十一条 国际船舶运输经营者与未办理提单登记并交纳保证金的无船承运业务经营者订立协议运价的，由国务院交通主管部门或者其授权的地方人民政府交通主管部门给予警告，并处2万元以上10万元以下的罚款。

第五十二条 未经国务院交通主管部门批准，外国国际船舶运输经营者以及外国国际海运辅助企业擅自设立常驻代表机构的，由国务院交通主管部门或者其授权的地方人民政府交通主管部门责令限期改正，并处2万元以上10万元以下的罚款。

外国国际船舶运输经营者以及外国国际海运辅助企业常驻代表机构从事经营活动的，由工商行政管理部门责令停止经营活动，并依法给予处罚。

第五十三条 拒绝调查机关及其工作人员依法实施调查，或者隐匿、谎报有关情况和资料的，由国务院交通主管部门或者其授权的地方人民政府交通主管部门责令改正，并处2万元以上10万元以下的罚款。

第五十四条 非法从事进出中国港口的国际海上运输经营活动以及与国际海上运输相关的辅助性经营活动，扰乱国际海上运输市场秩序的，依照刑法关于非法经营罪的规定，依法追究刑事责任。

第五十五条　国务院交通主管部门和有关地方人民政府交通主管部门的工作人员有下列情形之一，造成严重后果，触犯刑律的，依照刑法关于滥用职权罪、玩忽职守罪或者其他罪的规定，依法追究刑事责任；尚不够刑事处罚的，依法给予行政处分：

（一）对符合本条例规定条件的申请者不予审批、许可、登记、备案，或者对不符合本条例规定条件的申请者予以审批、许可、登记、备案的；

（二）对经过审批、许可、登记、备案的国际船舶运输经营者、无船承运业务经营者、国际船舶代理经营者和国际船舶管理经营者不依照本条例的规定实施监督管理，或者发现其不再具备本条例规定的条件而不撤销其相应的经营资格，或者发现其违法行为后不予以查处的；

（三）对监督检查中发现的未依法履行审批、许可、登记、备案的单位和个人擅自从事国际海上运输经营活动以及与国际海上运输相关的辅助性经营活动，不立即予以取缔，或者接到举报后不依法予以处理的。

第七章　附　　则

第五十六条　香港特别行政区、澳门特别行政区和台湾地区的投资者在内地投资经营国际海上运输业务以及与国际海上运输相关的辅助性业务，比照适用本条例。

第五十七条　外国国际船舶运输经营者未经国务院交通主管部门批准，不得经营中国内地与香港特别行政区、澳门特别行政区之间的船舶运输业务，不得经营中国内地与台湾地区之间的双向直航和经第三地的船舶运输业务。

第五十八条　内地与香港特别行政区、澳门特别行政区之间的海上运输，由国务院交通主管部门依照本条例制定管理办法。

内地与台湾地区之间的海上运输，依照国家有关规定执行。

第五十九条　任何国家或者地区对中华人民共和国国际海上运输经营者、船舶或者船员采取歧视性的禁止、限制或者其他类似措施的，中华人民共和国政府根据对等原则采取相应措施。

第六十条　本条例施行前已从事国际海上运输经营活动以及与国际海上运输相关的辅助性经营活动的，应当在本条例施行之日起60日内按照本条例的规定补办有关手续。

第六十一条　本条例自2002年1月1日起施行。1990年12月5日国务院发布、1998年4月18日国务院修订发布的《中华人民共和国海上国际集装箱运输管理规定》同时废止。

附录三　中华人民共和国国际海运条例实施细则

（2003年3月1日实施）

第一章　总　　则

第一条　根据《中华人民共和国国际海运条例》（以下简称《海运条例》）的规定，制定本实施细则。

第二条 交通部和有关地方人民政府交通主管部门应当依照《海运条例》和本实施细则的规定，按照公平、高效、便利的原则，管理国际海上运输经营活动和与国际海上运输相关的辅助性经营活动，鼓励公平竞争，禁止不正当竞争。

第三条 《海运条例》和本实施细则中下列用语的含义是：

（一）国际船舶运输业务，是指国际船舶运输经营者使用自有或者经营的船舶、舱位，提供国际海上货物运输和旅客运输服务以及为完成这些服务而围绕其船舶、所载旅客或者货物开展的相关活动，包括签订有关协议、接受订舱、商定和收取运费、签发提单及其他相关运输单证、安排货物装卸、安排保管、进行货物交接、安排中转运输和船舶进出港等活动。

（二）国际船舶运输经营者，包括中国国际船舶运输经营者和外国国际船舶运输经营者。其中，中国国际船舶运输经营者是指依据《海运条例》和本实施细则规定取得《国际船舶运输经营许可证》经营国际船舶运输业务的中国企业法人；外国国际船舶运输经营者是指依据外国法律设立经营进出中国港口国际船舶运输业务的外国企业。

（三）国际班轮运输业务，是指以自有或者经营的船舶，或者以《海运条例》第十六条第三款规定的方式，在固定的港口之间提供的定期国际海上货物或旅客运输。

（四）无船承运业务，是指《海运条例》第七条第二款规定的业务，包括为完成该项业务围绕其所承运的货物开展的下列活动：

（1）以承运人身份与托运人订立国际货物运输合同；

（2）以承运人身份接收货物、交付货物；

（3）签发提单或者其他运输单证；

（4）收取运费及其他服务报酬；

（5）向国际船舶运输经营者或者其他运输方式经营者为所承运的货物订舱和办理托运；

（6）支付港到港运费或者其他运输费用；

（7）集装箱拆箱、集拼箱业务；

（8）其他相关的业务。

（五）无船承运业务经营者，包括中国无船承运业务经营者和外国无船承运业务经营者。其中中国无船承运业务经营者是指依照《海运条例》和本实施细则规定取得无船承运业务经营资格的中国企业法人；外国无船承运业务经营者是指依照外国法律设立并依照《海运条例》和本实施细则的相关规定取得经营进出中国港口货物无船承运业务资格的外国企业。

（六）国际船舶代理经营者，是指依照中国法律设立从事《海运条例》第二十九条规定业务的中国企业法人。

（七）国际船舶管理经营者，是指依照中国法律设立从事《海运条例》第三十条规定业务的中国企业法人。

（八）国际海运货物仓储业务经营者，是指依照中国法律设立，提供海运货物仓库保管、存货管理以及货物整理、分装、包装、分拨等服务的中国企业法人。

（九）国际海运集装箱站与堆场业务经营者，是指依照中国法律设立，提供海运货物集装箱的堆存、保管、清洗、修理以及集装箱货物的存储、集拼、分拨等服务的中国企业法人。

（十）外商投资企业，是指依照中国法律投资设立的中外合资经营企业、中外合作经营企业和外商独资企业。

（十一）外商常驻代表机构，是指外国企业或者其他经济组织在中国境内依法设立的，为其派出机构开展宣传、推介、咨询和联络活动的非营业性机构。

（十二）企业商业登记文件，是指企业登记机关或者企业所在国有关当局签发的企业营业执照或者企业设立的证明文件。企业商业登记文件为复印件的，须有企业登记机关在复印件上的确认或者证明复印件与原件一致的公证文书。

（十三）专用发票，是指由国家税务总局批准统一印制的票据，它是证明付款人向国际船舶运输经营者或者其代理人、无船承运业务经营者或者其代理人支付运费或者其他相关费用的凭证，包括《国际海运业运输专用发票》和《国际海运业船舶代理专用发票》。

（十四）班轮公会协议，是指符合联合国《1974 年班轮公会行动守则公约》定义的，由班轮公会成员之间以及班轮公会之间订立的各类协议。

（十五）运营协议，是指两个或者两个以上国际班轮运输经营者为稳定或者控制运价订立的关于在一条或者数条航线上增加或者减少船舶运力协议，以及其他协调国际班轮运输经营者共同行动的协议，包括具有上述性质内容的会议纪要；两个或者两个以上国际班轮运输经营者为提高运营效率订立的关于共同使用船舶、共同使用港口设施及其他合作经营协议和各类联盟协议、联营体协议。

（十六）运价协议，是指两个或者两个以上国际班轮运输经营者之间订立的关于收费项目及其费率、运价或者附加费等内容的协议，包括具有上述内容的会议纪要。

（十七）公布运价，是指国际班轮运输经营者和无船承运业务经营者运价本上载明的运价。运价本由运价、运价规则、承运人和托运人应当遵守的规定等内容组成。

（十八）协议运价，指国际班轮运输经营者与货主、无船承运业务经营者约定的运价，包括运价及其相关要素。协议运价以合同或者协议形式书面订立。

（十九）从业资历证明文件，是指被证明人具有 3 年以上从事国际海上运输或者国际海上运输辅助性经营活动经历的个人履历表。个人履历表须经公证机关公证。

第二章　国际海上运输及其辅助性业务的经营者

第四条　在中国境内设立企业经营国际船舶运输业务，或者中国企业法人申请经营国际船舶运输业务，应当符合《海运条例》第五条规定的条件，考虑交通部公布的国际海运市场竞争状况和国家关于国际海上运输业发展的政策。

交通部应当在其政府网站和其他适当媒体上及时公布国际海运市场竞争状况和国家关于国际海上运输业发展的政策。上述状况和政策未经公布，不得作为拒绝申请的理由。

第五条　在中国境内设立企业经营国际船舶运输业务，或者中国企业法人申请经营国际船舶运输业务，申请人应当向交通部提出申请，报送相关材料，并应同时将申请材料抄报企业所在地的省、自治区、直辖市人民政府交通主管部门。申请材料应当包括：

（一）申请书；

（二）可行性分析报告、投资协议；

（三）申请人的企业商业登记文件（拟设立企业的，主要投资人的商业登记文件或者身份证明）；

（四）船舶所有权证书、国籍证书和法定检验证书的副本或者复印件；

（五）提单、客票或者多式联运单证样本；

（六）符合交通部规定的高级业务管理人员的从业资格证明。

有关省、自治区、直辖市人民政府交通主管部门自收到上述抄报材料后，应当就有关材料进行审核，提出意见，并应当自收到有关材料之日起10个工作日内将有关意见报送交通部。

交通部收到申请人的申请材料后，应当在申请材料完整齐备之日起30个工作日内按照《海运条例》第五条和第六条的规定进行审核，作出许可或者不许可的决定。决定许可的，向申请人颁发《国际船舶运输经营许可证》；决定不许可的，应当书面通知申请人并告知理由。

第六条 中国国际船舶运输经营者在中国境内设立分支机构的，适用本实施细则第五条规定的程序。申请材料应当包括：

（一）申请书；

（二）可行性分析报告；

（三）母公司的商业登记文件；

（四）母公司的《国际船舶运输经营许可证》副本；

（五）母公司对该分支机构经营范围的确认文件；

（六）符合交通部要求的高级业务管理人员的从业资格证明。

中国国际船舶运输经营者的分支机构可为其母公司所有或者经营的船舶提供办理船舶进出港口手续、安排港口作业、接受订舱、签发提单、收取运费等服务。

第七条 在中国境内设立企业法人经营国际船舶代理业务或者中国企业申请经营国际船舶代理业务，应当向交通部提出申请，报送相关材料，并应当同时将申请材料抄报企业所在地的省、自治区、直辖市人民政府交通主管部门。申请材料应当包括：

（一）申请书；

（二）可行性分析报告、投资协议；

（三）申请人的商业登记文件（拟设立企业的，主要投资人的商业登记文件或者身份证明）；

（四）固定营业场所的证明文件；

（五）《海运条例》第九条第（一）项规定的高级业务管理人员的从业资历证明文件；

（六）关于同港口和海关等口岸部门进行电子数据交换的协议。不具备电子数据交换条件的，应当提供有关港口或者海关的相应证明文件。

有关省、自治区、直辖市人民政府交通主管部门收到上述抄报材料后，应当就有关材料进行审核，提出意见，并应当自收到有关材料之日起7个工作日内将有关意见报送交通部。

交通部收到申请人的申请材料后，应当在申请材料完整齐备之日起15个工作日内按照《海运条例》第九条规定进行审核。审核合格的，予以登记，并发给《国际船舶代理经营资格登记证》;不合格的,应当书面通知当事人并告知理由。申请人持交通部发给的《国际船舶代理经营资格登记证》向企业登记机关办理企业登记或者变更登记,向海关、税务、外汇等部门办理相关手续。

第八条　中国企业法人申请经营国际船舶管理业务或者在中国境内设立企业经营国际船舶管理业务,应当向拟经营业务所在地的省、自治区、直辖市人民政府交通主管部门提出申请,申请材料应当包括:

(一)申请书;

(二)可行性分析报告、投资协议;

(三)申请人的商业登记文件(拟设立企业的,主要投资人的商业登记文件或者身份证明);

(四)固定营业场所的证明文件;

(五)《海运条例》第十一条第(一)项规定的高级业务管理人员的从业资历证明文件;

(六)《海运条例》第十一条第(二)项规定的人员的船长、轮机长适任证书复印件。

有关省、自治区、直辖市人民政府交通主管部门收到申请人的申请材料后,应当在申请材料完整齐备之日起15个工作日内进行审核。材料真实且符合《海运条例》第十一条规定条件的,予以资格登记,并颁发《国际海运辅助业经营资格登记证》;材料不真实或者不符合《海运条例》第十一条规定条件的,不予登记,书面通知申请人并告知理由。申请人持《国际海运辅助业经营资格登记证》向企业登记机关办理企业登记,向税务部门和外汇管理部门指定的银行办理相关手续。

第九条　国际船舶代理经营者和国际船舶管理经营者在中国境内的分支机构经营相关业务的,应当符合《海运条例》第九条、第十一条的规定,并按照《海运条例》第十条、第十二条和本实施细则第七条、第八条的规定进行登记。登记申请材料应当包括:

(一)申请书;

(二)可行性分析报告;

(三)母公司的商业登记文件;

(四)母公司的《国际船舶代理经营资格登记证》或者《国际海运辅助业经营资格登记证》副本;

(五)母公司确定该分支机构经营范围确认文件;

(六)营业场所的证明文件;

(七)《海运条例》第九条、第十一条规定的人员的从业资历或者资格的证明文件;

(八)国际船舶代理经营者设立分支机构的,有关该分支机构同港口和海关等口岸部门进行电子数据交换的协议。不具备电子数据交换条件的,应当提供有关港口或者海关的相应证明文件。

第十条　国际船舶运输经营者申请经营进出中国港口国际班轮运输业务,应当向交通部提出申请,并报送《海运条例》第十七条规定的材料。交通部应当按照《海运条例》第十七条的规定进行审核。予以登记的,颁发《国际班轮运输经营资格登记证》。申请材料不真实、不齐备的,不予登记,应当书面通知申请人并告知理由。

国际船舶运输经营者依法取得经营进出中国港口国际班轮运输业务资格后,交通部在其政府网站公布国际班轮运输经营者名称及其提单格式样本。

第十一条 申请办理无船承运业务经营者提单登记的，应当向交通部提出提单登记申请，报送相关材料，并应当同时将申请材料抄报企业所在地或者外国无船承运业务经营者指定的联络机构所在地的省、自治区、直辖市人民政府交通主管部门。申请材料应当包括：

（一）申请书；

（二）可行性分析报告；

（三）企业商业登记文件；

（四）提单格式样本；

（五）保证金已交存的银行凭证复印件。

申请人为外国无船承运业务经营者的，还应当提交本实施细则第二十五条规定的其指定的联络机构的有关材料。

有关省、自治区、直辖市人民政府交通主管部门自收到上述抄报材料后，应当就有关材料进行审核，提出意见，并应当自收到抄报的申请材料之日起 7 个工作日内将有关意见报送交通部。

交通部收到申请人的材料后，应当在申请材料完整齐备之日起 15 个工作日内按照《海运条例》第七条和第八条的规定进行审核。审核合格的，予以提单登记，并颁发《无船承运业务经营资格登记证》；不合格的，应当书面通知当事人并告知理由。

中国的申请人取得《无船承运业务经营资格登记证》，并向原企业登记机关办理企业相应登记手续后，方可从事无船承运业务经营活动。

第十二条 外国无船承运业务经营者按照外国法律已取得经营资格且有合法财务责任保证的，在按照《海运条例》和本实施细则申请从事进出中国港口无船承运业务时，可以不向中国境内的银行交存保证金。但为了保证外国无船承运业务经营者清偿因其不履行承运人义务或者履行义务不当所产生的债务以及支付罚款，满足《海运条例》第八条第三款的规定，该外国无船承运业务经营者的政府主管部门与中国政府交通主管部门应就财务责任保证实现方式签订协议。

第十三条 没有在中国港口开展国际班轮运输业务，但在中国境内承揽货物、签发提单或者其他运输单证、收取运费，通过租赁国际班轮运输经营者船舶舱位提供进出中国港口国际货物运输服务；或者利用国际班轮运输经营者提供的支线服务，在中国港口承揽货物后运抵外国港口中转的，应当按照本实施细则的有关规定，取得无船承运业务经营资格。但有《海运条例》第十六条第三款规定的情形除外。

第十四条 中国的无船承运业务经营者在中国境内的分支机构，应当按照《海运条例》第八条第二款的规定交纳保证金，并按照本实施细则第十一条的规定进行登记，取得《无船承运业务经营资格登记证》。申请登记应当提交下列材料：

（一）申请书；

（二）母公司的企业商业登记文件；

（三）母公司的《无船承运业务经营资格登记证》副本；

（四）母公司确认该分支机构经营范围的确认文件；

（五）保证金已交存的银行凭证复印件。

第十五条　无船承运业务经营者申请提单登记时，提单台头名称应当与申请人名称相一致。

提单台头名称与申请人名称不一致的，申请人应当提供说明该提单确实为申请人制作、使用的相关材料，并附送申请人对申请登记提单承担承运人责任的书面申明。

第十六条　无船承运业务经营者使用两种或者两种以上提单的，各种提单均应登记。

国际班轮运输经营者和无船承运业务经营者的登记提单发生变更的，应当于新的提单使用之日起15日前将新的提单样本格式向交通部备案。

第十七条　无船承运业务经营申请者交纳保证金并办理提单登记，依法取得无船承运业务经营资格后，交通部在其政府网站公布无船承运业务经营者名称及其提单格式样本。

第十八条　无船承运业务经营者应当依法在交通部指定的商业银行开设的无船承运业务经营者专门账户上交存保证金，保证金利息按照中国人民银行公布的活期存款利率计息。

第十九条　无船承运业务经营者交存的保证金，受国家法律保护。除下列情形外，保证金不得动用：

（一）因无船承运业务经营者不履行承运人义务或者履行义务不当，根据司法机关已生效的判决或者司法机关裁定执行的仲裁机构裁决应当承担赔偿责任的；

（二）被交通主管部门依法处以罚款的。

有前款（一）、（二）项情形需要从保证金中划拨的，应当依法进行。

无船承运业务经营者的保证金不符合《海运条例》规定数额的，交通部应当书面通知其补足。无船承运业务经营者自收到交通部书面通知之日起30日内未补足的，交通部应当按照《海运条例》第十五条的规定取消其经营资格。

第二十条　无船承运业务经营者被交通部依法取消经营资格、申请终止经营或者因其他原因终止经营的，可向交通部申请退还保证金。交通部应将该申请事项在其政府网站上公示30日。

在公示期内，有关当事人认为无船承运业务经营者有本实施细则第十九条第一款（一）项情形需要对其保证金采取保全措施的，应当在上述期限内取得司法机关的财产保全裁定。自保证金被保全之日起，交通部依照《海运条例》对保证金账户的监督程序结束。有关纠纷由当事双方通过司法程序解决。

公示期届满未有前款规定情形的，交通部应当通知保证金开户银行退还无船承运业务经营者保证金及其利息，并收缴该无船承运业务经营者的《无船承运业务经营资格登记证》。

第二十一条　中国国际船舶运输经营者、中国无船承运业务经营者、国际船舶代理经营者、国际船舶管理经营者有下列变更情形之一的，应当向原资格许可、登记机关备案：

（一）变更企业名称；

（二）企业迁移；

（三）变更出资人；

（四）歇业、终止经营。

变更企业名称的，由原资格许可、登记机关换发相关经营许可证或者经营资格登记证；企业终止经营的，应当将有关许可、登记证书交回原许可、登记机关。

第二十二条　除《海运条例》和本实施细则第四章规定的外商投资企业外，经营国际海运货物仓储、国际海运集装箱站与堆场业务的经营者应当自开始从事上述经营活动之日起30日内将有关情况向企业所在地的省、自治区、直辖市人民政府交通主管部门报备。

第三章　国际海上运输及其辅助性业务经营活动

第二十三条　国际班轮运输经营者新开或者停开国际班轮运输航线，或者变更国际班轮运输船舶、班期的，应当按照《海运条例》第十九条的规定在交通部指定媒体上公告，并按规定报备。

第二十四条　中国国际船舶运输经营者增加运营船舶，包括以光船租赁方式租用船舶增加运营船舶的，应当于投入运营前15日向交通部备案，取得备案证明文件。备案材料应当载明公司名称、注册地、船名、船舶国籍、船舶类型、船舶吨位、拟运营航线。

交通部收到备案材料后，应当在3个工作日内出具备案证明文件。

第二十五条　在中国港口开展国际班轮运输业务的外国国际船舶运输经营者，以及在中国委托代理人提供进出中国港口国际货物运输服务的外国无船承运业务经营者，应当在中国境内委托一个联络机构，负责代表该外国企业与中国政府有关部门就《海运条例》和本实施细则规定的有关管理及法律事宜进行联络。联络机构可以是该外国企业在中国境内设立的外商投资企业或者常驻代表机构，也可以是其他中国企业法人或者在中国境内有固定住所的其他经济组织。委托的联络机构应当向交通部备案，并提交下列文件：

（一）联络机构说明书，载明联络机构名称、住所，联系方式及联系人；

（二）委托书副本或者复印件；

（三）委托人与联络机构的协议副本；

（四）联络机构的工商登记文件复印件。

联络机构为该外国企业在中国境内的外商投资企业或者常驻代表机构的，无须提供本条第一款第（二）项、第（三）项文件。

联络机构或者联络机构说明书所载明的事项发生改变的，应当自发生改变之日起15日内向交通部备案。

第二十六条　任何单位和个人不得擅自使用国际班轮运输经营者和无船承运业务经营者已经登记的提单。

第二十七条　无船承运业务经营者需要委托代理人签发提单或者相关单证的，应当委托依法取得经营资格的国际船舶运输经营者、无船承运业务经营者和国际海运辅助业务经营者代理上述事项。

前款规定的经营者不得接受未办理提单登记并交存保证金的无船承运业务经营者的委托，为其代理签发提单。

第二十八条　国际班轮运输经营者与货主和无船承运业务经营者协议运价的，应当采用书面形式。协议运价号应当在提单或者相关单证上显示。

第二十九条　国际船舶运输经营者不得接受未办理提单登记并交纳保证金的无船承运业务经营者提供的货物或者集装箱。

第三十条　国际班轮运输经营者委托代理人接受订舱、代签提单、代收运费等项业务的，委托的代理人应当是依法取得经营资格的国际船舶代理经营者。

第三十一条　国际班轮运输经营者和无船承运业务经营者应当将其在中国境内的船舶代理人、签发提单代理人在交通部指定的媒体上公布。公布事项包括代理人名称、注册地、住所、联系方式。代理人发生变动的,应当于有关代理协议生效前7日内公布上述事项。

国际班轮运输经营者、无船承运业务经营者应当及时将公布代理事项的媒体名称向交通部备案。

第三十二条　国际船舶运输经营者之间订立的涉及中国港口的班轮公会协议、运营协议、运价协议等,应当自协议订立之日起15日内,按下列规定向交通部备案:

(一)班轮公会协议,由班轮公会代表其所有经营进出中国港口海上运输的成员备案。班轮公会备案时,应当同时提供该公会的成员名单。

(二)国际船舶运输经营者之间订立的运营协议、运价协议,由参加订立协议的国际船舶运输经营者分别备案。

第三十三条　中国国际船舶运输经营者之间或者中国国际船舶运输经营者与外国国际船舶运输经营者之间的兼并、收购,由兼并、收购的一方将兼并、收购协议按照《海运条例》第二十四条的规定报交通部审核同意。

第三十四条　下列经营者在中国境内收取运费、代为收取运费以及其他相关费用,应当向付款人出具专用发票:

(一)中国国际船舶运输经营者及其分支机构;

(二)中国无船承运业务经营者及其分支机构;

(三)国际船舶代理经营者及其分支机构;

(四)《海运条例》第三十三条规定的企业。

前款所列经营者应当向公司所在地的省、自治区、直辖市人民政府交通主管部门办理专用发票使用证明后,向公司所在地的税务机关申请领取专用发票。国家税务总局另有规定的,从其规定。

第三十五条　国际船舶管理经营者应当根据合同的约定和国家有关规定,履行有关船舶安全和防止污染的义务。

第三十六条　经营进出中国港口国际班轮运输业务的国际班轮运输经营者,应当填报《中华人民共和国海上国际运输业信息表(航运公司基本情况)》、《中华人民共和国海上国际运输业信息表(航运公司集装箱出口重箱运量)》和《中华人民共和国海上国际运输业信息表(航运公司集装箱进口重箱运量)》,于当年3月31日前报送交通部。

外国国际船舶运输经营者的上述材料由其委托的联络机构报送。

第三十七条　中国国际船舶运输经营者、国际船舶代理经营者以及国际集装箱运输港口经营人,应当分别填报《中华人民共和国海上国际运输业信息表(航运公司基本情况)》、《中华人民共和国海上国际运输业信息表(国际船舶代理)》和《中华人民共和国海上国际运输业信息表(港口集装箱吞吐量)》,于当年3月15日前报送公司所在地省、自治区、直辖市人民政府交通主管部门。

各有关省、自治区、直辖市人民政府交通主管部门应当将上述信息表及其汇总信息于当年3月31日前报送交通部。

第三十八条 国际船舶代理经营者、国际船舶管理经营者、国际海运货物仓储业务经营者以及国际集装箱站与堆场业务经营者，不得有下列行为：

（一）以非正常、合理的收费水平提供服务，妨碍公平竞争；

（二）在会计账簿之外暗中给予客户回扣，以承揽业务；

（三）滥用优势地位，限制交易当事人自主选择国际海运辅助业务经营者，或者以其相关产业的垄断地位诱导交易当事人，排斥同业竞争；

（四）其他不正当竞争行为。

第三十九条 外国国际船舶运输经营者以及外国国际海运辅助企业的常驻代表机构不得从事经营活动，包括：

（一）代表其境外母公司接受订舱，签发母公司提单或者相关单证；

（二）为母公司办理结算或者收取运费及其他费用；

（三）开具境外母公司或者其母公司在中国境内设立的《海运条例》第三十三条规定的企业的票据；

（四）以托运人身份向国际班轮运输经营者托运货物；

（五）以外商常驻代表机构名义与客户签订业务合同。

第四章 外商投资经营国际海上运输及其辅助性业务

第四十条 设立中外合资、合作经营企业经营国际船舶运输业务，应当通过拟设立企业所在地的省、自治区、直辖市人民政府交通主管部门向交通部提出申请。申请材料应当包括：

（一）申请书；

（二）可行性分析报告；

（三）合资或者合作协议；

（四）投资者的企业商业登记文件或者身份证件；

（五）符合交通部规定的高级业务管理人员的从业资格证明。

有关省、自治区、直辖市人民政府交通主管部门应当自收到完整齐备的材料之日起 10 个工作日内将申请材料及意见转报交通部。

交通部应当自收到转报的上述材料和意见之日起 30 个工作日内，按照《海运条例》第三十二条第二款、第三款和第四款的规定以及交通部公布的国际海运市场竞争状况和国家关于国际海上运输业发展的政策进行审核，作出批准或者不予批准的决定。决定批准的，发给批准文件；不予批准的，应当书面通知申请人并告知理由。

获得批准的申请人应当持交通部批准文件，按照国家有关外商投资企业的法律、法规的要求，到有关部门办理相应的设立外商投资企业的审批手续。取得相应的审批手续后，应当持有关部门许可设立企业的文件和本实施细则第五条第一款（四）至（六）项的相关材料，按照本实施细则第五条规定的程序向交通部领取相应的《国际船舶运输经营许可证》。

第四十一条 设立《海运条例》第三十三条规定的外商投资企业，应当按照交通部和对外贸易经济合作部的有关规定办理。

第四十二条 设立外商投资企业经营国际船舶代理业务，应当通过拟设立企业所在地的省、自治区、直辖市人民政府交通主管部门向交通部提交本实施细则第七条规定的申请材料。有关省、自治区、直辖市人民政府交通主管部门收到完整齐备的上述材料后，应当于10个工作日内将有关材料及意见转报交通部。

交通部应当自收到转报的上述材料和意见之日起30个工作日内，按照《海运条例》第九条的规定进行审核，作出批准或者不予批准的决定。决定批准的，发给批准文件；不予批准的，应当书面通知申请人并告知理由。

获得批准的申请人应当持交通部批准文件，按照国家有关外商投资企业的法律、法规的要求到有关部门办理相应的设立外商投资企业的审批手续。取得相应的批准文件后，应当持有关部门批准设立企业的文件按本实施细则第七条的规定到交通部办理登记，并领取《国际船舶代理经营资格登记证书》。

第四十三条 设立外商投资企业经营国际船舶管理业务，应当通过拟设立企业所在地的省、自治区、直辖市人民政府交通主管部门向交通部提交本实施细则第八条规定的申请材料。有关省、自治区、直辖市人民政府交通主管部门收到完整齐备的上述材料后，应当于10个工作日内将有关材料及意见转报交通部。

交通部应当自收到转报的上述材料和意见之日起30个工作日内，按照《海运条例》第十一条的规定进行审核，作出批准或者不予批准的决定。决定批准的，发给批准文件；不予批准的，应当书面通知申请人并告知理由。

获得批准的申请人应当持交通部批准文件，按照国家有关外商投资企业的法律、法规的要求到有关部门办理相应的设立外商投资企业的审批手续。取得相应的审批手续后，应当持有关部门的批准文件按照本实施细则第八条规定的程序向企业所在地的省、自治区、直辖市人民政府交通主管部门办理登记，领取《国际海运辅助业经营资格登记证》。

第四十四条 经营国际海运货物仓储业务，应当具备下列条件：

（一）有固定的营业场所；

（二）有与经营范围相适应的仓库设施；

（三）高级业务管理人员中至少2人具有3年以上从事相关业务的经历；

（四）法律、法规规定的其他条件。

第四十五条 经营国际海运集装箱站及堆场业务，应当具备下列条件：

（一）有固定的营业场所；

（二）有与经营范围相适应的车辆、装卸机械、堆场、集装箱检查设备、设施；

（三）高级业务管理人员中至少2人具有3年以上从事相关业务的经历；

（四）法律、法规规定的其他条件。

第四十六条 设立外商投资企业，经营国际海运货物仓储业务或者设立中外合资、合作企业经营国际集装箱站与堆场业务，应当通过拟设立企业所在地的省、自治区、直辖市人民政府交通主管部门向交通部提出申请。申请材料应当包括：

（一）申请书；

（二）可行性分析报告；

（三）合资或者合营协议；

（四）投资者的企业商业登记文件或者身份证件。

有关省、自治区、直辖市人民政府交通主管部门收到完整齐备的上述材料后，应当于10个工作日内将有关材料及意见转报交通部。

交通部应当在收到转报的上述材料和意见之日起30个工作日内，按照本实施细则第四十四条或者第四十五条的规定进行审核，作出批准或者不批准的决定。决定批准的，予以登记，并发给相应的批准文件；不予批准的，应当书面通知申请人并告知理由。

获得批准的申请人应当持交通部批准文件，按照国家有关外商投资企业的法律、法规的要求到有关部门办理设立外商投资企业的审批手续。取得相应的批准文件后，向交通部办理登记，换领《国际海运辅助业经营资格登记证》。

第四十七条 国际海运货物仓储业务经营者、国际集装箱站与堆场业务经营者，须持交通部颁发的资格登记证明文件，向监管地海关办理登记手续后，方可存放海关监管货物或者集装箱。

第四十八条 外国国际船舶运输经营者以及外国国际海运辅助企业在中国境内设立常驻代表机构，应当通过拟设立常驻代表机构所在地的省、自治区、直辖市人民政府交通主管部门向交通部提交下列材料：

（一）申请书，申请书应当载明拟设机构名称、设立地区、驻在期限、主要业务范围等；

（二）企业商业登记文件；

（三）企业介绍，包括企业设立时间、主营业务范围、最近年份经营业绩、雇员数、海外机构等；

（四）首席代表授权书，由企业董事长或者总经理签署；

（五）首席代表姓名、国籍、履历及身份证件。

有关省、自治区、直辖市人民政府交通主管部门收到完整齐备的上述材料后，应当于7个工作日内将有关材料及意见转报交通部。

交通部应当在收到转报的上述材料和意见之日起15个工作日内，作出批准或者不予批准的决定。决定批准的，由交通部颁发《外国（境外）水路运输企业在中国设立常驻代表机构批准书》（简称批准书）；申请材料不真实的，不予批准，书面通知申请人并告知理由。

获得批准的申请人应当自批准之日起30日内，持批准书向企业登记机关办理注册登记。逾期未办理相关手续的，批准书即自行失效。

常驻代表机构的批准驻在期限为3年。

第四十九条 常驻代表机构变更名称、首席代表的，应当在变更后15日内向交通部备案。

变更首席代表的，备案时应当同时报送新任首席代表的履历及身份证件复印件，以及由企业董事长或者总经理签署的首席代表授权书。

变更常驻代表机构名称的，备案时应当同时报送原名称与现名称关系的说明；属于外国企业名称变更或者因为企业合并、分立等原因变更常驻代表机构名称的，还应当报送相关法律证明文件。

交通部收到报备材料后应当及时办理有关变更登记手续。

第五十条 常驻代表机构需要延长驻在期的，应当自期满之日60日前向交通部提出申请。申请材料包括：

（一）申请书；

（二）交通部颁发的批准书复印件；

（三）常驻代表机构工商登记文件复印件。

常驻代表机构的每次延长驻在期限为3年。

交通部应当自收到申请人齐备有效材料之日起15个工作日内办理变更登记手续，并出具相关登记证明文件。

第五十一条　常驻代表机构终止，应当在终止之日起10日前报告交通部，由交通部注销该常驻代表机构。

常驻代表机构驻在期满未办理延期登记手续的，该常驻代表机构驻在资格自动丧失。

常驻代表机构终止、自动丧失资格或者被注销，由交通部签发《外国（境外）水路运输企业在中国设立常驻代表机构注销通知书》，同时通知有关省、自治区、直辖市人民政府交通主管部门和企业登记机关。

第五章　调查与处理

第五十二条　利害关系人认为国际海上运输业务经营者、国际海运辅助业务经营者有《海运条例》第三十五条和本实施细则第三十八条规定情形的，可依照《海运条例》第三十五条的规定请求交通部实施调查。请求调查时，应当提出书面调查申请，并阐述理由，提供必要的证据。

交通部对调查申请应当进行评估，在自收到调查申请之日起60个工作日内作出实施调查或者不予调查的决定：

（一）交通部认为调查申请理由不充分或者证据不足的，决定不予调查并通知调查申请人。申请人可补充理由或者证据后再次提出调查申请。

（二）交通部根据评估结论认为应当实施调查或者按照《海运条例》第三十五条规定自行决定调查的，应当将有关材料和评估结论通报国务院工商行政管理部门和价格部门。

第五十三条　调查的实施由交通部会同国务院工商行政管理部门和价格部门（以下简称调查机关）共同成立的调查组进行。

调查机关应当将调查组组成人员、调查事由、调查期限等情况通知被调查人。被调查人应当在调查通知送达后30日内就调查事项作出答辩。

被调查人认为调查组成员同调查申请人、被调查人或者调查事项有利害关系的，有权提出回避请求。调查机关认为回避请求成立的，应当对调查组成员进行调整。

第五十四条　被调查人接受调查时，应当根据调查组的要求提供相关数据、资料及文件等。属于商业秘密的，应当向调查组提出。调查组应当以书面形式记录备查。

调查机关和调查人员对被调查人的商业秘密应当予以保密。

被调查人发现调查人员泄露其商业秘密并有充分证据的，有权向调查机关投诉。

第五十五条　调查机关对被调查人"低于正常、合理水平运价"的认定，应当考虑下列因素：

（一）同一行业内多数经营者的运价水平以及与被调查人具有同等规模经营者的运价水平；

（二）被调查人实施该运价水平的理由，包括成本构成、管理水平和盈亏状况等；

（三）是否针对特定的竞争对手并以排挤竞争对手为目的。

第五十六条 调查机关对“损害公平竞争”或者“损害交易对方”的认定，应当考虑下列因素：

（一）对托运人自由选择承运人造成妨碍；

（二）影响货物的正常出运；

（三）以账外暗中回扣承揽货物，扭曲市场竞争规则。

第五十七条 调查机关作出调查结论前，可举行专家咨询会议，对“损害公平竞争”或者“损害交易对方”的程度进行评估。

聘请的咨询专家不得与调查申请人、被调查人具有利害关系。

第五十八条 调查结束时，调查机关应当作出调查结论，并书面通知调查申请人和被调查人：

（一）基本事实不成立的，调查机关应当决定终止调查；

（二）基本事实存在但对市场公平竞争不造成实质损害的，调查机关可决定不对被调查人采取禁止性、限制性措施；

（三）基本事实清楚且对市场公平竞争造成实质损害的，调查机关应当根据《海运条例》的规定，对被调查人采取限制性、禁止性措施。

第五十九条 调查机关在作出采取禁止性、限制性措施的决定前，应当告知当事人有举行听证的权利；当事人要求举行听证的，应当在自调查机关通知送达之日起10日内，向调查机关书面提出；逾期未提出听证请求的，视为自动放弃请求听证的权利。

第六十条 就本实施细则第三十八条所列情形实施调查的，调查组成员中应当包括对被调查人的资格实施登记的有关省、自治区、直辖市交通主管部门的人员。

对有本实施细则第三十八条第（三）项所列违法行为并给交易当事人或者同业竞争者造成实质损害的，调查机关可采取限制其在一定时期内扩大业务量的限制性措施。

第六章 法律责任

第六十一条 违反《海运条例》和本实施细则的规定应当予以处罚的，交通部或授权的省、自治区、直辖市人民政府交通主管部门应当按照《海运条例》第六章和本章的规定予以处罚。

第六十二条 外商常驻代表机构有本实施细则第三十九条规定情形的，交通部或者有关省、自治区、直辖市人民政府交通主管部门可将有关情况通报有关工商行政管理部门，由工商行政管理部门按照《海运条例》第五十二条第二款的规定处罚。

第六十三条 班轮公会协议、运营协议和运价协议未按规定向交通部备案的，由交通部依照《海运条例》第四十八条的规定，对本实施细则第三十二条规定的备案人实施处罚。班轮公会不按规定报备的，可对其公会成员予以处罚。

第六十四条 调查人员违反规定，泄露被调查人保密信息的，依法给予行政处分；造成严重后果，触犯刑律的，依法追究刑事责任。

第七章 附 则

第六十五条 《海运条例》和本实施细则规定的许可、登记事项,申请人可委托代理人办理。代理人办理委托事项的,应当提供授权委托书。外国申请人或者投资者提交的公证文书,应当由申请人或者投资者所在国公证机关或者执业律师开出。

本实施细则所要求的各类文字资料应当用中文书写,如使用其他文字的,应随附中文译文。

第六十六条 对《海运条例》和本实施细则规定的备案事项的具体要求、报备方式和方法应当按照交通部的规定办理。

第六十七条 香港特别行政区、澳门特别行政区和台湾地区的投资者在内地投资从事国际海上运输和与国际海上运输相关的辅助性业务,比照适用《海运条例》第四章和本实施细则第四章的有关规定。

第六十八条 《海运条例》第二十条规定的公布运价和协议运价备案的具体办法,由交通部另行规定。

第六十九条 经营港口国际海运货物装卸、港口内国际海运货物仓储业务和国际海运集装箱码头和堆场业务的,按国家有关港口管理的法律、行政法规的规定办理。

第七十条 本实施细则自2003年3月1日起施行。交通部1985年4月11日发布的《交通部对从事国际海运船舶公司的暂行管理办法》、1990年3月2日发布的《国际船舶代理管理规定》、1990年6月20日发布的《国际班轮运输管理规定》、1992年6月9日发布的《中华人民共和国海上国际集装箱运输管理规定实施细则》和1997年10月17日发布的《外国水路运输企业常驻代表机构管理办法》同时废止。

附录四 统一提单若干法律规则的国际公约

(1924年8月22日订于布鲁塞尔,1924年8月25日颁布,1942年8月25日实施)

第一条 本公约所用下列各词,涵义如下:

(a)“承运人”包括与托运人订有运输合同的船舶所有人或租船人。

(b)“运输合同”仅适用于以提单或任何类似的物权证件进行有关海上货物运输的合同;在租船合同下或根据租船合同所签发的提单或任何物权证件,在它们成为制约承运人与凭证持有人之间的关系准则时,也包括在内。

(c)“货物”包括货物、制品、商品和任何种类的物品,但活牲畜以及在运输合同上载明装载于舱面上并且已经这样装运的货物除外。

(d)“船舶”是指用于海上货物运输的任何船舶。

(e)“货物运输”是指自货物装上船时起,至卸下船时止的一段期间。

第二条 除遵照第六条规定外,每个海上货物运输合同的承运人,对有关货物的装载、搬运、配载、运送、保管、照料和卸载,都应按照下列规定承担责任和义务,并享受权利和豁免。

第三条 1. 承运人须在开航前和开航时恪尽职责：

(a)使船舶适于航行；

(b)适当地配备船员、装备船舶和供应船舶；

(c)使货舱、冷藏舱和该船其他载货处所能适宜和安全地收受、运送和保管货物。

2. 除遵照第四条规定外，承运人应适当和谨慎地装卸、搬运、配载、运送、保管、照料和卸载所运货物。

3. 承运人或船长或承运人的代理人在收受货物归其照管后，经托运人的请求，应向托运人签发提单，其上载明下列各项：

(a)与开始装货前由托运人书面提供者相同的、为辨认货物所需的主要唛头，如果这项唛头是以印戳或其他方式标示在不带包装的货物上，或在其中装有货物的箱子或包装物上，该项唛头通常应在航程终了时仍能保持清晰可认。

(b)托运人用书面提供的包数或件数，或数量，或重量。

(c)货物的表面状况。

但是，承运人、船长或承运人的代理人，不一定必须将任何货物的唛头、号码、数量或重量表明或标示在提单上，如果他有合理根据怀疑提单不能正确代表实际收到的货物，或无适当方法进行核对的话。

4. 依照第3款(a)、(b)、(c)项所载内容的这样一张提单，应作为承运人收到该提单中所载货物的初步证据。

5. 托运人应被视为已在装船时向承运人保证，由他提供的唛头、号码、数量和重量均正确无误；并应赔偿给承运人由于这些项目不正确所引起或导致的一切灭失、损坏和费用。承运人的这种赔偿权利，并不减轻其根据运输合同对托运人以外的任何人所承担的责任和义务。

6. 在将货物移交给根据运输合同有权收货的人之前或当时，除非在卸货港将货物的灭失和损害的一般情况，已用书面通知承运人或其代理人，则这种移交应作为承运人已按照提单规定交付货物的初步证据。

如果灭失或损坏不明显，则这种通知应于交付货物之日起的三天内提交。

如果货物状况在收受时已经进行联合检验或检查，就无须再提交书面通知。

除非从货物交付之日或应交付之日起一年内提出诉讼，承运人和船舶在任何情况下都免除对灭失或损害所负的一切责任。

遇有任何实际的或推定的灭失或损害，承运人与收货人必须为检验和清点货物相互给予一切合理便利。

7. 货物装船后，如果托运人要求，签发"已装船"提单，承运人、船长或承运人的代理人签发给托运人的提单，应为"已装船"提单，如果托运人事先已取得这种货物的物权单据，应交还这种单据，换取"已装船"提单。但是，也可以根据承运人的决定，在装货港由承运人、船长或其代理人在上述物权单据上注明装货船名和装船日期。经过这样注明的上述单据，如果载有第三条第3款所指项目，即应成为本条所指的"已装船"提单。

8. 运输合同中的任何条款、约定或协议，凡是解除承运人或船舶对由于疏忽、过失或未履行本条规定的责任和义务，因而引起货物或关于货物的灭失或损害的责任的，或以下同于本公约的规定减轻这种责任的，则一律无效。有利于承运人的保险利益或类似的条款，应视为属于免除承运人责任的条款。

第四条　1. 不论承运人或船舶,对于因不适航所引起的灭失或损坏,都不负责,除非造成的原因是由于承运人未按第三条第1款的规定,恪尽职责;使船舶适航;保证适当地配备船员、装备和供应该船,以及使货舱、冷藏舱和该船的其他装货处所能适宜并安全地收受、运送和保管货物。凡由于船舶不适航所引起的灭失和损害,对于已恪尽职责的举证责任,应由根据本条规定要求免责的承运人或其他人承担。

2. 不论承运人或船舶,对由于下列原因引起或造成的灭失或损坏,都不负责:

(a)船长、船员、引水员或承运人的雇佣人员,在航行或管理船舶中的行为、疏忽或不履行义务。

(b)火灾,但由于承运人的实际过失或私谋所引起的除外。

(c)海上或其他能航水域的灾难、危险和意外事故。

(d)天灾。

(e)战争行为。

(f)公敌行为。

(g)君主、当权者或人民的扣留或管制,或依法扣押。

(h)检疫限制。

(i)托运人或货主、其代理人或代表的行为或不行为。

(j)不论由于任何原因所引起的局部或全面罢工、关厂停止或限制工作。

(k)暴动和骚乱。

(l)救助或企图救助海上人命或财产。

(m)由于货物的固有缺点、性质或缺陷引起的体积或重量亏损,或任何其他灭失或损坏。

(n)包装不善。

(o)唛头不清或不当。

(p)虽恪尽职责亦不能发现的潜在缺点。

(q)非由于承运人的实际过失或私谋,或者承运人的代理人,或雇佣人员的过失或疏忽所引起的其他任何原因;但是要求引用这条免责利益的人应负责举证,证明有关的灭失或损坏既非由于承运人的实际过失或私谋,亦非承运人的代理人或雇佣人员的过失或疏忽所造成。

3. 对于任何非因托运人、托运人的代理人或其雇佣人员的行为、过失或疏忽所引起的使承运人或船舶遭受的灭失或损坏,托运人不负责任。

4. 为救助或企图救助海上人命或财产而发生的绕航,或任何合理绕航,都不能作为破坏或违反本公约或运输合同的行为;承运人对由此而引起的任何灭失或损害,都不负责。

5. 承运人或是船舶,在任何情况下对货物或与货物有关的灭失或损害,每件或每计费单位超过一百英镑或与其等值的其他货币的部分,都不负责;但托运人于装货前已就该项货物的性质和价值提出声明,并已在提单中注明的,不在此限。

该项声明如经载入提单,即作为初步证据,但它对承运人并不具有约束力或最终效力。

经承运人、船长或承运人的代理人与托运人双方协议,可规定不同于本款规定的另一最高限额,但该最高限额不得低于上述数额。

如承运人在提单中,故意谎报货物性质或价值,则在任何情况下,承运人或是船舶,对货物或与货物有关的灭失或损害,都不负责。

6. 承运人、船长或承运人的代理人对于事先不知性质而装载的具有易燃、爆炸或危险性的货物,可在卸货前的任何时候将其卸在任何地点,或将其销毁,或使之无害,而不予赔偿;该项货物的托运人,应对由于装载该项货物而直接或间接引起的一切损害或费用负责。如果承运人知道该项货物的性质,并已同意装载,则在该项货物对船舶或货载发生危险时,亦得同样将该项货物卸在任何地点,或将其销毁,或使之无害,而不负赔偿责任,但如发生共同海损不在此限。

第五条 承运人可以自由地全部或部分放弃本公约中所规定的他的权利和豁免,或增加他所应承担的任何一项责任和义务。但是这种放弃或增加,须在签发给托运人的提单上注明。

本公约的规定,不适用于租船合同,但如果提单是根据租船合同签发的,则上述提单应符合本公约的规定。本公约中的任何规定,都不得妨碍在提单中加注有关共同海损的任何合法条款。

第六条 虽有前述各条规定,只要不违反公共秩序,承运人、船长或承运人的代理人得与托运人就承运人对任何特定货物应负的责任和应尽的义务,及其所享受的权利与豁免,或船舶适航的责任等,以任何条件,自由地订立任何协议。或就承运人雇佣人员或代理人在海运货物的装载、搬运、配载、运送、保管、照料和卸载方面应注意及谨慎的事项,自由订立任何协议。但在这种情况下,必须是未曾签发或将不签发提单,而且应将上述协议的条款载入不得转让并注明这种字样的收据内。

这样订立的任何协议,都具有完全的法律效力。

但本条规定不适用于依照普通贸易程序成交的一般商业货运,而仅在拟装运的财物的性质和状况,或据以进行运输的环境、条款和条件,有订立特别协议的合理需要时,才能适用。

第七条 本条约中的任何规定,都不妨碍承运人或托运人就承运人或船舶对海运船舶所载货物于装船以前或卸船以后所受灭失或损害,或与货物的保管、照料和搬运有关的灭失或损害所应承担的责任与义务,订立任何协议、规定、条件、保留或免责条款。

第八条 本公约各条规定,都不影响有关海运船舶所有人责任限制的任何现行法令所规定的承运人的权利和义务。

第九条 本公约所提到的货币单位为金价。

凡缔约国中不以英镑作为货币单位的,得保留其将本公约所指的英镑数额以四舍五入的方式折合为本国货币的权利。

各国法律可以为债务人保留按船舶抵达卸货港之日通知的兑换率,以本国货币偿清其有关货物的债务的权利。

第十条 本公约和各项规定,适用于在任何缔约国所签发的一切提单。

第十一条 自本公约签字之日起不超过 2 年的期限内,比利时政府应与已声明拟批准本公约的缔约国保持联系,以便决定是否使本公约生效。批准书应于各缔约国协商确定的日期交存于布鲁塞尔。首次交存的批准书应载入由参加国代表及比利时外交部长签署的议定书内。

以后交存的批准书，应以书面通知送交比利时政府，并随附批准文件。

比利时政府，应立即将有关记载首次交存批准书的议定书和上段所指的通知，随附批准书等的核证无误的副本，通过外交途径送交已签署本公约或已加入本公约的国家。在上段所指情况下，比利时政府应于收到通知的同时，知照各国。

第十二条　凡未签署本公约的国家，不论是否已出席在布鲁塞尔召开的国际会议，都可以加入本公约。

拟加入本公约的国家，应将其意图用书面通知比利时政府，并送交其加入的文件，该项文件应存放在比利时政府档案库。

比利时政府应立即将加入本公约通知书的核证无误的副本，分送已签署本公约或已加入本公约的国家，并注明它收到上述通知的日期。

第十三条　缔约国的签署、批准或加入本公约时，可以声明其接受本公约并不包括其任何或全部自治领域或殖民地、海外属地、保护国或在其主权或权力管辖下的地域；并且可以在此后代表这些声明中未包括的任何自治领域殖民地、海外属地、保护国或地域将分别加入本公约。各缔约国还可以根据本公约的规定，代表其任何自治领域殖民地、海外属地、保护国或其主权或权力管辖下的地域将分别声明退出本公约。

第十四条　本公约在首批交存批准书的各国之间，于议定书记载此项交存之日起一年后开始生效。此后批准或加入本公约的各国或根据第十三条规定使公约生效的各国，于此比利时政府收到第十一条第 2 款及第十二条第 2 款所指的通知六个月后生效。

第十五条　如有缔约国欲退出本公约，应用书面通知比利时政府，比利时政府立即将核证无误的通知副本分送其他国家，并注明其收到上述通知的日期。

这种退出只对提出通知的国家有效，生效日期从上述通知送达比利时政府之日起一年以后开始。

第十六条　任何一个缔约国都有权就考虑修改本公约事项，请求召开新的会议。

欲行使此项权利的国家，应通过比利时政府将其意图通知其他国家，由比利时政府安排召开会议事宜。

一九二四年八月二十五日订于布鲁塞尔，计一份。

（签字代表从略）

签字议定书

在签订《统一提单的若干法律规则的国际公约》时，下列签字的全权代表都已采用本议定书；本议定书犹如已将其条款列入它所依附的公约那样，具有同样的效力。

各缔约国得以给予本公约以法律效力，或将本公约所采用的规则以适于其本国立法的形式纳入该国的法律，使之生效。

各缔约国得保留以下权力：

1. 规定如发生第四条第 2 款(c)至(p)项所述情况，提单持有人应有权就未在第(a)项提及的由于承运人本人或其雇佣人员的过失所引起的灭失或损坏，制定责任制度。

2. 在本国沿海贸易中，将第六条规定各点用于各种货物上，而不考虑该条最末一段所规定的限制。

本议定书于一九二四年八月二十五日订于布鲁塞尔，计一份。

附录五　1968年布鲁塞尔议定书

——有关修改1924年8月25日在布鲁塞尔签订的统一提单的若干法律规定的国际公约的议定书

（1968年2月23日颁布1978年1月1日实施）

各缔约方，

考虑到1924年8月25日在布鲁塞尔制订的统一提单的某些法律规定的国际公约加以修正是合乎需要的，

兹协议如下：

第一条　1.第3条第4款增加下列规定：

“但是，当该提单已被转让至善意行事的第三者时，与此相反的证据便不予接受。”

2.第3条第6款第4项应改为：

“除第6款（之一）另有规定外，除自货物交付或本应交付之日起一年内提起诉讼外，在任何情况下，承运人和船舶将被免除对于货物的任何责任。但是，在诉因发生以后，经当事方同意，这一期限加以延长。”

3.第3条第6款之后应增加第6款（之一）：

“即使在前款规定的一年期限届满之后，只要在受案法院所在地法律允许期间内，仍可以向第三方提起追偿诉讼。但是，允许的时间自提起此种诉讼之人已经解决向其索赔的案件，或在对其本人的诉讼中收到送达的传票之日起算，不得少于三个月。”

第二条　第4条第5款应予删除，并改为下列规定：

（a）不论是承运人或船舶，对超过每件或每单位相当于10 000法郎，或按灭失或受损货物毛重计算，每公斤相当于30法郎（两者之中以较高者为准）的货物或与货物有关的灭失或损害，在任何情况下，概不负责，除非货物的性质和价值已由托运人在货物装运前声明，并在提单上注明。

（b）可赔偿的总额应参照该货物根据合同从船上卸下或本应卸下的当时当地的价值计算。

货物价值应按商品交换价格确定，或者，如无此种价格，按现时市场价格计算；如无商品交换价格和现时市场价格，参照相同品种和质量的货物的正常价值确定。

（c）如货物是以集装箱、货盘或类似的运输工具集装，则提单中载明的装在此种运输工具中的件数或单位数，应视为本款所述件数或单位数。除上述情况之外，此种运输工具应视为一个包件或单位。

（d）一个法郎是指一个含有纯度为千分之九百的黄金65.5毫克的单位。将裁判的赔偿金额折合成本国货币的日期，应按受案法院所在地法律确定。

（e）如经证明，损害系承运人故意造成，或明知可能造成损害而轻率地采取的行为或不行为所引起，则无论是承运人或船舶，都无权享有本款规定的责任限制的利益。

（f）本款第（a）项所规定的声明如被载入提单，应成为初步证据，但不应对承运人具有约束力或终结效力。

(g)经承运人、船长或承运人的代理人与托运人协议,可在本款第(a)项所述金额之外另行确定一个最高金额。但此最高金额不得低于该第(a)项所述的相应最高金额。

(h)如果托运人在提单中故意谎报货物的性质或价值,则无论承运人或船舶,在任何情况下对货物或与货物有关的灭失或损害概不负责。

第三条　在本公约第4条和第5条之间应加入下述第4条(之一):

1.“本公约所规定的抗辩和责任限制,应适用于运输合同所包含的货物灭失或损害对承运人提起任何诉讼,而不论诉讼是以合同或是以侵权行为为依据。

2.如果此种诉讼是对承运人的受雇人员或代理人(该受雇人员或代理人人并非独立合同人),该受雇人员或代理人有权援引承运人依照本公约可援引的各项抗辩和责任限制。

3.从承运人及此种受雇人员或代理人所能得到的赔偿总额,在任何情况下,不得超过本公约规定的限度。

4.但是,如经证明,损害系受雇人员或代理人故意造成,或明知可能造成损害而轻率地采取的行为或不行为所引起,该承运人的受雇人员或代理人便无权援引本条各项规定。”

第四条　本公约第9条应改为下列规定:

“本公约不影响制约核损害责任的任何国际公约或国内法的规定。”

第五条　本公约第10条应改为下列规定:

“本公约各项规定,应适用于在两个不同国家港口之间与货物运输有关的每一提单,如果:

(a)提单在某一缔约签发;或者

(b)货物从某一缔约国港口起运;或者

(c)被提单所包含或所证明的合同受本公约各项规定或者给予这些规定以法律效力的任一国家立法的约束,而不论船舶、承运人、托运人、收货人或任何其他关系人的国籍如何。

每一缔约国应将本公约各项规定适用于上述提单。

本条规定不禁止缔约国将本公约适用于未在前述各款中列明的提单。”

第六条　本议定书缔约方之间,公约与议定书应作为一个文件,一并理解和解释。

本议定书的缔约方没有义务将本议定书中各项规定适用于在公约缔约方,但非本议定书缔约方的国家签发的提单。

第七条　在本议定书缔约方之间,任何一方根据公约第15条退出公约,都不应被解释为退出经本议定书修正的本公约。

第八条　两个或两个以上缔约方就本公约的解释或适用发生争议而未能通过协商解决时,应根据其中一方请示而提交仲裁。自请求提交仲裁之日起六个月内,如当事方就仲裁组织不能达成协议时,任何一方可按照国际法院的章程,将纠纷提交国际法院解决。

第九条　1.每一缔约方在签署或批准本议定书或加入本议定书时,可声明其不受本议定书第8条约束。其他缔约国就与作出这一保留的任何缔约国而言,不受本条约的约束。

2.根据第1款作出保留的任何缔约方,可在任何时间通知比利时政府撤销其保留。

第十条　本议定书对在1968年2月23日之前批准本公约或加入本公约的各国,以及出席1967—1968年第十二届海洋法外交会议的任何国家开放供签字。

第十一条　1.本议定书须经批准。

2.由非属本公约缔约方的任何国家批准本议定书,具有加入本公约的效力。

3. 批准文件应交比利时政府保存。

第十二条 1. 未出席第十二届海洋法外交会议的国家，联合国会员国或者联合国各专门机构成员国，可加入本议定书。

2. 加入本议定书，具有加入本公约的效力。

3. 加入书应交存比利时政府。

第十三条 1. 本议定书自十份批准书或加入书交存之日起三个月后生效，并且，其中至少应有五份系由拥有100万或100万总吨以上船舶的国家所交存。

2. 本条第1款规定的决定本议定书生效的批准书或加入书交存之日以后，对于批准或加入本议定书的每一个国家，本议定书自其交存批准书或加入书起三个月后生效。

第十四条 1. 任何缔约国可通知比利时政府退出本议定书。

2. 此种退出具有退出本公约的效力。

3. 此种退出自比利时政府收到通知之日起一年后生效。

第十五条 1. 任何缔约国可在签署、批准或加入之时，或在此后任何时间，以送交比利时政府的书面通知，声明本议定书适用处于在其主权之下或由其负责国际关系的领土。

2. 如果本公约尚未适用于这些领土，则此种适用的扩大也应用于本公约。

3. 根据本条第1款作出声明的缔约国，可在此后任何时间通过送交比利时政府的通知，声明本议定书不再扩大适用于此种领土。此种退出应自比利时政府收到该通知之日起一年后生效。此种退出也应适用于本公约。

第十六条 各缔约方可通过赋予本议定书以法律效力，或以国内立法相适应的方式在国内法中订入本议定书所采用的各项规定，而使本议定书生效。

第十七条 比利时政府应将下列事项通知出席1967—1968年第十二届海洋法外交会议的各国，本议定书各参加国及本公约各缔约国：

1. 根据第10条、第11条及第12条收到的签署、批准和加入书；

2. 根据第13条规定，本议定书将生效的日期；

3. 根据第15条规定，有关领土适用的通知；

4. 根据第14条收到的退出文件。

下列署名的各全权代表，经正式授权，签署本公约，以昭信守。

本议定书于1968年2月23日订于布鲁塞尔，正本一份，用法文和英文写成，两种文本具有同等效力，应存于比利时政府档案库，经核证无误的副本由比利时政府分发。

附录六　1978年联合国海上货物运输公约

（1978年3月31日颁布，1978年3月31日实施）

序　言

本公约各缔约国，

认识到需要通过协议确定关于海上货物运输若干规则，为此目的决定缔结一个公约，协议如下：

第一部分　总　　则

第一条　定义

在本公约内：

1."承运人"是指其本人或以其名义与托运人订立海上货物运输合同的任何人。

2."实际承运人"是指受承运人委托执行货物运输或部分货物运输的任何人，包括受委托执行这项运输的其他任何人。

3."托运人"是指其本人或以其名义或代其与承运人订立海上货物运输合同的任何人或指其本人或以其名义或代其将货物实际交付给海上货物运输合同有关的承运人的任何人。

4."收货人"是指有权提取货物的人。

5."货物"包括活动物，凡货物拼装在集装箱、货盘或类似的运输器具内，或者货物是包装的，而这种运输器具或包装是由托运人提供的，则"货物"包括它们在内。

6."海上运输合同"是指承运人收取运费，据以承担由海上将货物从一港运至另一港的任何合同；但是，一个既包括海上运输，又包括某些其他方式运输的合同，则仅其有关海上运输的范围，才视为本公约所指的海上运输合同。

7."提单"是指一种用以证明海上运输合同和货物由承运人接管或装船，以及承运人据以保证交付货物的单证。单证中关于货物应交付指定收货人或按指示交付，或交付提单持有人的规定，即构成了这一保证。

8."书面"，除其他方式外，包括电报和电传。

第二条　适用范围

1.本公约的各项规定适用于两个不同国家间的所有海上运输合同，如果：

(a)海上运输合同所规定的装货港位于一个缔约国内，或

(b)海上运输合同所规定的卸货港位于一个缔约国内，或

(c)海上运输合同所规定的备选卸货港之一为实际卸货港，并且该港位于一个缔约国内，或

(d)提单或证明海上运输合同的其他单证是在一个缔约国内签发的，或

(e)提单或证明海上运输合同的其他单证规定，本公约各项规定或实行本公约的任何国家的立法，应约束该合同。

2.本公约各项规定的适用与船舶、承运人、实际承运人、托运人、收货人或任何其他有关人的国籍无关。

3.本公约的各项规定不适用于租船合同。但是，如果提单是依据租船合同签发的，并绘制承运人和不是租船人的提单持有人之间的关系，则本公约的各项规定适用于该提单。

4.如果合同规定，货物将在一个议定的期限内分批运输，本公约的各项规定适用于每批运输。但是，如果运输是按照租船合同进行的，则适用本条第3款的规定。

第三条　对本公约的解释

在解释和应用本公约的各项规定时，应注意本公约的国际性和促进统一的需要。

第二部分　承运人的责任

第四条　责任期间

1. 按照本公约,承运人对货物的责任期间包括在装货港,在运输途中以及在卸货港,货物在承运人掌管的全部期间。

就本条第1款而言,在下述起讫期间,承运人应视为已掌管货物:

2. (a)自承运人从以下各方接管货物时起:

(i)托运人或代其行事的人;或

(ii)根据装货港适用的法律或规章,货物必须交其装运的当局或其他第三方;

(b)至承运人将货物交付以下各方时止:

(i)将货物交付收货人;或

(ii)遇有收货人不向承运人提货时,则依照合同或卸货港适用的法律或特定的贸易惯例,将货物置于收货人支配之下;或

(iii)根据在卸货港适用的法律或规章将货物交给必须交付的当局或其他第三方。

3. 在本条第1和第2款内提到的承运人或收货人,除指承运人和收货人外,还分别指承运人或收货人的受雇人或代理人。

第五条　责任基础

1. 除非承运人证明他本人其受雇人或代理人为避免该事故发生及其后果已采取了一切所能合理要求的措施,否则承运人应对因货物灭失或损坏或延迟交货所造成的损失负赔偿责任,如果引起该项灭失、损坏或延迟交付的事故,如同第四条所述,是在承运人掌管期间发生的。

2. 如果货物未能在明确议定的时间内,或虽无此项议定,但未能在考虑到实际情况对一个勤勉的承运人所能合理要求的时间内,在海上运输合同所规定的卸货港交货,即为延迟交付。

3. 如果货物在本条第2款规定的交货时间期满后连续六十天内未能按第四条的要求交付,有权对货物的灭失提出索赔的人可以视为货物已经灭失。

4. (a)承运人对下列各项负赔偿责任:

(i)火灾所引起的货物的灭失、损坏或延迟交付,如果索赔人证明火灾是由承运人、其受雇人或代理人的过失或疏忽引起的;

(ii)经索赔人证明由于承运人、其受雇人或代理人在采取可以合理要求的扑灭火灾和避免或减轻其后果的一切措施中的过失或疏忽所造成的货物的灭失、损坏或延迟交付。

(b)凡船上的火灾影响到货物时,如果索赔人或承运人要求,必须按照海运惯例,对火灾的起因和情况进行调查,并根据要求向承运人和索赔人提供一份调查人的报告。

5. 关于活动物,承运人对此类运输固有的任何特殊风险所造成的灭失、损伤或延迟交付不负赔偿责任。如果承运人证明他是按照托运人给他的关于动物的任何特别指示行事的,并证明根据实际情况,灭失、损伤或延迟交付可以归之于这种风险时,则应推定灭失、损伤或延迟交付就是这样引起的,除非证明灭失、损伤或延迟交付的全部或部分是由承运人、其受雇人或代理人的过失或疏忽所造成的。

6. 除分摊共同海损外,承运人对因在海上采取救助人命的措施或救助财产的合理措施而造成的灭失、损坏或延迟交付不负赔偿责任。

7. 如果货物的灭失、损坏或延迟交付是由承运人、其受雇人或代理人的过失或疏忽连同其他原因所引起的，承运人仅在归于他们的过失或疏忽所引起的灭失、损坏或延迟交付的范围内负赔偿责任，但承运人须证明不属于此种过失或疏忽所造成的灭失、损坏或延迟交付的数额。

第六条 责任限额

1. (a)按照第五条规定，承运人对货物灭失或损坏造成的损失所负的赔偿责任，以灭失或损坏的货物每件或每其他货运单位相当于835记账单位或毛重每公斤2.5记账单位的数额为限，两者中以较高的数额为准。

(b)按照第五条规定，承运人对延迟交付的赔偿责任，以相当于该延迟交付货物应支付运费的2.5倍的数额时为限，但不得超过海上货物运输合同规定的应付运费总额。

(c)根据本款(a)和(b)项，承运人的总赔偿责任，在任何情况下都不得超过根据本款(a)项对货物全部灭失引起的赔偿责任所规定的限额。

2. 按照本条第一款(a)项规定，在计算较高数额时，应遵照下列规则：

(a)当使用集装箱、货盘或类似运输器具拼装货物时，如果签发了提单，在提单中列明的，或在证明海上运输合同的任何其他单证中列明的，装在这种运输器具内的件数或其他货运单位数，即视为件数或货运单位数。除上述情况外，这种运输器具内的货物视为一个货运单位。

(b)当运输器具本身遭到灭失或损坏时，该运输器具如不属于承运人所有或提供，即视为一个单独的货运单位。

3. 记账单位是指第二十六条中所述的记账单位。

4. 承运人和托运人可以通过协议确定超过第1款规定的赔偿责任限额。

第七条 对非合同索赔的适用

1. 本公约规定的各项抗辩和责任限额，适用于海上运输合同所涉及的货物的灭失或损坏，以及延迟交付对承运人提起的任何诉讼，不论这种诉讼是根据合同、侵权行为或其他。

2. 如果这种诉讼是对承运人的受雇人或代理人提起的，而该受雇人或代理人能证明他是在受雇职务范围内行事的，则有权利用承运人根据本公约有权援引的抗辩和责任限额。

3. 除第八条规定的情况外，从承运人和本条第2款所指的任何人取得的赔偿金额的总数，不得超过本公约所规定的责任限额。

第八条 责任限额权利的丧失

1. 如经证明灭失、损坏或延迟交付是由承运人有意造成这种灭失、损坏或延迟交付作出的行为或不行为，或由承运人明知可能会产生这种灭失、损坏或延迟交付而仍不顾后果作出的行为或不行为产生的，则承运人无权享受第六条所规定的责任限额的利益。

2. 尽管有第七条第2款的规定，如经证明灭失、损坏或延迟交付是由该受雇人或代理人有意造成这种灭失、损坏或延迟交付作出的行为或不行为，或由该受雇人或代理人明知可能会产生这种灭失、损坏或延迟交付而仍不顾后果作出的行为或不行为产生的，则承运人的受雇人或代理人无权享受第六条所规定的责任限额的利益。

第九条 舱面货

1. 承运人只有按照同托运人的协议或符合特定的贸易惯例，或依据法规的规章的要求，才有权在舱面上载运货物。

2. 如果承运人和托运人议定，货物应该或可以在舱面上载运，承运人必须在提单或证明海上运输合同的其他单证上载列相应说明。如无此项说明,承运人有责任证明,曾经达成在舱面上载运的协议。但承运人无权援引这种协议对抗包括收货人在内的,相信并持有提单的第三方。

3. 如违反本条第 1 款的规定将货物载运在舱面上,或承运人不能按照本条第 2 款援引在舱面上载运的协议,尽管有第五条第 1 款的规定,承运人仍须对仅由于在舱面上载运而造成的货物灭失或损坏以及延迟交付负赔偿责任,而其赔偿责任的限额,视情况分别按照本公约第六条或第八条的规定确定。

4. 违反将货物装载在舱内的明文协议而将货物装载在舱面,应视为第八条含义内的承运人的一种行为或不行为。

第十条 承运人和实际承运人的赔偿责任

1. 如果将运输或部分运输委托给实际承运人执行时,不管根据海上运输合同是否有权这样做,承运人仍须按照本公约的规定对全部运输负责。关于实际承运人所履行的运输,承运人应对实际承运人及其受雇人和代理人在他们的受雇范围内行事的行为或不行为负责。

2. 本公约对承运人责任的所有规定也适用于实际承运人对其所履行的运输的责任。如果对实际承运人的受雇人或代理人提起诉讼,应适用第七条第 2 款、第 3 款和第八条第 2 款的规定。

3. 承运人据以承担本公约所未规定的义务或放弃本公约所赋予的权利的任何特别协议,只有在实际承运人书面明确表示同意时,才能对他发生影响。不论实际承运人是否已经同意,承运人仍受这种特别协议所导致的义务或弃权的约束。

4. 如果承运人和实际承运人都有责任,则在此责任范围内,他们应负连带责任。

5. 从承运人、实际承运人和他们的受雇人和代理人取得的赔偿金额总数,不得超过本公约所规定的责任限额。

6. 本条规定不妨碍承运人和实际承运人之间的任何追索权。

第十一条 联运

1. 尽管有第十条第 1 款的规定,如海上运输合同明确规定,该合同包括的某一特定部分的运输由承运人以外的某一指定人履行,该合同也可以同时规定,承运人对这一部分运输期间货物在实际承运人掌管之下,因发生事故而造成的灭失、损坏或延迟交付不负责任。但是,如果不能按照第二十一条第 1 款或第 2 款规定在有管辖权的法院对实际承运人提起法律诉讼,则任何限制或豁免这种赔偿责任的规定均属无效。承运人应负举证责任,证明任何灭失、损坏或延迟交付是由上述这种事故造成的。

2. 按照第十条第 2 款的规定,实际承运人须对货物在他掌管期间因发生事故而造成的灭失、损坏或延迟交付负责。

第三部分 托运人的责任

第十二条 一般规则

托运人对承运人或实际承运人所遭受的损失或船舶所遭受的损坏不负赔偿责任,除非这种损失或损坏是由托运人、其受雇人或代理人的过失或疏忽所造成。托运人的任何受雇人或代理人对这种损失或损坏也不负责任,除非这种损失或损坏是由他自己的过失或疏忽所造成。

第十三条　关于危险货物的特殊规则

1. 托运人必须以适当的方式在危险货物上加上危险的标志或标签。

2. 当托运人将危险货物交给承运人或实际承运人时，托运人必须告知货物的危险性，必要时并告知应采取的预防措施。如果托运人没有这样做，而且该承运人或实际承运人又未从其他方面得知货物的危险特性，则：

(a)托运人对承运人和任何实际承运人因载运这种货物而造成的损失负赔偿责任。并且

(b)根据情况需要，可以随时将货物卸下，销毁或使之无害，而不予赔偿；

3. 任何人如在运输期间，明知货物的危险特性而加以接管，则不得援引本条第 2 款的规定。

4. 如果本条第 2 款(b)项的规定不适用或不能援引，而危险货物对生命或财产造成实际危险时，可视情况需要，将货物卸下、销毁或使之无害，而不予赔偿，但共同海损分摊的义务或按照第五条规定承运人应负的赔偿责任除外。

第四部分　运 输 单 证

第十四条　提单的签发

1. 当承运人或实际承运人接管货物时，应托运人要求，承运人必须给托运人签发提单。

2. 提单可以由承运人授权的人签字。提单由载运货物船舶的船长签字应视为代表承运人签字。

3. 提单上的签字可以用手写、印摹、打孔、盖章、符号或如不违反提单签发地所在国国家的法律，用任何其他机械的或电子的方法。

第十五条　提单的内容

1. 除其他事项外，提单必须包括下列项目：

(a)货物的品类，辨认货物必需的主要标志，如属危险品，对货物的危险特性所作的明确说明，包数或件数及货物的重量或以其他方式表示的数量等，所有这些项目均由托运人提供；

(b)货物的外表状况；

(c)承运人的名称和主要营业所；

(d)托运人的名称；

(e)如托运人指定收货人时，收货人的名称；

(f)海上运输合同规定的装货港及承运人在装货港接管货物的日期；

(g)海上运输合同规定的卸货港；

(h)如提单正本超过一份，列明提单正本的份数；

(i)提单的签发地点；

(j)承运人或其代表的签字；

(k)收货人应付运费金额或由收货人支付运费的其他说明；

(l)第二十三条第 3 款所提到的声明；

(m)如属舱面货，货物应该或可以装在舱面上运输的声明；

(n)如经双方明确协议，应列明货物在卸货港交付的日期或期限；和

(o)按照第六条第 4 款规定，协议的任何增加的赔偿责任限额。

2. 货物装船后，如果托运人这样要求，承运人必须给托运人签发“已装船”提单。除本条第1款所规定的项目外，该提单还必须说明货物已装上一艘或数艘指定的船舶，以及一个或数个装货日期。如果承运人先前已向托运人签发过关于该批货物的任何部分的提单或其他物权单证，经承运人要求，托运人必须交回这种单证以换取“已装船”提单。承运人为了满足托运人对“已装船”提单的要求，可以修改任何先前签发的单证，但经修改后的单证应包括“已装船”提单所需载有的全部项目。

3. 提单缺少本条所规定的一项或多项，不影响该单证作为提单的法律性质，但该单证必须符合第一条第7款规定的要求。

第十六条 提单：保留和证据效力

1. 如果承运人或代其签发提单的其他人确知或有合理的根据怀疑提单所载有关货物的品类、主要标志，包数或件数、重量或数量等项目没有准确地表示实际接管的货物，或在签发“已装船”提单的情况下，没有准确地表示已实际装船的货物，或者无适当的方法来核对这些项目，则该承运人或其他人必须在提单上作出保留，注明不符之处、怀疑根据、或无适当的核对方法。

2. 如果承运人或代他签发提单的其他人未在提单上批注货物的外表状况，则应视为他已在提单上注明货物的外表状况良好。

3. 除按本条第1款规定就有关项目和其范围作出许可在保留以外：

(a) 提单是承运人接管，或如签发“已装船”提单时，装载提单所述货物的初步证据；

(b) 如果提单已转让给相信提单上有关货物的描述而照此行事的包括收货人在内的第三方，则承运人提出与此相反的证据不予接受。

4. 如果提单未按照第十五条第1款(k)项的规定载明运费或以其他方式说明运费由收货人支付或未载明在装货港发生的滞期费由收货人支付，则该提单是收货人不支付运费或滞期费的初步证据。如果提单已转让给相信提单上无任何此种说明而照此行事的包括收货人在内的第三方，则承运人提出的与此相反的证据不予接受。

第十七条 托运人的保证

1. 托运人应视为已向承运人保证，由他提供列入提单的有关货物的品类、标志、件数、重量和数量等项目正确无误。托运人必须赔偿承运人因为这些项目的不正确而导致的损失。托运人即使已将提单转让，仍须负赔偿责任。承运人取得的这种赔偿权利，绝不减轻他按照海上运输合同对托运人以外的任何人所负的赔偿责任。

2. 任何保函或协议，据此托运人保证赔偿承运人由于承运人或其代表未就托运人提供列入提单的项目或货物的外表状况批注保留而签发提单所引起的损失，对包括收货人在内的受让提单的任何第三方，均属无效。

3. 这种保函或协议对托运人有效，除非承运人或其代表不批注本条第2款所指的保留是有意诈骗，相信提单上对货物的描述而行事的包括收货人在内的第三方，在后面这种情况下，如未批注的保留与由托运人提供列入提单的项目有关，承运人就无权按照本条第1款规定，要求托运人给予赔偿。

4. 如属本条第3款所指的有意诈骗，承运人不得享受本公约所规定的责任限额的利益，并且对由于相信提单上所载货物的描述而行事的包括收货人在内的第三方所遭受的损失负赔偿责任。

第十八条　提单以外的单证

如果承运人签发提单以外的单证以证明收到待运的货物,该单证就是订立海上运输合同和承运人接管该单证中所述货物的初步证据。

第五部分　索赔和诉讼

第十九条　灭失、损坏或延迟交付的通知

1. 除非收货人在不迟于货物移交给他之日后第一个工作日内将灭失或损坏的书面通知送交承运人,叙明灭失或损坏的一般性质,否则此种移交应作为承运人交付运输单证上所述货物的初步证据或如未签发这种单证,则应作为完好无损地交付货物的初步证据。

2. 遇有不明显的灭失或损坏:在货物交付收货人之日后连续十五天内未送交书面通知,则本条第 1 款的规定相应地适用。

3. 如货物的状况在交付收货人时,已经由当事各方联合检查或检验,即无须就检查或检验中所查明的灭失或损坏送交书面通知。

4. 遇有任何实际的或意料到的灭失或损失时,承运人和收货人必须为检验和清点货物相互提供一切合理的便利。

5. 除非在货物交给收货人之日后连续六十天之内书面通知承运人,否则对延迟交付造成的损失不予赔偿。

6. 如果货物由实际承运人交付,根据本条送给他的任何通知具有如同送交承运人的同等效力,同样,送交承运人的任何通知具有如同送交实际承运人的同等效力。

7. 除非承运人或实际承运人不迟于灭失或损坏事故发生后或依照第四条第 2 款在货物交付后连续九十天之内,以较后发生日期为准,将灭失或损坏的书面通知送交托运人,叙明此种灭失或损坏的一般性质,否则,未提交这种通知即为承运人或实际承运人没有因为托运人或其受雇人或代理人的过失或疏忽而遭受灭失或损坏的初步证据。

8. 就本条而言,通知送交给代表承运人或实际承运人行事的人,包括船长或主管船舶的高级船员,或送交代表托运人行事的人,即应分别视为已经送交承运人、实际承运人或托运人。

第二十条　诉讼时效

1. 按照本公约有关货物运输的任何诉讼,如果在两年内没有提出司法或仲裁程序,即失去时效。

2. 时效期限自承运人交付货物或部分货物之日开始,如未交付货物,则自货物应该交付的最后一日开始。

3. 时效期限开始之日不计算在期限内。

4. 被要求赔偿的人,可以在时效期限内的任何时间,向索赔人提出书面说明,延长时效期限。该期限还可以用另一次或多次声明再度延长。

5. 如果诉讼是在起诉地所有国国家法律许可的时间内提起,负有赔偿责任的人即使在以上各款规定的时效期限届满后,仍可以提起追赔的诉讼。但是,所许可的时间不得小于从提起索赔讼诉的人已解决了对他的赔偿或从他本人提起的传票送达之日起九十天。

第二十一条　管辖权

1. 按本公约规定在有关货物运输的司法程序中,原告可以选择在这样的法院提起诉讼,按

照该法院所在国法律该法院有权管辖,并且下列地点之一位于该法院管辖范围:

(a)被告的主要营业所,或如无主要营业所时,其通常住所;或

(b)合同订立地,但该合同须是通过被告在该地的营业所、分支机构或代理机构订立的;或

(c)装货港或卸货港;或

(d)海上运输合同中为此目的指定的任何其他地点。

2.(a)尽管有本条上述各项规定,如果载货船舶或属于同一船舶所有人的任何其他船舶,在一个缔约国的任何一个港口或地点,按照该国适用的法律规则和国际法规则被扣留,就可在该港口或该地点的法院提起诉讼。但是,在这种情况下,一经被告请求,原告必须将诉讼转移到由原告选择的本条第1款所指的管辖法院之一,以对索赔作出判决。但在诉讼转移之前,被告必须提供足够的保证金,以确保支付在诉讼中可能最后判给原告的金额。

(b)一切有关保证金是否足够的问题,应由扣留港口或地点的法院裁定。

3.按照本公约有关货物运输的一切法律诉讼,不得在本条第1或第2款没有规定的地点提起。本款的规定不妨碍缔约国采取临时性或保护性措施的管辖权。

4.(a)如已在按本条第1或第2款规定有管辖权的法院提起诉讼,或已由这样的法院作出判决,相同当事方之间不得基于相同理由,提起新的诉讼,除非受理第一次诉讼的法院的判决在提起新诉讼地的国家不能执行;

(b)就本条而言,为执行判决而采取措施,不应视为提起新的诉讼;

(c)就本条而言,按照本条第2款(a)项将诉讼转移到同一个国家的另一法院,或转移到另一个国家的法院,不应视为提起新的诉讼。

5.尽管有以上各款的规定,在按照海上运输合同提出索赔之后,当事各方达成的指定索赔人可以提起诉讼的地点的协议应属有效。

第二十二条 仲裁

1.按照本条各项规定,当事各方可以用书面证明的协议规定,按照本公约可能发生的有关货物运输的任何争端应提交仲裁。

2.如租船合同载有该合同引起的争端应提交仲裁的条款,而依据租船合同签发的提单并未特别注明此条款对提单持有人具有约束力,则承运人不得对相信提单的提单持有人援引该条款。

3.原告可以选择在下列地点之一,提起仲裁程序:

(a)一国的某一地点,该国领土内应有:

(i)被告的主要营业所,或无主要营业所时,其通常住所;或

(ii)签订合同地,但该合同须是通过被告在该地的营业所、分支机构或代理机构订立的;或

(iii)装货港或卸货港;或

(b)仲裁条款或协议中为此目的而指定的任何地点。

4.仲裁员或仲裁庭应当应用本公约的各项规则。

5.本条第3和第4款规定应视为每一仲裁条款或协议的一部分,仲裁条款或协议中与此

两款不符的任何规定，均属无效。

6. 本条各款不影响按照海上运输合同提出索赔之后，当事各方所订立的有关仲裁协议的效力。

第六部分　补充规定

第二十三条　合同条款

1. 海上运输合同、提单或证明海上运输合同的任何其他单证中的任何条款，在其直接或间接违背本公约规定的范围内，均属无效。这种条款的无效不影响作为该合同或单证的其他部分规定的效力。将货物的保险利益让给承运人的条款，或任何类似条款，均属无效。

2. 尽管有本条第1款的规定，承运人可以增加本公约中规定的他的责任和义务。

3. 在签发提单或证明海上运输合同的任何其他单证时，其中必须载有一项声明，说明该项运输遵守本公约的各项规定，任何背离本公约而有害于托运人或收货人的条款，均属无效。

4. 如有关货物的索赔人由于本条款使某项合同条款成为无效或由于漏载本条第3款所指的声明而遭受损失时，为了给予索赔人赔偿，承运人必须按照本公约规定对货物的任何灭失或损坏以及延迟交付支付所要求的限额内的赔偿金。此外，承运人必须赔偿索赔人为行使其权利而产生的费用，但在援引上述规定的诉讼中所发生的费用，应按照起诉地国家法律确定。

第二十四条　共同海损

1. 本公约各条规定不妨碍海上运输合同或国家法律中关于共同海损理算的规定的适用。

2. 除第二十条外，本公约关于承运人对货物灭失或损坏的赔偿责任的规定，也决定收货人是否可以拒绝共同海损分摊和承运人对收货人已交付的任何此种分摊额或已支付的任何救助费的赔偿责任。

第二十五条　其他公约

1. 本公约不改变有关海运船舶所有人责任限额的国际公约或国家法律中规定的承运人、实际承运人和他们的受雇人和代理人的权利或义务。

2. 本公约第二十一条和第二十二条的各项规定不妨碍在本公约缔结之日已生效的有关该两条所处理事项的任何其他多边公约的强制性规定的适用，但需争端完全发生在其主要营业所位于这种其他公约的缔约国内的当事方之间。但是，本款不影响本公约第二十二条第4款的适用。

3. 对核事故造成的损害，按本公约规定不发生赔偿责任，如果核装置操作人根据下列规定对该损害负赔偿责任：

(a) 根据经一九六四年一月二十八日补充议定书修订的一九六〇年七月二十九日关于在核能领域中第三方赔偿责任的巴黎公约或者根据一九六三年五月二十一日关于核损害的民事赔偿责任的维也纳公约，或

(b) 根据规定对这种损害赔偿的国家法律，但此种法律须在各方面都同巴黎公约或维也纳公约那样有利于可能遭受损害的人。

4. 如按照有关海上运送旅客及其行李的任何国际公约或国家法律，承运人对行李的任何灭失、损坏或延迟交付负赔偿责任，则根据本公约规定不发生赔偿责任。

5. 本公约各项规定不妨碍缔约国应用在本公约缔结之日已经生效的任何其他国际公约，

而该公约是强制性地适用于主要运输方式不是海上运输的货物运输合同。本规定也适用于此种国际公约以后的任何修订或修改。

第二十六条 记账单位

1. 本公约第六条所指的记账单位是国际货币基金组织所规定的特别提款权。第六条所述的数额应按在判决日或当事各方议定之日该国货币的价值换算为该国货币。凡属国际货币基金组织成员的本公约缔约国,以特别提款权表示的本国货币价值应按国际货物基金组织中上述日期进行营业和交易中应用的定值办法计算。非国际货币基金组织成员的本公约缔约国,以特别提款权表示的本国货币价值,应按该国决定的办法计算。

2. 但是,非国际货币基金组织成员国而且其法律又不允许应用本条款第 1 款规定的国家,可以在签字时,或在批准、接受、认可或加入时,或在其后的任何时候,声明本公约规定的责任限额在该国领土内适用时,应确定为:

货物每件或其他货运单位 12 500 货币单位,或货物毛重每公斤 37.5 货币单位。

3. 本条第 2 款所指的货币单位等于纯度为千分之九百的六十五点五毫克黄金。将第 2 款所指的数额换算成国家货币时,应按该国法律规定办理。

4. 本条第 1 款最后一句所述的计算及本条第三款所述的换算应这样进行,即尽可能使以缔约国货币表示的数额与在第六条内以记账单位表示的数额的实际价值相同。缔约国在签字时或在交存其批准书、接受书、认可书和加入书时,或在利用本条第 2 款所规定的选择时,以及在计算方法或换算结果有改变时,必须视情况,将依照本条第 1 款决定计算的方法或本条第 3 款所述的换算结果,通知公约保管人。

第七部分 最后条款

第二十七条 保管人

兹指定联合国秘书长为本公约保管人。

第二十八条 签字、批准、接受、认可、加入

1. 本公约于一九七九年四月三十日以前在纽约联合国总部对所有国家开放,以供签字。

2. 本公约须经签字国批准、接受或认可。

3. 一九七九年四月三十日以后,本公约对所有不是签字国的国家开放,以便加入。

4. 批准书、接受书、认可书和加入书应由联合国秘书长保管。

第二十九条 保留

对本公约不得作任何保留。

第三十条 生效

1. 本公约自第二十份批准书、接受书、认可书或加入书交存之日起满一年后的次月第一日生效。

2. 对于在第二十份批准书、接受书、认可书或加入书交存之日后成为本公约缔约国的每一个国家,本公约自该国交存相应文件之日起满一年后的次月第一日生效。

3. 每一缔约国应将本公约的各项规定适用于在本公约对该国生效之日或其后签订的海上运输合同。

第三十一条　退出其他公约

1. 在成为本公约缔约国时,凡是一九二四年八月二十五日在布鲁塞尔签订的关于统一提单若干规则的国际公约(一九二四年公约)的缔约国,都必须通知作为一九二四年公约保管人的比利时政府退出该公约,并声明该退出自本公约对该国生效之日起生效。

2. 按照第三十条第 1 款规定,本公约生效时,本公约的保管人必须将生效日期和本公约对其生效的缔约国国名,通知一九二四年公约的保管人比利时政府。

3. 本条第 1 款和第 2 款的规定,对一九六八年二月二十三日签订的修改一九二四年八月二十五日在布鲁塞尔签订的关于统一提单若干规则的国际公约的议定书的缔约国相应适用。

4. 尽管有本公约第二条规定,就本条第 1 款而言,缔约国如果认为需要,可以推迟退出一九二四年公约和经过一九六八年议定书修改的一九二四年公约,推迟的最长期限为自本公约生效之日起五年,在这种情况下,它应把自己的意图通知比利时政府。在此过渡期间,该缔约国必须对其他缔约国应用本公约,而不应用任何其他公约。

第三十二条　修订和修改

1. 经不少于三分之一的本公约缔约国的要求,保管人应召开缔约国会议,以修订或者修改本公约。

2. 在本公约修订案生效后交存的任何批准书、接受书、认可书或加入书,应视为适用于经修改后的本公约。

第三十三条　对限额和记账单位或货币单位的修订

1. 尽管有第三十二条的规定,保管人应按照本条第 2 款规定,召开专为修改第六条和第二十六条第 2 款所定的数额或者用其他单位代替第二十六条第 1 款和第 3 款所定的两个单位或其中的一个单位为目的的会议。数额中只有在其实际价值发生重大变化时,才得加以修改。

2. 经不少于四分之一缔约国要求,保管人即应召开修订会议。

3. 会议的任何决定必须由与会国家三分之二的多数作出。修订案由保管人送交所有缔约国以便接受,并通报所有该公约的签字国。

4. 所通过的任何修订案自获得三分之二缔约国接受之日起,在满一年后的次月第一日生效。接受修订案时,应将表示接受的正式文件交存保管人。

5. 修订案生效后,接受修订案的缔约国,在同修订案通过后六个月内没有通知保管人不受该修订案约束的缔约国的关系上,有权应用经修订的公约。

6. 在本公约修订案生效后交存在任何批准书、接受书、认可书或加入书,应视为适用经修订的公约。

第三十四条　退出

1. 缔约国可以在任何时候书面通知保管人退出本公约。

2. 退出本公约自保管人收到通知书之日起,在满一年后的次月第一日生效。如在通知中规定了较长的期限,则退出本公约自保管人收到通知后在该较长期限届满时生效。

一九七八年三月三十一日订于汉堡,正本一份。其阿拉伯文、中文、英文、法文、俄文和西班牙文本具有同等效力。

下列全权代表,经其政府正式授权,已在本公约上签字,以资证明。

联合国海上货物运输会议通过的共同谅解。

兹取得以下共同谅解：根据本公约，承运人的责任以推定过失或疏忽的原则为基础。也就是说，通常由承运人负举证责任，但在某些情况下，公约的规定会改变这一规则。

联合国海上货物运输会议通过的决议

“联合国海上货物运输会议，

“以感谢的心情注意到德意志联邦共和国盛情邀请在汉堡举行会议，

“认识到德意志联邦共和国政府和汉堡自由汉萨市提供给会议的各种便利以及对与会者的盛情款待，对会议的成功裨益不少，

“感谢德意志联邦共和国政府和人民，

“根据联合国贸易和发展会议的要求，在联合国国际贸易法委员会草拟的公约草案的基础上，通过了海上货物运输公约，

“感谢联合国国际贸易法委员会和联合国贸易和发展会议对海上货物运输法律的简化和协调所作出的卓越贡献，

“决定把会议通过的公约命名为：‘一九七八年联合国海上货物运输公约’，

“建议本公约所载的规则称为‘汉堡规则’。”

附录七　中远集运提单背面条款中文译文

1. 定义

“承运人”（CARRIER）是指“中远集运”，即中远集装箱运输有限公司。

“货方”（MERCHANT）包括发货人、托运人、收货人、受货人、货主、本提单的合法持有人或受背书人，或与货物或本提单具有现时或未来利益关系的任何人，或被授权代表前述任何一方行事的任何人。

“船舶”（VESSEL）按有关上下文情况，包括本提单第6栏所列船舶或其替代船舶，以及承运人或代表承运人于全部运程中的海运阶段所使用的任何支线船或驳船。

“分立契约人”（SUB-CONTRACTOR）包括（除承运人以外的）船舶所有人及经营人，装卸工人，码头、仓库、集装箱储运站经营人及拼箱经营人，公路及铁路运输经营人，及承运人雇佣的用以进行运输的任何独立订约人，以及其小分立契约人（SUB-SUB-CONTRACTOR）。分立契约人一词应包括直接及间接分立契约人及其各自的受雇人、代理人或分立契约人。

“货物”（GOODS）是指自货方收到的全部货物或其任何部分，并包括非由承运人或其代表提供的任何集装箱。

“件”（PACKAGE）是指由货方或其代表装载并铅封的每一集装箱，而不是在集装箱中所装的货物件数，如果此项件数未在本提单正面列明，或者是用“托运人装箱”（SHIPPER'S LOAD COUNT AND SEAL）或类似词句列明。

“装运单位”（SHIPPING UNIT）是指未以包件运输的任何一个具体单位的货物，包括机械、车辆及船只，但散装货物除外。

“集装箱”（CONTAINER）包括任何集装箱，如开顶集装箱、拖车、可运油罐、框架箱、平板箱、货盘，以及为运输货物而使用的任何其他设备或设施。

2. 承运人的运价本

承运人所使用的运价本中的条款以及有关费收的其他要求等项，已被载入本提单。请特别注意运价本中所载各项条款，包括但不限于免费堆存期、集装箱及车辆滞留期等。使用的运价本的有关条款，可向承运人或其代理人索取。如本提单与所用运价本之间有不一致之处，应以本提单为准。

3. 分立契约、赔偿以及抗辩、免除事项及责任限制

(1)承运人有权在任何时间以任何条件将运输的全部或其任何部分同任何分立契约人订立分立契约，并(或)以任何其他船舶或运输工具代替本船。

(2)货方保证，不向承运人以外的由其履行或承办运输的任何人(包括但不限于承运人的受雇人、代理人或分立契约人)就货物或货物运输一事而提起向其或其所拥有或经营的任何船舶加诸或意欲加诸任何责任的索赔或任何法律诉讼，不论此项责任是否由于此种人的疏忽而引起。如果，即使如此，此项索赔或法律诉讼仍被提起，则货方保证就由此引起的后果包括法律费用，全部赔偿承运人。在不妨碍上述规定的情况下，上述第(1)款所述每一个人或船舶，包括但不限于承运人的受雇人、代理人或分立契约人，都应享有本提单所载适用于承运人的在涉及合同或侵权事件中的每一免除事项、抗辩及责任限制，犹如此种条款已为其利益而明文规定，而且在订立本提单时，就上述免除事项、抗辩及责任限制而言，承运人不仅代表其本身，而且也是作为上述的人或船舶的代理人或受托人。

4. 承运人的责任

(1)港到港运输

如果填注本提单正面第 6、7、8 栏，而不填注第 4、5、9 栏，本提单便是港到港契约。承运人应自其在装货港收到货物之时起即作为承运人而对货物负责，直至在卸货港将货物交与货方或按当地法律或规章要求交与有关当局之时为止，二者之中以先发生者为准。

(2)联合运输

如果填注本提单正面的第 4、第 5 及(或)第 9 栏，而且该栏中所述地点或港口乃是除第 7 栏及第 8 栏所列者以外的地点或港口，并已就联合运输支付运费，本提单便是联合运输提单。承运人负责安排或组织落实联合运输中的前一程运输以及(或)续程运输。所有由于联合运输而引起的索赔必须在交付货物之日或应当交付货物之日之后九个月内向承运人提出，否则承运人便应被解除其关于货物的任何责任。如果承运人已就因联合运输而引起的任何索赔向货方支付任何款项，承运人便应自然而然地以代位关系而取得或被赋予货方针对所有其他人包括前一程承运人或续程承运人或分立契约人就此项灭失或损害而享有的权利。

本款所载任何规定都不得视为承运人针对前一程承运人或续程承运人或分立契约人就赔偿或其他事项所享有的任何权利的放弃。

5. 索赔通知及时效

(1)除非已在卸货港或交货地点于交货之日以前或交货之日向承运人的代理人提出关于灭失或损害的书面通知，或在灭失或损害不明显时，在交货之日以后 15 个连续日之内提出上述书面通知，此项交付便应是承运人及(或)续程承运人按本提单所述状况及条件交付货物的初步证据。

(2)除在交付货物或应交付货物之日起一年之内提起诉讼，承运人、其受雇人、代理人及

分立契约人便应被解除一切责任。

6. 灭失或损害

(1)本提单的条款应在所有时间都对承运人就其因运输货物而产生的责任加以管辖,不仅在运输期间,而且在运输之前及运输之后,都是如此。本提单所载或其他关于免除责任、抗辩及责任限制等项,都应在就灭失、损害或延误事件而向承运人提起的任何诉讼中适用,而且不论该项诉讼是基于合同纠纷或侵权行为而提起,即使此项灭失、损害或延误乃是由于不适航、疏忽或根本违约而产生亦然。除本提单中另有规定外,承运人不论在任何情况下亦不论其产生原因为何,对因延误造成的直接、间接或随之发生的灭失或损害或利润损失,概不承担责任。

(2)承运人不保证,货物在某一特定日期或时间,也不保证为满足某一特定市场,或为某一特定用途而自接货或装运地点起运,准时运抵卸货地点、目的地或转运到某一特定船舶或其他运输工具上。船期表上或广告上的离港及抵港时间只是预计时间,如果承运人认为必要,为慎重或便利起见,可将该时间提前或拖后。承运人在任何情况下,不论是如何发生,对因延误造成的直接、间接或随之发生的灭失或损害概不负责。

(3)如果能对联合运输过程中发生灭失或损害所属阶段加以判明,承运人的责任便应适用该阶段的国内法或国际公约。如果在联合运输过程中发生灭失或损害的阶段无法判明,则货方与承运人商定,应将此项灭失或损害视为发生在承运人的船上。无论属于上述何种情况,均应适用第5条(2)款及第7条中的规定。

7. 责任限制

(1)除第7(2)款另有规定外,本提单应受第26(1)款中所述中华人民共和国海商法管辖。从而,无论是承运人、其受雇人、代理人、分立契约人及(或)船舶,在任何情况下对超出该法规定的每件或每单位赔偿限度的任何数额,概不负赔偿责任,除非已由货方将货物的性质及价值于装运前加以申报,并已载入提单,而且货方已就此项申报的价值加付运费。

(2)如有关运输包括驶往:来自或经过美利坚合众国某一港口或地点的运输,本提单便应受其第26(2)款中所述1936年美国海上货物运输法(US COGSA)及其修订条款的约束。无论是承运人、其受雇人、代理人、分立契约人及(或)船舶,在任何情况下,对超出美国海上货物运输法中规定的每件或每单位赔偿限度的任何数额,都不负责,除非货方已在装运前将货物的性质及价值加以申报并已载入本提单,而且货方已就此项申报价值加付运费。

(3)如已将除中华人民共和国海商法及美国海上货物运输法以外的法律强制适用于本提单,承运人的责任便不得超出该法规定的每件或每单位的赔偿限额,除非该货物的性质及价值已由货方加以申报并已载入提单,而且货方已就此项申报价值加付运费。

(4)就本条款而言,申报价值应为计算承运人责任的基础,但此项申报价值就承运人而言并非终结性的,而且此项申报价值不得超过该货在目的地的实际价值。所有部分灭失或损害均应以此项申报价值为基础按比例进行调整。

8. 火灾

承运人对在任何时间,不论是在货物装船前或是卸船后由于火灾而使货物遭受的灭失或损害,除系承运人的实际过失所造成者外,概不负责。

9. 承运人的集装箱

(1)以件货形式所收到的货物应由承运人装入集装箱;承运人有权将不论是否为承运人

装箱的任何集装箱装于舱面或舱内。所有这些货物均应分摊共同海损。本提单中的条款包括第26款所述中华人民共和国海商法及美国海上货物运输法，均应适用于舱面所装集装箱。

(2)如果承运人的集装箱及设备被货方用于前一程运输或续程运输，或在货方营业处所开箱，则货方应在运价本规定时间内并(或)按承运人要求，将空箱归还至承运人、其受雇人或代理人指定的地点，并应将空箱内部洗刷清洁、不留异味。如有集装箱未在上述时间内归还，货方应就未还空箱而引起的延误、滞期、损失或费用承担责任。

(3)货方应就承运人的集装箱或其他设备在货方或代表货方的任何人看管期间所发生的一切灭失或损害负责。货方还应就在此期间发生的对他人财物发生的灭失或损害或伤亡事故负责，而且货方应就上述期间因任何或所有索赔案件而引起的一切费用包括法律费用赔付承运人，并使承运人免于负责。

10. 货方装箱的集装箱

(1)如集装箱不是由承运人或承运人的代表所装，承运人便不对货物的灭失或损害负责，而且货方应就承运人所发生的任何灭失、损害、责任或费用负责，如果此项灭失、损害、责任或费用系由以下原因造成：

a. 集装箱的装载或填装的方式，或者

b. 货物不适于以集装箱运输，或者

c. 集装箱的不适当性或条件欠佳，而如集装箱系由承运人或承运人的代表提供，则此项不适当性及欠佳条件在装箱之时或之前经货方检验便应明显易见。

(2)如果由货方提供的集装箱在承运人交付时铅封完好，此项交付便应构成承运人在本提单项下的责任已完全并充分履行，因而承运人对交付货物时查出的任何灭失或短少概不负责。

(3)货方应在装箱之前对集装箱进行检验，而对集装箱的使用乃是对其适用性及无有瑕疵的初步证据。

11. 货方的描述

(1)货方对其所装或货方代表所装的已铅封集装箱中的货物的描述，对承运人不具有约束力，而且货方在本提单正面所申报的情况，是由货方全然为其本身包括但不限于其货运代理使用的目的而提供的资料。货方认识到，承运人未对铅封集装箱的内装货物、重量或尺码进行核对，因而承运人不提供关于已铅封集装箱、货车、条板箱或货箱的情况，亦不提供其重量或尺码，且不提供其内装货物的价值、数量、品质，货名、条件、唛头或号码，承运人关于上述描述或具体资料概不承担任何责任。

(2)如有信用证及(或)进口许可证及(或)销售合同、发票及(或)订单号码以及承运人不是其当事一方的任何合同的详细资料在提单正面载明，这种资料的出现乃是全然应货方要求为货方的方便而列出。货方同意，上述资料不得视为对价值的申报，因而对承运人在本提单项下的责任绝不发生影响。货方承认，除根据本提单第7款外，货物的价值不为承运人所知。

12. 货方责任

(1)本提单第1款定义中作为货方列举的各方，应就其根据本提单所应承担的全部责任之认真履行而对承运人负连带责任。

(2)货方向承运人保证,在本提单正面填列的关于货物的资料,在收到本提单时已经核对,而且此项资料以及由货方或货方代表提供的任何资料均属恰当并正确。货方还保证,货物乃是合法货物而非禁运品。

(3)货方应就因违反本提单第12(2)款或承运人对之不负责任的与货物有关的任何原因而引起或造成的一切责任、费用、灭失、损害、罚款、处罚、开支或其他属于钱财性质的制裁,给予承运人以赔偿。

(4)货方应遵守所有海关、港口及其他当局的规章或要求,并应承担并支付由于未能遵守此项规定或要求或由于不合法、不正确或不适当的货物唛头、编号或地址而发生或遭受的所有捐税、罚款、输入税、费用或损失(包括退运货物的全部退运运费,或续运货物之自提单所载卸货港或交货地点运往改正后的卸港或改正后的交货地点的全额运费),并应就此而给予承运人赔偿。

13. 运费及费用

(1)所有运费都应在承运人收到货物时即视为已经全额、最终并已无条件地赚得,并应在任何情况下均须支付,且不予退还。

(2)所有运费及费用均应在交付货物前支付,而不得作任何冲抵、反索赔、扣减或延缓执行。

(3)货方须注意所用运价本中或另行议定的关于用以支付运费的货币、兑换率、贬值率以及关于运费的其他临时性的规定。

(4)如果由货方或货方代表向承运人提供的货物在提单或任何文件或证件中对货物的描述被证明在任何方面不准确、不正确或引起误解,货方应就承运人因此而遭受的实际损失予以赔偿。

(5)向货运代理人或经纪人或任何除了承运人或其授权代理人以外的人支付的运费及费用,不得被认为系向承运人支付,而应是在货方独自承担风险之下支付。

(6)本提单第1款定义中作为货方列举的各方,应就向承运人支付全部运费、滞期费、共同海损摊款及费用、诉讼费包括但不限于在催收积欠承运人的费用中发生的合理的律师费,而连带负责,否则应被视为货方在支付运费及费用中违约。

14. 检验货物

承运人及(或)承运人已就运输一事与其订立分立契约的人或由承运人授权的人,有权但无义务在任何时间开启任何集装箱并检验货物。如果根据任一地点的当局命令,须对某一集装箱或包装进行开启,加以检验,承运人对因如此开箱、开包、检验及重新打包而引起的灭失或损害概不负责。承运人有权自货主处收回此项开箱、开包、检验及重新打包费用。

15. 运输因货物条件受到影响

如果不论何时发现,货物不能被安全而妥善地进行运输或继续运输,或承运人若不就货物或集装箱支付额外费用或采取措施,便无法将货物安全而妥善地进行运输或继续运输,则承运人可在其完全自行决定而认为最为妥善的条件之下,不对货方进行通知(但仅系作为其代理人除外)而采取任何措施并(或)支付额外费用,将货物进行运输或继续其运输,并(或)将货物加以处置,以及(或)放弃该项运输并(或)将货物在任何地点存放岸上或船上,加以遮蔽或置于露天之下此项放弃、存放或放置货物应视为根据本提单所进行的交付货物。货方应赔偿承运人就此发生的任何额外费用。

16. 留置权

承运人可因运费、空舱费、滞期费、滞留以及承运人对有缺陷货物重新绑扎、重新包装、重加唛头、熏蒸或进行所需的处置而产生的任何费用，为不论何人应付的共同海损摊款，承运人为货物所支付或预付的罚款、捐税、通行费、陆上运费或佣金，为根据本提单而应付与承运人的任何款项，包括救助费用，以及由于政府当局或声称对货物具有利益关系的人因扣留货物或针对货物提起其他法律诉讼而发生的法律费用，而对货物或与货物有关的任何文件拥有留置权，承运人的留置权应存在至卸货或交货之时：而且承运人有权自行决定通过公开拍卖或私人出售而行使此项留置权。如果出售价款不敷抵付所欠数额，包括已发生的费用，承运人有权自货方收回差额。如此项价款多于欠款数额，则应将余额退还货方。

17. 舱面货、牲畜及植物

在本提单正面注明为约定装于舱面上且已照装的货物（装入集装箱的货物除外），以及所有活牲畜包括鱼及鸟类或植物，应一概由货方承担风险而进行运输，而承运人对在海上运输中发生的不论是否由于承运人的疏忽而引起的无论任何性质的灭失或损害概不负责。承运人应负责证明，他已履行货方关于运输活牲畜的特殊要求，而且在海上运输的环境下，所发生的灭失或损害乃是由于海上运输所固有的风险所致。货方应就承运人因涉及运输此项活牲畜或植物而不论由于任何原因所发生的全部或任何额外费用，给予承运人以赔偿。

18. 运输的方式及路线

承运人可在运输中的任何时间：

（1）使用任何运输方式或储存方式；

（2）将货物自一种运输工具转至另一种运输工具，包括转船或以不同于提单正面所载船名的另一艘船舶或以任何其他运输方式运输。

凡根据本条款而作出的不论何事或产生的任何延误，都应视为在该项运输之内，而非绕航。

19. 影响履约的事项

如在任何时间，运输一事受到或按船长判断容易受到除了属于货物的不能被安全地或妥当地运输或继续运输的情况外的任何障碍、风险、延误、困难或不利条件的影响，而且不论系如何产生（即使引起上述各项的客观环境在本契约订立时或货物被接受以备装运时已经存在），承运人（无论运输是否已开始）均可不经事先通知货方而完全自行决定：

（1）将货物经本提单所列以外的或为将货物托运至卸货港或交货地的通常运输路线以外的航线运往约定的卸货港或交货地，二者之中以能适用者为准。如果承运人选定采用本项规定，则虽有本提单第 18 款所载条文，承运人仍有权收取其所决定的额外运费；或者

（2）中断货物运输并将其按本提单条款存于岸上或船上，并设法将其尽快发送，但承运人对最大的中断时间的问题不作交代。如果承运人选定采用本项规定，则承运人有权收取其所决定的额外费用；或者

（3）放弃货物的运输并将货物置于承运人视为安全而方便的任何港口或地点由货方处置。至此，承运人关于此项货物的责任即告全部终止。虽然如此，承运人仍然有权收取其所收到的用以运输的货物的全额运费，而货方则应支付将货物运至上述港口或地点以及在该处交

付及存储的额外费用。

如果承运人决定采用第19(1)款所述替代航线,或按第19(2)款所述中断航行,此事并不影响其在以后放弃航次之权利。

20. 危险货物

运输危险货物时,货方应按运输此种货物所应遵守的规定,将其妥为包装,清晰标注,加附货签,并将其正确品名、性质以及所应采取的预防措施以书面通知承运人。如货方未能通知或通知有误,则承运人可在客观环境有此需要时将该项货物卸下、销毁或使之不能为害,而不予赔偿。货方应就装运此项货物所造成的任何灭失、损害或费用对承运人承担责任。

尽管承运人知晓危险货物的性质并已同意装运,承运人仍可在该危险货物对船舶、船员及船上其他人员或其他货物构成实际危险时,将其卸下、销毁或使之无害而不予赔偿。但本款所述不得影响对共同海损的分摊。

21. 特殊、冷藏或加热集装箱

(1)除非货方同承运人在货物装运之前达成书面协议,需要特殊通风、冷藏或加热集装箱运输货物,而且此项特殊协议已在提单正面注明,并且货方已事先正确地向承运人提出关于货物性质以及所需保持的特定温度及(或)所需尽到的特殊注意的妥善书面通知,而且货方已按承运人运价本规定或按商定办法支付额外运费,此项货物便应以普通的不通风集装箱装运。

(2)如系由货方或货方代表装箱的冷藏集装箱,则货方保证已由其将恒温、通风或其他控制装置正确设定,而且在装箱前已将货物的温度以及集装箱的温度调至所需程度,并且在承运人接受货物之前已将货物在集装箱内积载妥善。如果这些要求未能完全做到,承运人对无论如何发生的货物的任何灭失或损害便不负责。

货方在承运人的集装箱在货方或代表货方行事由任何人看管之时,应对集装箱的操作及维护一事负责。

(3)如已将建议的温度在提单正面注明,货方便应按此项注明的温度增加或减少2摄氏度的标准,向承运人交货,承运人则应恪尽职责,在货物在其实际看管之时保持该项温度,并可增减2摄氏度。

(4)承运人并不保证在运输全程集装箱已妥为通风、制冷或加热。承运人对因集装箱、船舶、运输工具及任何其他设备的制冷装置、机器、绝缘及(或)任何或其他设备的潜在缺陷、全部或部分失灵或发生故障或停止运转而造成货物的任何灭失或损害,亦不负责。但承运人应在进行运输之前或运输开始当时恪尽职责,将冷藏集装箱保持在有效状态。

(5)如属货方自己的集装箱,则应由货方提供紧急用具箱及操作手册。

22. 通知及交付

(1)本提单所载关于应将货物到达一事通知有关方的叙述,完全是为使承运人了解情况,若未能发出此项通知时,并不得引起承运人承担任何责任或解除货方根据本提单所应承担的任何义务。

(2)货方应在承运人所用运价本中规定的时间之内或按承运人要求提货。

(3)如果货方未在合理的时间内提取货物,或者只要承运人认为该货可能腐坏、变质、无价值可言,或在将其存储或做其他处置时其所需费用将超出该货价值,承运人便可自行决定,在不影响承运人对货方的权利,不予通知而且在不对承运人加诸任何责任的情况下,将箱中货物取出、出售、销毁或加以处置，而由货方承担全部风险及费用，并将货物价款用于扣减货方结欠承运人的款项。上述开箱出货应当构成根据本提单所进行的正式交货，至此，承运人就货物而言的一切责任均告终止。

(4)承运人被责成将其所运货物交由卸货港或交货地的港口、海关或其他当局看管，该货即由其交与货主，而无需按当地法律、规章及(或)惯例要求由货主出示本提单，这种移交货便应构成根据本提单向货方正式交货。至此，承运人对货物的责任即完全终止。

(5)尽管已将货物即可提取一事通知货方，但货方却拒不按本款要求提货时，这便构成货方就承运人而言关于货物或运输一事的一切权利要求事项的无可改变的放弃。货方应就承运人因此项拒绝而遭受的任何灭失、损害、费用及责任承担责任，包括但不限于将货物运回原起运地。

23. 共同海损及救助

(1)共同海损应在承运人选定的港口或地点按1990年及其他修正案修订的1974年约克·安特卫普规则理算。货方应在提货前缴付承运人认为足以支付预计货方应交共同海损摊款数额的备用金或其他担保。

(2)如果船长认为需要救助服务，货方同意船长代表货方取得对货物的此项服务，承运人则可以其本人身份结算救助报酬。货方应向救助方及时并充足提供备用金或其他担保而不得使船期在救助后受到影响，否则，货方应对由此产生的由承运人遭受的一切损失承担责任。

24. 双方有责的碰撞条款

由波罗的海国际航运公会现时公布的双方有责碰撞条款应视为已被载入本提单。

25. 无船承运人

如果本提单被以无船承运人身份行事的货方所接受，而该人又转而与第三方订立其他运输契约，则该无船承运人保证，由他签订的受本提单制约的关于货物的契约中应载有本提单的条款及条件。无船承运人进一步保证，就其未能如此载入本提单而引起的一切后果给予承运人、其受雇人、代理人及分立契约人以赔偿。

26. 法律及管辖权

(1)本提单受中华人民共和国法律管辖。本提单项下或与本提单有关的一切争议，均应根据中华人民共和国的法律加以裁定；凡是针对承运人的任何诉讼，均应提交上海海事法院或中华人民共和国其他海事法院。

(2)虽有第26(1)款中的规定，当某项运输业务包含驶往或来自或经由美利坚合众国的某一港口或地点的运输时，本提单便应受美国海上货物运输法的规定的约束，而该法应被视为已载入本提单，而本提单中所载任何内容均不得视为承运人对其根据美国海上货物运输法而享有的任何权利、豁免、除外或限制的放声，或其义务的任何增加。除另有规定外，以上所提及的美国海上货物运输法同样适用于在货物装前卸后承运人掌管货物的期间。

27. 契约的变更

承运人的任何受雇人、代理人或分立契约人一概无权放弃或变更本提单任何条款，除非该项放弃或变更系采用书面方式并已经承运人以书面专门授权或批准。

28. 新杰逊条款

如在航次开始之前或之后，由于不论是疏忽与否的任何原因而引起意外、危险、损害或灾难，而根据法令、契约或其他规定，承运人对此类事件的后果都不负责，则货物及货方应连带在共同海损中与承运人一起分担可能构成或可能发生的属于共同海损性质的牺牲、损失或费用，并应支付就货物而发生的救助费用及特殊费用。如果救助船舶为承运人所有或由其经营，则救助费用应当犹如该船属于无关之人一样，全额支付。

以下条款仅适用于海运单：

29. 收货人或其授权的人可凭交货凭证或其他身份证明提取货物，而无须向承运人提交海运单，承运人有绝对的自主权决定是否将货物交付给收货人授权的人。

30. 除本海运单另有规定外，承运人现行的联运提单的条款和条件适用于本海运单所证明的运输合同。发货人保证其有权代表收货人及货物所有人接受所有上述条款和条件，包括但不限于联运提单中载明的关于每件的责任限制和其他责任限制的规定。

31. 当收货人或其他要求提取货物的人提交本海运单或以其他方式要求提取货物时，收货人或其他要求提取货物的应当承担发货人按照本海运单和承运人现行的联运提单中需承担的所有责任。收货人或其他要求提取货物依本条所承担的是附加责任，不影响发货人本人。

32. 发货人同意并遵守《海事委员会海运单统一规则》，以便在货物运输中使用海运单。

33. 在船舶抵达卸货港或交货地以前，如发货人书面要求将海运单改为承运人提单，在可能的情况下，承运人将尽最大努力进行更改，但承运人在任何情况下均不对未能及时更改承担任何责任。

34. 对于特定货物的放货，应当遵循承运人的运价本和提单中所规定的一般担保的习惯作法，这种规定包括但不限于承运人有权因本海运单的任何一方拖欠的费用或债务而留置货物，不论该费用或债务是否与本海运单项下的货物有关。

35. 除非发货人在运输前有相反的指示并在海运单的正面注明，承运人将根据上述条款和条件与收货人处理有关货物的索赔。任何索赔的解决应作为承运人对发货人责任的彻底解除。

附录八　金康'94 中文译本

1. 兹由第 3 栏所列的下述船舶所有人与第 4 栏所指的承租人，双方协议如下：

船舶名见第 5 栏，总/净登记吨见第 6 栏，货物载重量大约吨数见第 7 栏，现在动态见第 8 栏，根据本租船合同做好装货准备的大约时间见第 9 栏。

上述船舶一旦完成前个合同，应驶往第 10 栏所列的装货港口或地点，或船舶能安全抵达并始终浮泊的附近地点，装载第 12 栏所列的货物，满舱满载，（如协议装运甲板货，则由承租人承担风险。）（承租人应提供所有垫船用席子和/或木料及所需隔板。如经要求，船舶所有人准许使用船上任何垫舱木料。）承租人约束自己装运该货，船舶经此装载后，应驶往第 11 栏所列的，在签发提单时指定的卸货港口或地点，或船舶能安全抵达并始终浮泊的附近地点，交付货物。

2. 船舶所有人责任条款

船舶所有人对货物的灭失、损坏或延迟交付的责任限于造成灭失损坏或延迟的原因是由于船舶所有人或其经理人本身未尽谨慎使船舶各方面适航，并保证适当配备船员，装备船舶和配备供应品,或由于船舶所有人或其经理人本身的行为或不履行职责。船舶所有人对由于其他任何原因造成的货物灭失、损坏或延迟,即使是由于船长或船员或船舶所有人雇佣的船上或岸上人员的疏忽或不履行职责(如无本条规定,船舶所有人应对他们的行为负责),或由于船舶在装货或开航当时或其他任何时候不适航所造成的,亦概不负责。

3. 绕航条款

船舶有权为任何目的以任何顺序挂靠任何港口,有无引航员在船均可航行,在任何情况下拖带和/或救助他船,亦可为拯救人命和/或财产而绕航。

4. 运费支付

(a)运费应按第13栏规定的费率,按所装货物的数量计算以现金支付。

(b)运费预付。如按第13栏规定运费应预付,则运费视为已挣得,无论船舶/货物是否灭失,不得返还。除非运费已支付给船东,否则船东或其代理无需签发运费预付提单。

(c)运费到付。如按第13栏规定运费或部分运费为到付,则运费直到货物卸完才视为挣得。不论(a)款如何规定,如运费或部分运费为到付,租家有权在开舱前选择按卸货重量/数量支付运费,且该重量/数量可由官方计量器或联检或理货确定。如经要求,承租人应现金垫付船舶在装货港的经常费用,而按最高兑换率折合并附加2%抵偿保险费和其他费用。

5. 装卸

(a)费用/风险。承租人负责把货物送至舱内,装船、积载和/或平舱,绑扎和/或加固,并从舱内提取和卸货,船舶所有人不承担任何风险,责任和费用。如要求并为保护所装货物,承租人应提供并放置所有垫舱物料,船东允许在船上使用所有有用的垫料。承租人根据本租约负责在卸货后移走所有垫料,并计入装卸时间。

(b)船舶起重机。除非船舶无船舶起重机或双方同意并在第15栏中记载不使用船舶装卸设备,船舶应在整个装/卸货物的过程中提供该装卸设备,并提供足够的动力。所有该设备应处于良好工作状态,除非由于装卸工人的疏忽,所有因船舶装卸设备或动力不足引起的时间损失——根据本租约规定的船舶起重机/中车数量按比例计算——不得计入装卸时间或滞期时间。

应要求船舶所有人应提供船员充当船舶起重机/中车驾驶员,如当地法律禁止,则承租人应负责岸上的劳工费用。船舶起重机/中车驾驶员由承租人负责风险和责任,装卸工人视为其雇佣人员,但由船长监督工作。

(c)装卸工人损害。承租人负责装卸工人造成的对船舶的损害(除正常的损耗)。该损害应由船长尽可能快地通知承租人或其代理和装卸工人,否则承租人不负责任。船长应尽力取得装卸工人的书面责任证据。

承租人必须在航次结束前修复装卸工人所造成的对船舶的损害,但如该损害有损船舶的适航则应在造成或发现损害的港口起航前修复,所有额外费用由承租人负责,时间损失按滞期费率由承租人支付给船东。

6. 装卸时间

(a)装货和卸货分别计算时间。如天气许可,货物应在第16栏规定的连续天/小时数内装完,星期日和节假日除外,除非已使用,但只计算实际使用的时间。

如天气许可,货物应在第16栏规定的连续天/小时数内卸完,星期日和节假日除外,除非已使用,但只计算实际使用的时间。

(b)装货和卸货混合计算时间。如天气许可,货物应在第16栏规定的总的连续天/小时数内装卸完毕,星期日和节假日除外,除非已使用,但只计算实际使用的时间。

(c)装卸时间的起算。如准备就绪通知书在中午12点之前(包括12点)递交,装卸时间从下午1时起算;如通知书在12点以后递交,装卸时间从下一个工作日上午6时起算。在装货港,通知书应递交给第17栏中规定的托运人。如未指定则递交给18栏中的承租人或其代理。在卸货港,通知书应递交给收货人,如未知,则递交给19栏中的承租人或其代理。

如船舶到达装/卸港而无泊位,则船舶有权在到达后在办公时间内递交通知书,无论检疫与否,无论清关与否,且如船长保证船舶在各方面均准备完毕,如已靠泊并在各方面做好装/卸准备一样,装卸时间或滞期时间开始计算。从等泊位置移到装/卸泊位的时间不计入装卸时间。

如经检验发现船舶未准备就绪,从发现之时起至再次准备就绪的时间不得计入装卸时间。

装卸时间起算前已实际使用的时间计为装卸时间。

协议选择(a)或(b),并填入第16栏。

7. 滞期费

滞期费用由承租人按第20栏中规定的每日费率,不足一日者按比例计算,按日支付,并在收到船东的发票后支付。

如未按上述规定支付,船东应给承租人书面通知其在96小时内支付,如仍未在此期限内付清,且如船舶在装港,则船东有权在任何时候中止本租约并向其索赔由此引起的任何损失。

8. 留置权条款

船舶所有人得因未收取的运费,亏舱费,滞期费和滞留损失和所有应付费用包括为取得该笔收入所花的费用而对货物和该批货物的转租运费有留置权。

9. 解约条款

(a)如船舶未能在第21栏规定的解约日做好装货准备(不论靠泊与否),承租人有权解除本合同。

(b)如船东预计虽谨慎处理仍无法在解约日前准备装货,则应立即通知承租人其预计准备好的日期,并询问是否解约或同意新的解约日。

承租人应在收到该通知后48小时内宣布,如承租人未行使其解约权,则本租约视为修改如下:船东在通知中宣布的准备完毕日期后的第七天为新的解约日。

(c)、(b)款规定只能适用一次,如船舶再次延误,则承租人可选择按本条(a)款解除本租约。

10. 提单

船长或如船东给其代理书面授权后由船东代理,按所呈上的1994年版“CONGENBILL”格式在不损害本租约的利益下签发提单,给承租人一副本。如承租人所签发的提单加重了船东在本租约下的责任和义务,则应向船东赔偿由此引起的损失。

11. 互有责任碰撞条款

如有船舶由于他船疏忽以及本船船长,船员,引水员或承运人的雇佣人员在驾驶或管理船舶中的行为,疏忽或不履行职责而与他船相撞,则本船货主应就他船亦即非本船货物所有人所载货物的船舶或该船舶所有人所受的一切损害或所负一切责任给予本船承运人赔偿,但此种赔偿应以上述损害或责任是指已由或应由他船亦即非本船货物所有人所载货物的船舶或该船舶所有人付与上述货主所受灭失或损害或其提出的任何要求的数额为限,并由他船亦即非本船货物所有人所载货物的船舶作为其向所载船舶或承运人提出的索赔的一部分,将其冲抵,补偿或收回。

上述规定在非属碰撞船舶或物体,或在碰撞船舶之外的任何船舶所有人,经营人或主管人,在碰撞,触碰,搁浅或其他事故中犯有过失时,亦应适用。

12. 共同海损和新杰森条款

共同海损按 1994 年约克-安特卫普规则和其任何修订版本在伦敦进行理算,除非第 22 栏另有规定,即使共同海损费用是由船舶所有人的雇佣人员的疏忽或不履行职责所致,货主还应支付其中货物的分摊数额(参见第 2 条)。

如共同海损根据美国的法律和实践进行理算,则适用如下条款:"如果在航次开始以前或以后,由于不论是疏忽与否的任何原因而引起的意外,危险,损害或灾难,而根据法令,契约或其他规定,承运人对此类事件或其后果都不负责,则货物托运人,收货人或货主应在共同海损中与承运人一起分担可能构成或可能发生的具有共同海损性质的牺牲,损失或费用,并应支付关于货物方面所发生的救助费用或特殊费用,如救助船舶为本承运人所有或经营,则其救助费用应当犹如该救助船舶系第三者所有一样,全额支付。承运人或其代理人所认为足以支付货物方面的预计分摊款额及其救助费用和特殊费用的保证金,如有需要,应由货方,托运人,收货人或货主在提货之前给予承运人。"

13. 税收和使费条款

(a)关于船舶——船东支付所有对船舶征收的使费,费用和税。

(b)关于货物——承租人支付所有对货物征收的使费,费用和税。

(c)关于运费/承租人支付所有对运费征收的税,除非第 23 栏另有规定。

14. 代理

在任何情况下,装货港和卸货港由船舶所有人指定自己的代理人。

15. 经纪人费用

经纪人的佣金按已收取的运费,亏舱运费和滞期费,以第 24 栏所规定的费率,支付给第 24 栏所指定的当事人。合同不履行时,由责任方向经纪人至少支付按估算的运费确定的佣金的 1/3,作为经纪人所花费用和工作的补偿。在多航次情况下,补偿的数额由双方协议。

16. 普通罢工条款

(a)当船舶从上一港口准备起航时,或在驶往装货港的途中,或在抵港后,如因罢工或停工而影响全部或部分货物装船,船长或船舶所有人可以要求承租人声明同意按没有发生罢工或停工的情况计算装卸时间。如承租人未在 24 小时内以书面(必要时以电报)作出声明,船舶所有人有解除合同的选择权。如果部分货物已经装船,则船舶所有人必须运送该货物(运费仅按装船的数量支付),但有权按自己的利益在途中揽运其他货物。

(b)当船舶抵达卸货港或港外之时或之后,如由于罢工或停工而影响货物的卸载,并且在 48 小时内未能解决时,收货人可选择使船舶等待到罢工或停工结束,并在规定的装卸时间届满后,支付半数滞期费,或者指示船舶驶往一没有因罢工或停工而延误和危险的安全港口卸货。这种指令应在船长或船舶所有人将影响卸货的罢工或停工情况通知承租人后48小时内发出。在这种港口交付货物时，本租船合同和提单中的所有条款都将适用，并且，船舶应和原目的港卸货一样，收取相同的运费，但当到替代港口的距离超过100海里时，在替代港所交付的货物运费应按比例增加。

(c)除了上述规定，承租人和船东对任何罢工或停工而无法或影响货物装卸所引起的后果均不负责任。

17. 战争风险(Voywar1993)

(1)本条定义

(a)"船东"指船舶所有人，光船租船人，实际承运人，船舶经营人或其他管理人员，或船长。

(b)"战争风险"包括任何实际的或预料的战争，敌对行为，军事行动，内战，内乱或革命，破坏活动，海盗行为，侵略行为，敌对或恶意行为，封锁，或任何个人，团体，侵略者，政府，交战国或组织宣布为封锁的任何行动(无论是针对所有船舶或某一船旗的船舶，或针对某种货物或船员)，且根据船长和/或船东的合理判断，可能或似乎或将对船舶，其货物，船员或船上其他人员构成危险。

(2)如在船舶开始装货前的任何时候，根据船长和/或船东的合理判断，发现履行合同或任何部分合同将使船舶或船长和船员后货物在航次任何阶段遭受战争风险，则船舶所有人有权告知承租人解除本租船合同，或拒绝履行部分合同。如果该租约规定了装卸货物港的范围，且承租人指定的港口将使船舶，货物，船员或其他船上人员遭受战争风险，船东应首先要求承租人指定在范围内的其他港口，仅在承租人收到该要求48小时后仍未指定安全港时有权解除租船合同。

(3)无论在开始装货后或在卸货结束前的航行的任何阶段，根据船长和/或船东的合理判断，发现船舶，货物(或部分货物)，船员或船上其他人员将遭受战争风险，则不能要求船长继续装货或继续航程或部分航程或签发提单，或通过任何运河或水道，或前往或滞留在任何港口。如发生此种情况，船东应通知承租人指定卸货的安全港口。如在收到该通知48小时后，承租人未指定所述港口，船东有权选择在任何安全港口(包括装货港)卸下货物，并视为合同的全部履行。船东有权从承租人那里得到因该卸货的额外支出，如在非装货港卸货，则就像货物运达至目的性一样船东有权收取全部运费，如超过原卸港100海里，则按距离收取额外运费，且船东有权因该支出和运费留置货物。

(4)如在装货开始后，根据船长和/或船东的合理判断，发现船舶，货物(或部分货物)，船员或船上其他人员将在正常和习惯航线(包括运河和水道)中遭受战争风险，且有一条至卸货港的教长航线，则船东应通知承租人他将采用该航线，在此情况下，如总的航行距离超过原航线100海里，则船东有权按距离收取额外运费。

(5)船舶可以自由

(a)服从船旗国或根据法律船东应遵守的国家，或其他政府或团体或组织所发出的有关装载，离港，到港，航线，护航，挂港，停航，目的港，地区，水域，卸载，交货或任何其他方面的任何命令，指令或建议；

(b)服从任何个人依据本船的战争险条款有权发出的任何命令，指令或建议；

(c)服从联合国安理会的提议,欧盟指令,或其他任何有权超国家的团体所发出的指令。船东应遵守的国际法和其他强制性命令和指令;

(d)在任何港口卸货或部分货物,该货物可能使船舶因视为走私而被充公;

(e)挂靠任何港口以调换船员或部分船员或船上的其他人员,因有理由认为他们可能被埋葬,入狱或受制裁;

(f)当根据本条规定未装货或已卸货时,船东为其自身利益装运其他货物,并运至其他港口,无论是向前或返回或与正常或习惯航线相反航行。

(6)如根据本条(2)至(5)款规定而作为或不作为,都不得视为绕航,而应视为本租约的完全履行。

18. 普通冰冻条款

装货港:

(1)当船舶准备从上一港口开航时,或在航程中的任何时候,或在船舶抵达时,因冰冻而不能进入装货港,或者,在船舶抵港后发生冰冻,船长可以因担心船舶被冻结而决定不装运货物离港,本租船合同因此失效。

(2)如在装货过程中,船长因担心船舶被冻结而认为离港更有利时,他可以决定载运已装船的货物离港,并可为船舶所有人的利益将船舶驶往任何其他港口揽载货物运至包括卸货港在内的任何其他港口。根据本租船合同已装船的任何部分货物,在不因此增加收货人额外费用的条件下,由船舶所有人转运至目的港并承担费用,但运费仍应支付,此运费按交付的货物数量计付(若为整笔运费,则按比例支付),所有其他条件按租船合同。

(3)如装货港不止一个,并且其中一个或数个因冰冻而关闭,船长或船舶所有人可选择在不冻港装载部分货物,并按(1)款规定,为其自身利益而在其他地点揽载货物,或者,当承租人不同意在不冻港装载货物时,宣布本租船合同失效。

(4)本冰冻条款不适用春季。

卸货港:

(1)如船舶因冰冻(春季除外)而不能抵达卸货港,收货人可选择使船舶等候至恢复通航,并支付滞期费,或指示船舶驶往一安全并能立即驶入并安全卸货而没有因冰冻而滞留风险的港口。这种指示应在船长或船舶所有人向承租人发出船舶不能抵达目的港通知后 48 小时作出。

(2)如在卸货期间,船长担心船舶被冻结而认为离港更为有利时,他可以决定载运船上货物离港,并驶往能驶入并能安全卸货的最近港口。

(3)在此种港口交货时,提单上的所有条件应适用,船舶应按其在原目的港卸货一样,收取相同运费,但如到达替代港口的距离超过 100 海里,则在替代港口交付货物的运费应按比例增加。

19. 法律和仲裁

*(a)本租约适用英国法,如有任何争议应提交至伦敦根据 1950 年和 1979 年仲裁法以及随着时间增长所作的修订版进行仲裁。除非双方同意独任仲裁,适用三人仲裁庭,双方各指定一名,第三人由该两人选择,他们或其中任何两人的决断是最终的。一方收到另一方已指定一名仲裁员的书面通知后,应在 14 天内指定另一名仲裁员,否则已指定的那名仲裁员的决断为

最终决断。

如争议金额未超过第 25 栏规定的金额 * *,该仲裁应按伦敦海事仲裁委员会的小额索赔程序进行。

*(b)本租约适用美国法典第 9 条和美国海运法,如有任何争议应提交至纽约的三人仲裁庭,双方各指定一名,第三人由该两人选择,他们或其中任何两人的决断是最终的,为执行该决断,应按法庭规则达成该协议。仲裁应按海事仲裁协会规则进行。

如争议金额未超过 25 栏规定的金额 * *,该仲裁应按纽约仲裁协会的简易仲裁程序进行。

*(c)本租约引起的任何争议应提交至 25 栏指定的地方仲裁,25 栏指定地点的法律适用本租约。

(d)如 25 栏未填写,适用本条(a)款。

*(a)、(b)和(c)选择其一,并填入第 25 栏。

* *如第 I 部分 25 栏未填,本款无效,但本条其他款仍然全部有效。

参 考 文 献

[1] 胡美芳,王义源. 远洋运输业务[M]. 北京：人民交通出版社,2006.

[2] 中国国际货运代理协会. 国际海上货运代理理论与实务[M]. 北京：中国商务出版社,2005.

[3] 唐兵,孙明. 班轮运输实务与法规[M]. 珠海：珠海出版社,2006.

[4] 杨志刚,孙明,吴文一. 国际货运代理实务、法规与案例[M]. 北京：人民交通出版社,2006.

[5] 於世成,杨召南、汪淮江. 海商法[M]. 北京：法律出版社,1997.

[6] 尹东年,郭瑜. 海上货物运输法[M]. 北京：人民法院出版社,2000.

[7] 王学锋,汪爱娇. 国际船舶代理业务[M]. 北京：人民交通出版社,2006.

[8] 郭萍. 租船实务与法律[M]. 大连：大连海事大学出版社,2002.

[9] G·吉尔摩,C·L·布莱克. 海商法[M]. 杨召南,王俊纯,王君粹译. 北京：中国大百科全书出版社,2000.

[10] 司玉琢. 海商法[M]. 北京：法律出版社,2003.

[11] 傅旭梅. 中华人民共和国海商法诠释[M]. 北京：人民法院出版社,1995.

[12] 沈木珠. 海商法比较研究[M]. 北京：中国政法大学出版社,1998.

